本书出版获
宁波大学学术著作出版基金资助

世界史学术书系

美国妇女与妇女运动

(1920-1939)

周莉萍 著

中国社会科学出版社

图书在版编目（CIP）数据

美国妇女与妇女运动：1920～1939/周莉萍著. 北京：中国社会科学出版社，2009.6

ISBN 978-7-5004-7960-4

Ⅰ. 美… Ⅱ. 周… Ⅲ.①女性—社会生活—研究—美国—1920～1939②妇女运动—研究—美国—1920～1939 Ⅳ.D447.12

中国版本图书馆 CIP 数据核字（2009）第 123934 号

责任编辑　李　是
责任校对　郭　娟
封面设计　康道工作室
技术编辑　李　建

出版发行　中国社会科学出版社
社　　址　北京鼓楼西大街甲 158 号　　邮　编　100720
电　　话　010－84029450（邮购）
网　　址　http：//www.csspw.cn
经　　销　新华书店
印　　刷　北京新魏印刷厂　　　　　装　订　广增装订厂
版　　次　2009 年 6 月第 1 版　　　印　次　2009 年 6 月第 1 次印刷
开　　本　880×1230　1/32
印　　张　16.75　　　　　　　　　插　页　2
字　　数　408 千字
定　　价　45.00 元

目　　录

导　言

一　选题依据及研究意义

1920 年代和 1930 年代在美国历史和美国妇女史上有着特殊意义，它既是两次世界大战的间歇期，也是美国第一次女权运动和第二次女权运动之间的一个低潮期，其政治、经济和社会文化有鲜明的特点，对美国妇女的生存状态及其地位和角色变迁有巨大影响。1920 年代的美国出现了"消费社会"，社会稳定，经济繁荣，享乐主义、消费主义、个人主义盛行，美国妇女也获得了前所未有的身体与精神上的解放，其教育、就业、婚姻家庭呈现与以往时代截然不同的特点。此时妇女受教育水平有较大提高，就业人数大增，就业范围扩大，其中白领职业的发展尤为迅速，已婚妇女在劳动力中的比例也不断增长；美国人的性观念与婚姻观念出现新的变化，从以生殖繁衍为中心向以爱情、伴侣和享受性爱乐趣为基础的"理想婚姻"方向转变，美国社会出现了一种新型的"伙伴"关系的婚姻，这种关系追求两性之间的志趣相投与相互之间的平等关系，女性在婚姻中的主动性提高；同时，玛格丽特·桑格（Magaret Sanger）倡导的生育节制观念逐渐被美国中产阶级主流文化接纳，家庭规模开始缩小；家庭生活也呈现新的特点，家用电器逐渐普及，家务劳动简化，现代家庭主妇承担起主妇、免费的家务劳动力等旧职责的同时，也扮演了消费者、科学的管理者、儿童教育家等新角色。此时最引人注目的美国女性群体是被称为"福莱勃尔"（flappers）的"新女性"（new women），她们追求经济独立、职业发展和婚姻家庭的完美，是行为和"道德革命"的主角，并成为这个时代的象征。但与此同时，1920 年代期间的美国政治走向保守，社会改革失去了进步主义时代的活力，曾经团结一致的妇女运动土崩瓦解，女权主义运动走向消沉，由于传统的价值观依然稳固，美国妇女在家庭和社会中的发展受到了制约。

　　1929 年美国股票市场的崩溃使国家陷入空前的经济危机，美国妇女的生存环境也急转直下，其就业、婚姻家庭和集体运动呈现出与 1920 年代不同的特点，她们在社会和家庭中的地位和角色也出现新的变化。1930 年代期间女性就业延续了此前十年的上升趋势，其中已婚妇女的就业增长更为显著，她们不仅维护了自身的生存，还使家庭幸免于大萧条的致命打击。尽管如此，已婚妇女就业遭遇了空前的歧视和敌视，就业环境恶化。大萧条期间美国女性在家庭生活中同样起了重要作用。她们承担起更多的经济责任，不仅使家庭的生存得以维持，而且提高了自己在家庭中的地位，成为危难时期家庭的"精神支柱"。罗斯福"新政"（new deal）为妇女进一步走向社会提供了新的空间，她们大量进入政府各个部门，呈现出前所未有的规模，出现获得选举权后妇女参政的第一个高潮。一批"精英妇女"积极参与新政时期社会改革计划的制订和实施，使妇女群体长期以来为之奋斗的"社会福利法案"终于在"新政"时期得以完成，奠定了美国现代福利国家基础。同时美国妇女也投身于轰轰烈烈的劳工运动中，并在和平运动、妇女宪章运动、南方妇女反对私刑等斗争中取得进展。但大萧条给一代美国人留下深深的精神创伤，传统的价值观在一定程度上被强化，女性在家庭和社会中的平等地位远未实现。

1920 年代和 1930 年代期间美国妇女生活状况起伏跌宕、多彩多姿，其地位和角色变化微妙。此时美国社会经历了经济繁荣—危机—复苏的过程，处于一个政治、经济、社会、文化急剧转变时期，妇女在这个特殊的时代有过怎样的经历？社会变动对她们在社会与家庭中的地位和角色产生了怎样的影响？她们自身的变化对这个社会产生了什么样的影响？处在社会转折时期的美国妇女的经验给同样正处于社会转折时期的现代中国妇女的启示又是什么？笔者正是带着这样的问题，主要从以下层面考察此时美国妇女的生存状况、地位和角色变迁以及她们与社会之间的互动关系：第一，分析此时期美国政治、经济和社会文化的变迁，把 1920 年代和 1930 年代美国妇女的命运置于这个历史背景下进行考察；第二，在经济繁荣—危机—复苏的具体过程中考察不同阶层和种族的妇女群体的就业、教育和婚姻家庭状况，分析其在社会和家庭中的地位与角色的变迁；第三，从妇女社会改革活动、妇女工会运动和女权主义运动角度考察这个时期美国妇女在公共领域的参与情况，分析这个时期妇女集体运动的得失及其对妇女地位和角色的影响；第四，通过对以上三个层面的考察，分析美国妇女在特殊时代背景下其在家庭和社会中的地位与角色变迁、她们与社会发展之间的互动关系，力图对处于社会转折时期的美国妇女生存状况作比较全面的分析。

笔者认为，通过分析 1920 年代和 1930 年代期间美国妇女生存状况及其地位和角色变迁来探究她们与社会发展之间的互动关系，不仅具有重要的学术价值，而且也具有现实意义。首先，美国史学界对这一时期本国妇女的研究起步较晚，绝大部分研究成果出现在 1970 年代之后，研究方法比较传统，而且大多是就某一方面所做的专项研究，这些研究没有把美国妇女的生存状况及其地位和角色变迁从整体进行考察，造成研究的零碎化和局部化。目前中国学者尚没有这方面的专著，只在论述整个 20 世纪美国妇女状况时偶有涉及。研究这个时期美国妇女在家庭和社会中的生存状况及其地位和角色变迁，可以弥补对 1920 年代和 1930 年代美国妇女研究的不足。其次，通过对这个时期美国妇女状况的研究，可以从另一个角度了解这个时代的变迁。在传统历史研究中，侧重从经济、政治和外交方面对这个时期进行研究，而且基本上从男性视角出发，女性的身影和声音湮没无闻。但作为占人口半数的女性群体，无论是在经济繁荣的 1920 年代，还是在经济大萧条的 1930 年代，她们都与男性祸福与共，如果忽视女性群体的经历和影响，就很难对这个时代作出正确公正的评价。最后，通过对这个时期美国妇女状况的研究，也能促进对此后美国妇女发展状况的理解。无论 1950 年代美国妇女"回归家庭"的潮流，还是 1960 年代美国第二次女权运动的发生，其根源都可以追溯到这个时期。1920 年代和 1930 年代处于美国两次女权运动的"间歇期"，它既承受了第一次女权运动的后果，同时为第二次女权运动的发生埋下了"种子"，了解这个时期美国妇女生存状况和地位与角色变迁对理解美国女权运动从爆发—沉寂—再爆发的过程不可或缺。另外，这个时期美国妇女生存状况变迁可以为目前处于社会转型时期的现代中国妇女提供有益的借鉴。

二 国内外研究现状综述

1. 国内研究状况

中国学术界对 1920 年代和 1930 年代时期美国妇女研究比较

薄弱，如上所述，至今尚无这方面的学术专著，只在论述美国妇女问题时偶有涉及。王政所著的《女性的崛起——当代美国的女权运动》，在论述第二次女权运动的根源时对这个时期的妇女状况有简略描述。① 王恩铭撰写的《二十世纪美国妇女研究》，比较全面地考察了百年来美国妇女的生活、教育、就业和妇女运动状况以及各个族裔妇女的经历，其中部分内容涉及 1920 年代和1930 年代的妇女状况。② 令狐萍的《金山谣——美国华裔妇女史》以丰富的资料论述了华裔妇女在美国的经历。③ 中国关于美国妇女史专著的译著也很少，仅有洛伊斯·W. 班纳（Lois W. Banner）的《现代美国妇女》与萨拉·M. 埃文斯（Sara M. Evans）的《为自由而生——美国妇女历史》两本著作译为中文，其中部分章节论述了这个时期的妇女状况，很有参考价值。④ 另外在一些有关西方女性学的著作中，如王政、杜芳琴主编的《社会性别研究选译》、鲍晓兰主编的《西方女性主义研究评介》等著作，涉及美国女权主义的发展状况和各个流派的不同特点，介绍了美国不同学者的女性主义观点。20 世纪 90 年代后出版的有关美国社会和文化的著作，如张友伦等所著的《美国社会的悖论——民主、平等与社会性别》、朱世达的《当代美国社

① 王政：《女性的崛起——当代美国的女权运动》，当代中国出版社 1995 年版，第 29—37 页。

② 王恩铭：《二十世纪美国妇女研究》，上海外语教育出版社 2002 年版，第三、四章。

③ 令狐萍：《金山谣——美国华裔妇女史》，中国社会科学出版社 1999 年版。

④ ［美］洛伊斯·W. 班纳著，侯文蕙译：《现代美国妇女》，东方出版社 1987年版，第 4、5 章；［美］萨拉·M. 埃文斯，杨俊峰译《为自由而生——美国妇女历史》，辽宁人民出版社 1995 年版，第 8、9 章。

会文化》等著作，主要集中在对第一次女权运动和第二次女权运动的介绍。20 世纪 90 年代以来陆续发表了一些美国妇女研究文章，但数量并不多，而且大多集中在对美国建国前后、工业化时期、第二次世界大战时期和对第一、二次女权运动时期的妇女状况的论述①，内容涉及美国女性主义理论、妇女地位变化、就业状况、教育、女权运动、家庭等，这为笔者深入研究 1920 年代和 1930 年代妇女状况提供了有益的启发和借鉴。

2. 国外研究状况

国际上美国妇女史研究起步较晚。19 世纪末 20 世纪初，在第一次女权主义运动触发下，妇女史研究开始出现。早期妇女史研究基本上以父权制社会的价值标准来评价女性，并不关注普通女性群体，只讨论少数"精英妇女"的生活，简单地把妇女纳入既定历史框架进行"填充式"研究，补充与修补传统历史对女性的忽略，因而被称为"补充式的历史"，"是记载少数杰出妇女的历史和社会所期待的'理想妇女'的历史，既没有记载大多数女性的生活经验也没有记录她们的感受和对环境的反应。虽然是妇

---

① 　如胡玉昆："论妇女与美国革命"，《北京大学研究生学刊》1990 年第 2 期；周祥森："二战时期美国妇女就业的发展及其影响"，《史学月刊》1991 年第 4 期；张聪："19 世纪末 20 世纪初美国中产阶级妇女走向社会的动因与问题"，《美国研究》1993 年第 3 期；宋淑珍："进步主义时期的美国女权运动"，《辽宁大学学报》1995 年第 3 期；王皖强："美国妇女争取选举权运动的初探"，《史学月刊》1996 年第 1 期；黄虚峰："工业化与美国妇女地位的变化"，《历史教学问题》1998 年第 4 期；张立平："当代美国女性主义思潮述评"，《美国研究》1999 年第 2 期；金莉："十九世纪美国女性高等教育的发展轨迹及性别定位"，《美国研究》1999 年第 4 期；周辉荣："19 世纪美国妇女禁酒运动及其影响——基督教妇女禁酒联合会个案研究"，《史学月刊》2002 年第 5 期；李月娥："新女性与美国社区改良运动的兴起"，《中华女子学院学报》2005 年第 3 期等。

女史，但不是女性主义的妇女史"。① 但这些著作是妇女史研究
的拓荒之作，对妇女史研究依然有重要意义。20 世纪 60、70 年
代"新社会文化史"研究兴起，它以普通民众为研究对象，运用
社会学、人口统计学、人种学等跨学科的研究方法，力图使史学
研究反映社会各阶层、各群体的历史变迁，其研究主题也从传统
的公共领域转向家庭、社区等领域，这种"从下往上写历史"的
方法为妇女史研究提供了新的方向，不再把研究局限于对中产阶
级和"精英妇女"之上，而是扩大到不同阶层与群体，如低收入
阶层、移民、少数族裔、农村等被忽视的阶层与群体上。与此同
时，欧美第二次女权主义运动高涨，也促进了妇女史的研究，使
妇女史成为历史学研究的一个重要领域。20 世纪 70 年代后美国
妇女史研究发展迅速，许多大学开设了有关妇女研究的课程，设
立了妇女研究的专门机构，其研究对象从"精英妇女"转向普通
妇女，研究重点也从政治领域转向日常生活、家庭等领域，研究
方法不断开拓、创新，出版了大量研究成果，开创了真正意义上
的妇女史。不过，此时在研究方法上还停留在"她史"② 层面
上，主要从女性角度出发研究她们的生活状态和活动，是从男性
角度出发撰写男性历史的另一个极端。另一方面，"新社会文化
史"研究也产生了一个负面影响，即对专题和细节研究的执著易
于造成研究的"零碎化"，把整体历史割裂成各种专门化的场景，
因而难以对历史整体发展作出全面评价，也就对于史学的进一步
发展产生了一些不利影响。正是基于这些症结，20 世纪 80 年代

---

① 俞彦娟：《从妇女史和性别史的争议谈美国妇女史研究之发展》，《近代中国
妇女史研究》第 9 期，"中央研究院"近代史研究所 2001 年 8 月，第 213 页。

② 即改变过去传统史学都是以男性的生活为依据、从男性角度出发的研究方
法，从妇女角度和生活出发撰写的妇女史。

后妇女史研究出现新的变化，西方史学界提出"社会性别史"研究①，强调对妇女的研究要与对男性的考察结合起来，由原先强调"她史"转入一个建构在全新理论框架上的两性总体历史的阶段，把妇女置于社会、政治和经济进程中进行研究，因此在学术界取得了相当的地位。世纪之交，科技的迅猛发展加速了全球化进程，在改变人类生产方式的同时，在认知领域也掀起了一场大变革，西方国家开始向后工业社会迈进，家庭、女性的地位角色必须进行重新评估；同时在后现代主义、后结构主义、后殖民主义等社会思潮的影响下，西方女性主义思潮更加多元化，妇女史研究也朝多元化方向进一步发展。

1920 年代和 1930 年代都是特色鲜明的时代，这一时期完成的一些专著和调查报告为后来对这个时期美国妇女状况的研究奠定了基础。1920 年代研究的奠基之作是 1929 年出版的罗伯特·S. 林德（Robert S. Lynd）与海伦·梅里尔·林德的（Helen Lynd）《米德尔敦：当代美国文化研究》，林德夫妇以芒西（Middletown，米德尔敦）为个案，以翔实的社会学调查数据，分析了从 1890 年到 1920 年代的美国社会变迁以及经营阶级（business class）与工作阶级（working class）的日

---

① 一些妇女史学者认为，人的性别不单纯由生理因素构成，而是在社会、政治、文化等诸多因素的共同作用下形成的，是一个社会范畴。男女两性不是相互对立而是相互作用，共同在社会构成中发挥着作用。同时，妇女作为一种特殊的弱势群体，具有不同的种族、宗教和阶级背景，因此应该把性别、种族、阶级等共同作为历史的分析范畴。参见 Joan W. Scott, *"Gender：A Useful Category of Historical Analysis"*, American Historical Review, Vol. 91, Dec. , 1986, pp. 1053－1075；周颜玲："有关妇女、性和社会性别的话语"，载王政、杜芳琴主编《社会性别研究选译》，生活·读书·新知三联书店 1998 年版，第 389 页。

常生活。[①] 弗雷德里克·刘易斯·艾伦（Frederick Lewis Allen）
于 1931 年出版的《就在昨天》一书是关于 1920 年代研究的经典
之作。此外，凯瑟琳·B. 戴维斯（Katherine Bement Davis）的
《两千两百名妇女性生活中的各种因素》（1929）、索福尼斯巴·
布雷金里奇（Sophonisba Breckinridge）的《20 世纪的妇女：一
个关于她们政治、社会与经济行为的研究》（1933）、玛丽·比尔
德（Mary Beard）的《妇女眼中的美国》（1933）、林德夫妇的
《变迁中的米德尔敦：关于文化冲突的一个研究》（1937）等著
作，为以后对这一时期的妇女状况的研究提供了重要资料，尽管
这些研究仅只是反映了同时代白人中产阶级妇女的生活状况和价
值观，研究方法比较单一。[②] 此后关于这个时期妇女状况的研究
基本陷于停顿状态。

　　第二次女权运动兴起后，1920 年代与 1930 年代美国妇女状
况引起历史学家的极大关注，大量专著出版且研究日益细化，研
究方法也日益多样化。1960 年代后期，爱德华·T. 詹姆斯

---

① Robert S. Lynd and Helen Lynd, *Middletown：A Study in American Culture*, New York：Harcourt Brace，1929.

② Katherine B. Davis, *Factors in the Sex Life of Twenty-Two Hundred Women*, New York，1929；Phyllis Blanchard, Carolyn Manasses, *New Girls for Old*, New York：Macauley，1930；Sophonisba Breckinridge, *Women in the Twentieth Century：A Study of Their Political, Social, and Economic Activities*, New York and London；McGraw-Hill Book Company, Inc.，1933；Mary Beard, *America Through Women's Eyes*, New York：Macmillan，1933；Dorothy Dunbar Bromley, Florence Haxton Britten, *Youth and Sex：A Study of 1300 College Students*, New York：Harpar and Brothers，1938. 1920 年代和 1930 年代还有许多女性杂志，如 *Life；the Saturday Evening Post；Ladies Home Journal；Good Housekeeping* 等，有大量关于这个时期妇女状况的第一手资料。

(Edward T. James)、珍妮特·詹姆斯（Janet James）与保罗·
S. 博伊尔（Paul S. Boyer）开始把美国妇女史重要资料汇编成
册，于 1971 年出版三卷本著作《著名妇女：1607—1956》，促进
了对妇女史的研究，为学者研究 1920 年代和 1930 年代的美国妇
女状况提供了重要资料。[①] 多萝西·M. 布朗（Dorothy
M. Brown）的《确定行动方向：1920 年代美国妇女》，从"新女
性"、社会改革、就业、婚姻家庭、教育、文化等角度，对 1920
年代妇女作了比较系统的描述，是至今关于 1920 年代妇女研究
最全面的著作之一。[②] 苏珊·韦尔（Susan Ware）的《支撑自
己：1930 年代美国妇女》利用大量的口述史材料，叙述了 1930
年代的美国妇女应对危机的种种技能、妇女就业状况、青年女性
的教育状况、女权主义和社会改革状况、妇女与共产党的关系以
及妇女在文化艺术和流行文化中的情况，也是一部迄今为止对
1930 年代妇女生存状况研究最全面、最权威的著作之一。[③] 苏
珊·韦尔的另一部著作《现代妇女：文献史》、多琳·拉帕珀特
（Doreen Rappaport）的《美国妇女：她们口中的生活（文献
史）》、格达·勒纳（Gerda Lerner）《白人美国的黑人妇女：文
献史》，收集了反映不同时期、不同种族妇女状况的文献资料，

---

① Edward T. James and Janet James and Paul S. Boyer, *Notable Women*, *1607 — 1956*, Cambridge：Harvard University Press, 1971；芭芭拉·西克曼和卡罗尔·赫德·格林主编了《著名妇女：现代》作为续篇，见 Barbara Sicherman & Carol Hurd Green, *Notable Women：The Moden Period*, Cambridge：Harvard University Press, 1984。

② Dorothy M. Brown, *Setting a Course：American Women in the 1920s*, Boston：G. K. Hall & Co., 1987。

③ Susan Ware, *Holding Their Own：American Women in the 1930s*, Boston：G. K. . Hall & Co., 1982。

有重要参考价值。① 此外，学者们对 1920 年代和 1930 年代的美国政治、经济、社会和文化变迁的研究也为深入研究这个时期的美国妇女状况提供了重要的参考资料，如弗雷德里克·刘易斯·艾伦（Frederick Lewis Allen）的《昨日之鉴：美国 1930 年代》对 1930 年代政治与流行文化有独到的见解；卡罗琳·伯德（Caroline Bird）的《无形的创伤》通过对妇女需求与心理的描述，以特殊的敏感把握住此时的国家状况；史都兹·特克尔（Studs Terkel）的《艰难时世：大萧条的口述史》以大量的口述资料生动地反映了大萧条时期的美国社会生活。②

　　1920 年代期间特立独行的美国"新女性"群体是学者关注的重点之一。1920 年代期间很多杂志刊登了一系列关于"新女性"的文章，其中 1926 年和 1927 年弗丽达·科克威（Freda Kirchway）在《民族》（Nation）杂志上发表题为《这些现代妇女》的文章，很有影响，《当代历史》（Current History）杂志也发表有一系列关于"新女性"的文章。③ 但关于"新女性"的深入研究是在 1960 年代之后。1974 年，埃斯特尔·弗里德曼

　　① Susan Ware：*Modern American Women*，*A Documentary History*，Chicago：Richard D. Irwin，Inc.，1989；Doreen Rappaport，Edi.，*American Women*，*Their Lives in Their Words*（*a Documentary History*），Harper Trophy：a Division of HarperCollins Publishers，1992；Gerda Lerner，*Black Women in White America：A Documentary History*，New York，Vintage Books，A Division of Random House，1972.

　　② Frederick Lewis Allen，*Since Yesterday：The 1930's in America*，*1929 — September 3，1939*，New York：Harper &. Row，Publishers，Inc.，1939；Caroline Bird，*The invisible scar*，New York：Pocket Books，1966；Studs Terkel，*Hard Times：An Oral History of the Great Depression*，New York：Pantheon Books，A Division of Random House，1970.

　　③ Freda Kirchway，"These Moden Women"，*Nation*，1926，1927.

(Estelle Freedman) 对 1920 年代 "新女性" 的研究进行了总结，并提出对 "新女性" 的研究不应再重复，而应该另辟蹊径。[1] "新女性" 群体是 1920 年代 "道德和行为革命" 的身体力行者，当时的美国社会对她们褒贬不一，历史学家南茜·沃洛克 (Nancy Woloch) 认为 "新女性" 是 "引人注目的更年轻的典型，更关注私人生活而不是公共事务，更倾向于竞争而不是合作，更喜欢自我满足而不是社会服务"。她们也是 1920 年代的象征，"1920 年代的焦点是新近解放的年轻人，尤其是年轻女性，她们是道德变化的原动力"。[2] 但罗伯特·L. 丹尼尔（Robert L. Daniel）指出，1920 年代的 "新女性" 的解放远未因为其勇气而被敬慕，她们遭到的是毁坏 "根深蒂固的、富有活力和成效的男女关系" 的谴责。[3]

　　这个时期美国妇女的就业问题一直是学者关注的重点之一。当时，美国政府劳工部妇女局为促进妇女保护性立法和社会福利政策的制定，对美国妇女就业状况进行了广泛而深入的调查研究，留下了很多有关妇女工资、工时、就业环境、就业和失业状况的资料，为后来学术界研究该时期的妇女就业状况打下了基础。对美国女性就业的大量研究成果出现在 1970 年代之后。罗莎琳·巴克萨德尔（Rosalyn Baxandall）等所著的《美国工作妇女：文献史——1600 年到现在》，收录了从 1600 年代到 1970 年代期间美国妇女就业状况的重要文献资料，对研究妇女就业状况

---

① Estelle Freedman，"The New Women"，*Journal of American History*，Vol. 41，September 1974.

② Nancy Woloch：*Women and the American Experience*，New York：Alfred A. Knopf，Inc.，1984，pp. 381—398.

③ Robert L. Daniel，*American Women in the 20ᵗʰ Century*，*The Festival of Life*，Orlando：Harcourt Brace Jovanovich，Inc.，1987，p. 87.

有重要参考价值。[①] 艾丽斯·凯斯勒-哈里斯（Alice Kessler-Harris）的《外出工作：美国挣工资妇女的历史》利用来自劳工杂志、人口调查报告、报纸、手稿等大量第一手资料，对殖民地时期到 1980 年代的美国妇女工作经历作了详细论述；洛伊斯·W. 坦尼特勒（Lois W. Tentler）的《挣工资的妇女：美国的工厂工作与家庭生活，1900—1930》、林恩·Y. 温纳（Lynn Y. Weiner）的《从工作女孩到工作母亲：美国的女性劳动力，1820—1980》、朱丽叶·A. 马塞（Julie A. Matthai）的《美国妇女的经济史：妇女工作、劳动力的性别分工以及资本主义的发展》等著作，对美国妇女工作经历与历史都有详尽分析，其中有较大篇幅涉及这个时期的美国妇女就业状况。这些著作指出此时妇女在美国劳动力市场中呈现上升趋势，即使大萧条也没有影响这种趋势的进一步发展；妇女在劳动力市场中的职业构成和婚姻状况也发生了显著变化，白领职业发展迅速，已婚妇女就业持续增长并成为一个长期趋势，尽管此时依然是性别隔离的劳动力市场，女性在劳动力市场中的弱势地位也并没有改善。[②]

---

① Rosalyn Baxandall & Linda Gordon & Susan Reverby, *American Working Women*, *A Documentary History — 1600 to the Present*, New York：A division of Random House, 1976.

② Alice Kessler-Harris, *Out to Work：A History of Wage-Earning Women in the United States*, New York：Oxford University Press, 1979；Lynn Y. Weiner, *From Working Girl to Working Mother：the Female Labor Force in the United States*, *1820 — 1980*, Chapel Hill：University of North Carolina Press, 1985；Lois W. Tentler, *The Wage-Earning Woman：Industrial Work and Family Life in the United States*, *1900 — 1930*, New York：Oxford University Press, *1982*；Julie A. Matthai, *An Economic History of Women in America：Women's Work*, *the Sexual Division of Labor and the Development of Capitalism*, New York：Schocken Books, *1982*.

　　关于此时不同职业群体的美国妇女就业状况的研究比较丰富。辛西娅·F. 爱泼斯坦（Cynthia Fuchs Epstein）的《妇女的位置：专业生涯中的选择与限制》、芭芭拉·J. 哈里斯（Barbara J. Harris）的《超越范围：美国历史中的妇女与专业》、玛丽·鲁斯·沃尔什（Mary Roth Walsh）的《想要医生，但妇女不适合：医学专业中的性别障碍，1835—1970》、马里恩·马绍尔夫（Marion Marzolf）的《从脚注开始：女记者的历史》、玛格丽特·D. 戴维斯（Margery W. Davis）的《妇女的位置在打字机旁：办公室工作与办公室工作人员，1870—1930》等，对不同领域的职业妇女进行研究。① 此时不同种族群体的美国妇女就业状况都得到比较详尽的研究。美国黑人妇女是学者关注较多的群体，杰奎琳·乔纳斯（Jacqueline Jones）的《悲欢劳工：从殖民地到现在的黑人妇女、工作以及家庭》一书中指出，黑人妇女在劳动力市场中一直受到种族歧视和性别歧视的双重压迫，她们主要集中在报酬低和辛苦劳累的家庭服务业和农业中，并没有分享到繁荣的益处，经济危机则使她们的处境更加

---

① Cynthia Fuchs Epstein, *Women's Place：Options and Limits in Professional Careers*, Berkeley：University of Califonia Press, 1970；Barbara J. Harris, *Beyond the Sphere：Women and the Professions in American History*, Westport, Conn. ：Greenwood Press, 1978；Mary Roth Walsh, *Doctors Wanted：No Women Need Apply*, *Sexual Barriers in the Medical Profession*, *1835 — 1970*, New Haven：Yale University Press, 1977；Marion Marzolf, *Up From the Footnote：A History of Women Journalists*, New York：Hastings House, 1977；Margery W. Davis, *Women's Place Is at the Typewriter：Office Work and Office Workers*, *1870 — 1930*, Philadelphia：Temple University Press, 1982.

恶化。^① 这个时期墨西哥裔美国妇女的就业状况也得到较为深
入的研究。朱莉娅·柯克·布莱克韦尔德（Julia Kirk Black-
welder）指出，由于受传统文化影响，已婚的墨西哥裔妇女大
多不外出工作，她们多数在家里从事缝纫和刺绣的手工劳动，
未出嫁的女孩多在家里剥核桃仁以贴补家用。作者认为由于社
会等级制度结构、当地特殊的经济条件和自身的传统文化的不
同，经济危机对不同群体的妇女产生的不同也影响。但历史学
家维基·L. 鲁伊斯（Vicki L. Ruiz）认为墨西哥裔美国妇女不
受传统文化的限制，她们在组织工会和工人罢工中发挥了积极
的领导的作用。^② 朱蒂·扬（Judy Yung）对美国华裔妇女进行
研究，她指出由于华裔妇女聪明能干、吃苦耐劳、富有牺牲精
神，因此她们与家人共同渡过了难关，并且就族裔整体的生活质
量而言在某种程度上还有所改善。^③

---

① Jacqueline Jones, *Labor of Love, Labor of Sorrow: Black women, Work, and the Family from the Slavery to the Present*, New York: Basic Books, Inc., 1985, pp. 152—231.

② Julia Kirk Blackwelder, "Women in the Work Force: Atlanta, New Orleans, and San Antonio, 1930—1940", *Journal of Urban History*, 4, May 1978; Julia Kirk Blackwelder, *Women of the Depression: Caste and Culture in San Antonio, 1929—1939*, College Station, Tex.: Texas A & M University Press, 1984; Vicki L. Ruiz, *Cannery Women: Mexican women, Unionization, and the California Food Processing Industry, 1930—1950*, Albuquerque: University of New Mexico Press, 1987.

③ Judy Yung, "Unbound Feet: A Social History of Chinese Women in San Francisco", Linda K. Kerber, June Sherron De Hart, *Women's America: Refocusing the Past*, New York: Oxford University Press, 2000, pp. 414—417.

　　这个时期美国已婚妇女的就业状况尤其受到学者们的关
注。学者们普遍指出，无论是在经济繁荣的 1920 年代还是经
济萧条的 1930 年代，大量已婚妇女进入劳动力市场成为事实
并成为一种趋势，她们在家庭和婚姻中的地位和角色因此受到
重大影响，但已婚妇女就业不仅面临社会的偏见和敌视，而且
面临家庭和职业之间的冲突，大萧条期间对已婚妇女的敌视和
歧视尤其强烈。洛伊斯·沙夫（Lois Scharf）在《工作和婚姻：
女性就业、女权主义和大萧条》一书中指出，大萧条对女性的
消极影响远远超过对男性的影响，妇女在就业市场中不得不退
到地位低、工资少的职业门类中，已婚妇女就业受到公众的强
烈敌视，另外在罗斯福政府"新政"的救济和社会保障项目
中，也明显地歧视妇女。[①] 但也有一些学者对已婚妇女就业状
况持不同观点，玛丽·W. M. 哈格里夫斯（Mary W. M. Har-
greaves）指出，尽管大危机对专职妇女来说是一个异常困难的
时期，但就业的妇女正在变成一支更加稳定、成熟的力量，越
来越多的已婚的、土生土长的、接受过高等教育的妇女加入到
美国劳动力大军中，这对于第二次世界大战后女性主义的复兴
来说是黎明前的黑暗。[②] 威妮弗雷德·D. 旺德西（Winifred
D. Wandersee）在《妇女的工作和家庭观：1920—1940》一书

① Lois Scharf, *To Work and To Wed: Female Employment*, *Feminism*, *and the Great Depression*, Westport, Conn: Greenwood Press. , 1980, pp. 66—85.

② Mary W. M. Hargreaves, "Darkness Before the Dawn: the Status of Women in the Depression Years", Mabel E. Deutrich; Virginia C. Purdy, Edi. , *Clio Was a Woman: Studies in the History of American Women*, Washington D. C. : Howard University Press, 1980, pp. 178—185.

中，把 1920 年代和 1930 年代美国已婚妇女就业状况作为整体来考察，她运用社会学、统计学等方式，主要从经济层面对这一时期不同经济阶层、不同种族群体的已婚妇女家庭经济状况、家庭和就业中母亲和儿童角色、大萧条时期已婚工作妇女状况以及妇女在家庭中的位置进行详尽分析，指出"在妇女与工作的历史中，妇女的家庭角色和她们家庭外的工作之间有密切的联系，她们对劳动力市场的参与是其家庭角色的直接扩大"。她强调这一时期经济需求和家庭价值观使大量美国已婚妇女进入劳动力市场，她们的经历反过来又强化了女性的家庭观。[1]

历史学家们对这一时期美国妇女就业发展状况也有不同评价。玛丽·P. 莱昂（Mary P. Ryan）认为这个时期美国妇女就业发展促进了妇女独立和平等意识的增长，"不是教室，也不是公寓，而是工作，为培养年轻女性所显示的独立精神提供了最广泛和最适宜的环境"。[2] 南茜·沃洛克对此时期的妇女就业发展也有较高评价，她指出大量女性进入劳动力市场，"进入曾经被男性独占的领域"，形成了"一场伟大的无意识和无组织的妇女运动"，是妇女走向独立和获得与男性平等的重要原因。[3] 但历史学家洛伊斯·班纳认为 1920 年代美国妇女就业人数的增长"主要是反映了总的人口增长情况"，妇女在 1920 年代"在劳动

---

[1] Winifred D. Wandersee, *Women's Work and Family Values*, *1920 — 1940*, Cambridge, Mass.：Harvard University Press, 1981.

[2] Mary P. Ryan, *Womanhood in American*, *From Colonial Times to the Present*, New York：Franklin Watts, 1983, p. 229.

[3] Nancy Woloch, *Women and the American Experience*, Alfred A. Knopf, Inc., 1984, p. 388.

力中没有实质性地提高其地位”。1930 年代期间妇女就业遭遇到
严重困难，失业和歧视加剧，许多妇女被迫从劳动力市场中退归
家庭。① 罗伯特·L. 丹尼尔经过分析比较指出，美国的经济结
构性变化以及人口的一般增长促进了妇女就业的发展，女性劳动
力中 2/3 的增长反映了一般的人口增长，1/3 的增长反映了对女
性就业的不断增长的接受。② 威廉·亨利·查夫（William Hen-
ry Chafe）认为早些时候的历史学家们夸大了这个时期美国女性
就业的“经济变化数量”，他认为对 1940 年以前的美国妇女来
说，“争取经济平等目标的进展很少”，大多数妇女仍局限于“不
适当付酬”的卑下的“女性”（female）工作，“妇女劳动力数字
的上升只是反映了人口和经济的增长速度，而非妇女经济活动的
积极变化”。③

　　1920 年代和 1930 年代期间美国妇女的婚姻与家庭生活也留
下了鲜明的时代印记，关于这方面的研究比较充分。早在 1920
年代期间，一些社会学家就对当时的美国婚姻家庭生活进行大量
的调查，为以后研究这一时期的婚姻家庭状况奠定了基础。凯瑟
琳·B. 戴维斯（Katherine B. Davis）在 1929 年出版的对 2200
名已婚和未婚的中产阶级妇女的调查报告，是美国性学历史上一
个重要的先驱性的研究报告，为后人了解这一时期美国妇女的性

---

　　① ［美］洛伊斯·W. 班纳，侯文蕙译：《现代美国妇女》，东方出版社 1987 年
版，第 151 页。

　　② Robert L. Daniel, *American Women in the 20th Century*, *The Festival of
Life*, Orlando: Harcourt Brace Jovanovich, Inc., 1987, p. 66.

　　③ William Henry Chafe: *The American Woman*, *Her Changing Social*, *Eco-
nomic*, *and Political Roles*, *1920 — 1970*, Oxford University Press, Inc., 1972,
pp. 51—54.

经历与性思想提供了重要信息。戴维斯在调查中发现，大多数已婚中产阶级妇女使用避孕药物，用肯定的、接纳的言辞表达性关系。[①] 这时玛格丽特·桑格（Margaret Sanger）倡导的生育节制运动逐渐为美国社会所接受，对美国的婚姻家庭生活产生了巨大影响，因此，关于这方面的研究也不少。桑格本人在这个时期有多部著作出版，如《妇女与新种族》（1920）、《文明的中心》（1922）、《婚姻指南》（1926）等，她认为生育节制（birth control）是妇女自由的根源，女性在避孕问题上的无知不仅使她们在社会上束缚于既定位置，而且伤害种族；给予节制生育的知识以解放妇女，可以把她们的思想转变为"新种族"。[②] 戴维·肯尼迪（David Kennedy）的《美国的生育节制：玛格丽特·桑格的生涯》与琳达·戈登（Linda Gordon）的《妇女的身体，妇女的权利：美国生育节制的社会历史》对生育节制历史进行了详细考察。[③] 社会学家欧内斯特·R. 格罗夫斯（Ernest R. Groves）与威廉·F. 奥格本（William F. Ogburn）所撰写的《美国人的婚姻与家庭关系》是关于美国婚姻家庭研究的经典之作，该书指出，1920 年代期间美国人的婚姻观念正在从以生殖为中心向以爱情、伴侣和享受性爱乐趣为基础的理想婚姻方向转变，出现一

---

① Katherine B. Davis, *Factors in the Sex Life of Twenty-Two Hundred Women*, New York, 1929.

② Margaret Sanger, *Women and the New Race*, New York: Maxwell Reprint Co. , 1920.

③ David Kennedy, *Birth Control in America: The Career of Magaret Sanger*, New Haven: Yale University Press, 1970; Linda Gordon, *Woman's Body, Woman's Right: A Social History of Birth Control in America*, New York: Grossman's Punlishers, 1976.

种新型的"伙伴"关系的婚姻。[①] 卢斯·施沃兹·科温（Ruth Schwartz Cowan）的"早上两次洗涮，晚上一次桥牌会：两次世界大战期间的美国家庭主妇"一文中对这一时期的美国家庭主妇进行考察，作者指出，美国家庭主妇的生活和角色发生了很大的变化，家庭主妇是集厨师、女服务员和女主人于一身的"三位一体太太"（Mrs. Three-in-One），家庭是她们唯一合适的领域，"女性的奥秘"（feminine mystique）思想在两次世界大战之间的 20 年内已经形成，在战后成为流行思想。[②]

　　1930 年代期间美国家庭面临严重的经济困境，失业家庭尤其引起政府和社会学家的关注，他们进行了大量的调查。当时的报纸杂志也刊登大量反映大萧条时期家庭生活、预算、娱乐等文章，为后来的研究保留了大量有价值的资料。罗杰·安吉尔（Roger Angell）的《大萧条下的家庭》、卢斯·肖尼尔·卡文（Ruth Shonle Cavan）等所著的《家庭与大萧条》、米勒·凯莫洛夫斯基（Mirra Komarovsky）的《失业男性与其家庭》和 E. 怀特·贝克（E. Wright Bakke）的《失业的公民：失业对工人社会关系与实践的影响研究》等，分析了大萧条对失业男性及家庭带来的冲击。路易斯·阿德米克（Louis Adamic）的《我的美国：1928—1938》尽管不是严谨的社会学著作，但也提供了丰富

---

　　① Ernest R. Groves, and William F. Ogburn, *American Marriage and Family Relationships*, New York: Arno Press, 1976.

　　② Ruth Schwartz Cowan, "*Two Washes in the Morning and a Bridge Party at Night: The American Housewife between the Wars*", Jean Friedman, William G. Shade, ed., *Our American Sisters*, *Women in American Life and Thought*, Boston: D. C. Heath and Company, 1987, pp. 447—465.

的关于大萧条对美国人家庭生活冲击的信息。① 1970 年代后出现
了大量关于这个时期美国各个阶层家庭状况的研究成果。中产阶
级家庭在大萧条期间生活落差巨大，珍妮·韦斯廷（Jeane Wes-
tin）的《设法应对：妇女怎样幸存于大萧条》利用大量口述史
资料，描述了中产阶级妇女面对危机学会了许多生存技能，把大
萧条对家庭经济的影响降低到最低。卢斯·米尔克曼（Ruth
Milkman）在《妇女的工作和经济危机：大萧条的一些教训》一
文中对经济危机时期美国妇女的生活也有生动的描述。②

　　学者们对生活在美国广大的南部和西部农村的白人妇女也进
行了研究。1930 年代中期，社会学家玛格丽特·J. 哈古德
（Margaret Jarman Hagood）在美国的东南部旅行，采访了大量
佃户农民的妻子，结集出版，并成为其经典之作，《南方的母亲
们：白人佃农妇女画像》，该书详细描述了白人佃户妇女的生活，
指出此时南方农村中电和自来水设施还很少，农村妇女主要靠自
己的双手做家务，照顾庞大的家庭，承担着繁重的农场工作和家

---

　　① Roger Angell, *The Family Ecounters the Depression*, New York：
Scribner's, 1936；Ruth Shonle Cavan, Katherine Howland Ranck, *The Family and
the Depression*, Freeport, N. Y. ：Books for Libraries Press, 1938；Mirra
Komarovsky, *The Unemployed Man and His Family*, New York：Institute of Social
Research, 1940；E. Wright Bakke, *Citizens Without Work：A Study of the Effects
of Unemployment upon the Worker's Social Relations and Practices*, New Haven：
Yale University Press, 1940；Louis Adamic, *My America, 1928 — 1938*, New
York：Harper & Brothers Publishers, 1938；Maya Angelou, *I Know Why the Caged
Bird Sings*, New York：Random House, 1969.

　　② Jeane Westin, *Making Do：How Women Survived the 30's*, Chicago：Follett,
1976；Ruth Milkman, "Women's Work and Economic Crisis：Some Lessons of the Great
Depression," *Review of Radical Political Economics*, Vol. 8, Spring, 1976.

务劳动。^① 诺拉·米勒（Nora Miller）1935 年出版的《南方农村的女孩》一书，重点研究了未婚的美国农村年轻女孩的生活，该书指出到城市找工作本来是许多农村女孩的梦想，但经济大萧条使其无法在城市中立足而不得不回到农村，寂寞黯淡的生活使女孩们普遍向往婚姻，将其视为一种解脱。^② 黛博拉·芬克（Ddeborah Fink）在《农妇：内布拉斯加农村地区的妻子们和母亲们，1880—1940》一书中指出，由于经济危机和天灾的打击，美国这一地区的妇女们改变了农村生活的态度，许多女性选择了单身，一些已婚女性则选择了离婚，没有离婚的也不再满足于妻子和母亲的角色，而渴望有自己的经历和追求。^③

1930 年代期间当美国妇女以各种方式应对经济危机时，她们在家庭中的角色和地位也发生了一些变化。学者们普遍认为，男性由于收入下降、失业等原因，其作为家庭养家糊口者的角色削弱，在家庭中的权威受到挑战，妇女在家庭中的经济作用和精神力量相对增大，地位也相应提高，但此时男女两性的性别定位并没有改变。彼得·法林（Peter Filene）的《他/她/自己：现代美国的性别角色》一书从性别的角度探讨了美国中产阶级的男女两性在现代社会的地位和作用。他指出，许多对夫妻在危机来临时都表现出莫大的震惊和恐惧，有些丈夫由于失业而失去"养家糊口人"的地位和一家之主的尊严，但绝大多数家庭最终找到

---

① Margaret Jarman Hagood, *Mothers of the South：Portraiture of the White Tenant Farm Women*, Chapel Hill：University of North Carolina press，1939.

② Nora Miller, *The Girl in the Rural Family*, Chapel Hill：University of North Carolina press，1935.

③ Ddeborah Fink, *Agrarian Women：Wives and Mothers in Rural Nebraska*, *1880—1940*, Chapel Hill：University of North Carolina Press，1992.

应对危机的办法，在夫妻之间培养了新的信任和合作，并巩固了传统的性别角色定位。[①]

　　"新政"时期是选举权获得后美国妇女参政的第一个高潮，学者们对这个时期美国妇女在政治中的状况有比较深入的研究。苏珊·韦尔（Susan Ware）在她的《选举权之外：新政中的妇女》一书中，详细地介绍了"新政"时期在美国联邦政府任公职的 28 位妇女所组成的"妇女网络"（network of women）在"新政"社会改革中所起的作用。她指出"新政"为妇女"参与 1930 年代公共生活提供了被扩大的角色"[②]。芭芭拉·西克曼（Barbara Sicherman）等编撰的《现代杰出美国妇女》，提供了"新政"时期杰出妇女完整的传记材料，有重要的参考价值。[③]在众多的杰出女性中，埃莉诺·罗斯福（Eleanor Roosevelt）尤其引人注目，她不仅是当时的第一夫人，而且是"新政"时期"妇女网络"的中心，1930 年代时期她还是妇女和少数族裔等弱势群体的代言人。历史学家琼·索肯（June Sochen）认为，埃莉诺是"美国历史上最重要的第一夫人，她激励了千百万的妇女，获得了独立于其丈夫声名的持久的声誉，成为其时代一个独特的现象"。[④] 有关埃莉诺·罗斯福个人的研究非常多，其中约

---

① Peter Filene, *Him/ Her/ Self : Sex Roles in Modern America*, Baltimore and London: The Johns Hopkins University Press, 1996, pp. 153—157.

② Susan Ware, *Beyond Suffrage : Women in the New Deal*, Cambridge, Mass. : Harvard University Press, 1981, pp. 1—4.

③ Barbara Sicherman; Carol Hurd Green, *Notable Women : The Modern Period*, Cambridge: Harvard University Press, 1984.

④ June Sochen: *History : A Record of the American Woman's Past*, Second Edi. , Mountain View: Mayfield Publishing Company, 1982, p. 293.

瑟夫・P. 拉什（Joseph P. Lash）的《埃莉诺与福兰克林：根据埃莉诺・罗斯福的私人文件撰写的他们关系的故事》与《埃莉诺：孤独岁月》的传记非常出色。拉什是埃莉诺・罗斯福的亲密朋友，他以丰富翔实的资料展现了埃莉诺的一生，其评价亦坦率客观。[①] 对"新政"中其他妇女的研究也比较多，曾担任过美国政府劳工部长的弗朗西斯・帕金斯（Frances Perkins）、妇女局领导玛丽・安德森（Mary Anderson）等都有自传或个人传记。

美国妇女在"新政"社会救济、社会保障立法和保护性立法中的影响和作用也受到学者们的关注。沃尔特・特雷塔纳（Walter I. Trattner）的《从济贫法到福利国家：美国社会福利历史》论述了美国怎样走向福利国家的历史，其中有部分章节对1920 年代社会工作专业化和社会福利政策得失、大萧条和"新政"时期社会福利政策实施的背景、内容和影响进行详细分析。作者对罗斯福政府承担社会救济任务、实施社会福利政策表示赞赏，指出"通过社会保障法和其他的新政计划，联邦政府为所有

[①]　笔者从互联网上搜索所得，关于埃莉诺・罗斯福的研究专著不下百部，如 Joseph P. Lash, *Eleanor and Franklin*：*The Story of Their Relationship*，*Based on Eleanor Roosevelt's Private Papers*，New York：W. W. Norton，1971；Joseph P. Lash, *Eleanor, the Years Alone*，New York：W. W. Norton，1972；William J. Youngs, *Eleanor Roosevelt*：*A Personal and Public Life*，Boston：Little, Brown & Company，1985；Blanche Wiesen Cook, *Eleanor Roosevelt*，Vol. 1，New York：Penguin Books，1993，等等。另外，埃莉诺・罗斯福本人的著述也较多，如《我的故事》(*This is My Story*，New York：Harper and Brothers，1937) 和《我的回忆》(*This I Remember*，New York：Harper and Brothers，1949) 等。另外她主持的专栏"我的一天"(My Day) 被当时许多报纸转载，其行踪和演讲稿也常常见诸当时的报刊。

公民的经济保障承担责任，美国福利国家由此产生"。① 但许多
学者看到了"新政"福利政策和救济项目中的不足之处。米米·
阿布拉莫维茨（Mimi Abramovitz）的《管制妇女的生活：从殖
民地时期到现在的社会福利政策》从社会性别角度考察美国妇女
政策的历史，对大萧条和新政时期社会福利政策产生的背景、内
容以及妇女遭受的歧视性待遇进行了深入分析。她认为美国社会
福利政策从殖民地时期起就体现了传统的家庭伦理观念，强调男
性在家庭中养家糊口人的角色和女性照顾家庭的责任。"新政"
时期的福利政策体现了同样的观念，女性是因为妻子和母亲的身
份而不是工作的身份受益，这实际上是一种性别歧视。阿布拉莫
维茨的成功之处在于把女性放到社会性别的范畴进行考察，其观
点使人耳目一新。② 琳达·戈登（Linda Gordon）的《被怜悯但
没有被赋予权利：单身母亲与福利史，1890—1935》从单身母亲
角度考察美国福利历史，她指出母性主义和女性福利改革家在美
国福利国家的形成过程中使女性逐渐沦为二等公民，在"新政"
的社会保障项目和公共救济项目中，妇女与其他弱势群体都处于
不利地位。③ 格温多琳·明克（Gwendolyn Mink）在《母亲的
工资：福利国家中的不平等，1917—1942》中也指出，母性主义
者通过母亲津贴和对需要抚养孩子的家庭进行援助，使母性观念

①　Walter I. Trattner, *From Poor Law to Welfare State：A History of Social Welfare in America*, 4th ed., New York：The Free Press, 1974, 1989, pp. 239—283.

②　Mimi Abramovitz, *Regulating the Lives of Women：Social Welfare Policy From Colonial Times to the Present*, Boston：South End Press, 1988.

③　Linda Gordon, *Pitted but not Entitled：Single Mothers and the History of Welfare*, 1890—1935, New York：The Free Press, 1994.

在政治上得到承认，但与此同时，由于对母亲角色的过分坚持也导致妇女在"新政"的福利项目中处于不利地位。① 苏珊娜·梅特勒（Suzanne Mettler）在《划分公民：新政公共政策中的社会性别和联邦主义》中指出，美国联邦和州政府通过对社会保障立法管理权限的分配，把与白人男性有关的福利项目由联邦政府进行统一管理，与妇女和少数族裔有关的项目由州政府负责。通过这种划分，妇女从"新政"之前是福利的主要对象下降到从属的地位，实际上被划分为"二等公民"。② 历史学家伊莱恩·S. 埃布尔尔森（Elaine S. Abelson）还从社会性别的角度分析了在经济危机初期独立、失业又无家可归的妇女接受救济的情况，她认为"妇女的位置在家庭"（woman's place in the family）、男性是养家糊口的人的传统观念是造成这些女性悲剧的原因，政府和社会所有救济政策的出发点都建立在以社会性别为基础的选择上，"被遗忘的男人"成为被救济的主体，那些无人依靠的失业妇女被忽视而流落街头。③

1920 年代和 1930 年代作为选举权斗争胜利后的最初年代，这个时期美国的女权主义发展状况也是妇女史学者普遍关注的领域之一。早在 1920 年代期间，当时的报纸杂志就刊登了一些女权主义者写的文章，对当时的女权主义运动进行反思。1925 年

---

① Gwendolyn Mink, *The Wages of Motherhood*: *Inequality in the Welfare State*, *1917—1942*, Tthaca: Conell University Press, 1995.

② Suzanne Mettler, *Dividing Citizens*: *Gender and Federalism in New Deal Public Policy*, Ithaca: Cornell University Press, 1998.

③ Elaine S. Abelson, "Women Who Have No Men to Work for Them, Gender and Homelessness in the Great Depression, 1930—1934" *Feminist Studies*, Spring 2003, Vol. 29.

伊丽莎白·布鲁尔（Elizabeth Breure）指出目前美国女权主义
运动正处于一个尴尬期，目标多样化，性别意识减弱，个体自我
意识张扬，"无论我们有没有意识到，我们是今天妇女运动的一
部分——一个已经度过了其青春期、度过了青年初期心不在焉的
激动、而现在正在解决营养问题的运动。这是当前和这一代的美
国的女权主义"。[①] 1927 年多萝西·顿巴·布鲁姆雷（Dorothy
Dunbar Bromley）指出女权主义已经对年轻女性失去了吸引力，
她在《哈泼斯杂志》（*Harper's Magazine*）中写道："'女权主
义'对现代年轻女性成为一个耻辱的词语，因为这个词意味着或
是穿着平底鞋、没有什么女性吸引力、老派、好斗的女权主义
者，或是那些喋喋不休、坚持未婚时的姓名、平等权利，妇女的
位置在世界和其他事务来对抗男性的现代的女权主义者。"[②] 这
些同时代人对女性主义的分析对后来的研究有重要参考价值。
1960 年代第二次女权运动爆发之后，女权主义发展历史引起妇
女史学者的高度关注，出了大量研究成果。埃莉诺·弗莱克斯纳
（Eleanor Flexner）的《世纪之争：美国妇女权利运动》、J·斯
坦利·兰蒙斯（J. Stanley Lemon）的《女公民：1920 年代的社
会女权主义》、苏珊·D. 贝克（Susan D. Becker）的《平等权利
修正案的起源：两次世界大战之间的女权主义》、威廉·L. 奥尼
尔（William L. O'Neill）的《每个人都勇敢：美国女权主义的起
落》、史蒂文·M. 布科勒（Steven M. Buecbler）的《美国的妇
女运动：妇女参政权、平等权利及其他》等对此时妇女在政治中

---

① Elizabeth Breure，"Feminism's Awkward Age"，*Harpers Magazine*，Vol.，
CL.，April，1925，p. 545.

② Dorothy Dunbar Bromley，"Feminist-New Style"，*Harper's* CLV，October
1927，pp. 552—560.

的进展、全国妇女党、《平等权利修正案》以及一些重要的女权主义者进行深入研究。① 罗莎林德·罗森伯格（Rosalind Rosenberg）的《超越隔离领域：现代女权主义的智力根源》则从社会性别角度对 1920 年代女权主义的文化根源与危机作了深入分析。② 学者们普遍认为，这个时期美国女权主义由于种种原因走向衰落。

　　1930 年代期间的美国女性主义研究相对比较薄弱。这一时期国家的注意力集中在大萧条问题上，大多数的妇女组织和女权主义者也更多地从经济层面为妇女争取利益，妇女问题本身被忽视，女权主义被边缘化，因而引起许多女权主义者的忧虑。1935 年吉纳维芙·帕克赫斯特（Genevieve Parkhurst）在《哈泼斯》杂志上发表题为"女权主义死了吗"一文，她对之前 15 年间的美国和欧洲的女权主义运动作了比较系统的论述，指出妇女群体的分裂和领导者没有提出鼓舞人心的目标是美国女权主义运动的致命伤，但她认为女权主义没有死亡："景象

---

① Eleanor Flexner, *Century of Struggle: The Women's Rights Movement in the United States*, Cambridge: Harvard University Press, 1959; J. Stanley Lemon, *The Woman Citizen: Social Feminism in the 1920's*, Urbana: University of Illinois Press, 1973; Susan D. Becker, *The Origins of the Equal Rights Amendment: American Feminism between the Wars*, Westport: Greenwood Press, 1981; Nancy F, Cott, "Feminist Politics in the 1920s: The National Woman's Party", *Journal of American History 71*, June 1984; William L. O'Neill, *Everyone was Brave: The Rise and Fall of Feminism in America*, Chicago: Quadrangle Books, 1969; Steven M. Buecbler, *Women's Movement in the United States: Woman Suffrage, Equal Rights, and Beyond*, New Brunswich: Rutgers University Press, 1990.

② Rosalind Rosenberg, *Beyond Separate Spheres: Intellectual Roots of Moden Feminism*, New Haven: Yale University Press, 1982.

或许很黯淡，但地平线上有亮光。我认为宣布女权主义者运动已经死亡或今天整个西方世界妇女状况没有比 15 年前更好为时过早。"[1] 后来许多历史学家对 1930 年代女权主义进行考察后得出与吉·帕克赫斯特类似的结论。但有一些学者对 1930 年代的女权主义持悲观看法，威廉·亨利·查夫认为："在选举权修正案通过后的二十余年里，争取妇女权利运动降到了最低点。它被争论困扰，因缺少广泛的支持而被削弱，被互相残杀的战争而分裂，妇女权利运动在美国社会作为一个强有力的力量已经不复存在。"[2]

　　关于这一时期的美国妇女运动的研究也相对薄弱。劳工史专家菲利普·S. 方纳（Philip S. Foner）的《妇女与美国劳工运动：从第一次世界大战到现在》，以丰富生动的资料，记述了 1920 年代和 1930 年代期间妇女工会组织以及妇女主要的罢工斗争。方纳指出，美国妇女在 1930 年代的许多罢工中起了重要作用，但由于工厂、地方政府的阻碍和工会中性别歧视的存在，使妇女在劳工运动中的斗争受到制约。[3] 杰奎琳·多德·霍尔（Jacquelyn Dowd Hall）的《反叛骑士精神：杰西·丹尼尔·艾姆斯和妇女反对私刑运动》一书对南方妇女"防止

---

①　Genevieve Parkhurst，"Is Feminism Dead?" *Harper's Magazine*，Volume 170，May，1935，pp. 737—744

②　William Henry Chafe，*The American Woman*，*Her Changing Social*，*Economic*，*and Political Roles*，*1920 — 1970*，New York：Oxford University Press，Inc.，1972，p. 132

③　Philip S. Foner，*Women and American Labor Movement*：*From World War I to the Present*，New York：The Free Press；A Division of Macmillan Publishing Co.，Inc.，1980，pp. 125—335.

私刑协会"的分析有独到见解。她指出，绝大多数"私刑"实际上是白人男性为了反对侵犯他们经济力量的黑人而采取的恐怖行动，同时也是加强白人女性对白人男性依赖性和迫使她们安分守己的工具，白人男性的想法是想建立一个在性别和种族基础上的等级森严的权力关系。协会的努力减少了"私刑"的发生，但其本身又无法超越种族和阶级的界限，因此取得的成就有限。① 1930 年代期间由于美国共产党宣扬性别平等，吸收女性加入该组织，并公开讨论妇女问题，妇女在其中比较活跃。杰恩·罗达（Jayne Loader）的《左派妇女，1906—1941：主要资料的书目提要》、罗伯特·沙弗（Robert Shaffer）的《妇女与美国共产党，1930—1940》等文章介绍了 1930 年代妇女在共产党中的经历。②

综上所述，1920 年代和 1930 年代期间美国社会政治、经济和文化变动剧烈，妇女生活丰富多彩，但对这一时期美国妇女状况的研究起步较晚，直到 1970 年代以后才出现大量研究成果，对这个时期不同种族群体和阶级群体的妇女生存状态进行比较深入的研究，对正确评价这一时期妇女的地位和作用、全面了解这个时期的社会变迁起了重要作用。但大多数的研究侧重于展现妇

---

① Jacquelyn Dowd Hall, *Revolt against Chivalry: Jessie Daniel Ames and the Women's Campaign against Lynching*, New York: Columbia University Press, 1993.

② Jayne Loader, "Women on the Left, 1906−1941: Bibliography of Primary Sources", *University of Michigan Papers in Women's Studies 2*, February, 1974; Robert Shaffer, "Women and the Communist Party USA, 1930−1940", *Socialist Review* 46, May-June 1979; Vivian Gornick, *The Romance of American Communism*, New York: Basic Books, 1977.

女自身生存状况，对社会性别关系中妇女地位和角色的变迁很少探讨，也很少把这一时期作为一个整体进行考察，这为笔者利用已有成果、在"社会性别"角度综合考察这个时期妇女的生存状况及其地位和角色变迁留下了空间。

三 研究思路

本书在上述国内外研究基础上，把美国女性群体放在从繁荣——萧条——复苏的背景下，运用社会学、历史学、妇女学等研究方法，并从社会性别研究角度对女性就业、婚姻家庭、教育和妇女运动与组织状况进行比较全面的分析，力图比较真实全面地反映这个时期（1920—1940）美国女性在私人领域和公共领域中生活状况和地位及角色的变迁。笔者从中国国家图书馆、上海图书馆、香港大学图书馆等处查阅了大量相关资料，并借助网络手段，从 EBSCO、PROQUEST 等数据库、美国国会图书馆等网站下载了大量第一、二手资料，借鉴了国外丰富的研究成果。笔者认为，这一时期美国妇女的就业呈上升趋势，女性在婚姻中的地位和作用有所加强，她们在家庭中承担了更多的责任和角色，但就业市场依然是"性别隔离"的市场，"妇女的位置在家庭"的传统观念依然稳固；这个时期她们在政治上的进展并不大，经济平等也远未实现。同时，此时期的妇女组织和妇女运动处于低潮，女权主义走向衰落。

本书除"导言"和结语外，正文共分为三章。

第一章侧重分析 1920 年代美国妇女的生存情况以及地位和角色变迁。本章首先分析在此之前的美国社会政治、经济和社会文化的变迁，指出工业化和城市化改变了维多利亚时期的女性观，妇女走出家门，进入劳动力市场和参与社会改革运动，而社会文化在 20 世纪初也逐步走向开放。1920 年代随着经济的繁荣和文化的活跃，不仅出现了代表妇女解放的"新女性"群体，而且女性的就业、教育有较大发展，婚姻关系朝平等方向发展，性观念更加开放，女性在家庭中承担起消费者等新角色，地位有所提高。但1920年代的自由是虚幻的，随着社会的剧变而幻灭。

第二章侧重分析1930年代美国妇女的生存状况以及地位和角色变迁。此时她们面临严峻考验。失业加剧了婚姻家庭危机，妇女设法应对危机，努力维持家庭和自身的生存，成为家庭的重要支柱；大量已婚妇女出于家庭经济需求进入劳动力市场，女性就业继续发展，但遭遇了空前的歧视和敌视，就业环境恶化；"新政"为妇女参政提供了新的机会，大量女性供职于"新政"部门，参与社会救济项目的制定和实施，并对此时的保护性立法和社会保障立法产生了重大影响。这一时期美国妇女承受着物质匮乏和精神痛苦的双重磨难，但她们经受住了"大萧条"的考验，其在家庭和社会中的地位有所提高。

第三章侧重从美国妇女组织和妇女运动角度分析美国女性在公共领域中的生存状况和地位变化。1920年代和1930年代期间美国妇女运动经历了从沉寂到爆发的过程。1920年代美国社会氛围走向保守，社会改革屡屡受挫，各种妇女组织成员人数下降，妇女运动分崩离析，"女权主义"一词也被视为是陈词滥调，为年青一代女性所鄙弃，妇女运动在物质繁荣的时代走向了沉寂。1930年代期间美国妇女的工会运动、左派运动和参与"新政"改革都较1920年代活跃，出现了妇女参政的第一个高潮，但此时并没有出现独立的妇女运动，女权主义依然处于边缘化地位。这一时期美国妇女在社会运动中依然遭受性别歧视，其在社会中的地位和角色依然受到传统观念的约束。另外，由于美国妇女组织和妇女运动领导对妇女角色地位的错误估计，使妇女改革运动和女权主义运动并没有因参政权运动的胜利而得到进一步的发展，而是处于停滞状态，甚至某种程度上处于倒退状态。

第一章 浮华下的自由

——1920 年代美国妇女生存状况及地位与角色变迁

1920 年代处于第一次世界大战的破坏与"大萧条"的冲击之间，美国显示出短暂的物质繁荣、生气勃勃的景象，被视为有其自身风格、内容与精神状态的独特时期。"美国很少有十年像 1920 年代那样被如此贴上标签、如此典型化和如此被嘲弄。历史学家用一些押韵的词语这样形容喧嚣的 20 年代：福特（Fords）、福莱勃尔（Flappers）、狂热者（Fanatics）、美元的 10 年（the Dacade of the Dollas），精神的时代（the Period of the Psyche），惊人浪费的时代（the Time of Tremendous Trifles），酒精（Alcohol and Al Capone）、禁酒的 10 年（the Dry Decade）。"[1] 此时也是美国妇女史上的独特时期。1920 年联邦宪法第 19 条修正案正式通过，美国妇女终于获得了梦寐以求的选举权，许多女性相信，她们现在成了和男性平等的公民，自由和解放的时代已经到来，虽然"新获得的选举权，没有带来直接的政

---

① Dorothy M. Brown, *Setting a Course：American Women in the 1920s*, Boston：G. K. Hall & Co., 1987, p. 1.

治胜利，但它提供了一种自由的感觉和无尽的可能性"①。这一时期对美国妇女来说，是一个物质繁荣、精神解放、崇尚个人主义和消费主义的浮华时代。她们尽情地享受着前所未有的自由；反过来，1920 年代物质的繁荣、文化的丰富、社会的稳定，都有着妇女必不可少的参与，自由不羁的"福莱勃尔"成为它最合适的象征。"女性是 1920 年代变化速度主要的促进者。……直到 1970 年代之前，20 世纪没有另外的十年，使妇女这样处于主要问题的中心。传统上个人和国家那些固定的惯例的支撑点——家庭、教堂与学校——在 1920 年代，妇女被期望保持'既定习俗的相对稳固的基础'，同时飞跃到以最快速度移动的自动楼梯上。"②

第一节　20 世纪初的美国社会

一　工业化、城市化及其对美国妇女的影响

（一）工业化

现代美国社会的出现是两次工业革命的结果。19 世纪初期，美国开始了第一次工业革命，到 19 世纪 70 年代告一段落。第一次工业革命从棉纺织业开始，引起一系列连锁反应，从轻工业到重工业都进行了全方位的技术革命，尤其是蒸汽机作为动力被广泛使用，大大提高了劳动生产力，促进了经济的迅速发展。交通

---

① Alice Kessler-Harris, *Out to Work: A History of Wage-Earning Women in the United States*, New York: Oxford University Press, 1982, p. 224.

② Dorothy M. Brown, *Setting a Course: American Women in the 1920s*, p. 245.

运输的发展为第一次工业革命的发展创造了条件，促进了各地区的经济联系以及铁路沿线城市的发展。与美国充分利用本国自然资源的优势发展工业同时，源源不断的外国移民则为此提供了丰富而又廉价的劳动力，钢铁、石油、机器制造、化学工业等行业迅速发展。另外，农业生产的持续增长和农业机械化水平的不断提高，也为工业发展提供了原料和销售市场。随着工业化的推进，到19世纪末，美国基本上建成了一个门类齐全的现代工业体系。

19世纪末20世纪初，美国掀起了以电力、钢铁、化学、石油提炼和汽车制造为主要标志的第二次工业革命。它以科技的创新发明为先锋，电力、化学工业、通信工程和汽车制造等新兴产业迅速崛起，成为经济发展的强大推动力。美国是最早使用电力的国家，工厂在19世纪末开始电气化，到了20世纪初，工厂中电气化水平不断提高，电灯、电话、家用电器源源不断进入城市的家庭，电力部门成为工业体系中的重要部门之一。此时发展最为迅速、对美国经济和社会生活影响最为深远的是汽车工业，它不仅使美国变成了"轮子上的国家"，成为一个高度流动性的国家，引起生活方式的大变革，而且汽车业刺激了橡胶、汽油、高速公路、加油站等相关产业的发展，成为经济繁荣最强劲的推动力。另外，福特公司（Ford Company）通过集中管理、控制原材料、精密的工具和高速的机械化流水线生产系统，实现批量生产。弗雷德里克·W. 泰罗（Frederick W. Taylor）关于"时间—动作"的研究不仅日益应用于管理，动力和技术的提高也刺激了生产，劳动生产率实际上提高了50%。[①] 第二次工业革命期间也带来了管理技术上的革新。19世纪末随着美国公司的飞速发

---

① ［美］德怀特·L. 杜蒙德著，宋岳亭译：《现代美国，1896—1946年》，商务印书馆1984年版，第447页。

展，现代企业制度形成，大公司中所有权与控制权的相脱离，个人所有和管理的传统工厂企业被由各级经理进行协调管理的现代企业所取代。庞大的新兴管理阶层成为企业正常运转的枢纽，各级经理人员在企业中各司其职：高层经理负责资源调配和中层人员之间的协调；中层经理则负责企业内部的各个具体生产环节，包括原料供应、生产过程以及运输销售等方面，保证生产流通的顺畅进行。在经理阶层下配备大量的秘书人员，处理公司日常事务。现代管理制度对专业化的要求不断提高，同时工作效率也大为提高。

在两次科技革命的推动下，美国经济发展突飞猛进。19世纪最后50年，美国工业总产值增长12倍，工业品价格在1865—1900年期间也增长500%。在工业革命推动下，电力、钢铁、化学、汽车等新兴产业崛起，日益成为工业经济的支柱产业。1890年，美国工业制品的总值超过农产品的总值，工业开始在国民经济中占主导地位，1900年，工业产品价值超过农产品价值2倍多，美国由农业社会转化为工业社会。工业革命也使美国后来者居上，逐步确立了世界强国的地位。1860年，美国工业生产总值只居世界第4位，1894年已跃居世界第1位，生产量相当于欧洲诸国总量的一半。19世纪末，美国工业生产总值达95亿美元，超过英、法、德三国，取代了19世纪有"世界工厂"之称的英国的地位，美国凭借经济实力在19世纪末20世纪初的世界舞台上取得举足轻重的地位。[①] 与此同时，美国从自由资本主义向垄断资本主义的过渡，此时垄断组织实力雄厚，依赖资本和技术优势控制了国内市场，并以更快的速度吞并中小企

---

① 王斯德主编，李宏图、沐涛、王春来等著：《世界通史·第二编·工业文明的兴盛：16—19世纪的世界史》，华东师范大学出版社2001年版，第348—349页。

业。此时美国大公司总部和金融市场多集中在纽约、芝加哥等大城市中，这些城市成为国家经济发展的中心，其规模和影响越来越大。

(二) 城市化

两次工业革命的过程同时也是美国的城市化过程。从殖民地时期以来，北美大陆的居民就有高度的流动性，一方面，城市的经济发展成为农业人口向城市流动的巨大力量；另一方面，大工业与技术进步为城市化与现代城市的兴起提供了必不可少的物质条件。19 世纪美国城市发展伴随着工业化而迅速发展，1800 年到 1890 年，美国人口增加 11 倍，而同期城市人口则增加了 86 倍；1800 年，8000 人以上的城市只有 6 个，到 1890 年，增加到 480 个；人口超过 50 万人的大城市的崛起更引人注目，到 1900 年，已经有 6 个这样的大城市，尤其在 19 世纪最后 20 年，大城市的发展速度更是史无前例。芝加哥城市面积扩大两倍多，纽约城市人口从不满 200 万人增加到近 350 万人。[①] 19 世纪 90 年代随着边疆的消失，城市成为寻求新机会的主要去处，城市化的速度加快。1880 年到 1920 年期间，美国城市的人口增长了近两倍，这些增加的人口大多数来自那些世纪之交来到美国的东欧和南欧的移民。[②]

20 世纪初，美国城市化以更快的速度进行，城市人口和城市数目大幅度增长。1910 年美国城市人口已占全部人口的 1/2，

---

① J. 布卢姆、S. 摩根等著，戴瑞辉等译：《美国的历程》（下册，第一分册），第 67 页。

② William Henry Chafe, *The American Woman, Her Changing Social, Economic, and Political Roles, 1920 — 1970*, New York: Oxford University Press, Inc., 1972, p. 54.

1930 年则跃升到 2/3。在城市人口比例上升的同时，城市数量急剧增加，1860 年，1 万居民以上的城市有 100 个，到 1910 年猛增到 600 个。城市规模也不断扩大，同期人口在 10 万人以上的城市从 9 个增至 50 个，到 1930 年，美国出现 5 个居民百万以上的大都市：纽约市人口 693 万人；芝加哥 337.6 万人；洛杉矶 220.8 万人；费城 195.1 万人；底特律 156.9 万人，其中纽约是当时世界上最大的城市。另外，此时随着市内交通的改善以及电梯、优质钢、平板玻璃也使建立高楼大厦成为可能，其中摩天大楼是城市化最突出的标志，城市的天际线不断改变。大城市内部的空间结构和立体景观方面基本上已具有美国现代城市的特征。1920 年代是美国城市大发展时期。1920 年，一半的美国人居住在人口为 25000 人或以上的城镇中，并日益集中在大都市地区，其后的十年间又有 600 万农业人口进入城市。[①] 纽约是当时美国最大的城市，1929 年时有 188 幢摩天大楼，而 1931 年落成的纽约帝国大厦高 381 米，102 层，是当时世界上最高的建筑物，它的建成确立了纽约世界大都会的地位。1920 年代期间美国城市已经形成了全国性的现代城市体系，城市密度提高了几倍，城市分布日趋合理，城市的功能也不断扩大，许多城市兼有工业中心、商业和金融中心以及政治文化中心等功能。此外，20 世纪初美国城市发展出现郊区化趋势。由于黑人、墨西哥人和波多黎各人等少数族裔移民大批涌进城市，城市地价飞涨，房地产商为牟取暴利，往往将旧房简单改造后出售或出租，或建造一些简陋住房待价而沽，造成城市居住条件恶化，贫民窟的数量不断增加，犯罪率上升，传染病流行，而那些有较高固定收入的家庭则

---

① Nancy Woloch, *Women and the American Experience*, New York：Alfred A. Knopf, Inc., 1984, p. 381.

都希望离开市区到近郊寻求更安全、清洁的住宅，距离工作地点比较远的问题也由于汽车的普及而得到解决，郊区成为上层阶级和中产阶级的居住区。随着郊区工商业区和卫星城镇的逐渐增多，中心城市的膨胀受到了抑制。

（三）工业化、城市化对美国妇女的影响

工业化和城市化对美国社会的方方面面都产生了巨大的冲击，所有的人都被卷入工业化和城市化的大潮中，其中妇女的生活环境和社会地位尤其发生了深刻的变化。首先，随着工业化的发展，家庭的生产功能逐渐被剥离开来，男性逐渐脱离家庭从事有酬劳动，女性则留在家中承担家务劳动，照顾家庭成员，各自的职能发生重大变化。男性外出就业，成为家庭的"养家糊口的人"，也是家庭在公共生活中的代表；妇女留在家中，承担家务劳动和养育子女的责任，在经济上依赖男性。工业化导致的这种性别分工最终使社会与家庭成为截然分开的公共领域和私人领域，成为美国占主导地位的家庭模式，并成为中产阶级主流价值观。与此同时，一部分妇女由于家庭经济需求走出家门，加入到劳动力市场中，成为挣工资者。在工业化早期，主要是工人阶级和移民家庭的女性进入劳动力市场，而且多为单身的年轻女性。19世纪末随着女性受教育程度的提高和办公室自动化的发展，一部分中产阶级妇女参加"白领工作"成为女性就业的一个新现象。到20世纪初，随着工业化和城市化更迅速的推进，尤其是各种家用电器设施的发明推广，女性外出就业继续增长，其中已婚妇女就业成为一个长期的趋势。女性就业的发展，对美国社会、婚姻家庭和其自身的发展产生了深远的影响。

其次，城市化与现代工业的发展带来了居住环境和日常生活的巨大改变，现代的家居环境在20世纪的美国初步成型。随着工业化和城市化的发展，越来越多的美国人涌入城市，私人住宅大量减少，公寓住宅逐渐增多。电力与家用电器迅速推广，家务劳动也发生了很大的变化，自来水、各种家用电器进入城市中产阶级家庭，大大减轻了家庭主妇的负担。饮食也逐步简化，但更讲究营养，城市中各种成品和半成品食品随处可得。电话逐渐成为家庭的必需品，而城市中闪烁的灯光更是现代化的重要标志，空旷寂寞的农场也逐渐有灯光闪耀。汽车给美国人带来了前所未有的自由，"汽车创造了一个流浪者的国家，它改变了美国生活的方方面面"。① 工业化和城市也加快了生活节奏，家庭成员各司其职，来去匆匆：父亲白天在外工作，孩子们待在学校，而母亲除了料理家务外，也有更多的余暇参加公共活动，各种公共娱乐场所吸引了大量的美国人。居住环境和日常生活的这种变化对美国妇女的婚姻家庭生活和观念有巨大的影响，19世纪末20世纪初，现代美国妇女一改维多利亚时期的柔弱和深居简出，以健康、摩登的形象出现，活跃于公共场所中，她们在家庭中的地位和角色也有了新的变化。

最后，工业化和城市化也动摇了维多利亚时代的女性观。维多利亚时期社会性别分工明确，"妇女的位置在家庭"，她们的主要职责是家务劳动、养儿育女、照顾丈夫和参加教堂的慈善活动，贞洁、顺从、虔诚是"真正女性"的必备品德，她们是柔弱、感性的，是纯洁的天使，只有在道德上高于男性，这种观念在工业化早期被强化，成为19世纪美国社会的主流价值观。到19世纪末20世纪初，随着工业化和城市化的加速，越来越多的女性走出家门从事有报酬的工作，获得一定的经济独立，对家庭的依赖性减弱，父权制家庭模式受到挑战，维多利亚时代的习俗和惯例受到越来越大的冲击。更重要的是，工业化和城市化推动

---

① Dorothy M. Brown, *Setting a Course: American Women in the 1920s*, p. 8.

了妇女更广泛深入地参与社会福利改革、禁酒运动、参政权运动、和平主义运动以及学术研究、俱乐部活动、体育运动等各种活动，尤其是第一次世界大战和进步主义改革期间，女性成为一支重要的社会力量，她们为自身和社会进步作出了不懈的努力。

　　工业化和城市化在带来繁荣的同时，也滋生了混乱和贫穷。随着工业化的发展，城市能提供更多的机会，吸引了大批外国移民和本国农民，这些人集中在城市贫民窟中。贫民窟中卫生条件恶劣，安全设施落后，疾病肆虐，卖淫、酗酒、赌博和斗殴等社会问题越来越严重，尤其是城市中的少数民族聚居区，种族隔离和种族歧视触目惊心，成为因工业化和城市化而形成的"肿瘤"。城市日益严重的社会问题引起妇女改革者群体的关注，她们发动"住宅楼运动"（settlement movement）和其他改革行动，力图改善城市贫民的居住条件和卫生条件，消除城市生活中的这些阴影。城市贫民窟中的女性社会工作者出身于中产阶级家庭，受过良好教育，她们放弃优裕的生活，承继女性从事慈善事业的传统，以坚韧的意志为纯化社会和改善弱势群体的生活而努力。

　　另外，在工业化和城市化的大潮下，美国农村地区的人民生活保持相对稳定，城乡之间的差距逐渐拉大，城市生活的繁华喧器与农村生活的单调静止形成鲜明的对比。快速、紧张、高度的流动与竞争成为城市生活方式的主要特征，城市生活与人际关系彻底摆脱了农村的褊狭与地方主义，城市无论是人口比例、经济比重还是价值观都在美国社会最终占了主导地位，城市的生活与价值观为美国生活定下了基调，并决定了美国经济和文化的发展方向。城市中的美国妇女充分享受着现代化带来的物质和精神财富，各种家用电器减轻了她们的家务负担，舞厅、电影院和其他娱乐场所丰富了她们的生活。而农村妇女的生活与前工业化时期并没有很大的差别，她们承担着繁重的家务和农场生产任务，家用电器和自来水等现代设施也不普及，而且生育率也普遍高于城市女性。但农村女性的生活也受到现代化的冲击，城市的繁华和机会吸引着农村的女性，1920 年代和 1930 年代许多农村女孩往往出于家庭经济需求和实现自身的梦想来到城市寻找职业，逐渐融入城市生活。

总之，工业化和城市化使经济飞速发展，彻底改变了美国人的生活面貌，也为妇女创造了参与社会发展进步的大环境，使她们逐渐走出狭小的家庭小天地，自我意识不断觉醒，群体力量不断发展，其世界观和生活方式也发生巨大的改变。

二　妇女与战争、进步主义改革和选举权运动

（一）战争与经济繁荣

1914 年，资本主义国家之间矛盾的激化终于酿成第一次世界大战。战争开始后与欧洲战场隔大西洋相望的美国坐收渔利，与战争有关的工业空前繁荣。1917 年在胜败即将分晓时，美国参战，派遣军队赴海外作战，并动员国内一切力量支持战争，1918 年战争结束。战争给其他国家带来灾难和经济衰退，给美国却带来了繁荣和富强，美国成为这场战争最大的赢家。战争期间，美国成为欧洲交战国家的"兵工厂"，提供军需物质、粮食、日常用品、船只等，对外贸易急剧增长，军火、造船、化学、汽车工业等与战争相关的产业也迅速发展。到战争结束，美国从债务国一跃成为债权国，世界金融中心也从英国伦敦移到了美国纽约，美国取代英国成为世界经济的霸主。

第一次世界大战也为美国人提供了大量的就业机会。此时欧洲国家忙于战事，这为美国工业发展提供了良机。在源源不断的军火和工业品订单刺激下，美国工业很快从 1913—1914 年的经济萧条中走了出来，从 1915 年开始进入繁荣时期。此时钢铁、

屠宰加工业、汽车制造、军火制造、造船、采矿、运输和许多其他行业都需要大量劳工，但大量青壮年奔赴海外作战，美国劳动力主要来源——欧洲移民也受战争影响数量锐减，1914—1915年，来美国的外国移民从 120 多万减到 30 万[①]，这为原来在劳动力市场中处于边缘化地位的群体提供了就业机会。此时美国国内的黑人出现一个从南方农村到北方城市的移民潮，他们进入战时工厂就业；妇女就业机会也空前扩大，她们得以进入原来多为男性从业的领域，战时医院、军火工厂、市内电车、建筑工地、办公室中，到处都有女性的身影。在"爱国主义"的号召下，美国国内生产一片繁荣，有 900 万人在战时工厂工作。[②]

　　总之，战争不仅使美国成为经济强国，提高了它在世界政治、经济中的地位，也促进了国内经济的繁荣，为 1920 年代的繁荣奠定了基础。美国妇女在战时工业中的出色表现不仅增强了妇女的自信心，也在一定程度上改变了美国社会对妇女就业的看法。1919 年，曾任总统的威廉·霍华德·塔夫脱（William Howard Taft）在《女士家庭杂志》（Ladies' Home Journal）发表了《我看女性的将来》的文章，指出战争不仅为妇女打开了新的机会，而且提高了整个国家对工作妇女的能力与数量的意识。[③] 联邦劳工部妇女局在一份 1920 年的公告中指出，战争"促成了妇女劳动力在技术职业中的试验"。大量女性成为钢铁工人、市内有轨电车司机、建筑工人等等，向认为她们在体力和智力不能胜任这些职业的世俗观念提出挑战。还有一些从来没有工

---

① John Hope Franklin, *From Slavery to Freedom*：*A History of Negro A mericans*, p. 339.

② Dorothy M. Brown, *Setting a Course*：*American Women in the 1920s*, p. 3.

③ Ibid., p. 78.

作过的女性也在战时进入劳动力市场，妇女局估计这些人约占女性劳动力的 5%。有色人种女性的就业也有发展，进入一些新的职业领域。实践证明，女性在这些岗位上表现出色。曾有一位家具制造商说："我们相信工作妇女几乎适合任何一种工作"；一位汽车制造商也说，"战争的其中一个后果是已经显示妇女能够做精密的工作"。[①] 第一次世界大战时期美国妇女就业形势大好，著名女权主义者安娜·霍华德·肖（Anna Howard Show）乐观地宣称："现在到时候了。这个时候我们妇女有权要求自己应该是自由劳动力，可以在合适的地方自由地发挥着自己的能力。"[②]

（二）妇女与进步主义时代的改革运动

在第二次工业革命的推动下，美国资本主义由自由竞争阶段向垄断阶段过渡，伴随着社会的剧变带来了一系列复杂的社会问题，如"托拉斯"的出现使经济力量过度集中而导致垄断；贫富分化加剧，贫困等社会问题日益严重；政治中的腐败问题也日益突出，危及美国民主制度的根基。19 世纪末 20 世纪初处于社会转型时期的美国社会矛盾激化，危机四伏，于是美国社会一些有识之士就提出改革要求，揭开改革序幕，随着改革的诉求不断高涨，最终形成全国性的改革浪潮，史称"进步主义运动"（progressive movement）。"进步主义运动"具有复杂性，它既继承了以往的改革传统，同时又具有新的特点；它涉及政治、经济、社会思想各个领域，并在美国联邦、州和地方不同层面展开；参与的人形形色色，不同利益群体、种族群体和性别群体从不同角度提出自己的改革主张；采取的手段也多种多样，没有统一的目

---

① Alice Kessler-Ha rris, *Out to Work: A History of Wage-Earning Women in the United States*, p. 219.

② Iibd., pp. 224—225.

标，也没有巩固的联盟。关于"进步主义运动"史学界有很大的争议，但它实质上"是在美国自身的工业化和城市化跃升到另一层次，美国资本主义发展到另一阶段这一特定转型时期，围绕工业化、城市化和垄断资本主义化所带来的种种社会弊端的这些特定问题而展开的全方位调整，归根结底是美国资本主义体制的一种自我调节和完善"。[①]

　　美国妇女也卷入到"进步主义运动"的改革浪潮中，积极参与各种社会改革运动。19 世纪末 20 世纪初，妇女俱乐部数量大增，1889 年成立了拥有 5 万名成员的妇女俱乐部总联合会（The General Federation of Women's Clubs），到 1914 年会员超过百万人，成为"进步主义"时期最有影响的女性团体。该会主要致力于改进美国妇女和儿童劳动条件、促进教育和市政改革。其他妇女团体如妇女商业工会同盟（The Women's Trade Union League）、全国消费者联盟（The National Consumers League）、国际女装工人工会（The International Ladies Garment Workers Union）等，为争取各州立法规定最低工资额和最高工时数而进行努力。其中国际女装工人工会 1909 年在纽约市领导了一场罢工运动，1911 年纽约市三角女衬衫公司（The Triangle Shirt-Waist Company）失火，导致 146 名雇工死亡，该工会促使当局调查悲剧原因，并最终通过了新《工厂法》，改善工人的工作条件，国际女装工人工会因此获得更广泛的支持，1914 年该工会在劳联（The American Federation of Labor）内位居第三。

　　这个时期妇女禁酒运动取得了很大的胜利。19 世纪末 20 世纪初，禁酒是一个具有重要政治意义的问题，妇女在禁酒的斗争

---

　　① 王春来：《转型、困惑与出路——美国"进步主义运动"略论》，《华东师范大学学报》（哲学社会科学版）2003 年第 5 期，第 78 页。

中也发挥了冲锋陷阵的作用。基督教妇女禁酒同盟（Women's Christian Temperance）是美国农村中最强大的禁酒组织，该组织成立于 1878 年，1890 年成员就发展到 16 万人，1900 年增加到 20 万人，1911 年达 24.5 万人，由弗朗西斯·威拉德（Frances Willard）领导。该协会要求禁止酿造和出售各种含酒精饮料，希望能消除酒对社会和家庭所带来的危害，以纯净美国社会。进步主义运动时期，禁酒运动取得较大进展，在基督教妇女禁酒同盟的努力下，1918 年美国通过了宪法第 18 条修正案，并于 1920 年生效，在全国实现了禁酒。

在进步主义运动期间还涌现出一批有激进思想的女性知识分子，其中夏洛特·帕金斯·吉尔曼（Charlotte Perkins Gilman）和埃玛·戈德曼（Emma Goldman）、玛格丽特·桑格是进步主义时期最有影响的女权主义者。吉尔曼主张把妇女从养儿育女和家务劳动压力下解放出来，由社会来安排照顾儿童，料理家务；戈德曼和桑格主张妇女节制生育，达到身体和精神上的自由。节育联盟（The Birth Control Leagues）1915 年开始教育和院外活动，力图改变把宣传节育知识视为淫秽的州和联邦法律。不过，这个努力到 1920 年代之后才逐渐取得一些成果。这些女性的思想对 1920 年代和 1930 年代美国女性有深远的影响。进步主义运动时期还有一些女性取得的成绩也很突出。伊达·塔贝尔（Ida Tarbell）经过多年调查而写成《美孚石油公司史》一书，影响巨大。弗洛伦斯·凯利（Florence Kelley）、丽莲·沃尔德（Lilian Wald）、朱莉娅·拉舍普（Julia Lathrop）等杰出女性还进入男性占主导的组织中担任了领导职务，如朱莉娅·拉舍普担任了 1912 年成立的联邦儿童局（Federal Children's Bureau）第一任局长，弗洛伦斯·凯利担任了全国消费者联盟主席。

工业化和城市化引起的美国各种社会问题，也引起妇女的关注。例如城市贫民窟住房拥挤，卫生条件恶劣，疾病、犯罪肆虐，妇女改革群体在19世纪末掀起住宅楼运动，一些中产阶级出身、受过良好教育的妇女在贫民区建立住宅楼，为改善贫民恶劣的居住条件而努力。进步主义时期住宅楼运动更加蓬勃展开，其中简·亚当斯（Jane Addams）在芝加哥所建立的霍尔楼（Hull House）取得的成绩尤其突出。随着城市化而出现的卖淫现象也引起女性改革群体的关注，她们努力帮助这些女性从业者寻找新的出路。许多女性团体还在改善教育条件、减轻家庭主妇负担、改善监狱待遇等方面进行不懈的努力，还有一些社会女权主义者（social feminist）注意到"血汗工厂"（sweatshops）对从业妇女的身心损害，她们在进步主义运动时期倡议制定保护性立法，防止妇女从事危险工作和工作时间过长。她们的斗争取得了一些成果，一些州通过了有关工资和工时的立法。到1912年，美国已有24个州规定了妇女的最高工时，1916年，有11个州试行妇女最低工资标准，39个州对妇女和童工的工作时间作出规定。妇女在"进步主义运动"中的积极参与扩大了这场运动的范围，她们在运动期间各项改革运动中所体现出的智慧、力量和韧性使美国人的妇女观逐渐改变，她们的社会地位也因此得以提高。

（三）妇女选举权运动

妇女争取选举权运动是美国妇女在"进步主义"时期最有影响的运动，各种妇女组织都团结在选举权的旗帜下，争取自身的权利，最终取得胜利。美国妇女争取选举权运动始于19世纪中期，此时正是经济和社会大变革时期，工业化和城市化改变着生活的方方面面，"第二次大觉醒"宗教改革浪潮席卷全国。美国妇女走出封闭的家庭，逐渐认识到男女的不平等，开始为争取自身权利而进行斗争。1848年美国妇女在纽约的塞内卡福尔斯

(SenecaFulls) 召开会议，会上通过了《情感宣言》（*Declaration of Sentiments*），宣称"女性与男性平等——这是造物主的意图"。妇女应该起来争取"神圣的选举权"。[1] 美国妇女争取选举权运动由此开始。1869 年，以伊丽莎白•凯迪•斯坦顿（Elizabeth Cady Stanton）和苏珊•B. 安东尼（Susan B. Anthony）为首的激进派成立了"全国妇女选举权协会"（The National Women Suffrage Association，NWSA），协会的目标是敦促国会通过授予妇女选举权的宪法修正案；同年，以露西•斯通（Lucy Stone）为首的温和派成立了"美国妇女选举权协会"（The American Women Suffrage Association，AWSA），该协会的目标是先在各州使妇女取得选举权。两个协会的目标不同，斗争的方法也有不同，但成员都来自中产阶级，将工人阶级和有色人种妇女排除在外，因而有一定的局限性，这些都影响了争取妇女选举权运动在 19 世纪的发展。1890 年，两派合并成"全美妇女选举权协会"（The National American Women Suffrage Association，NAWSA），由斯坦顿担任主席，但所欲争取的目标并没有实质性的进展。

19 世纪末 20 世纪初，随着工业化和城市化进程的加速，美国经济空前繁荣。此时该国工业总产值已位居资本主义世界首位，居民生活水平、受教育水平大为提高，而女性教育的发展，则为妇女运动提供了越来越多的新生力量。此时选举权运动在卡里•查普顿•凯特（Carrie Chapman Catt）、安娜•霍华德•肖、克雷斯塔尔•伊斯塔曼（Crystal Eastman）、艾丽斯•保罗（Alice Paul）等新一代领导人的推动下，NAWSA 进入一个全新

---

[1]　Alice Rossi, ed., *The Feminist Papers: From Adams to de Beauvoir*, New York: Columbia Nniversity Press, 1973, p. 418.

发展时期。她们总结了以往的斗争经验，意识到协会缺乏其他妇女组织和俱乐部以及公众的同情，而广大妇女对选举权的淡漠更是障碍。于是她们改变策略，决定首先让美国妇女了解争取妇女选举权的意义，同时要在公众中树立全新的形象，以争取更多的支持者。在凯特等领导下，该协会展开了一系列活动，通过演讲、宣传请愿以及召集大会等形式，宣传美国妇女对历史的贡献。这方面的努力很有成效。1906 年，NAWSA 成员只有12000 人，1910 年达到并超过 117000 人。1910 年后，协会展开了大规模的有组织活动，通过广泛宣传、游说，在州和地方建立了一个稳定的争取选举权俱乐部的网络，赢得了社会的广泛支持，并融入了"进步主义"改革潮流之中。在美国大城市中，上层妇女加入进来，富裕阶层的捐款增加，活动经费大增；随着住宅楼运动的展开，NAWSA 与下层和少数族裔妇女的联系也在加强；同时，一些保守的妇女俱乐部也转而支持妇女选举权运动。至此，争取妇女选举权运动已经从 19 世纪只是少数妇女感兴趣的运动，发展成为一个有着广泛社会支持的、多数妇女认同的政治运动，形成了空前团结的同盟。

1910 年，艾丽斯·保罗从英国回来，为争取妇女选举权运动带来新的活力。保罗是美国女权主义运动史上一个有争议的人，有人称她是"女权主义者运动中的唯一具有领袖人物超凡魅力性格"的人和"一个革命主义者"，也有人称她是"一个恶魔"。[①] 保罗出生在一个贵格会（Quaker）改革主义者家庭，对苏珊·B. 安东尼的激进思想推崇备至。在英国期间她又参加了英国轰轰烈烈展开的妇女争取选举权运动，并因言行过激而被捕入狱。在英国期间的实践使保罗不仅接受了英国激进女权主义者

---

① Dorothy M. Brown，*Setting a Course：American Women in the 1920s*，p. 59.

的思想,同时也掌握了英国争取选举权运动的斗争技巧。回国后,她在积极参加争取选举权运动的同时,在宾夕法尼亚大学获得博士学位。1912 年,保罗担任了全美妇女选举权协会国会同盟(NAWSA's Congressional Committee)的领导人,负责向国会议员进行游说。由于保罗对国内争取选举权运动的保守和士气不振很不满,说服协会领导人让她们在伍德罗・威尔逊(Woodrow Wilson)总统宣誓就职前一天组织一次游行。1913 年 3 月 3 日,保罗率领 5000 名妇女走上街头,一直游行到白宫,声势浩大,引起了不少人的注意。但凯特等协会领导人对保罗的这种暴力倾向并不赞同,双方在 1914 年分道扬镳。1916 年,保罗等人把国会联盟发展成全国妇女党(The National Woman's Party)。妇女党多次在白宫外组织静坐示威,敦促政府尽快同意妇女应该有选举权。

与全国妇女党激进行动不同,美国参加第一次世界大战后,全美妇女选举权协会以爱国主义为重,决定与政府合作,敦促妇女为美国赢得战争而努力。1917 年,美国政府在国防委员会(Council of National Defense)下设立了妇女委员会(The Women's Council),由安娜・霍华德・肖担任领导,目的是为了在男性参战的情况下,使女性不与政府对立,且为国家的工农业生产作贡献。但是以保罗为首的妇女党并不妥协,她们继续在白宫前静坐示威,并提出"民主应该从国内开始"等反战口号。[①]政府对激进派的举动极其不满,出动警察干预,并逮捕了多名激进分子。被捕的女性在监狱中以绝食抗议对她们的非法逮捕和虐待,监狱方面则强迫她们进食,此事被曝光后,政府受到来自社

---

① Dorothy M. Brown, *Setting a Course: American Women in the 1920s*, p. 59.

会各方的指责。激进派和温和派女性的共同努力在敦促政府考虑妇女选举权中起了重要作用。

　　另外，第一次世界大战期间，美国妇女投身于国内各种生产领域中，进入劳动力市场的女性人数激增，不仅诸如钢铁等原来属于男性领域的工业部门出现了女性的身影，而且政府机构、公司企业的办公室中妇女更是随处可见。女性以其出色的表现证明了她们有足够的体力和智力从事各种职业，改变了一般美国人对妇女能力的传统看法。公众对她们的表现高度赞扬，美国总统伍德罗·威尔逊宣称："妇女的支持对赢得战争的胜利是至关重要的。"[①] 在战时热情所激发的乐观主义潮流中，妇女运动的领导们确信一个女性平等的新时代即将来临。玛格丽特·德雷尔·罗宾斯（Margaret Dreier Robins）在 1917年对妇女商业工会联盟说："此时对民主和劳动力来说是极好的时刻，对世界上的妇女来说它是历史上的最初时刻……经过几个世纪的努力和受歧视，妇女终于在与男性平等的关系上进入劳动力市场和生活的喜庆日。"[②]

　　妇女团体的努力和妇女公共形象的变化，推动了美国妇女争取选举权运动的发展。1918 年，美国众议院终于通过了关于妇女选举权修正案，1919 年 6 月，参议院批准该法案。此前华盛顿、俄勒冈、亚利桑那、内华达、堪萨斯等州 1914 年已经给予妇女选举权，其余一些州相继通过给妇女选举权的法案。1920年 8 月，选举权法案在美国 36 个州获得通过，美国联邦宪法第十九条修正案正式成为宪法的一部分。至此，妇女为之奋斗了

---

　　① Nancy Woloch, *Women and the American Experience*, p. 253.

　　② William Henry Chafe, *The American Woman*, *Her Changing Social*, *Economic*, *and Political Roles*, *1920—1970*, p. 49.

70余年的选举权运动终于画上了圆满的句号。美国妇女满怀信心进入一个物质繁荣、精神自由的狂欢的年代。

三　消费社会与美国妇女

（一）"繁荣的10年"

1920年代是美国经济发展的一个激动人心的时代，随着经济的空前繁荣，1920年代成为繁荣思想的同义词。经济学家乔治·索尔把这段时期称为"繁荣的10年"。[1] 由于这个时期主要是共和党卡尔文·柯立芝（Calvin Coolidge）执政时期，故又称"柯立芝繁荣"。尽管1921年美国有一次严重的经济萧条，造成GNP下降10%，3万家公司倒闭，50万人被取消抵押品赎回权，500万人失业，但在1922年到1929年，"繁荣的乐队车开向中央大街"，在这7年中，美国积聚了当时全世界2/5的财富。经济学家T. N. 卡弗（T. N. Carver）指出："现在发生在美国的经济变化与整个西方文明历史有着显著的联系——或许与18世纪末的英国革命一样显著。"[2]

1920年代流水线生产技术更加成熟并推广，使美国工业的生产率进一步提高。1925年10月，亨利·福特（Henry Ford）展示了流水线生产的效率，每10分钟生产一辆T型福特车。流水线批量生产把工厂工人的每一个资本产量提高了40%。在底特律附近的福特工厂里，工人们站在一个地方，做着简单、重复的动作，一个无休止的流水线运送着已部分装配好的车辆经过

---

① James F. Willis and Martin L. Primack, *An Economic History of the United States*, Second Edition, Englewood Cliffs: Pretice-Hall, Inc., 1989, p. 332.

② Dorothy M. Brown, *Setting a Course: American Women in the 1920s*, p. 6.

他们的面前。① 流水线生产技术使批量生产成为 1920 年代经济发展的重要特征。

1920 年代美国公司的规模继续扩大，到 1930 年每年有 1000 多个公司通过合并而消失。1920 年代美国公司合并基本用控股公司的形式进行，生产与资本的垄断程度越来越高。1920 年，10 个公司控制了美国全国 72% 的电力；1% 的银行控制了全国 42% 的银行资源；4 个肉类包装公司控制了全国 70% 的产品；4 个烟草公司控制了全国 94% 的香烟市场；古德耶（Goodyear）、费厄斯通（Firestone）、美国橡胶公司（U. S. Rubber）、古德里奇（Goodrich）在橡胶业中占据主导地位；通用电气（General Electric Company）与威斯汀豪斯（Westinghouse）是主要的冰箱品牌。零售业中 A&P 是连锁的第一把交椅，到 1928 年它已经拥有 17500 家分店，一年营业额达 7.5 亿美元；到 1929 年，AT&T 夸口说有 50 亿美元资产、454000 名雇员、567694 名股东。② 福特、通用汽车（General Moters Corporation）和克莱斯勒（Chrysler Corporation）控制了汽车制造业的绝大部分；通用电气公司和威斯汀豪斯控制了大部分的电力；美国钢铁公司（United States Steel Corporation）则是钢铁业中的巨头。到 1920 年代末期，100 家公司控制了几乎半数的国家商业行动。1920 年代随着控股公司的激增与工业的联合，新的商业联盟也不断发展。商业部长赫伯特·胡佛（Herbert Hoover）努力促进商业的联合发展，彼此分享关于价格、生产方法、客户信贷分

①　Paul S. Boyer, Clifford E. Clark, Jr. , Sandra McNair Hawley etc. , *The Enduring Vision , A History of the American People*, Concise fourth edition, Houghton Mifflin Company, 2002, p. 482.

②　Dorothy M. Brown, *Setting a Course：American Women in the 1920s*, p. 9.

类、费用账目的信息，以期促进商业"合理化"。[①] 控股公司的发展壮大使企业内部管理机构更加庞大，管理更加专业化，许多公司在 1920 年代为产品发展成立了专门部门，以研究市场、预测经济和处理雇员关系，在管理方面由受过训练的专业人员监督公司的日常操作。随着合并和新的管理人员的出现，所有权与管理权的分离加剧。

电力推动了美国普遍的繁荣。1920 年代末 70％的工厂电气化，比 1913 年上升了 40％。[②] 家庭的电气化程度也在不断提高。1907 年，美国只有 8％的住所有电力服务，参加第一次世界大战后，这个数字上升到 24.3％，到 1925 年，美国有一半以上的家庭（53.2％）已经通了电。如果只考虑城市和农村非农场住所，通电的比例还要高，1920 年有近一半（47.4％）已经通电，1925 年则已经达到 2/3 以上（69.4％）。随着电力普及而来的是家用电力设施的激增，1890 年代电风扇、电暖气和电烤炉出现，在随后的 10 年里，洗衣机和吸尘器迅速发展，1921—1929 年电力产品的产值增加了 3 倍。[③] 1920 年代期间家用电器源源不断地进入千家万户，电器工厂空前繁荣。

汽车生产也是促进 1920 年代美国经济繁荣的重要因素。福特公司、通用汽车公司、克莱斯勒等几家大公司是此时汽车市场的主角。1920 年代中期之前 T 型福特车主导了市场，是"国家的家庭宠儿"。[④] 福特车有一些强有力的竞争者，克莱斯勒以生

① Paul S. Boyer, Clifford E. Clark, Jr., Sandra McNair Hawley etc., *The Enduring Vision*, *A History of the American People*, p. 482.

② Dorothy M. Brown, *Setting a Course*: *American Women in the1920s*, p. 6.

③ Nancy Woloch, *Women and the American Experience*, p. 410.

④ Dorothy M. Brown, *Setting a Course*: *American Women in the 1920s*, p. 8.

产高档轿车为主；通用汽车公司在阿尔弗雷德·斯隆（Alfred Sloan）的领导下，利用杜邦（Du Pont）公司的组织和管理专家，以汽车的设计者路易斯·切伍劳列特（Louis Chevrolet）命名的低价车与福特公司展开激烈的竞争，此款车为彩色（T 型福特车只有黑色）而且舒适，在 20 年代中期很畅销，于是亨利·福特随之在 1927 年推出了一系列彩色 A 型汽车与之竞争。1920年代汽车市场欣欣向荣，汽车登记数量从 1920 年的 800 万辆猛增到 1930 年的 2300 多万辆，到 1920 年代末 60％的美国家庭拥有了家用汽车。[1] 1929 年，汽车工业的产值占制造业总产出的 12.7％，汽车工业的工人总数占制造业工人总数的 7.1％，汽车工业支付的工资总额占全部工业支付的工资总额的 8.7％。[2] 汽车产业成为 1920 年代美国最重要的产业之一。

　　汽车工业的繁荣刺激了美国高速公路的迅速发展。联邦政府所制定的《1916 年联邦高速公路法》，促成一个新的公路网络的建设，同时也刺激了从餐馆到汽车修理厂设施等一系列新的商业发展。汽车还刺激了旅游业和国家公园的发展扩大，远离东北部繁荣地区的佛罗里达、加利福尼亚和亚利桑那等地成为旅游胜地。城市因汽车的迅速增加出现车水马龙的繁荣景象，城市委员会考虑制定新的交通法规，投票赞成购买新的红绿交通信号设备；公共汽车取代了城市之间的有轨电车，1919 年美国有 670 万辆公交车，10 年后达到 2310 万辆；[3] 而卡车运输发展则取代

---

① Paul S. Boyer, Clifford E. Clark, Jr., Sandra McNair Hawley etc., *The Enduring Vision, A History of the American People*, p. 481.

② ［美］阿塔克·帕塞尔著，罗涛等译：《新美国经济史：从殖民地时期到 1940 年》（上、下册），第 2 版，中国社会科学出版社 2000 年版，第 566 页。

③ Dorothy M. Brown, *Setting a Course: American Women in the 1920s*, p. 7.

了许多铁路支线的功能。不仅如此，汽车还消耗了 80% 的橡胶，50% 的玻璃，11% 的钢，65% 的皮革装潢，8% 的铜，以及 70 亿加仑的汽油，促进了相关工业的发展。[1] 总之，汽车带来了美国的一派繁荣，是"新的救世主"。另外，住房的迅速发展为"柯立芝繁荣"提供了巨大的推动力，其中建筑业是主要的催化剂，到 1920 年代末，美国已经建造了大量的公寓住宅，并继续不断建造摩天大楼。此时美国资本主义也保持了强有力的扩张趋势，福特、通用汽车以及许多大企业在海外进行大量投资，到 1930 年，美国私人海外投资总计超过 150 亿美元。[2]

1920 年代美国经济形势一片大好，汽车工业、电气工业、建筑业、钢铁工业等生产高涨。统计数据显示，1919—1929 年间，美国的汽车工业产量增长 255%，钢铁工业产量增长 70%，电力、电机和电气工业产值从 10 亿美元增长到 23 亿美元，建筑业产值从 120 亿美元增长到 175 亿美元；[3] 10 年的经济繁荣铸就了商人头上的神圣光环，"全国为成功所陶醉，商人成了国家的英雄……精神价值被弃之如敝屣，利润和产品成了这伙人的神明"。[4] 政府对商业充分支持，卡尔文·柯立芝指出，美国是一个搞实业的国家，所以需要一个为实业界服务的政府，"建一座

①　Dorothy M. Brown, *Setting a Course*: *American Women in the 1920s*, p. 7.

②　Paul S. Boyer, Clifford E. Clark, Jr., Sandra McNair Hawley etc., *The Enduring Vision*, *A History of the American People*, p. 481.

③　[美] 阿瑟·林克、威廉·卡顿著，刘绪贻等译：《1900 年以来的美国史》上册，中国社会科学出版社 1983 年版，第 296—297 页。

④　[法] 安德烈·莫鲁瓦著，英译者帕特里克·奥布赖恩，复旦大学历史系世界史组译：《美国史：从威尔逊到肯尼迪》，上海人民出版社 1977 年版，第 136 页。

工厂就是盖一座'圣殿',在工厂干活就是在那里做礼拜".[1]
1927 年联邦商业委员会(The Federal Trade Commission)宣布
其政策是"无论何时何地尽其所能帮助商业自立"。该委员会主
席相信"商业的合法利益与公众的真正利益是相当一致的"。司
法部的反托拉斯部也作类似处理。国会通过《富特尼—麦克白
法》(The Fordney-McCumbe Act)支持商业发展,这是美国历
史上最高的保护性关税。安德鲁·梅隆(Andrew Mellon)主持
财政部后,进行个人所得税改革,年收入 100 万美元的纳税人只
需缴纳 20 万美元的所得税,而不是 60 万美元。[2]《芝加哥论坛》
(Chicago Tribune)1927 年 9 月发表的《商人画像》一文中,把
商人视为国家发展的基础:"他(商人)太忙了而不能保护自己。
他不得不忙碌。他有整个国家依在他的肩膀上,如果他衰弱了每
个人就会很悲伤。他使国家运转。他提供工作,(使人们得以)
买鞋子、大块肉、家具和汽车。是的,他使事事商业化,并使其
有可能存在下去。"爱德华·普林顿(Edward Purinton)在《独
立》(Independent)杂志中的说得更直接:"最好的职业?商业。
最完全的教育?商业。最公平的机会?商业。最明智的宗教?商
业。"[3] 1920 年代的商业影响渗透了生活:"今天地球上的国家中
美国代表了一种思想:商业……通过商业,正确地构思、管理和
经营,人类最终受到崇拜。"在这个商业发展打造成的繁华梦中,
全体美国人信心百倍地进入消费社会。

---

① [美]威廉·曼彻斯特著,广州外国语学院英美问题研究室翻译组、朱协译:
《光荣与梦想:1932—1972 年美国社会实录》,海南出版社、三环出版社 2004 年版,
第 25 页。

② Dorothy M. Brown, *Setting a Course*：*American Women in the 1920's*, p.10.

③ Ibid., p.11.

（二）消费社会与美国妇女

经济的繁荣、物质生活水平的提高给美国人带来了空前的信心和对美好未来的憧憬，物质主义、享乐主义作为新的价值观念开始为人们所接受。美国人意识到自己是消费者，一个"挥霍无度的疯狂时代"开始了。美国国民财富在第一次世界大战爆发时估计为 1920 亿美元，战后从债务国变为债权国，到 1929 年国民财富增加到 3620 亿美元，这一时期国民收入也从 340 亿美元增加到 830 亿美元；[①] 国民生产总值从 1922 年的 700 亿美元上升到 1929 年的近 1000 亿美元。[②] 随着财富的增长，1920 年代出现了消费社会，"美国从一个正在积累资本建立工厂和铁路的年轻的工业国家，转变为一个依赖其公民通过贷款购买房子和汽车来维持繁荣的消费者经济的世界强国。……与消费有关的任何事都是时尚"。[③]

美国消费社会的出现还与 1920 年代价格相对稳定、社会购买力提高有很大的关系。从 1910 年代起，雇主的工资政策开始出现变化，一些商业领袖认为，雇主支付较高的工资会导致较高的生产能力。1914 年亨利·福特率先付给工人们前所未有的日工资 5 美元。1920 年代许多公司仿效福特公司的做法，工人工资水平有了较大提高。与此同时，失业人数下降，从 1921 年的 427 万人减少到 1927 年的 200 余万人。工资的提高、失业人数

①　[美] 德怀特·L. 杜蒙德著，宋岳亭译：《现代美国，1896—1946 年》，商务印书馆 1984 年版，第 447 页。

②　Paul S. Boyer, Clifford E. Clark, Jr., Sandra McNair Hawley etc., *The Enduring Vision*, *A History of the American People*, p. 481.

③　Gail Collins, *America's Women*, New York: Harper Collins Publishers Inc., 2003, p. 327.

的下降、价格的相对稳定使社会购买力有显著提高,年收入超过
2000 美元的家庭有 40％可以添置汽车、收音机、电冰箱等生活
用品,数百万人的生活水准有很大提高。[①]

　　1920 年代美国也出现了推销商品的新网络,如汽车通过巨
大的商业网络到达消费者手中,到 1926 年出现了近 10000 个福
特商人联盟;连锁店快速扩张,到 1930 年约占所有零售业的
1/4,其中 A&P 杂货连锁店从 1922 年的 5000 个扩大到 1928 年
的 17500 个。信用贷款、分期付款等金融手段也逐渐流行,到
1929 年,75％的汽车通过信用贷款购买。[②] 其他的高价消费品也
日渐通过信用贷款购买,使人们得以通过分期付款的方式购买那
些广告宣传中令人向往的物品,提前享受现代化带来的种种便
利。"赊购账、分期付款购买、便利的信用贷款支付,以及从金
融公司贷款,使得城市居民陷入无止境的获取与消费的圈子中。
购买者不再等到有足够的钱之后才购买起居室的家具或洗衣机。
在一个购物便利、不需现金支付的体系中,他被鼓励购买、享受
并每月偿还。"[③]

　　经济的繁荣使美国普通大众超前消费成为可能并成为时尚,
电冰箱、洗衣机、真空吸尘器等家用电器源源不断地进入到家庭
中,成为这个消费时代最引人注目的标志。1914 年美国洗衣机
和吸尘器的销售额分别为 100 万美元和 133 万美元,1916 年洗

---

　　① 〔美〕霍华德·津恩著,许先春译:《美国人民的历史》,上海人民出版社
2000 年版,第 321 页。

　　② Paul S. Boyer, Clifford E. Clark, Jr., Sandra McNair Hawley etc., *The Enduring Vision*, *A History of the American People*, p. 483.

　　③ June Sochen, *History: A Record of the American Woman's Past*, Second Edi., Mountain View: Mayfield Publishing Company, 1982, p. 260.

衣机的销售额达到 700 万美元,1919 年达到 5000 万美元;1920 年达到 8500 万美元,1923 年为 8200 万美元。1923 年吸尘器的销售额为 5000 万美元。[①] 1920 年代末,美国妇女购买了 1530 万个电熨斗,680 万个真空吸尘器,500 万台洗衣机。[②] 自动电冰箱 1916 年在市场推出,比较昂贵,价格约 900 美元,1921 年卖了 5000 台,到 1929 年达到 89 万台,此时价格每台约 180 美元。[③] 这些闪亮的电器改变了美国人的生活环境和生活方式。汽车的销售量猛增,1919 年到 1929 年之间汽车登记数量增加 3 倍,1930 年每 1.3 个家庭拥有一辆汽车。[④] 福特汽车公司生意兴隆,主宰了美国的汽车市场。1920 年,有 190 万辆汽车驶出流水线,有 81 万辆小客车登记,相当于每 3 个家庭拥有 1 辆,到 1920 年代末,登记的汽车达 2310 万辆,相当于每 1.29 个家庭拥有 1 辆汽车。此外,1929 年登记在册的卡车有 350 万辆,是 20 世纪 20 年代初的 3 倍。[⑤] 1910 年美国每 265 个人拥有一辆汽车,1928 年美国每 6 个人拥有一辆汽车。[⑥] 消费者以自己的购买

---

① 〔美〕罗伯特·S. 林德、海伦·梅里尔·林德著,盛学文等译:《米德尔敦:当代美国文化研究》,商务印书馆 1999 年版,第 192 页。

② Dorothy M. Brown, *Setting a Course: American Women in the 1920's*, p. 107.

③ Jean Friedman & William G. Shade, ed., *Our American Sisters*, *Women in American Life and Thought*, p. 458.

④ Winifred D. Wandersee, *Women's Work and Family Values*, *1920—1940*, Cambridge, Mass.: Harvard University Press, 1981, p. 19.

⑤ 〔美〕阿塔克·帕塞尔著,罗涛等译:《新美国经济史:从殖民地时期到 1940 年》,中国社会科学出版社 2000 年版,第 566 页。

⑥ Fracoise Thebaud, edi., *A History of Women in the West*, V. *Toward a Cultural Identity in the Twentieth Century*, Cmbridge, Massachusetts: The Belknap Press of Harvard University Press, 1994, p. 77.

换来机动性和自由，"汽车扩大了购买房子的选择；它带着车主妻子去杂货店、学校和俱乐部；它带来了自由、地位、甚至冒险，并作为新价值的象征，提高了美国人的生活水平"。[①] 此时道路的改善、汽车技术的进步已经方便女性驾驶汽车，她们驾车送孩子去学校、上医院，购买食品杂货，在丈夫下班后在火车站接他们回家，等等。汽车广告经常以一个年轻妇女快乐地坐在方向盘后为画面，T 型车的广告宣称，"福特车是女性的车"。[②] 美国人用于电影、戏剧、体育等方面娱乐消闲的费用也迅速增长，各种大众娱乐发展迅速，电影明星、舞蹈家和运动员成为大众偶像，受到人们的崇拜，娱乐成为一个重要的产业，"娱乐就像肥皂一样是一个可以购买的产品，公众就像消费其他新的产品一样消费新的电影"。[③]

　　总之，消费社会的出现极大地提高了美国人的生活水平，他们享受着现代化带来的种种舒适。美国人不仅利用电力照明，还使用广泛的家电产品，吸尘器、洗衣机、电烤箱与电动缝纫机进入家庭，电冰箱拥有率大大提高；文娱与体育活动丰富了美国人的业余生活，各项体育运动开始成为收入丰厚的产业；剧场、电影院成为人们日常光顾的地方。消费社会的出现也使美国社会的经济结构发生变化，商业的地位变得更加突出，旧式的制造商与企业巨子让位于推销商与开发商。此时开始出现广告商与公关专家，这些流通行业与服务性产业人员构成了一个新的白领阶层。1920 年代广告业的发展尤其迅速，1919 年美国所有公司花费了

<hr />

①　Dorothy M. Brown, *Setting a Course: American Women in the 1920's*, p. 106.

②　Gail Collins, *America's Women*, p. 343.

③　June Sochen, *History: A Record of the American Woman's Past*, Second Edi., p. 262.

1.8 亿美元来推销它们的商品，广告业则雇用了 60 万职员；最新的大众媒体收音机，其收入则完全依赖广告。[①]

家庭主妇成了美国消费社会的中心。经济的发展使女性的生活重点从谋生转变到"购买一种生活"，社会学家与经济学家注意到此时消费已成为家庭最重要的社会功能，而家庭主妇则是主要的执行者，制造商、销售商、杂志与广告业都瞄准这支最有潜力的消费群体，精心设计广告和服务方式，引导家庭主妇成为一个"专业的"购买者。1929 年 5 月，一位家庭经济学家指出，"家庭妇女成为消费的购买者和控制者"，典型的家庭生活存在于"被消费的妇女所建立"的世界中。[②] 1920 年代期间琳琅满目的商品，丰富多彩的娱乐活动，花样繁多的消费方式，为美国妇女制造了一个充满物质欢愉的世界。

（三）1920 年代的大众文化与妇女

1920 年代不仅是一个经济繁荣的时代，也是一个美国大众文化的形成与流行时期，看电影、听收音机和参加体育活动成为美国全民性的休闲方式，性、电影明星则是全国性的话题，"几乎所有的人都一致同意这是个前所未有的个人解放的时代之一。杂志和小说把这十年描述成一个以爵士乐队为特色的无休止的狂欢，有伤风化的跳舞和不受禁令约束的性"。[③] 电影、收音机、

---

① Paul S. Boyer, Clifford E. Clark, Jr., Sandra McNair Hawley etc., *The Enduring Vision*, *A History of the American People*, p. 483.

② Dorothy M. Brown, *Setting a Course*: *American Women in the 1920's*, p. 105.

③ William Henry Chafe, *The American Woman*, *Her Changing Social*, *Economic*, *and Political Roles*, *1920 — 1970*, New York: Oxford University Press, Inc., 1972, p. 49.

广告等大众媒体主导了审美取向、消费观念和道德标准，女性是各种大众媒体的主角，"她们以个体与集体揭示了心境的冲突和20年代的现状，体现了现在很著名但仍然神秘的10年的精神"。①

1920年代美国大众文化强调享乐、消费、性行为和个性，这是20世纪初以来社会文化发展的结果。第一次世界大战之前，女士的短裙已经逐渐流行，跳舞等公共娱乐在工人阶级中非常流行，爵士音乐也在刺激着人们的神经，新的性学思想开始流行，但此时这些行为与观念尚还处于社会边缘或与特定亚文化相关。到1920年代，"源于黑人贫民区的爵士乐进入主流文化，性实验和新弗洛伊德思想从格林威治村传进大学校园，本世纪初工人阶级经常涉足的公共娱乐活动现在不仅吸引了中产阶级的男性，也吸引了女性，脂红、香粉和眼影曾经是娼妓的标志，而现在打扮着最受人尊敬的年轻女性"。②尤其是爵士乐，这种源于黑人的音乐形式进入主流社会，成为最为流行的大众文化模式，因此这一时期也被称为"爵士乐时代"。

电影与广播是1920年代新出现的大众媒体，美国妇女在电影屏幕、麦克风（话筒）和照相机之前扮演了重要角色。电影最早出现于1895年，是在爱迪生发明的"西洋镜"上加上一个投影器的简单装置。20世纪初电影技术不断进步，1903年《火车大盗案》成功拍摄并放映，1905年美国东部城市开设了几家电影院，1909年玛丽·皮克福德（Mary Pickford，旧译玛丽·璧克馥）主演的电影《纽约之帽》上映，这标志着电影试验期的结

---

① George H. Douglas, *Women of the 20s*, p. 4.

② ［美］萨拉·M. 埃文斯著，杨俊峰译：《为自由而生——美国妇女历史》，辽宁人民出版社1995年版，第197—198页。

束。1913 年成套的影片开始流行，1920 年代电影又从无声发展到有声，成为一门精心构思的艺术，观众和电影院的数量急剧增加，每一个有一定规模的镇上都有电影院，到 1930 年，美国的电影院一次可容纳全国人口的 1/10，每星期买票看电影的人估计有 1 亿之多。[①]

1920 年代期间美国电影"设定标准与理想、铸造美梦与幻想"，成为一个重要的娱乐、教育和宣传工具，观看电影成为美国人日常生活的重要组成部分。[②] 大多数美国人至少一周看一次电影，电影明星是全国人民的"共同朋友"，他们的一举一动是社会性话题，"电影演员对美国来说就像是家庭成员一样熟悉，他们象征某些美国理念与特征"。[③] 电影同样对美国女性的价值观念产生了复杂的影响：一方面，电影工厂从一开始就把女性作为性目标来利用，1920 年代最著名的女演员是玛丽·皮克福德和梅·韦斯特（Mae West），代表了好莱坞（Hollywood）电影制片业所创造的两种女性典型：白肤金发碧眼的皮克福德被称为"美国甜心"（American Sweet），驯服、娴静、迷人，看起来永远纯洁，是美国人的理想女性；梅·韦斯特则是另外一种典型，大胆、性感、放荡，有着无法抗拒的性诱惑力。圣女与妖妇、纯洁与放荡——这两种对女性的性别定义，在 1920 年代期间被电影反复强调，并为美国社会所接受。另一方面，电影又为女性提供了成功的机会，"因为这个领域是如此新颖，没有规则，没有学校；勇气、热情与运气足以把一个女店员或农民的女儿变成明

---

① ［美］德怀特·L. 杜蒙德著，宋岳亭译：《现代美国，1896—1946 年》，商务印书馆 1984 年版，第 58 页。

② Nancy Woloch, *Women and the American Experience*, p. 405.

③ June Sochen, *History: A Record of the American Woman's Past*, p. 273.

星"。电影也为社会行为提供了生动的教材，它告诉人们如何观察、言谈、行动，提供了"表达爱情技艺的自由教育"。同时电影也提供了消费的经验教训，一名妇女在杂志中写道，它们使观众"看到更好的生活方式"。另一名妇女则指出，在电影中，"我学习到如何穿着、装饰及一个优美的家应该是什么样的"。① 这一时期的电影依然向女性强调传统的价值观，男性、婚姻与家庭生活是女性的全部世界。

1920 年代之前，钢琴是美国家庭中最重要的娱乐工具，到 1920 年，第一个常设广播电台"KDKA"建立，以后各类广播电台在全国各地纷纷建立起来，收音机的销售额从 1922 年的 6000 万美元增加到 1929 年的 8.52 亿美元，增加了 1400%，到 1929 年有 1/3 的美国家庭收听广播节目，收音机成为 1920 年代另一个重要的大众娱乐工具。② 广播的通讯线路越来越拥挤，到 1920 年代中期，联邦政府通过赫伯特·胡佛领导下的商业部建立了联邦收音机委员会（The Federal Radio Commission），AT&T 与全国广播公司（The National Broadcasting Company）联合起来形成了第一个全国网络系统。③ 广播与电影一样，在许多方面影响着美国人的生活，它仿佛是一个无所不知的家庭成员，传播着外界的各种信息，提供教育和娱乐节目，起了其他媒体所不能达到的作用，"广播事业非但成为传播新闻的媒介，还成为一股社会力量了"。④

---

① 　Nancy Woloch, *Women and the American Experience*, p. 406.

② 　Dorothy M. Brown, *Setting a Course: American Women in the 1920s*, p. 8.

③ 　Gail Collins, *America's Women*, p. 340.

④ 　[美] 威廉·曼彻斯特著，广州外国语学院英美问题研究室翻译组、朱协译：《光荣与梦想：1932—1972 年美国社会实录》（上、下册），海南出版社、三环出版社 2004 年版，第 173 页。

　　1920 年代广告也是美国流行文化的重要载体。此前 20 多年专门化的广告部门已经出现，到 1920 年代现代广告业已经自成一体，发展迅速，费用增加了 17 倍，到 1929 年化妆品产业与食品产业所花在广告上的费用一样。这一时期无数的出版物列举统计资料说明女性占消费者的 80%，美国工商界清醒地意识到中产阶级家庭主妇在消费文化中的作用，有意识地把这部分消费者作为商品推销的主要对象，广告和销售人员习惯上把消费者指称为"她"。[①] 此时新的图片和照片技术使广告成为一个可视媒体，对女性产生巨大影响。广告强调现代女性不再是羞怯、脆弱或驯顺的，理想的现代女性是精力充沛和爱交际的人，她像男性一样要兴奋，并对他们有吸引力。广告也巧妙地结合传统价值观，描绘了妇女坐在火炉边，推着地毯清扫器，端上食品，总是"脸上带着甜蜜的、天使般的笑容，似乎她们从来没有或想要其他物品的想法"。[②] 1920 年代间汽车、香烟、电器、衣服和家具等物品的广告创造了一个优美、雅致和充满无限欢乐的幻想世界。

　　总之，1920 年代期间，美国以电影、广播、广告等为媒介的全国性大众文化形成，"出版物、屏幕以及广告词帮助建立共同的价值与标准，它们刺激了享受休闲时光的增长，形成了繁荣与富裕的气氛"。[③] 这种物质主义和消费主义浪潮对美国妇女生活和思想产生了显著的影响，女性接受了广告所提倡或暗示的审美倾向和价值观，她们关注外表，追求时髦，在服装和化妆品上毫不吝惜地花钱；她们也向往广告所宣传的轻松、悠闲、现代化

---

①　Fracoise Thebaud, Edi., *A History of Women in the West*, V. *Toward a Cultural Identity in the Twentieth Century*, pp. 88－89.

②　Dorothy M. Brown, *Setting a Course*: *American Women in the 1920's*, p. 39.

③　Nancy Woloch, *Women and the American Experience*, p. 381.

的家庭生活，对各种新产品乐于尝试和使用；更重要的是，广告中所暗示的传统的价值观，使她们更加精心地经营婚姻和家庭，安于做一个时髦、现代而又传统的贤妻良母。大众媒体营造的繁华梦也使美国人生活在空前的乐观中："如果乔治·盖洛普（George Gollop）能对 1920 年代的美国人作一个民意测验的话，许多美国人会说他们的生活显著地超过其父辈并且期待一个更加光明的未来。这些刚步入中年的人见证了生活的巨大变化，挣得可观收入，而且过得愉快。普通的美国人穿得比以前更好，在学校学习的时间更长，感谢收音机、报纸与杂志、电影，它们使得人们对世界事务了解得更多一些。尤其在美国的城市中，对未来充满了一种乐观的气氛。"①

第二节 "火红的青春"——"新女性"

在 1920 年代繁荣和享乐的社会氛围中，被称为"福莱勃尔"的"新女性"（New Woman）群体出现在历史舞台上，这些中产阶级出身的年轻女性特立独行，被视为 1920 年代的象征。本节主要通过对"新女性"的外表、行为、就业和婚姻特点的讨论，分析"新女性"出现的原因及其这个群体对社会产生的影响，从一个侧面反映 1920 年代妇女的生活状况及地位和角色变迁。笔者认为，1920 年代美国消费社会的出现、宣扬享乐主义和个人主义的大众文化的流行以及女性受教育水平的提高，是"新女性"群体出现的主要原因。"新女性"外表与行为是独立不羁的，

---

① June Sochen，*History：A Record of the American Woman's Past*，pp. 278—279.

重视感情的平等和交流，寻求职业和婚姻的两全，但她们的发展受到时代的制约，其自由和独立是有限的。同时，作为 1920 年代的象征，"新女性"群体对美国人的妇女观、妇女的自我意识发展以及女权主义运动都产生了一定的影响。

美国"新女性"最早出现于 19 世纪末期，在不同的时代有不同的象征。1890 年代期间科技革命和工业化快速改变着美国的面貌，形形色色的新思潮也在冲击着维多利亚时代的道德观和价值观，女性几十年来的努力也终于在 19 世纪末取得了实质性进展，她们的受教育机会、就业机会以及法律地位都有了很大提高，"受过高等教育、通常是独身并自食其力的新女性的出现是妇女中最引人注目的变化"。① 1890 年代期间画家查理斯·D. 吉布森（Lichard D. Gibson）在《生活》杂志上所刊的连环画作品中，建构了一个健康的、运动员式的、穿着朴素的少妇，即"吉布森姑娘"（Gibson Girl），成为这个时期"新女性"的象征。

卡罗琳·迪克诺（Caroline Ticknor）在 1901 年 7 月的《大西洋月刊》（*Atlantic Monthly*）上形象地描述了"吉布森姑娘"所带来的影响。她指出，维多利亚时代的女性正优雅、宁静地坐在其公寓的窗旁向外眺望，"她的眼睛是梦幻般的，绣花框懒懒地放在旁边的小台子上"。她的袖子"翻卷起来，露出了如雪花石膏一样的手与手腕。她的光滑而又丰盈的秀发平滑地垂在耳边，一朵玫瑰花紧贴在黑色的卷发上"。她的平静被"吉布森姑娘"的突然到来而扰乱，告诉这已经是"过时的类型"。"吉布森姑娘"是晒黑的、健康的，穿着"短裙和厚重的方头鞋，男子气的衣领、围巾和背心，一顶宽边帽俏皮地斜戴在头上"。她会自

---

① ［美］萨拉·M. 埃文斯著，杨俊峰译：《为自由而生——美国妇女历史》，辽宁人民出版社 1995 年版，第 163 页。

信地宣布，"当一个男人接近时，我们不会发抖，垂下眼睑，或在他制定规则时仰慕地注视他。我们在合适的伙伴关系立场上与他交往，并自由地就任何话题进行闲谈"。"吉布森姑娘"更多地考虑自己的感受而不是屈从于男性，"现在的问题是，不是'男人喜欢什么'，而是'女人愿意怎样'"，并宣布，"我能做我兄弟所做的任何事，而且能做得更好。……我的看法已经从狭小的影响中解脱出来，远离家庭边界"。"吉布森姑娘"还宣布："我们不是害羞、谦让、无怨的一代，我们是现代、精明的，我们中的每个人都是自立的。"① "吉布森姑娘"是"纯洁的女性，但是环绕着她的是一种健康、敏感甚至带有反叛意味的清新气息"。② 其健康活泼的形象为美国社会注入了新的活力，对强调女性纯洁、虔诚、顺从，以家庭生活为中心的维多利亚陈规形成冲击。

　　随着 20 世纪的到来，经济的发展、新观念的传播以更快的速度进行，尤其是新的性观念的流行，促使了维多利亚时代风尚的崩溃。20 世纪初的美国社会对这些皮肤晒黑、头发飞扬的"新女性"的到来忧喜参半。一方面，她们的到来为社会注入了新的活力，"为新女性欢呼——看她飞快地走来！女性，曾经是男性的优胜者，现在是他的平等者"。另一方面，美国社会对"新女性"带来的冲击忧心忡忡，尤其是"新女性"所带来的"速度和锐气"，她"骑车娱乐时，她的快乐在于骑得如此快，使她除了速度计之外目中无物……她没有时间阅读、交谈，或思考、进步"。③ 到第一次世界大战前后，成熟的第二、三代大学

---

① Dorothy M. Brown, *Setting a Course：American Women in the 1920s*, p. 30.

② ［美］洛伊斯·W. 班纳著，侯文惠译：《现代美国妇女》，东方出版社 1987 年版，第 18—19 页。

③ Dorothy M. Brown, *Setting a Course：American Women in the 1920s*, p. 31.

毕业生中的"新女性"凭借自身的经济和智力资源寻求新的生活方式和思想追求，这些不受传统拘束的年轻女性在此时已经成为"一个强有力的形象了"。① 玛格丽特·迪兰（Margaret Deland）在其《女性理想的变化》一文中指出，"新女性"是"有着令人惊讶的不良行为的健康可爱的人。她上过大学，而当她毕业时则自己谋生，她拒绝依赖父母，能充分自立。她会做住宅楼工作；她不去教堂；她有对婚姻与生育率的个人见解，并镇静地说出来，而她的母亲则尴尬地脸红了；她使自己热心地从事除了过去常常占据女孩思想的那些事之外的每一件事"。②

到 1920 年代，"新女性"以青春活泼的形象、惊世骇俗的行为、独立不羁的思想出现在美国历史舞台上，其主要象征是"福莱勃尔"（Flapper）。这个词最早由亨利·L. 门肯（Henry L. Mencken）在 1915 年提出，指第一次世界大战前那些居住在城市中、出身于中上阶层、行动与衣着打扮不受传统约束的年轻女性。专栏作家多萝西·迪克斯进一步加以阐述，把那些生气勃勃、富有挑战精神、出身良好的女性称为"福莱勃尔"。1920 年代画家小约翰·赫尔德（John Herd）为《纽约人》（New Yorker）杂志用连环画描绘了"福莱勃尔"的形象，她们穿着短而不打褶的裙子，身体瘦削，头发剪短，脸上搽着胭脂，嘴上叼着香烟，是青春、冒险和健康的性特征的缩影，这些连环画广为流传，犹如之前的"吉布森姑娘"。1920 年 5 月《大西洋月刊》上有一篇文章描述了新一代的"新女性"——"福莱勃尔"，指

----

　　① ［美］萨拉·M. 埃文斯著，杨俊峰译：《为自由而生——美国妇女历史》，辽宁人民出版社 1995 年版，第 180 页。

　　② Dorothy M. Brown, *Setting a Course：American Women in the 1920s*, p. 31.

出她们是不满足、兴奋和喧嚣的，其行为更加大胆，不再像一个容易脸红的老式女孩把一朵玫瑰丢在热情的追求者将要经过的路上，现在她会在晚餐聚会上抓住一个卷饼，敏捷地把它抛向桌子那头的年轻男子，叫道："咳！这里！接住它！你这个笨蛋！"同时代的历史学家普雷斯顿·W. 斯洛森（Preston W. Slosson）则这样描述她们："1920 年代的福莱勃尔进入了历史舞台，活泼、好用俚语、行为上不拘礼节；形体纤细、男孩子气；披着的丝绸或皮毛，像洋葱一样紧贴在身上；洋红色的嘴唇，修理过的眉毛，紧贴头发的头盔；快乐、勇敢、自信……无论是马拉松式跳舞竞赛，以 70 里时速驾驶汽车，海峡游泳，政治运动，还是住宅楼社会服务，她并不在意旁人赞成与否，我行我素。最后她与跳舞搭档结婚，就是那个头发紧贴、有着婴儿般光滑的下巴、背着巨大的牛津背包的可笑的年轻男人，然后他们定居在一个有着四个房间的带小厨房的公寓中，养育两个孩子。另一个'更年轻的一代'，把他们推回守旧者的行列中。"①

"福莱勃尔"并不是 1920 年代唯一的"新女性"。专栏作家多萝西·顿巴·布鲁姆雷把 1920 年代的女性划分为三类：第一类是老女权主义先驱（old feminist pioneers），这些人终身致力于社会改革，对男性和婚姻持排斥态度；第二类，她们在 1920 年代时已四五十岁，曾成功地争得了妇女选举权和职业上的进步，虽然依然是"女性认同"（woman-identified），但对男性的对抗性有些许减弱；最后是第三类妇女，她们是那些二三十岁自觉的现代妇女，即"新型女权主义者"（feminist-new style），她们对上第二类妇女不以为然，渴望经济的独立、职业的进展而不

---

① Dorothy M. Brown, *Setting a Course：American Women in the 1920s*, pp. 31—32.

是社会改革，她们对男性持欣赏和合作态度，渴望浪漫的婚姻和温馨的家庭生活。"新型女权主义者"即为"新女性"。① 历史学家多萝西·M. 布朗（Dorothy M. Brown）则认为"新女性"群体包括"老练的改革者、胜利的参政权主义者（Suffragists）、有力量的运动员、作为先驱的科学家、马克思主义者、生活豪放不羁的艺术家和飞行员"。② 另一位历史学家埃里克·方纳（Eric Foner）认为 1920 年代的"新女性"是那些"年轻的、未婚的、独立的妇女——一般都吸烟，饮酒，穿戴过度暴露的服饰，过着一种比她母亲或祖母更为自由的性生活"。③ 南茜·沃洛克指出，"不受约束的福莱勃尔不是 1920 年代唯一的新女性。相反，她更多的是被解放了的态度与抱负的象征，经久不变地在电影和出版物中被促进，并鲜明地铭刻在大众的记忆中。这个十年实际上因多样化的新女性而占一席之地"。④ 尽管众说纷纭，但有关 1920 年代"新女性"依旧能总结出她们的共同特点，即出身中上阶层，受过良好教育，年轻，性感，特立独行，富有挑战精神，有一定的经济独立能力，她们在 1920 年代作为个人解放的新的价值观、道德观和消费观的象征而出现在历史舞台上，其中"福莱勃尔"是主要的象征，她们是 1920 年代"道德和行为革命"的身体力行者，尽管当时的美国社会对她们褒贬不一，但批评者与

---

① Dorothy Dunbar Bromley，"Generational Conflicts"，Susan Ware：*Modern American Women*，*A Documentary History*，Chicago：Richard D. Irwin，Inc.，1989，p. 167.

② Dorothy M. Brown，*Setting a Course*：*American Women in the 1920s*，p. 29.

③ ［美］埃里克·方纳著，王希译：《美国自由的故事》，商务印书馆 2003 年版，第 262 页。

④ Nancy Woloch，*Women and the American Experience*，p. 382.

支持者一致认为她们"是七十多年女权主义者鼓动的产物，是可以投票的新的美国妇女。福莱勃尔的确完成了某些传统女权主义者未能获得的目标"。① 这个群体虽然只是昙花一现，但她们以飞扬的青春活力在历史上留下鲜明的印记，成为喧嚣的 1920 年代的象征。

一　"新女性"的特点

（一）"福莱勃尔是勇敢、快乐、美丽的"

1920 年代美国妇女选举权的获得与物质的极大丰富，造就了一种自由的氛围，享乐主义和个人主义盛行。年青一代女性的生活呈现出新的变化，出现了一个特殊的"新女性"群体。她们以青春、健康、性感的形象使美国社会耳目一新。

"新女性"首先以随意轻便的服饰解放了自己的身体。服装一般说来是时代变化最出色的阐释者，19 世纪末 20 世纪初女性服饰经历了明显的变化。维多利亚时代女性穿着紧身胸衣和拖地长裙，不仅不利于身体健康，而且大大束缚了行动自由。19 世纪末"吉布森姑娘"的出现使服装时尚逐渐出现变化，女性倾向于穿舒适、行动方便的服饰，裙子长度随着时代的进步不断缩短。第一次世界大战后不久，裙子折边离脚面约 6 英寸或 7 英寸，1920 年裙子又再向上缩 5 到 6 英寸，到 1927 年裙子缩短到膝盖。不仅裙子在缩短，服装也在不断简化：层层叠叠的衬裙、女式灯笼裤、女式无袖衬衫、复杂的铠甲似的妇女紧身胸衣与女用束腹裤逐渐弃之不用，代之以三角裤、紧身短衬裤以及"女内裤"；更轻更贴身的丝或人造丝袜子取代棉布长筒袜。1928 年

---

① Carol Hymowitz & Michaele Weissman, *A History of Women in American*, New York: The Anti-Defamation League of B'nai B'rith, 1978, p. 292.

《商业杂志》（*Journal of Commerce*）宣称，做一件完整的女式服装所需要的布料已经从 1913 年的 19.5 码下降到 1928 年的 7 码。① 舒适方便的穿着，使女性可以无拘无束地参加各种活动。

此时美国年轻女性也不再追求维多利亚时代所崇尚的"女性气质"和纯洁，她们更喜欢显得"男孩子气"和性感，她们剪掉了飘飘长发，代之以活泼简洁的短发；扁平的胸部、纤细瘦削的体形更是流行时尚。"福莱勃尔是精力充沛、大胆和自我专注的，她通过没有约束的服装显示自己。她不穿紧身胸衣，裸露着胳膊。她的裙子短到膝盖上，她有时卷下她的光滑的长筒袜，露出皮肤。但她隐藏了乳房。她的服装直直地从肩膀上垂下来，而她从来不穿紧身内衣来覆盖她纤细的臀部和腰部。如果一个福莱勃尔不幸很丰满，她会捆绑她的胸脯以使自己能够拥有必要的平坦的形状。"② 1920 年代年轻女性努力保持瘦削的外表，市场上各种减肥药物很受女性欢迎，广告许诺可以不必节食而保持苗条。

年轻女性的新潮装扮在美国老一辈看来，她们只是一些被奇装异服装饰起来的，他们激烈地反对这种做法却又无可奈何。作家弗兰克·吉尔布兰斯当其长女安妮宣布"我再也不穿长内衣"时大怒："这就是这一代的麻烦事。没有人考虑变得活泼、机灵、甜蜜或迷人。……她们想变得皮包骨头、胸部平坦而时尚。"③ 但像这个国家中所有的父母亲一样，老吉尔布兰斯只好逐渐屈服，允许女儿们买丝质长筒袜、轻而薄的内衣，剪短头发。但这种变化的冲击仍然是巨大的，当剪着短发的安妮到晚餐桌边时，吉尔布兰斯太太很震惊并流泪。短发在中产阶级看来，是危险的

---

① George H. Douglas, *Women of the 20s*, p. 8.

② Gail Collins, *America's Women*, p. 329.

③ Ibid. , p. 330.

激进主义的一个象征，以前只有纽约格林威治村（Greenwich Village）的激进分子才会有这种出格的打扮。女性上衣越穿越少、裙子越穿越短，令保守人士忧心忡忡。佛罗里达大学（Florida University）校长预言："低领长大衣、卷起来的长筒袜与短裙滋生邪恶及其天使，把当前和未来一代人带向混乱和毁灭。"在俄亥俄州立法机构中，有些人提出一个议案，禁止任何14岁以上的女性穿"没有达到脚背"的裙子。① 但年轻女性依然故我，新的时尚逐步确立下来，并为中产阶级主流文化接受。1923年夏天，一大群女警察被派遣到芝加哥的沙滩，逮捕穿着无长筒袜游泳衣的年轻女性，但到第二年夏天，每一个在沙滩上游泳的女性可以展示大腿而不再引起人们的非议；1920年代之前剪短头发或穿短裙的年轻女性被禁止进入旅馆或时髦的餐馆，到此时短发短裙则是最时尚的打扮，为主流文化接纳和欣赏。

"新女性"还普遍开始使用化妆品，在这之前似乎只有妓女才会涂唇膏、画眼影。1920年代化妆进入美国中产阶级主流社会，成为女性时尚。1927年一份调查发现，女性中，50%的涂胭脂，90%涂搽脸粉。② 从十几岁的女孩到中年主妇都在手提袋中装着连镜小粉盒，涂抹鼻子成为一个反射性动作。化妆品产业在这个10年中迅速崛起，到1920年代末，已经成为美国的第四大产业——仅次于汽车、电影与违禁私卖的酒。1925年化妆品工厂的收入从1700万美元增长到1.4亿美元；③ 美容院在此时也迅速发展，从原来仅仅为少数富裕女性提供服务转向面向城市中的中产阶级妇女，并且功能扩大，提供剪发、设计、染发、修

---

① Gail Collins, *America's Women*, pp. 330—331.

② Ibid. , p. 331.

③ June Sochen, *History: A Record of the American Woman's Past*, p. 261.

理指甲与美容的服务，据一个统计提供的数字，美国妇女每年在美容方面花费 180 万美元，估计每个成年妇女每年购买 1 磅搽脸粉和 8 盒胭脂连镜小粉盒。[①] 历史学家弗雷德里克·刘易斯·艾伦发现 1920 年之前，化妆品业中只有两家公司缴纳联邦收入税，1927 年有 1.8 万家化妆品企业纳税。[②] 1928 年《芝加哥论坛》（Chicago Tribune）指出，过去女性认为衰老是无法避免的，现在化妆品的出现却可以弥补岁月留下的痕迹：头发可以染色，脸颊可以人为地让它呈现玫瑰色，皮肤可以补充水分，"感谢化妆品，今天的母亲更像是姐姐，享受她女儿的快乐"。[③]

"新女性"也一反女性温柔、顺从、谦卑的传统，她们在日常生活中抽烟、喝酒、跳舞、骑单车，到夜总会、歌舞厅、电影院寻找流行的娱乐活动。嘴叼香烟是"新女性"标志性动作之一，对年轻女性来说，抽烟是"自由"和妇女享有与男性平等权利的另一个含蓄的象征。1920 年代之前，女性抽烟在美国被视为道德败坏，带有放荡不羁的意味，是与妓女或格林威治村的激进分子联系在一起的，为中产阶级主流价值所贬斥。但是这种禁忌在 1920 年代同样被"新女性"打破，她们在校园、餐馆、非法酒店、玩高尔夫球和桥牌的乡村俱乐部等公共场所抽烟。1918 年到 1928 年美国的香烟产量加倍，女性成为香烟产业重要的消费对象，出现在 1920 年代的香烟广告中，她们被告知"追求成

---

① Dorothy M. Brown, *Setting a Course*：*American Women in the 1920s*, p. 105.

② Carol Hymowitz & Michaele Weissman, *A History of Women in American*, p. 292.

③ Gail Collins, *America's Women*, p. 331.

为一个幸运儿而不是一个甜心"。① 1925 年，巴林摩尔女子学院
(Bryn Mawr College) 迫于学生的压力，在学校中设置了抽烟
室。1920 年代末，社会对女性抽烟已经习以为常。不仅不再是
衡量女性道德的一种标准，而且抽烟常常被作为一种可以医治紧
张或促进消化不良的健康辅助品，成为对付肥胖的一种武器。
"新女性"的喝酒更是对禁忌的一大挑战。1918 年纽约的一个旅
馆允许妇女坐在酒吧中被认为是一件破天荒的事，但对"新女
性"来说，饮酒，即使过量，都不再耸人听闻。舞厅也是"新女
性"经常光顾的地方，年轻人在"歇斯底里、煽动懒惰、狂欢、
放荡、毁灭和杂乱"的爵士乐的伴奏下，贴身摇晃。② 大学校园
中，学生社团，尤其是女生组织的各种协会强烈抗议学校设立
"禁止跳舞"的校规。

　　"新女性"在体育运动方面同样活跃，高尔夫球场上、网球
场上、游泳池中，到处都活跃着年轻女性的身影，他们在体育运
动中表现出惊人的天赋和坚韧的意志，打破了女性体力耐力差的
成见，其中海伦·威尔斯（Helen Wills）和格特鲁德·埃德勒
(Gertrude Ederle) 是这一时期最负盛名的体育明星，成为"新
女性"的偶像。网球是当时的流行运动之一，网球明星海伦·威
尔斯 3 次获得美国网球公开赛单打冠军，8 次获得全英温布尔敦
网球公开赛单打冠军，在 1927 年到 1932 年期间她从未在比赛中
输掉一场球。在网球场上威尔斯穿短裙与无袖短外套，引起球迷
群起仿效。埃德勒是首位游过英吉利海峡（The English Chan-
nel）并打破这个项目世界纪录的女性，被称为"游泳女孩"

---

① June Sochen, *History: A Record of the American Woman's Past*, p. 261.

② Paula S. Fass, *The Damned and the Beautiful: American Youth in the 1920s*, New York: Oxford University Press. Inc. , 1977, p. 300.

(swimming girl)，她取得的成绩使游泳成为女性的流行运动。作为户外运动的结果，晒黑的皮肤在 1920 年代首次成为时尚，它们意味着悠闲、高尔夫游戏以及网球运动，而在这之前晒黑的皮肤是与辛苦的户外劳动、地位低下联系在一起的。

总之，无论在外表还是在行为上，以"福莱勃尔"为代表的"新女性"都力图打破维多利亚时代对女性行为的禁忌与约束，强调她们享有与男性同等的权利。她们的离经叛道引起种种非议，但年青一代并不介意，俄亥俄州立大学（Ohio State University）的一位女学生问："我们真的像被描述的那样坏吗？""是的，父母长辈不准许我们做的我们都做了，并且是故意做的。我们不再是天真无邪的孩子——我们手上有毒品，我们会很明智地用它来自我保护。"① 特立独行的"新女性"彻底颠覆了传统的女性规范。

（二）"道德变化的原动力"

外表和行为上的自由不羁是美国"新女性"对维多利亚文化传统反叛的一个方面，她们对维多利亚时代性禁忌的挑战则具有更深远的意义，"1920 年代的兴趣，在于新近解放的年轻人，尤其是年轻女性，她们是道德变化的原动力"。② 维多利亚时期的女性被描写为"闺房中的天使"，缺乏性欲望，不如男人强健但比男人纯洁，"许多好母亲、好妻子和好家庭主妇很少知道……纵欲。爱家、爱孩子和爱做家务是她们唯一的情欲"。③ 但 20 世

---

① ［美］萨拉・M. 埃文斯著，杨俊峰译：《为自由而生——美国妇女历史》，第 198 页。

② Nancy Woloch, *Women and the American Experience*, p. 398.

③ ［美］玛丽莲・亚隆著，许德金、霍炜等译：《老婆的历史》，华龄出版社 2002 年版，第 361 页。

纪初以来新的性学思想开始传播，逐渐改变了这种无知与封闭状态。英国性学家哈夫洛克·埃利斯（Havelock Ellis，又译为蔼理士）是女性性欲研究的先驱。他提出妇女除了有生育本能，还有性冲动；性欲能使人高尚，禁欲比纵欲更具危险性。瑞典的爱伦·凯（Ellen Key）则提倡不要婚姻的"自由母亲"，"生活中最神圣的事是个体愿望"，"尤其对性愿望的强调"。① 奥地利心理学家西格蒙德·弗洛伊德（Sigmund Freud）强调性欲在人类文明中的重要性，指出性压抑有害人的精神健康，他的精神分析法在 20 世纪初期的美国广为流行，"利比多"（libido）之类的术语成为家喻户晓的日常用语。到 1920 年代，美国已经出版了 200 本左右关于弗洛伊德的书，其性学思想广泛传播并广为美国人所接纳，"在电影、小说和其他文学作品中更加积极的性爱态度，正在渗入美国人的思想中"。②

　　性学家和心理学家所倡导的"性解放"思想和理论有力地冲击了美国维多利亚时代的社会风尚和性道德观，改变了公众对性的态度。第一次世界大战前，人们对性的讨论只限于少数激进分子的小范围内。到 1920 年代，"福莱勃尔首次使它显现出来，跳舞的狂热引起普遍的关注，出版物中提到性病和卖淫之类的问题，流行的报刊专栏作家，则被有关出身良好的女孩们的问题所包围"。③ 尽管对年轻女性的"解放行为"依然有争议，但已经被看作既成事实，对性的讨论事实上已从"地下状态"转入公开状态，从少数的沙龙扩散到社会大众，"不仅仅是年轻人使性成

---

① Nancy Woloch, *Women and the American Experience*, p. 396.

② ［美］玛丽莲·亚隆著，许德金、霍炜等译：《老婆的历史》，华龄出版社 2002 年版，第 375 页。

③ Nancy Woloch, *Women and the American Experience*, p. 396.

为时尚，在纷杂的沙龙、优雅的旅馆起居室中，年龄较大的城市居民也在谈论弗洛伊德的理论，他的作品开始像野火一样烧遍美国各地"。[1] 社会上出现一股"性热潮"，与维多利亚时代的性禁忌形成鲜明的对比。

随着"性解放"思想的传播，它也脱离其激进的根源而成为美国中产阶级的价值观，引起美国社会的行为和道德革命。维多利亚时期传统的性道德宣扬男女双重标准，认为男性有性欲并主动享受，而女性没有性欲且被动接受。1920 年代"新道德"则宣称男女有相同的性欲，性是生活的中心，是自然和"美好的"，19 世纪对性的压抑是"不自然"和"糟糕的"。[2] "道德革命"在两个方面产生重要影响：一方面是中产阶级婚姻中的"性革命"，性关系成为婚姻中的主要关系；另一方面是年青一代的新行为，尤其是中产阶级家庭的女孩子们，她们的"性革命"在这一时期更加明显，表现在求爱形式也发生了巨大变化、有节制但明显的婚前交往，以及婚前性行为的大量增加。凯瑟琳·戴维斯调查报告显示，被调查者中 7％的已婚妇女在婚前曾与男性发生过性关系，14％的未婚女性已与男性发生过性关系；在未婚妇女这一组中，80％的人都不为她的婚前性行为做辩护。丹佛（Denver）家庭关系法院的（Domestic Relations Court）本·B. 林德赛（Ben B. Lindsey）认为，第一次世界大战前相当数量的男人一般是和妓女发生性关系，战后同学便成了发生性关系的对象。他估计在丹佛的青年女性中，有 10％多的女性在谈到性生活时都是

---

① George H. Douglas, *Women of the 20s*, p. 26.

② Carol Hymowitz & Michaele Weissman, *A History of Women in American*, p. 289.

非常放纵的。① 1920 年代年青一代女性利用新的性思想对旧的性道德进行挑战，成为反对美国社会传统性道德和行为的社会革命的起点，这种新道德观体现在"新女性"恋爱、婚姻和家庭观的方方面面中。

"新女性"追求浪漫的爱情，1920 年代男女同校的大学增多，大学校园成为她们谈情说爱的伊甸园，为两性提供了"非正式的接近机会"，并促进了一种新的平等感觉，同时鼓励了"对性吸引力明显的注意"。女学生接受了"伙伴"（Pals）和"合作者"（Partners）的角色，两者都以"她"与男性的关系而界定，"她的双重角色基于平等，意味着接受曾经被男性垄断的特权和习气，带有实验和革新、冒险和虚张声势的味道"。女大学生这种新的变化受到校园文化的肯定。一位编辑在 1922 年宣称，"福莱勃尔是为世界上妇女状况的进步而负责的女孩"，并举例说明"她"的"独立"和"亲密"。② 男女同校的大学生是新习俗的革新者，不仅影响了只有女性学生的大学的学生，这种新变化也传到年龄层次更低一些的高级中学，形成全国性的青年文化。

"约会"是新道德一个重要的革新。"新女性"摆脱了成年监护者的陪伴，从而脱离了家庭权威的监督；汽车这种新兴交通工具也为约会提供了新的自由，使年轻人约会也能够摆脱社区的监督。拥抱和接吻在年轻的恋人之间很流行，婚前性行为显著增多。约会的新变化，不仅显示了中产阶级妇女更独立的角色，而且为年轻女性提供了成为"伙伴"与"合作者"角色的基本训

---

① ［美］洛伊斯·W. 班纳著，侯文蕙译：《现代美国妇女》，东方出版社 1987 年版，第 145 页。

② Nancy Woloch, *Women and the American Experience*, p. 403.

练，这两种角色正是 1920 年代"试婚"的主要特点。约会仪式促进了另一个社会仪式的革新——"拥抱"。社会学家对未婚女孩在这些行为中的"主动"予以肯定，菲利斯·布兰查德（Phyllis Blanchard）与卡罗琳·曼纳西斯（Carolyn Manasses）对年轻女性的一份调查中指出，调查对象把"拥抱"与"接吻"视为"更进一步性行为的代替物"，"利用自由新机会的女孩容易发现这种经历对她有益"。① 从根本上看，"拥抱"与"接吻"出现显著的变化，但这并不是对习俗和惯例的完全抛弃，它依然附属于旧的求婚框架，婚姻仍然是最终目标。

　　"新女性"满意于这种新自由，它的代表人物之一，小说家 F. 斯科特·菲茨杰拉德（F. Scott Fitzgerald）的妻子泽尔达（Zelda）说："我认为女性从成为快乐、无忧无虑、不落俗套的自己命运的女主人中，比要求艰苦工作、智力悲观主义和孤独的职业中得到更多的乐趣。"她并不希望自己的女儿成为一个"天才"，"我想要她成为一个福莱勃尔，因为那是勇敢、快乐、美丽的"。② "新道德"的捍卫者也对年轻女性的这种挑战表示赞赏。林赛法官 1925 年撰文分析这种年轻人的反叛时指出，由于经济、文化、科学技术的发展与汽车、电影和收音机等现代新文明传播工具的出现以及极快的变化速度，这个十年中年轻人在现代化的环境中已经发生了变化。年轻人的世界完全不同于其父辈的世界，旧的道德和标准失去了意义："年青一代总是反叛的，总是使老一辈感到震惊，但这一次不同。在它背后有新技术和经济秩序的全部影响和力量……这些男孩和女孩能做任何过去的孩子们不能做的事。"所谓不能做的事，主要指"性经历中试验性的游

---

① Nancy Woloch, *Women and the American Experience*，p. 404.

② Gail Collins, *America's Women*，p. 329.

历"和"性解放",尽管他把婚前性行为比例限定在 15%—20%,但他认为年轻人的解放行为比"成年人清教主义的乌合之众"更可取。

对传统主义者来说,年轻人的反叛是一个危险的信号,在这个问题上,女权主义者与传统主义者立场一致。简·亚当斯反对这种"对性令人震惊的强调"。夏洛特·帕金斯·吉尔曼向"自私无益地沉迷"于性的人和事开火,她在 1923 年的《世纪杂志》(*Century Magazine*) 上写道,"看到这么多人通过模仿男性的软弱和缺点而滥用那种自由令人厌恶"。吉尔曼讨厌年轻女性在"语言、服装、行为和生活习惯上的粗俗和放纵",对她们屈服于"欲望和冲动"感到厌恶。① 但事实上,"新女性"的性解放是有限的,它并没有导致对双重标准的抵制,只有婚姻才使女性的性合法,而且也只有少数"新女性"敢公开同居,这些事必须瞒着家庭、雇主、房东甚至朋友,拥抱、接吻和婚前性行为依然以婚姻作为终极目标。

(三)"新女性"的婚姻特点

婚姻家庭仍是"新女性"的安身立命之本,大多数的"福莱勃尔"结婚并逐渐接受与她们母亲一样的生活方式,但她们的婚姻观念更理性和自由。人类学家玛格丽特·米德(Margaret Mead)对婚姻的看法具有典型性。她指出,"我们属于感觉特别自由的新一代年轻女性——不必结婚,除非我们选择结婚;当我们因做其他事时可以自由地推迟结婚;没有那种压迫与限制前辈女性的讨价还价与障碍。我们嘲笑女性 25 岁就会成为'老处女'的想法,也为有新的医疗技术手段使女性在 40 岁还可以生育孩

---

① Nancy Woloch, *Women and the American Experience*, p. 399.

子而感到欣喜"。① 由于受性解放思想的影响，"新女性"的婚姻观念也从以生殖为中心向以爱情、伴侣和享受性爱乐趣为基础的理想婚姻方向转变，出现了一种新型的伙伴关系的婚姻，追求两性之间志趣相投和平等，并且强调性爱在这种新型婚姻关系中的重要地位。玛格丽特·桑格的"节制生育"（birth control）观念也得到"新女性"的认同。桑格指出，"不能拥有和支配自己身体的女性不能认为是自由的，只有能够自觉地选择自己是否愿意成为一个母亲的妇女才能认为自己是自由的"。②"新女性"普遍采用节制生育措施，家庭规模因而缩小。她们重视婚姻质量，要求感情的交流、平等与和谐的性爱，一旦婚姻出现危机，则主动寻求从失败的婚姻中解脱。

就业在"新女性"的生活中占重要地位。"新女性"主要集中在办公室、教师、销售及其他一些专业工作等领域中就业。婚前有职业的"新女性"婚后也并不想轻易放弃原有的工作。1920年代之前，职业女性往往为了职业而牺牲爱情与婚姻，但"新女性"寻求职业与婚姻的两全，认为女权主义者为职业成功而放弃爱情与婚姻的做法并不可取。多萝西·顿巴·布鲁姆雷指出"新型女权主义"相信"完美的生活要求婚姻和孩子，同时还有一个职业"。③ 洛蕾·普鲁蒂（Lorine Pruette）指出新一代的女性"确实对所有的女权主义者的烦恼感到惊奇"。菲利斯·布兰查德

---

① Doreen Rappaport, Edi., *American Women*, *Their Lives in Their Words*: *A Documentary History*, Harper Trophy: A Division of HarperCollins Publishers, 1992, p. 211.

② ［美］霍华德·津恩著，许先春等译：《美国人民的历史》，上海人民出版社2000年版，第289页。

③ Nancy Woloch, *Women and the American Experience*, p. 394.

对此观点表示认同，"现代女孩已经看到年龄较大的未婚朋友们的孤独，开始对以爱为代价而获得物质上的回报持怀疑态度"。[①] 1920 年代美国已婚妇女就业稳定上升，其中已婚专业妇女（professional women）比例从 1910 年的 12.2％上升到 1920 年的 19.3％，1930 年的 24.7％[②]，这些人主要是中产阶级出身的"新女性"。就业还使"新女性"有了一定的经济独立地位。婚姻专家埃弗雷德认为，婚姻不仅需要浪漫的爱情和夫妻双方的性自由，还需要夫妻双方"基础的平等"，他告诫女性要获得"经济独立"，因为只有这样男人和女人才可以更好地相处，还因此可以拥有更大的自由，从而使女性减少"对于男人不公平和不对等的依赖和忍耐"，他期待有一天"男人和女人一样地工作；女人不要因为生育而被排除在充满刺激性和希望的社会之外"。[③] 1927 年一位女权主义者指出已婚就业女性是"新型女权主义者"，而不是传统的家庭主妇或好斗、未婚、冷酷无情、"老派的"女权主义者，"新型女权主义者"是"羽翼已丰"的个人，她们既工作也分享平等的婚姻。[④] 很多"新女性"婚后继续就业，她们相信，工作、婚姻和孩子可以兼得，她们与配偶的完全平等指日可待。

当时著名的女权主义者克雷斯托尔·伊斯塔曼（Crystal

---

① Dorothy M. Brown, *Setting a Course：American Women in the 1920s*, p. 42.

② Nancy Woloch, *Women and the American Experience*, p. 394.

③ ［美］玛丽莲·亚隆著，许德金、霍炜等译：《老婆的历史》，华龄出版社 2002 年版，第 379 页。

④ Lynn Y. Weiner, *From Working Girl to Working Mother：The Female Labor Force in the United States, 1820 — 1980*, Chapel Hill：University of North Carolina Press, 1985, p. 105.

Eastman）的婚姻生活体现了这种新型婚姻模式的特点。她和丈夫因相爱而结婚，生有两个孩子，但是平凡琐碎的家庭生活与女方的职业使双方渐渐疏远。为了挽救出现危机的婚姻，克雷斯托尔主动提出一个新的生活计划，即"两个屋顶下的生活"计划。她提出两个人分居，丈夫单独住，她和两个孩子一起住，平时保持联系，想相聚时就相聚。这种新的生活方式既挽救了双方婚姻，又给了各自相对独立的空间。在克雷斯托尔身上，体现了美国女性在婚姻中的新立场：乐观、独立、明智，有自己的想法并把它付诸行动，婚姻依然是她们生活中的重要部分。她们追求一种平等与相互理解的关系，对她们来说，事业和婚姻家庭相结合的生活才是有意义和完美的生活。克雷斯托尔曾经这样解释她们这一代女性的理想："她并不完全满意爱情与婚姻以及纯粹的家庭生涯。她想要自己的钱、自我表达的一些方式，……她也要丈夫、家庭和孩子。怎样把这两个愿望在现实生活中结合起来？这就是问题所在。"①

（四）"新女性"个案

1920 年代网球明星海伦·威尔斯和游泳健将格特鲁德·埃德勒是美国"新女性"的偶像，而驾驶飞机飞越大西洋的阿米莉亚·埃尔哈特（Amelia Earhart）则成为"新女性"心目中的女英雄，这些强健有力的体育明星向女性体质柔弱的陈规提出挑战。人类学家玛格丽特·米德是"新女性"的另一种典范，挑战了智力与文化陈规。这些杰出女性以非凡的勇气和毅力向世人展现了女性的能力，削弱了对维多利亚时代"真正的女性"的迷信，成为"新女性"的楷模。

游泳是一项很吸引人的竞技体育项目，格特鲁德·埃德勒在

---

① Dorothy M. Brown，*Setting a Course：American Women in the 1920s*，p. 41.

游泳上取得的空前业绩使其成为美国"新女性"的偶像。埃德勒是 1924 年的奥林匹克夏季奥运会的明星，她创造了该年从 50 码到半英里的 18 项世界纪录。1925 年她在家人、教练员和爵士乐队的激励下，首次尝试横渡英吉利海峡，并在 1926 年再次横渡时，成为世界上第一个游过英吉利海峡的女性，之前世界上只有 5 名男性完成了这个壮举，她的 14 小时 31 分的成绩是当时最好的成绩。卡里·查普顿·凯特宣称这是女权主义者的胜利，一份杂志上刊登了西北大学（Northwestern University）一位游泳教练的分析："30 年前妇女不可能完成相同的壮举，因为妇女紧身胸衣和其他荒谬的不必要的服装限制了她的身体，剥夺了优秀游泳者所必要的肌肉锻炼。体育使人们普遍对妇女的身体状况、智力看法等产生完全的颠覆。"波士顿《每日全球》（Daily Globe）的专栏作家安克尔·达德利（Uncle Dudley）则宣称埃德勒的成功给予女性"新的身体的尊严"。《文摘》（Literary Digest）调查了媒体的回应，认为"古代没有一个英雄得到比这个德裔美国小贩的女儿更多的荣誉，没有人获得任何接近现在给予她的形式多样的敬意"。[①] 尽管埃德勒为此付出了听力被海水损坏的代价，但其业绩还是激励了成千上万的美国女性。

　　驾驶飞机一向被认为不适合女性，不仅在体力上，在当时女性还被认为不行，而且不符合社会规范。阿米莉亚·埃尔哈特的横空出世在飞行史上写下辉煌的一笔，她是飞行史上最著名的女性，被称为"林德女士"（Lady Lindy），人们将她与另一个飞行史上的传奇人物查尔斯·林德伯格（Charles Lindbergh）相提并论。1928 年埃尔哈特首次飞越大西洋，四年后则单独驾驶飞机从大西洋加拿大一侧的纽芬兰飞到另一侧的爱尔兰，成为第一个

---

① Dorothy M. Brown, *Setting a Course: American Women in the 1920s*, p. 43.

单独成功飞越大西洋的女性和两次成功飞越大西洋的人。埃尔哈特的勇气、飞行技巧以及个性与外表，使她成为 1920 年代的一个传奇。这个喜欢冒险而且大胆的女子，对飞行一直情有独钟。她毕业于伯纳德女子学院（Barnard College），医科是她的专业，曾做教师和住宅楼的社会工作者，走着同时代中产阶级女性一样的道路，但她一直没有放弃翱翔蓝天的梦想。1921 年埃尔哈特取得单飞的航空执照，并在她 25 岁生日时倾其所有买下了第一架飞机，成为南加利福尼亚飞行游览绝技巡演队的一员。1927年纽约一位富有并热心飞行的名叫艾米·菲普斯·格斯特（Amy Phipps Guest）的人派代表与埃尔哈特接触，建议她仿效查尔斯·林德伯格，进行飞越大西洋的单独飞行。在格斯特的资助下，1928 年埃尔哈特成功地驾机飞越大西洋，名扬全国，成为"新女性"的崇拜偶像。埃尔哈特在自传中写道："大概我最大的满足就是我用榜样证明，无论何时，如果给了妇女机会，她们就可以自己做一些事情。"①

当埃德勒、埃尔哈特等女运动员赋"新女性"类型以血肉，并对男女两性的身体与职业的刻板划分提出挑战时，年轻的玛格丽特·米德向智力与文化陈规进行挑战。米德出身中产阶级家庭，父母对她的成长有很大的影响，她后来说："我的道德内容来自我母亲对其他人和世界状况的关心，来自我父亲坚持唯一值得做的事是有助于对真相的了解；我的道德的力量来自言行一致的外祖母。"米德 18 岁时上大学，希望"参与智力的享受"和"以某些方式……成为一个真正的人"。后来她到伯纳德女子学院求学，在这里她宣称"这种类型的生活与我早期的梦想相称"，

---

① ［美］洛伊斯·W. 班纳著，侯文蕙译：《现代美国妇女》，东方出版社 1987年版，第 163 页。

"我知道了我在生活中能做什么"。[1] 1923 年米德毕业后结婚，并作为社会学家威廉·奥格本（William F. Ogburn）的伙伴与助手，继续攻读心理学的硕士学位，此时米德已把从事人类学研究作为其终生的事业。"人类学学业，"她宣称，"早就应该完成，其他个人的事情可以等待"。米德对理想很执著，她认为，"如果你确定路线，并使你的航行可以利用每一缕促进旅程的风，并一直相信这条路线是正确的话，实际上它将会是正确的，即使船本身在航行期间的任何时间与地点或许会沉没"。[2] 1925 年她完成了人类学的硕士论文，并在南太平洋萨摩亚岛（Samoa）进行实地调查，1928 年以论文《在萨摩亚到达法定年龄》（*Coming of Age in Samoa*）一举成名。米德在事业成功的同时，并没有放弃婚姻家庭，她想成为事业和婚姻双全的"新女性"。米德的独立和明智代表了当时美国女性发展的一个新的趋势，她的第一任丈夫、人类学家路德·克里斯曼（Luther Cressman）在半个世纪后回忆，"她确信她能在男性中确立自己的位置"。[3]

埃德勒、埃尔哈特和米德是 1920 年代"新女性"的活力、勇气和智慧的集中体现，这一时代因她们而更精彩。

二　"新女性"出现的原因

（一）经济繁荣与"消费社会"的出现

"新女性"在 1920 年代的美国出现并非偶然，它是社会经济和文化发展的产物。这时美国妇女已获得选举权，法律上的这种平等，给女性一种已经与男性完全平等的感觉，她们理所当然地

---

[1]　Dorothy M. Brown, *Setting a Course：American Women in the 1920s* , p. 46.

[2]　Ibid. , p. 47.

[3]　Nancy Woloch, *Women and the American Experience* , p. 393.

享受前辈女性辛苦斗争所得的权利，并在生活的各个方面都要求与男性有相同的平等权利。此时美国经济空前繁荣时期，物价稳定，劳动者工资收入有了较大提高，失业率下降，推销商品的网络在全国范围内建立起来，并出现赊账购买方式，人们的消费欲望大为膨胀。"消费社会"的出现，为"新女性"的产生提供了重要的物质和文化条件，而在日益膨胀的物质主义和享乐主义的影响下，有消费能力的年轻女性群体，她们追求时髦和享乐，以"新女性"的形象出现在历史舞台上。这些人既是消费时代的产物，也是消费时代的宠儿。

（二）受教育水平的提高

1920 年代美国女性受教育水平的提高是"新女性"出现的一个重要前提。接受更好的教育曾经是早期女权主义者主要奋斗目标。在工业革命之前，美国女性较少有机会接受教育，更遑论高等教育，19 世纪中期后，女性受教育的机会大为增加，初、高级中学普遍招收女生，1890 年，从高级中学毕业的女生人数则超过了男生。19 世纪末接受高等教育的女性数量大量增加，1/3 的美国大学生为女性。[①] 到 1900 年，全国 80％的学院、大学及专业学校都招收女学生入学。[②] 20 世纪最初 20 年，美国女性中高等教育迅猛发展，在公立大学中注册的女生数量上升了10 倍，在私立学校中上升了 482％。[③] 到 1920 年，431000 名女

---

① Barbara Welter, *The Women Question in American History*, Hinsdale：The Dryden Press，1973，p. 14.

② ［美］洛伊斯·W. 班纳著，侯文蕙译：《现代美国妇女》，东方出版社 1987 年版，第 4 页。

③ William Henry Chafe, *The American Woman*, *Her Changing Social*, *Economic*, *and Political Roles*, *1920－1970*, p. 89.

性在学院和大学中注册——占全部在校大学生人数的 43.7%。史密斯学院（Smith College）院长威廉·艾伦·尼尔森（William Allan Neilson）指出，被 19 世纪先驱开辟的道路已经"变成了一条高速公路"。[①]

1920 年代期间，美国的教育体系已形成一个公立学校系统，小学几乎普及，高中生占青少年人口的 50%—60%，美国历史上第一次有一半以上的年轻人进入各类学校接受教育。[②]到 1930 年，50%以上处于适龄阶段的人在高中，12%大学年龄段的人在学院和大学里学习，还有许多人在"初级大学"（junior college）和普通学校（normal school）中学习。[③] 此时美国小学和中学除了基本课程外，还引进音乐、艺术等课程；师资水平有很大提高，受过大学教育的教师开始取代那些至多不过是有中学文凭的人，教学方法也有很大改进。中学教育民主化的发展，使年轻人受教育程度大为提高，尤其是美国女性比世界上其他任何国家的妇女有更广泛的受教育的机会，年青一代女性已经把接受教育视为理所当然。此时中学女毕业生进入大学的比例从 8%增加到 12%，在 1930 年有近 5 万名女性获得大学学位。[④] 尽管在 10 年间女性在美国大学中所占的比例从 1920 年的 47.3%下降到 1930 年的 43.7%，但进入大学的女

---

① Dorothy M. Brown, *Setting a Course: American Women in the 1920s*, p. 248.

② Fracoise Thebaud, Edi., *A History of Women in the West*, V. *Toward a Cultural Identity in the Twentieth Century*, p. 83.

③ Nancy Woloch, *Women and the American Experience*, p. 402.

④ Paul S. Boyer, Clifford E. Clark, Jr, Sandra McNair Hawley etc., *The Enduring Vision*, *A History of the American People*, p. 484.

性其比例几乎与男性相同。① 1920 年代女性在美国大学注册的记录为 282943 人，男性为 314938 人，其中妇女的注册人数增长了 70％，男性增长了 98％。美国男女接受高等教育的差别下降，完成学士学位和硕士学位女性的比例不断增长，其中完成学士学位的 23 岁的年轻妇女的比例从 1920 年的 17‰上升到 1930 年的 45‰，这是一个实质性的增长；1920 年和 1930 年，女性获得硕士学位的比例大致与男性相同。② 女博士的比例也从 1920 年占女毕业生的 15.1％增长到 1930 年的 15.4％（见表 1—1）。③ 学位水平的提高为"新女性"在专业领域的发展奠定了基础。

表 1—1　　　　　　　　1920—1960 年美国女性获得
博士学位统计　　　　　单位：人，％

年份	授予的数量	占女性毕业生总数中的百分比	每 10 年的增长百分比
1920	90	15.1	—
1930	311	15.4	245.5
1940	419	13.0	34.7
1950	613	9.2	46.3
1960	1090	10.5	77.8

资料来源：Frank Stricker, "Cookbooks and Lawbooks：The Hidden History of Career Women in Twentieth Century America", *Journal of Social History* 10, Fall, 1976.

---

① Nancy Woloch, *Women and the American Experience*, p. 402.

② Robert Daniel, *American Women in the 20ᵗʰ Century*, *The Festival of Life*, p. 80.

③ Susan Ware, *Holding Their Own：American Women in the 1930s*, Boston：G. K. Hall & Co., 1982, p. 79.

　　随着中学注册人数的急剧增加，中学和大学成为青少年社会的中心，它为年轻人的将来提供了必要的训练，是"一个除去他们回家吃和睡之外所在的地方"，有"一个相当完整的社会秩序"。[①] 同伴和校园的影响取代了父母和社区的影响，校园活动、课程与课外活动，规范了女孩子的目标，"1920 年代成长起来的年轻女性更易被全国性文化、媒体和她的同伴影响，校园和电影的影响尤其大，它们帮助她们把新道德和传统文化融合起来"。[②] 大学女生联谊会对年轻女性的成长影响最大。最早的大学女生联谊会出现在 19 世纪晚期，它在男女同校学校中起着特殊的作用。这种组织为女性学生提供了独立的空间，也为她们提供了实践各种适合中产阶级女性的社会服务工作的机会。1920 年代这种联谊会在美国的大学和中学中发展迅速，并呈现新的特征。历史学家希拉·罗斯曼（Sheila Rothman）认为，对这一时期男女同校的女学生来说，联谊会替代了社会服务俱乐部（The social service club）和之前的大学参政权俱乐部（The college suffrage league）。此时联谊会具有与 19 世纪不同的目标，它以竞争精神取代了之前的友爱精神，它所推崇的品质与男性在约会关系中所欣赏的品质相同：有魅力、和蔼可亲、和谐共存，为女性的外表、社会行为甚至性道德制定标准，促进其对"伙伴"与"合作者"角色的适应。[③]

　　（三）经济上的独立

　　"新女性"的自由很大程度上得益于她们有一定的经济独立

---

　　① Robert Daniel, *American Women in the 20th Century*, *The Festival of Life*, p. 78.

　　② Nancy Woloch, *Women and the American Experience*, p. 402.

　　③ Ibid., p. 405.

能力，她们主要集中在办公室、学校、销售等白领职业工作领域中，大众媒体、不动产及金融行业也为她们提供了就业机会，她们所有对自由与对平等的诉求都源于此。1923 年阿历塞·格雷戈里（Alyse Gregory）在《当代历史》（*Current History*）中写道，经济自立的年轻女性"在月末有自己的工资，除了向她的情人要爱和友谊外，不需要另外的报酬"。[①] 历史学家南茜·沃洛克也指出，"福莱勃尔也是一个重要的经济象征。无论是丝质长筒袜、剪短的头发、爵士乐唱片还是胭脂盒，她通过能购买物品和服务来明确表示。她的特征马上形象化为自由、有效性和购买力"。[②] 无论是行动上的自由和享受、物质上的追求，还是婚姻中的"伙伴"关系，都是以这种经济上的自立为前提，工作是"妇女'追求自由'的重要的晋身之阶，构成了福莱勃尔生活的一个完整部分"。[③] 她们不仅追求物质上的满足，也追求精神上的自由和平等。

（四）大众文化的影响

1920 年代美国电影、广播、广告等大众媒体对"新女性"的出现起了推波助澜的作用。"关于福莱勃尔的小说、戏剧、电影和报纸，提供了现代年轻人生活的生动模型，并制造了某种虚张声势。"[④] 这一时期电影对"新女性"的价值观念有巨大的影响力，它不仅为年轻女性的社会行为、消费提供了生动的教育，还对她们的价值取向提供榜样作用。新的娱乐工具收音机在化

---

① Nancy Woloch, *Women and the American Experience*, p. 398—399.

② Ibid., p. 401.

③ William Henry Chafe: *The American Woman*, *Her Changing Social*, *Economic*, *and Political Roles*, *1920—1970*, p. 50.

④ Nancy Woloch, *Women and the American Experience*, p. 401.

妆、就业、恋爱、婚姻和家庭等方面也为"新女性"提供各种信息和指导，对"新女性"的影响不容忽视。同时繁荣的广告业对"新女性"的消费观念、价值取向也有重要影响，广告商在竭尽全力推销商品的同时，在广告中还巧妙地把妇女传统角色观念和现代化观念糅合起来，宣传现代化的家庭主妇应是会利用现代化产品来经营美满家庭的人，"新女性"接受了广告所推广的审美倾向和价值观，她们关注外表，追求时髦，精心地经营婚姻和家庭，安于做一个时髦的、现代化的贤妻良母。

三　"新女性"群体对社会的影响

1920 年代以"福莱勃尔"为代表的美国"新女性"的形象是复杂的，她是"妖妇"和"挑战者"，又是一个消费者；她们对美国社会的影响也是复杂的，无论在外表还是在行为方式上，无论是生活方式还是价值观念，她们都对美国主流社会产生了冲击和影响。历史学家南茜·沃洛克指出："福莱勃尔"是"引人注目的更年轻的典型，更关注私人生活而不是公共事务，更倾向于竞争而不是合作，更喜欢自我满足而不是社会服务。……她不再是道德优势的一个象征，似乎选择了一种挑逗的、甚至是好出风头者的姿态，'手夹香烟，随着大众音乐摇晃，新女性与新道德使她们在现代舞台上留下了戏剧性的首次亮相'。"[①]

（一）女权主义被否定和妇女运动的沉寂

美国"新女性"接受了 1920 年代的物质主义、享乐主义和个人主义观念，热衷于个人自由和自我实现，"福莱勃尔，以她的自我放纵与独立的特点，使她这一代的'观点'个性化。……既然她接受了一度为男性所拥有的特权与自由，她显示了对平等

---

① Nancy Woloch, *Women and the American Experience*, p. 381.

的要求，而且代表了个人主义，这是现代性的主旨，她的哲学是'以自己的方式生活'"。① "新女性"已经从传统的行为方式中解放出来，其个人生活显示了一种新的自由：家庭规模可以控制；女性可以表达自己的性愿望。她们对前辈女权主义者的理想主义和社会责任感也不以为然，其中包括前辈们艰苦奋斗所赢来的妇女权利，在她们看来，任何散发着"改革"气息的事都落伍了。"'女权主义'对现代年轻女性成为一个耻辱的词语"，1927 年多萝西·顿巴·布鲁姆雷在发表于《哈泼斯杂志》中的一篇文章中指出，"因为这个词意味着或是穿着平底鞋、没有什么女性吸引力、老派、好斗的女权主义者，或是那些喋喋不休、坚持未婚时的姓名、平等权利、妇女的位置，并在世界和其他事务中对抗男性的现代的女权主义者"。② 老一辈女权主义者对"福莱勃尔"完全对他人缺乏兴趣而只关注自身大为惊讶，指责她们耽于享乐而不愿通过认真准备和训练而为成功"付代价"。伯纳德学院教授弗吉尼亚·吉尔德斯利夫（Virginia Gildersleeve）指出，1920 年代女大学生的特征是"厌倦了对享乐的冷淡、自我放纵和无责任感"③。年青一代女性对女权主义的冷淡是 1920 年代期间女权主义运动走向沉寂的原因之一。

（二）美国人妇女观的变化

"新女性"争取职业发展、经济独立以及平等婚姻的努力，使美国人刮目相看，因而人们的妇女观有了一些变化。美国社会传统的妇女观认为妇女的位置和职责是在家里，但"新女性"的

---

① Nancy Woloch, *Women and the American Experience*, p. 382.

② Gail Collins, *America's Women*, p. 328.

③ William Henry Chafe, *The American Woman*, *Her Changing Social*, *Economic*, *and Political Roles*, *1920 — 1970*, p. 93.

大量就业，尤其是在白领领域中的异军突起，使公众对妇女就业的看法有了一些改变，他们虽然对已婚妇女就业依然持反对态度，但也无奈年轻女性的大量就业，只好把它当作一个既成事实接受下来。林赛指出，尤其值得赞扬的是现代年轻女性，"她们自己谋生、投票、在与男性竞争之中支撑自己，并在其母亲监督之外做事"。[①] 而且"新女性"在各行各业中的出色表现也在一定程度得到公众的认可，此时公众不再崇拜简·亚当斯这样富有同情心、有个性的社会工作者，而是飞行员阿米莉亚·埃尔哈特、电影演员玛丽·皮克福德这样有勇气、有胆量的人物。"新女性"的青春、性感和生气勃勃的形象和经济独立的能力，也使人们不再要求女性以道德力量来管理家庭，而是鼓励她们以高消费来经营一个现代化、科学化的家庭。更重要的是，"福莱勃尔"的精神气质对中产阶级主流社会的价值观念和生活方式的变化产生了重要影响，"福莱勃尔作为妇女更大自由的象征赢得了广泛的注意。尽管福莱勃尔的行为早就根植于 19 世纪晚期年轻就业妇女的奇装异服和生活方式中，但由于福莱勃尔，社会解放进入中产阶级主流"。[②]

（三）妇女自我意识的增长

以"福莱勃尔"为代表的美国"新女性"群体其行为与观念呈现全新的特点，其扮演的角色是复杂的，但对自我的重视却是一以贯之的。南茜·沃洛克指出，"1920 年代的福莱勃尔……她有双重角色。一方面，她是妖妇，这在有着性魅力和吸引力的电

---

① Nancy Woloch, *Women and the American Experience*, p. 399.

② Ellen Skinner, *Women and the National Experience*, *Primary Sources in American History*, New York: Addison-Wesley Educational Publishers, 2003, p. 171.

影明星身上得到强调，如格洛丽亚·斯旺森（Gloria Swanson）所扮演的上层阶级女主角和克拉拉·波（Clara Bow）在电影《它》（1927 年）中所扮演的女式内衣销售女孩；另一方面，1920 年代的福莱勃尔是一个伙伴和漂亮时髦的人，一个挑战者和竞争者，这方面在这 10 年中诸如阿米莉亚·埃尔哈特和格特鲁德·埃德勒等其他女英雄中体现出来，她们打破限制并创造记录。这两种类型中，'她'以有主张、对规则、传统和惯例进行挑战为特征"。① 精神分析学家比阿特丽斯·欣克尔（Beatrice Hinkle）指出，现在的女性处于"朝向分化和个人方向的巨大的斗争中"，她们"已经抛弃母亲的理想作为其目标，要求首先承认个人，其次作为妻子和母亲"，并宣称"根据自己的需求与能力安排自己的生活"。研究青春期心理的著名专家 G. 斯坦利·霍尔（G. Stanley Hall）同意"新女性"群体的自信带有"一种新的更真实的女子特性的允诺和力量"，她们以其女性气质而自豪，给予"其本性冲动以自由方针"。② 多萝西·顿巴·布鲁姆雷也指出，现代年轻女性不再是"一个直觉的动物"，而是"一个能处理自己生活的成熟的个体"。③

"新女性"自我意识的增长表现在从外表到观念的方方面面，"新女性处于一个激烈的革命的中心，新的'火红的青春'的一部分。她们剪短了头发，改短了裙子，到凌晨还在跳舞；在 T 型福特轿车的后座上进行性活动，在她们的吊袜带中藏着酒瓶，内装非法酿造的杜松子酒，普遍对她们母亲辈一成不变、保守的

---

① Nancy Woloch, *Women and the American Experience*, p. 381.

② Dorothy M. Brown, *Setting a Course：American Women in the 1920s*, p. 32.

③ Nancy Woloch, *Women and the American Experience*, p. 395.

世界嗤之以鼻，并背弃了母性的旧的美国价值观"。[①] "新女性"
的自由意识首先表现在外表上，"妇女的新自由和进取精神正强
烈要求更舒适、更宽松的服装，以及更大的肢体自由"。[②] 她们
追求自由舒适的穿着，无拘无束地享受身体上的自由，与男性一
样参与任何有益的活动，她们扔掉了紧身胸衣就像是在扔掉身体
的枷锁；她们有强烈的平等意识，无论是抽烟、喝酒还是跳舞，
其意识中始终有一种与男性平等的诉求；"新女性"对新道德的
倡导和实践，也是对人性的正视，对自我的肯定，她们不愿意像
维多利亚时期的女性一样压抑自己的需求而求得贞洁、虔诚的虚
名。"新女性"对新道德身体力行，她们宣称女性与男性有同等
权利享受性。V. F. 卡尔弗顿（V. F. Calverton）在 1928 年这样
宣称："纯洁女性的神话已经结束，女性要求平等权利已经延伸
到性范畴和社会范畴。"[③] "新女性"对性的正视使她们有一种更
自由的感觉，也预示对个体满足的一种新的追求，她们拒绝自己
的从属地位，对男性的统治地位提出挑战，"性自由本身就是一
种宣言：打破社会束缚，而肯定一种超越经济独立的人身自
由"。[④] 道德革命对传统观念提出强有力的挑战，对改变女性地
位起了重要作用，"1920 年代的道德革命还不如叫妇女的地位革
命更加确切，在短短的几年中，一系列禁忌被抛弃了"。[⑤]

---

① George H. Douglas, *Women of the 20s*, p. 5.

② ［美］罗伯特·S. 林德、海伦·梅里尔·林德著，盛学文等译：《米德尔敦：
当代美国文化研究》，商务印书馆 1999 年版，第 187 页。

③ Nancy Woloch, *Women and the American Experience*, p. 397.

④ Alice Kessler-Harris, *Out to Work：A History of Wage-Earning Women in
the United States*, p. 225.

⑤ Barbara Welter, *The Women Question in American History*, p. 137.

"新女性"重视经济独立，更是其自我意识的重要体现。在她们看来，自由、爱情和婚姻中的平等建立在经济独立的基础上，她们婚前工作，婚后努力维持自己的职业发展。多萝西·顿巴·布鲁姆雷指出："一个明智、精力充沛的人能获得相当的成功——甚至是高度的成功——在专心工作的同时保持一种均衡的生活。而不是像一些妇女那样，只专注于工作而放弃其他一切乐趣。新女性既会享受青春带来的欢乐，同时又注重于自我实现。"① 苏珊·韦尔指出，"在这个家务劳动简化的时代，她们（'新女性'）看到了机会。很显然，一个有着明智计划的妇女能够节省出一些时间去进行自己的追求。而且，她们确信得自家庭活动外的宽容会使她们成为更好的妻子和母亲。她们……觉得有必要最大限度地了解自身的资源"。② 她们不愿意为职业而放弃婚姻，单身女性孤寂的生活在她们看来代价惨重，她们努力寻求事业和家庭的完美结合，"她（'新女性'）想要她自己的钱、自己的工作、一些自我表达的方式或一些满足她个人志向的方法，但她也想要一个家、丈夫和孩子们"。③ 而且，"新女性"在婚姻中追求"伙伴"关系，她们对婚姻的要求更多的是情感上的满足而不只是经济保障。对感情的重视、对婚姻质量的追求正是"新女性"自我意识的重要体现。

不可否认，"新女性"的出现给 1920 年代的美国带来了巨大的冲击，她们是社会关注的中心，报纸杂志、电影、广告等

---

① Dorothy Dunbar Bromley, "Generational Conflicts", Susan Ware, *Modern American Women*, *A Documentary History*, Chicago：Richard D. , Irwin, Inc. , 1989，p. 170.

② Susan Ware, *Modern American Women*, *A Documentary History*, p. 169.

③ Nancy Woloch, *Women and the American Experience*, p. 394.

大众媒体充斥着有关"新女性"的种种信息，"如果有什么东西准确地象征了新时代的话，那么是无忧无虑的福莱勃尔而不是忠诚的职业妇女，这两者之间的区别很好地说明了妇女'解放'的状况。福莱勃尔在 F. 费茨杰拉德·斯科特小说中流行，在《美国世纪》(*Ameican Century*) 与《女士家庭杂志》(*Ladies'Home Journal*) 中有多样化的福莱勃尔，在 1910 年到 1930 年期间抓住了公众的想象力，并主导了（美国人）关于行为与道德的争论"。① 与经历过第一次世界大战的男性颓丧、幻灭、不满不同，年轻女性热情、乐观、自信地营造着自己的生活，也营造着这个时代，成为 1920 年代的象征。科妮莉亚·B. 平科特（Cornelia B. Pinchot）在《寻找冒险》（*In Search of Adventure*）一书中自信地说："我的女权主义告诉我，女性能抚养孩子、吸引丈夫、掌管商业、游过海峡，……能胜任所有的日常工作。"② 这种自我意识的觉醒是妇女走向解放的重要的一步。

　　但"新女性"的自由只是昙花一现，随着"大萧条"的到来，1920 年代的繁华和喧嚣犹如幻梦一场，曾经自由不羁地享受过"火红的青春"的"新女性"发现自己依然走着与前辈妇女相同的路。"新女性"行为方式上的自由只是一种表面的自由，并没有从根本上改变美国人的妇女观，只是给"妇女的位置在家庭"传统的观念披上了一件现代化的"外衣"，传统的妇女观依然根深蒂固。对于福莱勃尔的言谈举止，《女士家庭杂志》、《麦

---

① William Henry Chafe, *The American Woman*, *Her Changing Social*, *Economic*, *and Political Roles*, *1920 — 1970*, New York: Oxford University Press, Inc., 1972, p. 94.

② Dorothy M. Brown, *Setting a Course: American Women in the 1920s*, p. 29.

考尔》(*McCall's*)之类的妇女杂志反复重申妇女作为妻子与母亲的传统角色,《麦考尔》杂志甚至提醒妇女,只有作为妻子与母亲才能"获得真正的成就".[①] 另外,"新女性"所表现出来的新自由和新态度是 1920 年代的消费主义和个人主义的一种反映,有明显的中产阶级特性。"福莱勃尔的出现意味着什么?是妇女失去了控制,是她们把所有的道德、优点和女性约束都置之脑后了吗?很多人这样认为,而且其中一些继续持这种看法。另一方面,同样令人信服的证据显示,除了展示一种年轻的喧嚣,一种对喧闹的嬉戏爱好的发现外,福莱勃尔时代只不过是对已经存在的特性一种戏剧化的表现。"[②]

总之,1920 年代期间美国"新女性"的横空出世,以其"燃烧的青春"为社会注入了道德变革的动力,促进了社会观念的改变;但她们的自由是建立在消费主义、个人主义和享乐主义之上的,所以又是脆弱的,以致不堪一击。股票市场的崩溃使所有的繁华与自由随风而逝,"新女性"群体亦如流星,在发出灿烂闪烁的一瞬后,归于沉寂。

第三节 1920 年代美国妇女就业状况
及其地位和角色变迁

"新女性"群体反映了 1920 年代美国中产阶级年轻女性的生存状况,此时美国妇女就业取得较大发展,其经济和社会地

---

① Robert L. Daniel, *American Women in the 20th Century*, *The Festival of Life*, p. 87.

② George H. Douglas, *Women of the 20s*, p. 9.

位及角色出现新的变化，也从另一个侧面反映了这个时代妇女的生存状态。本节主要论述这一时期妇女就业发展的状况、原因及其影响，分析妇女经济地位和角色的变迁。笔者认为，在这一阶段美国妇女就业有较大发展，就业结构发生显著变化，尤其是以中产阶级女性为主体的白领职业的崛起，大大改善了妇女在家庭和社会中的经济地位。另外，已婚妇女就业也显著增长，并成为一个长期趋势。但总体上劳动力市场依然是性别隔离的市场，阻碍了女性就业的发展，影响了她们在家庭和社会中的地位和角色。

一　1920 年代之前美国女性劳动力市场的形成与发展

在工业化前，美国家庭是基本的生产单位，女性在与男性共同承担劳动任务的同时，还负责家务劳动、孩子的抚养教育等职责，在家庭的生存发展中起重要作用。工业化和城市化对美国社会生活的方方面面都产生了巨大的冲击，家庭的生产功能逐渐被剥离，其职能发生重大变化，男性的生产劳动逐渐脱离家庭走向社会，成为主要的工资劳动者、家庭的"养家糊口的人"，也是家庭在公共生活中的代表；妇女则留在家中，继续承担家务劳动和养育子女的责任，在经济上依赖男性。劳动力的这种性别分工，使社会与家庭成为截然分开的公共领域和私人领域，"妇女的位置在家中"的观念逐渐形成。劳动力市场中男性占主导地位，就业不仅是男性赖以养家的主要方式，也是男性成功的主要标志，工作的成功与否决定着男性在社会和家庭中的地位。一位劳联（American Federation of Labor）发言人曾说，工资是男性力量的一种象征，是"做一个男人的权利，一种自由的男人自由而完整地行使其他权利的权利"，包括保证他的妻子和子女不得因为生计而外出受雇工作的权利。如果一个男人不得不为了家庭生活的需要，让妻子和未成年的孩子到工厂里去做工作，那他就不是"一个真正获得了自由的人"。① 与此同时，女性的天地被局限在家庭中，家务劳动和养育子女是她的主要职责。男性的成功以工作的成功来衡量，女性的成功则体现在婚姻和家庭中。

19 世纪美国劳动力市场中女性很少，只有少量女性由于家庭经济需要进入劳动力市场。但到 19 世纪后期，工作妇女和脱离传统家庭网络而生活的妇女形成一个正在成长的城市阶级，改革者把她们称之为"无家妇女"、"漂泊妇女"和"工作女孩"，1870 年美国约有 15％的 16 岁以上的女性外出工作挣钱，1900 年这个数字上升到 20％，女性劳动力市场初步形成。② 绝大多数就业女性是因家庭经济需求而进入劳动力市场，他们主要来自有色人种、移民或贫困家庭，以年轻、单身的女性为主。1900 年 67％的女工是单身女性，只有 15％为已婚者；只有占总人数 6％的已婚妇女参加工作，相对而言单身妇女有 41％（见表 1—2）。③ 此时单身妇女绝大多数在家庭服务业中就业，其中 20％所做的工作是诸如秘书、销售、电话与电报收发之类的工作；④ 工厂中的女工主要集中在服装、纺织、烟草、制鞋、制帽等行业中，她们在其他制造业中遭到强有力的壁垒，钢铁、煤矿等职业几乎把女性排除在外。女性在这些工作中承担非熟练的、低工资

---

① ［美］埃里克·方纳著，王希译：《美国自由的故事》，商务印书馆 2003 年版，第 213 页。

② ［美］洛伊斯·W. 班纳著，侯文蕙译：《现代美国妇女》，第 5 页。

③ Lynn Y. Weiner, *From Working Girl to Working Mother：The Female Labor Force in the United States，1820 − 1980*, p. 6.

④ Ibid. , p. 87.

表 1—2　　　　　美国劳动力中各类妇女的比例

(1890—1980)　　　　　　　　单位：人,％

		1890	1900	1910	1920	1930	1940	1950	1960	1970	1980③
所有美国妇女	单　身	32	34	32	41②	28	28	17	16	18	21
	丧偶、离婚妇女	11	11	11	—②	12	13	15	15	16	19
	已　婚	57	55	57	59	60	59	68	69	65	60
总的女性劳动力	单　身	68	67	61	77②	54	49	32	23	22	25
	丧偶、离婚妇女	18	18	15	—	17	15	16	6	14	15
	已　婚	14	15	24	23	29	36	52	61	63	60
	母　亲①	—	—	—	—	—	11	26	27	38	40
女性劳动力参与率	单　身	41	41	48	44②	46	48	51	44	53	62
	丧偶、离婚妇女	30	33	35	—	34	32	36	13	46	41
	已　婚	5	6	11	9	12	17	25	32	41	51
	母　亲①	—	—	—	—	—	28	33	37	43	56

Source：U. S. Bureau of the Census, *Women at Work*, p. 14, Table 7, p. 15, Table 8; U. S. Department of Labor, Women's Bureau, *Employed Mothers and Child Care*, p. 9, Table 3; U. S. Department of Labor, Bureau of Labor Statistics, *Working Women：A Databook*, p. 19, Table 18; U. S. Department of Labor, Bureau of Labor Statistics, *Marital and Family Statistics of Workers*, p. 5, Table 3; U. S. Department of Labor, Bureau of Labor Statistics, *Marital and Family Patterns*, p. 1, Table 1, p. 2, Table 2, p. 25, Table C-1；转引自 Lynn Y. Weiner, *From Working Girl to Working Mother：The Female Labor Force in the United States, 1820－1980*, p. 6。

①指有 18 岁以下孩子的母亲；②包括丧偶和离婚妇女在内的单身妇女；③1980 年 3 月的数字。

的工作，提升的机会很少，而且美国工会组织并不吸纳女性成员，工厂中女工劳动条件恶劣、工资低、工时长，对身体损害大。此时已婚妇女很少参加工作，中产阶级男性支持妇女们在家中，认为妻子就业是对他们供养能力的怀疑，工厂的工作会"毁掉妇女的女性气质，而且由于长期与男性一同工作而导致她们的道德败坏"。[①] 甚至在劳动阶级中，丈夫也以让妻子在家相夫教子为荣。1893 年对五座美国大城市中的贫民区的调查显示只有不到 5% 的已婚妇女就业。[②] 已婚妇女只有在丈夫收入不足以支撑家庭的情况下才不得已就业，就业的妇女大多数从事农业和家庭服务业，只有 2% 在白领职业中就业，工厂中的已婚妇女从事最低级的工作，她们所处的"环境更加不舒服，工资水平低于任何被调查的工厂"。[③]

　　19 世纪末 20 世纪初，随着工业化和城市化的发展以及女性受教育水平的提高，美国女性就业出现新的变化。此时由于第二次科技革命的发展，经济结构、生产方式、管理模式发生了巨大的变化，对各种专业技能提出了更高的要求，各个领域中的专业化趋势加强，劳动分工更加专门化。同时，妇女受教育的机会大为增加，初、高级中学普遍招收女生。1890 年美国从高中毕业的女生人数超过了男生，有 13029 名女性从高中毕业，而相比之下男性只有 10605 名毕业生；1900 年的数字相差得更加悬殊，有 56808 名女高中毕业生，而男高中毕业生只有 38075 名。[④] 19 世纪末美

---

①　Robert Daniel, *American Women in the 20ᵗʰ Century*, *The Festival of Life*, p. 71.

②　Barbara Welter, *The Women Question in American History*, p. 143.

③　Lynn Y. Weiner, *From working girl to working mother: the female labor force in the United States*, *1820—1980*, p. 87.

④　Rosalyn Baxandall, Linda Gordon, Susan Reverby, *American Working Women*, *A Documentary History—1600 to the Present*, New York: A Division of Random House, 1976, p. 232.

国高等教育也有很大发展，1/3 的大学生为女性。① 女性受教育水平的提高为她们进入白领职业提供了前提。19 世纪末 20 世纪初女性从事白领职业的人数与比例不断提高，她们主要集中在学校、医疗机构中的护士、办公室工作等领域中，这些职业逐渐发展成为"女性"职业，就业领域中的性别划分更加明确；与此同时，中产阶级妇女参加白领工作成为女性就业的一个新现象，已婚妇女就业也逐渐发展并成为 20 世纪的一个长期趋势。

教师职业早在美国内战之前就向女性开放，传统的价值观念认为，妇女天性中的母性及较高的道德水准有利于合众国美德的传播与发扬。19 世纪后期随着各州义务教育的逐渐普及，尤其在 1890 年之后，美国教育发展较快，对教师的需求量大为增加，受过高等教育的男性大多愿意从事工资较高的专业技术领域的工作，而大量受过高等教育的女性若从事其他专业工作则机会很少，因此女性大量进入教师这个职业领域并以中小学为主，使这个职业成为女性最为集中的白领职业之一。到 1910 年，美国77％的教师都是女性。② 她们大多数单身或未婚，主要集中在小学校中，大学教师和中小学的行政管理工作基本由男性控制。

办公室工作是女性集中的另一大职业领域。办公室职员最初多是男性，内战前在律师办公室中零星有女性担任抄写员和打字员工作。内战期间，财政部把"女秘书"介绍进政府部门，她们的出色表现受到高度赞扬。1869 年有人评论"一些年薪 900 美元的妇女所做的工作比那些年薪两倍于这个数目的男职员做得更多、更好"。19 世纪末 20 世纪初美国现代企业制度逐渐完善，

---

① Barbara Welter, *The Women Question in American History*, p. 14.

② ［美］洛伊斯·W. 班纳著，侯文蕙译：《现代美国妇女》，东方出版社 1987年版，第 8 页。

企业所有权与管理权相分离，出现经营管理层和辅助其运转的秘书层，商业操作越来越复杂化，对秘书、打字员、速记员、簿记员、档案管理员等办公室职员的需求不断扩大。据统计，1880年美国全国有 504454 名办公室职员，占劳动力总数的 3％；到1890 年，增至 750150 名。一批受过良好教育的中产阶级女性作为一支生力军进入这个职业领域，办公室中女职员的比例从1880 年的 4％跃升到了 1890 年的 21％，到 1920 年女性已占据了 50％的岗位。① 女性大量进入这个职业领域与办公室机械化程度的提高有重要关系。1873 年面世的打字机在 19 世纪 90 年代作为实用的办公室器械而被广泛接受。由于技术要求低，因而被认为是"妇女的机器"，而办公室工作也逐渐被视为是"女性的工作"。据统计 1890 年美国全国有 33418 名速记员和打字员，其中 63.8％为女性，1900 年这个比例上升到 76.7％。另外，这个职业对受过中高等教育，但就业选择余地很小的女性较有吸引力。19 世纪末在东北部美国城市中秘书的工资相对较高，此时家庭佣人工资是每周 2 到 5 美元；工厂操作员为每周 1.5 到 8 美元；百货店女售货员也是每周 1.5 到 8 美元；而打字员与速记员能挣到每周 6 到 15 美元。② 秘书工作社会地位也相对较高，来自中产阶级家庭、有高中及以上学历的女性更喜欢从事这个职业。然而，大量女性涉足这个职业之初，往往被视为是轻浮、不可靠和暂时的雇员，她们"不可能做一种实实在在的日常工作。……如果一个正派的女孩进入曾是男性领地的办公室，她就会冒道德上的风险"。但不久社会接受了妇女在办公室中存在的

① Rosalyn Baxandall, Linda Gordon, Susan Reverby: *American Working Women*, *A Documentary History — 1600 to the Present*, pp. 232—233.

② Iibd., p. 234.

事实。1916 年《女士家庭杂志》称赞女秘书"使办公室散发着温暖、和谐的趣味"。① 这个职业被认为更适合女性灵巧、谦恭的天性，因而逐渐被界定为"女性职业"（Female Work），被视为一种技术含量低、前景受到制约的工作。

社会工作者和护士也在这个时期逐渐发展成为"女性职业"。随着工业化的发展，由于城市能提供更多的机会，吸引了大批农民和外国移民，这些人集中在城市的贫民窟中，住房拥挤，卫生条件恶劣，安全设施落后。疾病肆虐，犯罪率上升，成为工业化和城市化导致的一个"恶瘤"。为了改善这些贫穷人口的生活条件，一些社会工作者发动"住宅楼"运动。社会工作最初是义务性质的，到 1920 年代后走向专业化和有酬化，成为女性就业的又一大领域。另外一个以女性为主的职业——护士工作，也与城市化发展有关。美国早期城市卫生状况差，从 19 世纪中期开始，居民的卫生和健康问题才引起社会的关注，城市中开始展开公共卫生运动。1870 年之后，由于细菌病原学理论的出现，人们卫生意识进一步加强，公共卫生运动进一步发展，医院大量建立起来，作为专业人员的护士的需求也不断增加。1870 年代马萨诸塞州建立了护士学校，到 1890 年，美国已经有 35 所护士学校，1900 年增加到 432 所，大量女性选择了这个职业，于是护士职业成为以女性为主的职业。

19 世纪末 20 世纪初女性从事医生、律师、新闻记者等对专业知识要求较高的职业的人数也在上升。这些职业传统上由男性垄断，女性很难进入这些领域，随着女性受教育程度的提高和社会的逐渐开放，这些领域中女性逐渐增多，1910 年前后，美国

---

① Nancy Woloch, *Women and the American Experience*, p. 390.

约有 1500 名女律师，9000 名女医生。① 她们是克服了巨大的障碍才得以进入这些被视为是"男性领域"的职业中。19 世纪的美国医学院很少招收女生，即使被录取，她们也要承受学业上的压力与社会的歧视。律师职业也同样，许多法律学校拒绝招收女生，即使女毕业生取得律师资格，也会受到律师协会及法庭的歧视和排斥。女性进入新闻界也同样经过了锲而不舍的努力，到 19 世纪末，很多女性被聘请为报纸专栏作家和编辑，有的成为新闻记者。

　　20 世纪初美国劳动力市场另一个显著的变化是已婚女性就业呈现增长趋势。1900 年已婚女性只占劳动力总数的 5.6%，1910 年上升到 10.7%②，她们主要来自有色人种、新移民和贫困的白人家庭，中产阶级已婚女性就业为数极少。黑人已婚女性比白人已婚女性的就业率高 8 倍，只有 3% 的土生白人已婚女性就业，相比之下有 1/4 多的黑人已婚女性就业。已婚女性外出就业主要出于家庭经济需求，她们是"反对贫困的最后一道防线"。③ 玛丽·H. 特休（Mary Hawes Terhune）在 1893 年《北美评论》（*North American Review*）上的一篇文章中指出，妇女面临"办公室与摇篮"之间的选择，她认为这不是一个平等的选择；《女士家庭杂志》1900 年的一篇文章强调持家在妇女义务中的首要性，一位已婚女性若宣称职业比持家更重要，那是"肤浅

---

　　① ［美］洛伊斯·W. 班纳著，侯文蕙译：《现代美国妇女》，东方出版社 1987 年版，第 28 页。

　　② 同上书，第 149 页。

　　③ Lynn Y. Weiner, *From Working Girl to Working Mother：The Female Labor Force in the United States*，1820－1980，p. 84.

与危险的谎言".① 此时已婚女性就业机会很少，她们最普遍的挣钱方式是通过烹饪、为寄宿学校的学生和房客做清洁工作。1901 年美国政府劳工部的一份调查报告指出，接受调查的城市家庭中有近 1/4 承认寄宿学校的学生给他们带来年均 250 美元的收入，这个收入占年均家庭收入的 1/3 以上（当时美国家庭年均收入为 749.50 美元）；1907 年一份报告中所调查的一半以上的家庭接收一个或更多的寄宿学生，而大多数接收寄宿学生和出租房客人家的女主人并不认为这是一种职业，而是更多地把它视为家务管理常规任务的一部分。② 已婚女性就业为经济并不宽裕的那些家庭提供了必要的经济补充，其就业的发展也成为 20 世纪美国妇女劳动力市场的一个长期发展趋势。

总之，第一次世界大战之前美国女性在劳动力市场中的占有率已经取得长足进展，女性就业人数和比例出现上升趋势，同时，劳动力市场中的性别分工日益明确，女性多集中于有限的"女性职业"中，只有少数技术要求低、工资较低、原来以男性为主的白领职业向女性开放，而且女性主要从事与传统家务劳动有关的工作。1910 年的统计资料表明，美国全部职业妇女中18％为农场工人，37％为家庭女仆；近 30％的职业妇女为工厂工人；8％从事教师和护士等类似职业；约 5％从事秘书工作，4％在商业领域中就业，其中绝大部分为售货员；还有少量妇女从事电话与电报的接线员工作。③ 但与 19 世纪相比，女性在劳

---

① Lynn Y. Weiner, *From Working Girl to Working Mother*：*The Female Labor Force in the United States*, *1820－1980*, p. 100.

② Ibid. , p. 88.

③ ［美］洛伊斯·W. 班纳著，侯文蕙译：《现代美国妇女》，东方出版社 1987年版，第 6 页。

动力市场中的地位已经有了较大的改善,尤其在白领职业中取得了显著的进展,并成为 20 世纪女性就业的长期趋势,"由于这个国家经济状况的变化,妇女不再待在家中,她们必须走出家门,进入现实的活动领域谋生"。[①]

战争促进了美国妇女就业机会的增加。第一次世界大战期间,大量男性被动员加入军队,然后被派遣到海外作战,政府以爱国主义名义动员女性填补男性留下的空缺,她们进入钢铁厂、军火工厂等传统的男性就业领域,这打破了妇女就业"禁区"。妇女们以出色的表现使公众对她们就业的看法有所改变。"直到男性被召唤奔赴海外",一位银行女经理回忆起,"我们才成为出纳员、部门经理以及低级和高级官员"。但是劳工组织和政府都不准备接受妇女经济地位的永久变化,政府在危机中呼吁妇女为满足紧急需求而努力,但和平一到来,妇女们便又被降到原来的地位。社会改革家玛丽·范·克里克(Mary Van Kleeck)写道:"到直接的危险……过去后,(对女性的工作)歧视马上复活。"战争结束后,女性在制造业和机械业之类与战争有关的领域的就业率从 17.1% 下降到 15.3%。[②] 妇女主要在那些通常被认为是家庭功能的扩大的工厂中工作——纺织、服装、制鞋与食品制作等职业中就业率有较大增长。

第一次世界大战确实完全改变了美国在世界上经济和政治地位,而且对女性就业发展产生了永久性的影响。美国在此期间大发横财,成为世界的金融中心,商业也进入繁荣时期。此时通讯与交通工业开始快速扩张,急需大量电话、电报操作员和秘书以

---

① William Henry Chafe, *The American Woman*, *Her Changing Social*, *Economic*, *and Political Roles*, *1920—1970*, p. 62.

② Ibid., pp. 53—54.

及簿记员；随着商业繁荣而发展起来的广告与销售业，对女售货员、进货员、设计员、装饰师、撰稿员的需求也大增，这些新发展起来的白领职业为女性提供了大量机会。与此同时，妇女高等教育以更快的速度发展，使女性得以大量进入白领职业。1910年之后的 10 年中有近 100 万妇女加入秘书职业，从事秘书和销售工作的女性雇员的比例从 1910 年占全体就业女性的 17％跃升到 1920 年的 30％，1930 年的 31％。① 1920 年妇女在白领职业中的就业比例为 25.6％，超过其在工厂中的就业比例（23.8％），也大于在农业中的就业比例（12.9％）。② 已婚女性就业率继续提高，她们主要来自工人阶级家庭与贫困家庭，到 1920 年至少有 1/4 到 1/3 的家庭工人是已婚的女工，而在农村地区就业的已婚女性主要是农业工人。③ 已婚女性就业主要由于家庭的经济需求。费城城市研究局（Fhiladelphia Bureau of Municipal Research）1918 年的一份调查表明，被调查的 3/5 家庭，其收入低于最低标准（由研究局为由丈夫、妻子和 3 个孩子组成的家庭的法定工资收入所设定）。④ 但此时已婚女性就业也出现一些新的趋势，部分已婚女性出于提高家庭生活水平的相对经济需求而进入劳动力市场。1915 年美国劳工部（Department of Labor）报道说，某些纺织厂工人希望用她们的工资能"提高家庭生活质

---

① William Henry Chafe, *The American Woman*, *Her Changing Social*, *Economic*, *and Political Roles*, *1920 − 1970*, p. 55.

② Alice Kessler-Harris, *Out to Work*: *A History of Wage-Earning Women in the United States*, p. 224.

③ Lynn Y. Weiner, *From Working Girl to Working Mother*: *The Female Labor Force in the United States*, *1820 − 1980*, p. 87.

④ Ibid. , p. 84.

量"；1918 年费城关于工厂中母亲的一份调查表明，18％的被调查母亲列出了她们就业的主要原因是为家庭储蓄或为外出度假之类的需求而工作。1920 年人口调查局（Census Bureau）的一份调查也发现，一部分已婚女性就业是为"确保自己和丈夫在仅靠他的收入所能负担之上能过更好的生活"。①

已婚女性呈上升就业趋势，引起社会的争论。批评者指出工作会损害怀孕女性的健康，影响后代的健康。20 世纪第一个十年美国政府有关机构进行了一系列的调查，以检验就业的怀孕者与婴儿死亡率之间的关系，其中儿童局（Children's Bureau）对曼彻斯特（Manchester）和新罕布什尔（New Hampshire）的一份调查显示，1912 年和 1913 年婴儿死亡率与母亲在怀孕期间工作有密切关系，工作母亲婴儿的死亡率（每 1000 名新生婴儿中的比例）是 199.2，不工作母亲的为 133.9，对其他地方的调查也得出类似的结论。② 另外，婚姻和职业不能两全，女性往往以放弃婚姻为代价换取职业的进展，1920 年美国 75％的职业女性是独身。③ 女性就业和婚姻问题引起社会的关注和女性自身的思考。史密斯学院的刊物《周刊》（*Weekly*）在 1919 年末宣称："我们不相信这是理所当然的，即妇女必须在家和工作之间进行选择，而男性可以两者都拥有。"这个问题引起了一些共鸣，报纸杂志发表了一系列的文章和调查报告，诸如"一个女性能管理家和工作吗"、"妻子、家庭和工作"、"拥有家庭并参加工作的女性""已婚妇女为什么工作"、"孩子加工作"、"有两个工作的妻

---

① Lynn Y. Weiner, *From Working Girl to Working Mother*：*The Female Labor Force in the United States*，*1820—1980*，p. 86.

② Ibid.，p. 106.

③ Robert Danie, *American Women in the 20ᵗʰ Century*，*The Festival of Life*，p. 80.

子",等等。①

总之,1910 年到 1920 年的 10 年间,美国女性劳动力市场的就业结构经历了实质性的重构,女性就业机会大为增长,到 1920 年,美国妇女就业人数比 1910 年增加了 80 万人②,占了全国劳动力市场的 23.6%。③ 更重要的是,第一次世界大战时的就业经历对女性自身产生了重要的影响。曾经从事过创造性工作的女性并不愿意回归家庭,重复琐碎沉闷的家务劳动;享受过经济独立滋味的女性更深深体会到工作的价值,"随着妇女在其个人生活中体验到一种新的自由,与工作有关的要求高涨起来"。④ 而且女性在第一次世界大战期间的出色表现也改变了人们对女性就业的看法,人们对女性就业的接纳度也有提高,这为 1920 年代女性就业的发展奠定了良好的基础。

二 1920 年代美国妇女就业发展的特点

(一) 就业比例与就业结构

1920 年代美国妇女就业人数大增,就业范围扩大,当时劳动力市场增加了 710 万工人,其中 220 万是妇女。⑤ 全国女性就

---

① Fracoise Thebaud, Edi., *A History of Women in the West*, V. *Toward a Cultural Identity in the Twentieth Century*, Cmbridge Massachusetts: The Belknap Press of Harvard University Press, 1994, p. 83.

② Barbara Welter, *The Women Question in American History*, p. 139.

③ Dorothy M. Brown, *Setting a Course: American Women in the 1920s*, p. 77.

④ Alice Kessler-Harris, *Out to Work: A History of Wage-Earning Women in the United States*, p. 224.

⑤ Robert Daniel, *American Women in the 20th Century*, *The Festival of Life*, p. 65.

业人数也从 1920 年的 843 万人增加到 1930 年的 1068 万人，增长 26％，约占美国全部劳动力的 1/5。[1] 此时就业结构出现新的变化，女性在重视教育、文化和技能训练的职业中增加较多，从事非体力劳动职业的女性比例从 1910 年的 28.2％上升到 1940 年的 45％；白领职业异军突起，速记和打字在 1910 年在职业排名中位居第八，到 1930 年成为位居第三的职业；[2] 从事低收入职业的人数不断减少，尤其是家庭佣人的比例缩小更快。1870 年大多数就业妇女为家庭工人，到 1920 年家庭工人只占工作妇女的 1/4。[3] 随着中心城市的增多，女性农业工人的数量下降，到 1930 年只占全部女性工人的 7.3％。[4] 另外，1920 年代女性的就业领域拓宽，他们有更多的选择，1922 年只有 1/3 的女大学毕业生愿意成为教师（前一代则有 3/4 的女大学生愿意做教师），剩下的 2/3 把职业目标锁定在商业、社会服务以及律师、医

---

[1]　William Henry Chafe：*The American Woman*，*Her Changing Social*，*Economic*，*and Political Roles*，*1920—1970*，pp. 49—50. 这个数字与德怀特·L. 杜蒙德的估计接近。杜蒙德估计 1914 年到 1930 年间工作妇女的人数增加了 200 万人以上，总数估计在 1000 万到 1150 万人之间，占全部劳动力的 1/5。参见德怀特·L. 杜蒙德：《现代美国》，商务印书馆 1984 年版，第 363 页。历史学家洛伊斯·W. 班纳也估计 1920 年代参加工作的妇女人数增加了 200 万人，但认为这"主要是反映了总的人口增长情况"。参见洛伊斯·W. 班纳著，侯文蕙译《现代美国妇女》，第 151 页。

[2]　William Henry Chafe：*The American Woman*，*Her Changing Social*，*Economic*，*and Political Roles*，*1920—1970*，p. 55

[3]　Mary P. Ryan，*Womanhood in American：From Colonial Times to the Present*，New York：Franklin Watts，1983，p. 230.

[4]　Susan Ware，*Holding Their Own：American Women in the 1930s*，p. 25.

生等职业上。[1]

1920 年代女性就业年龄出现一些新的变化，40％的就业女性年龄在 25 岁以下，其中 16 岁以下的有 200 多万人，16 岁到 20 岁之间的有 100 万人。[2] 以 1920 年为例，当时 835 万的就业女性中，其中年龄在 20 岁及以上的单身女性就有 550 万人。[3] 由于单身女性能够加入就业的人口数量不足，只能由已婚女性来弥补。此时中学教育有比较大的发展，留住了相当数量的年轻人完成中高等教育，对女性劳动力的年龄构成也产生了影响，此时女性劳动力多由成年女性组成，但年轻女性占明显优势，她们被认为更易于训练和接受公司的政策、智力上更机灵更迷人、更易于接受较低的工资。女性年龄一旦超过 40 岁，无论结婚与否，在工作上都是受歧视的对象，她们被认为体力不好，而且还往往被认为是"不可靠、效率低和常常神经过敏的"人。[4]

女性由于不同的种族、家庭类型、年龄、工作经历与机会，从事的职业类型也不同。一份关于 1910 年到 1930 年费城就业妇女的调查显示，意大利裔妇女就业比例最低，第一代意大利裔妇女由于语言、传统与地理居住的障碍，主要在家中从事低报酬的计件工作，常常由包工头提供原料；1929 年 40％的第二代意大利裔妇女进入劳动力市场，其中又有 70％的人在婚后放弃工作。

---

① Alice Kessler-Harris, *Out to Work: A History of Wage-Earning Women in the United States*, p. 227.

② ［美］德怀特·L. 杜蒙德：《现代美国》，商务印书馆 1984 年版，第 363—364 页。

③ Robert Daniel, *American Women in the 20th Century*, *The Festival of Life*, p. 73.

④ Ibid., p. 72.

波兰裔妇女尽管比意大利裔妇女受教育程度更高，但由于语言障碍和她们的丈夫们主要在费城邻近地区"女性"工作很少的工厂中工作，而且由于女性数量少，也很少外出就业，她们主要为其同胞清洁家庭或提供膳食。由于有语言优势，其文化又崇尚妇女工作以及有晚婚的传统，爱尔兰裔妇女主要从事家庭服务业。1920 年爱尔兰裔从业人员中 24％是家庭佣人，但第二代爱尔兰裔妇女从事非体力劳动的职业逐渐增多，如电话接线员、秘书、护士或教师等职业，到 1925 年，爱尔兰裔家庭佣人的比例下降到 14％。黑人妇女与爱尔兰裔妇女有相似的语言优势。1920 年费城 83％的黑人妇女参加工作，但由于受到种族歧视，即使她们的受教育水平与白人女性相同或略高于白人女性，但仍然被排除出绝大多数的非体力劳动职业，黑人妇女是清洁工、雪茄工厂中的剥烟梗的工人、服装工厂中的熨烫工、洗衣女工等，处于职业阶梯的底层，其中家庭服务业中黑人妇女比例明显高于其他种族的女性。犹太裔妇女家庭和宗教是生活的中心，她们在亲戚与朋友开设的商店中工作，随着她们资本的积累，则帮助丈夫从事小商业。[①] 墨西哥裔妇女由于文化传统，外出工作的可能性比起黑人妇女和白人妇女要小得多，她们主要在农庄中生活，制作家庭成员所需要的绝大部分食品，修理房屋，参与物品交易，是家庭的核心。此外墨西哥裔妇女也由于面临种族和性别歧视的双重障碍，她们在领取工薪的职业领域的就业选择非常有限，大部分从事家庭和私人服务（1930 年为 44.3％），或从事农业（1930 年为 21.2％），在工业中也从事诸如制衣业、山核桃加工工厂中

---

① Dorothy M. Brown，*Setting a Course*：*American Women in the 1920s*，p. 110.

剥果皮（1930 年为 19.3％）等技术含量低的工作。[1]

（二）白领职业的发展

女性在 1920 年代美国劳动力市场中最引人注目的进展是在白领职业中的迅速崛起（具体参见附录一及表格 2 至表格 6）。此时美国商业与服务业迅速扩大，银行、不动产、保险办公室、出版业、贸易以及交通运输业极大地提高了对办公室秘书、速记员、打字员、电话交换员以及售货员的需求，女性大量进入这些职业领域。1920 年代初约有 50 万以上的女性从事秘书及类似的工作，有 45 万女性进入专业职业，到 1930 年，有近 200 万的女性从事秘书、打字员、档案员工作，70 万女性在百货商店做售货员。[2] 此时新发展起来的产业如化妆品业、航空业也为女性提供了新的职业，女性的理发师、指甲修剪师、整容专家以及航空杂技表演者等出现。1920 年代化妆成为时尚，美容不再局限于富裕女性，而是面向城市地区的普通中产阶级妇女，化妆品产业在这十年中发展成为全美国第四大产业，到 1930 年全国城镇有 4 万家商业美容院开张，为女性提供了新的就业机会。[3] 不动产、零售、金融业也为女性提供了新的机会。这些职业偏爱妇女的决定性因素是女性受过良好的教育或技能训练，相对于同样素质的男性来说，她们的工资相对低廉，而且女性具有更灵巧的手工操作和耐心等女性优势，它们逐渐被视为"女性"职业。这些白领职业为原先无法找到与其社会地位相匹配的职业

---

① 〔美〕萨拉·M. 埃文斯，杨俊峰译：《为自由而生——美国妇女历史》，辽宁人民出版社 1995 年版，第 209 页。

② William Henry Chafe, *The American Woman*, *Her Changing Social*, *Economic, and Political Roles*, *1920 − 1970*, p. 50.

③ Nancy Woloch, *Women and the American Experience*, p. 391.

的中、高层阶级的女性提供了重要的就业出路，工人阶级出身的父母也希望自己的子女能成为其中一员，它们成为 1920 年代各个阶层向往的职业领域："良好的工作环境，固定的收入，带薪假期，晋升机会的信念的结合，对体力劳动攻击的'古老的耻辱'，任何'被认为是脑力'的职业的较高地位，有助于产生这个革命。"[1]

此时女性在专业工作（professional work）领域中取得较大进展，十年间女性专业人员增加了 50%，她们在专业领域工作中的比例从 11.9% 上升到 14.2%，3/4 的专业妇女进入了"女性领域"，尤其在教育和社会福利领域，女性的编辑、记者与新闻工作者的数量翻倍。[2] 妇女在专业中的就业超过 45 万名，在商业中的就业超过 10 万名。[3] 但专业职业中的发展并不均衡，妇女提高了在建筑、律师等职业中的份额，在大学全体教员中的比例也在上升，从 1920 年的 30.1% 上升到 1930 年的 32.5%[4]，但牙医和内科医生的数量与比例都在下降。这一时期社会工作职责范围扩大，责任分工更加正式和等级化，渐渐变得更加组织化、常规化和职业化，指导人员和工作人员更容易被培养成为社会福利工作者，按照职业规范来处理日常工作，社会工作成为付薪职业，女性在其中占主导。

女性在办公室的工作发展最快，最具有典型性，此时一批来自中产阶级、受过中高等教育的年轻女性加入这个行列。1920

---

① Dorothy M. Brown, *Setting a Course：American Women in the 1920s*, p. 95.

② Nancy Woloch, *Women and the American Experience*, p. 391.

③ William Henry Chafe, *The American Woman，Her Changing Social，Economic，and Political Roles，1920－1970*, p. 89.

④ Nancy Woloch, *Women and the American Experience*, p. 392.

年代办公室机械化程度进一步提高，不仅提高了效率，而且重新构建了办公室任务，转变了工作程序，女性被视为"忍受常规、细心、手工操作灵巧"而受到欢迎，她们在办公室工作中比例急剧上升，到1930年已达52%①，女秘书在女性劳动力中已占1/5的比例。② 这一时期办公室工作有较高的社会地位，报酬优渥。工人阶级家庭出身的女孩梦想有一份办公室的工作，以逃离工厂的体力劳动，跻身中产阶级行列；对中产阶级妇女来说，办公室工作同样是有前途的工作，它不仅有体面的、可能的事业进展，而且也提供了更多更好的婚姻选择，"办公室像大学一样，代表一个充满机会的婚姻市场"。③ 随着办公室中女性的增多，秘书和老板的关系由原来被喻为父子关系转变为夫妻关系，"办公室不再是男性的领地，而是一个公共领地，在此男性和女性各自扮演着不同的角色，酷似他们在家庭中的角色"。④ 办公室中的这种性别分工是男女两性家庭角色的一种延伸，社会学家玛杰里·戴维斯（Margery Davis）观察到，这种特性要求一个好妻子与一名好秘书相互补充。在做秘书工作最有价值的特征中，圆滑、动作迅速、忍耐以及可爱的性格被排在前面。1920年代早期雇主更愿意招收单身妇女，因为"男人想要一名有迷人外表的未婚女性……到办公室来的已婚女性对男性的态度与那些未婚女性不一样"。还有人认为已婚女性"在工作中很不稳定，她们把家庭

---

① Dorothy M. Brown, *Setting a Course: American Women in the 1920s*, p. 246.

② Nancy Woloch, *Women and the American Experience*, p. 390.

③ ［美］萨拉·M. 埃文斯，杨俊峰译：《为自由而生——美国妇女历史》，辽宁人民出版社1995年版，第205页。

④ 同上书，第206页。

和孩子放在首位"。① 单身妇女在秘书工作中的比例高达 82％，但是由于日益希望有一个稳定的工作队伍，开始保留并欢迎已婚女性进入这个行列，到 1930 年秘书中已婚者的比例加倍。②

这一时期办公室秘书是公众注目的对象，报纸杂志将女秘书们描写成富有魅力的女性，既有摩登女郎的时髦性感，又有独立的消费能力，是男性生活和工作中理想的伙伴。"办公室中的女孩……必须有经过训练的头脑；……她有足够的性格力量过互不相扰的双重生活：她有足够的女性气质使男性……爱她并想与她结婚；也要有足够的男子气，不受个人情感影响，集中做她正在做的事。她能够通过其外表与其桌上的鲜花，把魅力与美丽带到办公室。"随着女性的增多，办公室秘书地位下降，报酬降低，职业竞争加剧，往往要求大学文凭，女性被分派更常规、责任较少的工作，成为打字员、速记员、档案秘书、接待员等。到 1930 年，95％的打字员与速记员是女性，这种发展趋势对有职业抱负的女性产生了许多负面影响。③

（三）已婚女性就业状况

1920 年代美国已婚女性就业人数不断增长是女性劳动力市场发展的一个突出表现。1920 年 1/4 挣工资妇女是已婚女性，占美国已婚女性的 1/11，到 1920 年代末，妇女局（The Bureau of Women）对 169255 名工作女性的调查显示，她们中 46％是或曾经结婚。④ 这一时期新加入到劳动力中的 228 万妇女中有 115

① Alice Kessler-Harris, *Out to Work：A History of Wage-Earning Women in the United States*, p. 234.

② Dorothy M. Brown, *Setting a Course：American Women in the 1920s*, p. 96.

③ Ibid. , pp. 95－96.

④ Ibid. , p. 109.

万人，即 50.4％是已婚者，她们在劳动力中的总数已超过 300 万人，其比例从 22.8％上升到 28.5％，是增长最快和最多的女性就业群体。① 此外，已婚就业女性的种族构成也发生了变化，1930 年，这些人中有 11％的土生白人、10.2％外国出生的白人和 37.5％的黑人。② 已婚女性主要在办公室、销售或传统的"女性职业"，如护理、社会工作和教师等职业中就业，少数人成为学院和大学的学者。

此时美国已婚女性就业之所以迅速上升，与家务劳动简化、女性自我实现意识的增强有关，尤其是受过中高等教育的年轻女性，不安于过沉闷的家庭生活，而是试图把职业和家庭结合起来。史密斯学院院长威廉·艾伦·尼尔森（William Allan Neilson）指出，"女性面临的突出问题是，怎样调整婚姻和母亲身份与其大学教育已赋予她的智力活动之间正常的生活"。③ 不仅已婚女性有就业的愿望，1920 年代经济的结构性调整，尤其是服务行业的迅速发展也为她们提供了就业机会，而且由于这一时期单身妇女数量的下降，使得雇主也不得不把已婚女性补充到劳动力市场。大多数来自工人阶级的已婚女性主要出于家庭绝对的经济需求而就业。一份对 728 名费城工作母亲的调查显示，29％是"因为我丈夫收入不够"，22％丧偶，14％有生病的丈夫，23％是因为被抛弃或因为"丈夫不想供养我"，只有 11％宣称"我更愿工作"。④ 不断提高的生活水平和

---

① Robert Daniel, *American Women in the 20th Century*, *The Festival of Life*, pp. 73—75.

② ［美］洛伊斯·W. 班纳著，侯文蕙译：《现代美国妇女》，第 149 页。

③ Barbara Welter, *The Women Question in American History*, p. 145.

④ Dorothy M. Brown, *Setting a Course: American Women in the 1920s*, p. 98.

新的消费模式也使部分已婚女性为提高家庭生活水平而就业，"如果我不工作谁为它付款"？[①]

　　大量的已婚女性选择"部分时间"（part-time）工作，以便工作和家庭兼顾。对纽约与费城的一些调查显示，有中学或大学文凭的女性主要在百货商店、茶室或办公室就业，或在家中打字。"部分时间"工作对已婚妇女来说是比较好的解决办法，不仅满足了女性发挥自己特长的需要，而且增加了家庭的收入，同时还有时间照顾家庭和孩子。一部分就业的中产阶级女性通过雇人白天照看孩子而使自己有时间外出工作。1927年对毕业于瑞德克利夫学院（Radcliffe College）的就业女性的一份调查表明，这些既结婚又工作的妇女中近3/4雇用家务帮手。但由于家庭佣人数量减少，以及更多外出就业的已婚女性负担不起雇人的费用，一些中产阶级母亲求助于慈善日托所（the philanthropic day nurseries）的看护服务。全国日托联盟（The National Federation of Day Nurseries）的秘书长指出，"能够和愿意支付这些服务全额费用的商业和专业妇女对儿童托儿所的需求量很大"。但1920年代慈善日托主要面向贫困妇女，中产阶级妇女转而求助于日益增多的托儿所学校、业主日托以及亲戚与邻居。此时日托有所发展，有的还发展成为托儿所学校，为孩子提供看护和教育，1923年美国有16所托儿所学校，到1928年发展到108所。1929年有一位作者指出，托儿所学校"在其母亲工作时给予孩子优良的安全与卫生环境，并为孩子提供所需要的身体、智力与道德的滋养品……或许这种说法并不过分，即这种机构能够给予

　　[①]　Alice Kessler-Harris, *Out to Work：A History of Wage-Earning Women in the United States*, p. 218.

孩子身体与精神上更好的照顾"。① 但是这一时期日托的发展有限，并不能满足就业母亲的需求。

　　大量已婚女性涌入劳动力市场引起美国社会的忧虑，公众把妻子和母亲参加工作视为"社会骚动"或"道德问题"。② 尤其是白人中产阶级已婚女性就业的增长，引起社会的普遍关注，"家庭思想意识与妇女就业模式的划分被发现并被列为一个新的社会问题，工作母亲代替工作女孩成为角色背离与社会变化的一个象征"。③ 这一时期社会普遍认为"一个妇女所能从事的最高的职业是做一个有魅力的妻子和聪明的母亲"，就业只是婚前暂时的消磨时光的方法，一旦结婚则应该把全部的精力放到家庭上。④ 劳联主席塞缪尔·冈波斯（Samuel Gompers）称："一个家，无论多么小，足以占据（一个妻子）的思想和时间。"联邦政府劳工部在 1923 年也发出警告说，母亲在工厂里就业迟早会导致国家的经济系统"崩溃到我们头上"，妇女局则认为"家和家庭的福利其本身就是一种妇女型的工作"，妻子们参加工作威胁了家庭的健康和幸福。⑤ 另外，关于已婚女性为"零用钱"而工作的理论也非常流行。社会舆论认为，已婚女性有丈夫供养，

---

①　Lynn Y. Weiner, *From Working Girl to Working Mother*：*The Female Labor Force in the United States*，1820－1980，p. 133.

②　Dorothy M. Brown, *Setting a Course*：*American Women in the 1920s*，p. 109.

③　Lynn Y. Weiner, *From Working Girl to Working Mother*：*The Female Labor Force in the United States*，1820－1980，p. 98.

④　William Henry Chafe, *The American Woman*，*Her Changing Social*，*Economic*，*and Political Roles*，1920－1970，p. 90.

⑤　Ibid. ，p. 64.

她们为额外的享受而就业，其就业不仅抢走了那些需要工作的人的机会，而且造成工资的下降。此时美国为数众多的州立法，把已婚女性排除出公共机构任职，工厂的雇主们也强调已婚女性应专注于家庭而拒绝雇用她们。1924 年明尼阿波利斯（Minneapolis）3/4 以上被调查的公司只愿意雇用单身妇女做秘书；1928 年一个全国性调查发现，60％的学校董事会不雇用已婚女性做教师。[①] 社会只对部分已婚女性就业持容忍态度，主要是黑人、移民、孩子已经长大的妇女等。

　　已婚女性就业问题越来越引起社会的关注，其中她们的就业是否影响了婚姻中男女两性关系是争论的重点之一。社会普遍认为妻子的就业是对丈夫地位和角色的一种否定，对两性关系带来了负面的影响。1924 年《大西洋月刊》上有一位妇女写道，妻子就业使丈夫"感到他作为家庭主人的荣誉在下滑"，她指出，"……这个时代它（妻子就业）成为一只稳定的手使婚姻脱离其基础……而丈夫想成为家庭中强有力的一个人……实际上，他想使（他的妻子）待在她（固有）的位置上，成为家庭中的一小部分"。纽约一群银行家宣布，他们会解雇所雇佣的已婚女性，"一个工作的妻子，常常削弱男人的雄心壮志。如果他知道妻子的收入和他一样多，这会养成他的惰性，使他成为一个没有精力或自尊的寄生虫"。社会学家安娜·嘉琳·斯宾塞（Anna Garlin Spencer）同意这种观点，她认为当妻子工作时"丈夫与父亲更易于企图逃避家庭责任"。社会学家厄内斯特·格罗夫斯（Eenest Groves）1926 年也坚持，丈夫一般会由于感觉他在家庭中的地位因妻子外出工作而受到威胁，"过去男性在家庭中的优越之

---

　　① Lynn Y. Weiner, *From Working Girl to Working Mother: The Female Labor Force in the United States*, *1820—1980*, p. 109.

处在于他对家庭经济的控制上，声望建立在他被视为家庭经济来源的基础上"，他写道，"当妇女自身的收入和她自己的生计不完全在她丈夫意愿的支配中时，随之而来的必然是男性权威的消失。"对普通妇女来说，主要期望"丈夫成功地确保足够的收入购买所需之物，并存下一些积蓄"，而不是自己参加工作。1924年的一项对男性的调查支持了这些观点，秘书、商业以及专业职业中 65％的男性认为已婚女性应该把所有的时间用于家庭事务，31％的男性认为某些做妻子的人外出工作可以接受，而有年幼孩子的母亲则应该留在家中。①

　　就业对母亲角色的影响是美国这一时期关于已婚女性就业争论的另一个重点，"种族威胁"论也随着已婚女性就业的增多而出现，持这种观点的人认为，已婚女性就业危及家庭的融和、生育率和经济体制，是对美国文明的威胁。他们还强调土生白人和受过大学教育的妇女比起移民、黑人以及贫困妇女会选择要更少的孩子，因而造成美国人口"质量"灾难性的下降。西奥多·罗斯福（Theodore Roosevelt）认为批评者的这种说法有道理，谴责那些有意避免生育孩子的妇女是"反对种族的罪人"。阿瑟·考尔侯（Arthur Calhoun）在一份对美国家庭的研究中指出，就业的已婚女性会认为，"孩子是障碍，并干扰了职业，因此趋向于避免怀孕"。1926 年优生学家保尔·波普诺（Paul Popenoe）把工作妇女与毁坏家庭的力量联系起来。他认为只有中年和残疾妇女以及"天才人物"才被鼓励工作，年轻女孩不该工作，免得她们发现外面的世界很精彩而放弃婚姻和做母亲。他坚持还没有生育的年轻妻子不应被鼓励外出就业，因为她们会因此推迟怀

---

　　① Lynn Y. Weiner, *From Working Girl to Working Mother*：*The Female Labor Force in the United States*，*1820－1980*，p. 104.

孕，"无论是在脑力上还是在体力上，超过一年的推迟是有害的"。1927 年有关瑞德克利夫学院毕业生已婚后就业的一项调查显示，243 名被调查的女性中有一半以上选择不要孩子，这个群体拥有孩子的平均数是 2.21 名，而相比之下其他受过大学教育但没有工作的妇女拥有孩子的平均数为 3.65 到 4.32 名。[1] 孩童时期尤其强调母亲对孩子身心健康的重要性，要求母亲全心全意地投入。儿童局谴责那些使工作母亲的孩子正遭受着"母亲的极度紧张、不清洁的家以及做家务的压力"的行径，认为这些孩子有更多的行为问题。社会学家韦利斯汀·古德塞尔（Willystine Goodsell）指出，"女性不能一天既工作 9 小时……同时又维持一个干净、秩序良好的家，并给予孩子明智的看护和细心的照料"。[2] 工会领袖威廉·格林（William Green）认为已婚女性继续进入就业市场是"令人遗憾的趋势"，并指出"我们能使自己相信这样的家庭能提高国家生活水平并带来个人更深层次的满足吗"？[3]

但对已婚女性就业问题也有不同的声音。女权主义者认为是全职家庭主妇而不是职业危害了妇女的健康，指出对智力的约束导致神经衰弱、疲劳、沮丧和失调，而就业则可以避免这些问题，通过工作已婚女性能变得"机灵、活跃、满怀希望"，而不是沮丧和挫败，妻子参加工作满足了自我表达，因而成为其丈夫

[1] Lynn Y. Weiner, *From Working Girl to Working Mother：The Female Labor Force in the United States，1820－1980*，pp. 105－106.

[2] Ibid.，p. 107.

[3] Dorothy M. Brown, *Setting a Course：American Women in the 1920s*，p. 98.

更加合适的伙伴。[①] 玛丽·N. 温斯罗 (Mary N. Winslow) 1924年对"工厂中的已婚女性"的研究中列出了三个因素考虑她们的就业问题，即工厂的经济需求、家庭的社会需求、个人的人性需求。她指出，1914 年以来美国妇女就业上升了 40%，已婚女性的就业显然满足了工厂的经济需求；她们 95% 收入都贡献给了家庭，为家庭提供了必需品，提高了家庭生活水平；她们也往往由于就业而失去健康、活力、受教育和参与社区生活的机会，但她们的收入使家庭的经济生存达到使孩子获得教育机会等目的，因此，她强调："由于她正在做的工作，由于她所作出的个人牺牲，由于她正努力满足的高尚理想，工厂中已婚妇女是我们所有人中最伟大的工人。"[②] 甚至连保守的商业工会的态度也开始发生变化。二十年前曾经赞同男性"与女性结婚"，以使女人们离开劳动力市场的伯明翰 (Birmingham)《劳工拥护者》(*Labor Advocate*) 杂志也承认妇女工作的必要，1922 年它摘引了来自纽约《先驱》(*Herald*) 杂志的一篇文章，宣称妇女对家庭经济的贡献是必要的，但又提出"现在家庭工作不能填满女性的全部时间"，这种情况"是由于现代妇女的不满足，而且她们中的许多人日益趋向于外出工作"。[③]

但婚姻和职业对已婚女性来说是两难选择。《民族》杂志中婚姻与职业问题是一个周期性出现的主题，这些文章的作者主要是正在从事各种工作的已婚女性。"婚姻更多的是妥协"，全国妇

---

① Lynn Y. Weiner, *From Working Girl to Working Mother*: *The Female Labor Force in the United States*, *1820 — 1980*, p. 103.

② Dorothy M. Brown, *Setting a Course*: *American Women in the 1920s*, p. 99.

③ Alice Kessler-Harris, *Out to Work*: *A History of Wage-Earning Women in the United States*, p. 230.

女党（The National Woman's Party）领导苏·谢尔顿·怀特（Sue Shelton White）指出，"它割裂了妇女作为个体的生活"。但放弃婚姻也是一个"割裂"，"我们在煎锅与火之间进行选择"。心理学家菲丽斯·布兰查德（Phyllis Blanchard）则描述了"我自己在最重要的两个需求之间——爱的需求与独立的需求之间"进行长久的斗争，发觉"爱与自由，对我来说是如此不相容的伙伴"。[①] 为调和婚姻和职业的矛盾，女性个人和一些社会团体曾经做过一些努力。夏洛特·帕金斯·吉尔曼作为一个母亲以及有职业的女性，切身体会到工作和抚养孩子的艰辛。在 1926 年出版的《妇女和经济》一书中，她设想了一个有家内服务和无厨房公寓的方法，试图减轻妇女负担，调和工作与家庭的矛盾。史密斯学院曾建立妇女兴趣协调学会（The Institute for Coordination of Women's Interests），其目的是为解决妇女在"职业和家庭之间的选择"，把家庭生活与妇女"持续的智力权利"结合起来，并为婚姻和职业的结合提供模型。它提出的解决方法也是试图通过调整家庭去适应妇女就业，与怀特一样，吉尔曼也没有取得实际的效果。[②] 不仅职业与婚姻的矛盾很难调和，已婚职业女性还承受着职业与家庭的双重负担，不得不疲于奔命。

由于要在外出工作和家庭进行选择，20 世纪 20 年代末期，许多有才能的美国职业妇女不得不放弃工作而回家做一个全职主妇。多萝茜·汤普森（Dorothy Thompson）的经历具有代表性。她曾是一个成功的职业妇女，后来放弃工作并对自己从前的选择表示忏悔："男性在婚姻中要求他们所爱的女性给予完整的感情，……如果那种力量在要求智力或创造性的工作中消失了，或

---

① Nancy Woloch, *Women and the American Experience*, p. 394.

② Ibid., p. 395.

与老板分享了，丈夫和孩子们会有被愚弄的感觉。"汤普森认为社会更需要好母亲，而不是私人秘书和实验室技术员，她公开表示，如果可以重新选择的话，她会选择做一个家庭主妇。[①] 20 世纪 20 年代末 30 年代初流行杂志上刊登了许多诸如此类带有自传和忏悔色彩的文章，反映了已婚女性在就业和家庭中的两难境地。

（四）黑人妇女就业状况

在美国黑人家庭中，妇女的角色尤其重要，她们是"稳定的基础"。[②] 传统上黑人妇女一直参加工作，主要从事农业劳动和做家庭佣人。著名黑人妇女领袖玛丽·麦克利奥德·贝休恩（Mary McLeod Bethune）指出："一百年前非洲裔妇女是美洲大陆上最可怜的角色。在许多人看来，她不是人，而是一件物品——其个性不值得人尊重的东西。她是家务劳动苦工——完成令人厌恶工作的工具；她是活的农业工具，在耕种和收获棉花时是骡子和犁的服务的扩大。然后她是一个自动的孵卵员，人类种族的生产者，用她的心血哺育更多潜在的劳工并带到辛苦的岁月中。"[③] 美国南北战争后，大部分黑人妇女留在南方农村做农业工人，一部分人移向北方城市，寻找新的就业机会。由于种族歧视和受教育程度相对较低，城市中的黑人妇女主要集中在家庭服务业中就业，或在工厂中从事白人不愿意做的最卑下、艰苦的工

① William Henry Chafe: *The American Woman, Her Changing Social, Economic, and Political Roles, 1920—1970*, p. 106

② Susan Ware, *Holding Their Own: American Women in the 1930s*, p. 12.

③ Mary McLeod Bethune, "A Century of Progress of Negro Women" (1933), Ellen Skinner, *Women and the National Experience, Primary Sources in American History*, New York: Addison-Wesley Educational Publishers, 2003, pp. 199—200.

作。第一次世界大战时形成了大规模的黑人向北部城市的迁移，许多黑人社区中存在着性别的失衡，例如纽约城黑人女性与男性的比例是 10 比 8.5。黑人已婚妇女所生子女比移民妇女更少，而且往往需要独立支撑家庭，她们比其他少数族裔群体更需就业。[①]

20 世纪初，绝大多数黑人妇女依然从事家庭服务和农业，但进入工厂就业的人数开始增加。1922 年伊丽莎白·罗斯·海恩斯（Elizabeth Ross Haynes）[②] 关于黑人妇女就业状况的调查报告显示，美国约有 200 万黑人妇女主要从事家庭和个人服务、农业、制造和机械工厂工作，其中家庭服务业中有 100 万黑人妇女，她们劳动条件差，工作时间长，每周工作七天。此外，第一次世界大战前有 67000 多名黑人妇女在各类工厂中从事非熟练工作，3000 名从事半熟练工作。战争期间工厂中黑人女工数量有所增加，1918—1919 年政府劳工部代表所访问的 152 个工厂中，共雇佣 2 万名黑人女工。[③] 但第一次世界大战后美国各地工厂的信息显示许多黑人妇女失业，她们还受到白人妇女强有力的竞争，工资下降。例如在底特律（Detroit），80％—90％雇主想要雇用白人妇女做家庭佣人，该城家庭工人的一般周工资为 8—12

①　Gail Collins, *America's Women*, p. 347.

②　伊丽莎白·罗斯·海恩斯是一名出生于亚拉巴马州的前奴隶的女儿，1924 年当选为青年妇女基督教联盟（The Young Women's Christian Association）第一个黑人全国委员，1920—1922 年担任美国就业服务局（The U. S. Employment Service）家庭服务部秘书长。

③　Elizabeth Ross Haynes, "Two Million Women at Work", Gerda Lerner, *Black Women in White America: A Documentary History*, New York: Vintage Books, A Division of Random House, 1972, p. 256.

美元，而一年之前的周工资则是 15—20 美元；白天工作的妇女为每小时 0.4 美元到 0.5 美元，而一年之前为 0.6 美元到 0.7 美元；办公室、电梯和股票市场不再雇用黑人女孩。在华盛顿特区（Washington D. C.），由于旅馆、餐馆等规定一周工作 48 小时最低工资为 16.50 美元，越来越多的白人妇女取代了黑人妇女。不过华盛顿只有 2 个干洗店支付最低工资，其他干洗店的一般人的工资是一周 9 美元，一些工人只得到一周 6 美元，干洗店工人中 90％是黑人妇女。1921 年华盛顿特区家庭服务的工资也在下降，从原本不包括干洗工作的一周 10 美元下降到有干洗工作的一周 7—8 美元，而且劳动量增加，"一般的家务劳动"现在意味着"烹饪、洗涮与熨烫"。但尽管如此，黑人妇女寻求家庭服务工作的人数依然很多，该城一个就业部门中一天中有多达 200 名的黑人妇女申请工作。在加利福尼亚州的洛杉矶，黑人女厨师每月收入 60 美元到 100 美元不等，黑人护士 50 美元到 75 美元不等，帮助母亲带孩子的人 20 美元到 40 美元不等，做日工的人一小时 0.45 美元到 0.50 美元不等。在工厂中就业的黑人妇女同样处境艰难。第一次世界大战前只有少数黑人女工在烟草、服装、食品、屠宰、肉类包装、坚果工厂等处就业，还有一些女裁缝、白铁工、铜匠等。政府劳工部妇女局在第一次世界大战后失业危机开始前对 9 个州 17 个地方的 150 个工厂（包括食品、家具、玻璃、皮革、金属、烟草和纺织工厂等）的黑人妇女就业状况作了一个调查，发现共有 11812 名黑人妇女受雇，她们普遍工作环境恶劣、工资低。例如在雪茄和烟草工厂中有数千的黑人妇女，工作环境肮脏，通风条件很差，而且这个工作具有季节性特点。大多数烟草加工厂中妇女唯一的座位是盒子，一些工厂中装烟草梗的工人就坐在地板上。黑人女工缺乏像样的午餐室和体面的盥洗室，工资低，一周工作 60 小时工资只有 6 美元到 10 美元不

等。黑人妇女在其他工厂中的处境也类似，例如在弗吉尼亚和马
里兰的蟹厂里雇佣了 5000 到 8000 名黑人妇女，蟹被放在巨大
的、铁制的、柳条箱一样的锅里，在几分钟内烤熟，冷却时每个
女工用带弯曲刀片的小刀挖蟹肉，一天一般可以挖 40—75 磅螃
蟹肉，挣 3 美元左右。蟹厂建在水上，一个女工说："水泥地会
使你得风湿病。与我一起工作的人有的几乎卧床不起，而我的关
节也僵硬酸痛。"①

1920 年代时期美国由于新移民劳动力的匮乏使黑人妇女能
够在诸如糖果厂之类的非熟练工作中取代移民妇女和在某些重体
力劳动中取代男性，因而促进了黑人妇女就业的发展。1920 年
代末美国全部女性劳动力中有 200 万人是黑人。② 黑人妇女就业
人数增加了 28.9 万人，上升近 20%，但她们在这十年中总的女
性劳动力比例从 40.6% 下降到 40.4%。黑人单身妇女比白人单
身妇女更易于进入劳动力市场，黑人已婚女性 3 倍于白人已婚女
性进入劳动力市场。③ 这一时期由于大量黑人迁入北方城市，下
一代受教育程度提高，她们在蓝领、甚至白领职业中的竞争力加
强，这对黑人来说是一个意义深远的变化。

黑人妇女在劳动力市场中承受着种族和性别的双重歧视，她
们往往被排除在熟练工作和白领职业之外，1920 年 75% 的黑人
妇女从事农场、家庭服务以及洗衣工作，某些城市中家庭服务业
中挣工资的黑人妇女的比例高达 84%，30% 的黑人妇女从事农

---

① Elizabeth Ross Haynes, "Two Million Women at Work", Gerda Lerner, *Black Women in White America: A Documentary History*, pp. 257—259.

② ［美］德怀特·L. 杜蒙德：《现代美国》，商务印书馆 1984 年版，第 363—364 页。

③ Robert L. Daniel, *American Women in the 20th Century*, *The Festival of Life*, p. 7.

场工作。[1] 黑人妇女 1900 年约占家庭佣人的 25%，到 1930 年为 50%。[2] 工厂中黑人妇女被派给白人妇女不愿意做的最脏最累、工资最低的工作，基本上没有机会转到熟练工种上。黑人妇女在保护性立法和改革中都属于被边缘化的群体，"你从来不知道你会得到什么工作；你仅仅从事他们给予你做的工作"；1929 年，妇女局对黑人女工的调查报告发现，与 1920 年时一样，数量最大的黑人女工集中在烟草工厂中，其次是在屠宰场、肉类包装厂、纺织厂以及坚果工厂中，只有 13.6% 的人的工作为 8 小时或更少，40% 的人工作时间在 10 小时或更多，56% 以上的人是计件工人；她们的工作也不稳定，71% 的人在不到 5 年时间内保持了相同工作，22% 的人持续不到一年。[3] 雇主往往拒绝雇佣黑人妇女，即使她们受过更好的教育、工作的报酬比条件类似的白人要少。一位名叫艾迪·亨特（Addie Hunter）的波士顿优秀中学的毕业生，几年来被白领职业拒之门外，最终只好进工厂工作，她指出，"肤色会一直妨碍人——尽管没有人会以这个理由，没有人被要求以这个理由（拒绝）"。[4] 即使获得工作，黑人妇女也遭受种族歧视，从事最辛苦、肮脏与繁重的工作。

三　1920 年代美国妇女就业发展的原因及其得失

　　1920 年代美国妇女就业数量之所以迅速增长，主要有以下几个原因：首先，经济发展迅速，新工具和新生产技术广泛应

---

①　Alice Kessler-Harris, *Out to Work: A History of Wage-Earning Women in the United States*, p. 237.

②　Gail Collins, *America's Women*, p. 347.

③　Dorothy M. Brown, *Setting a Course: American Women in the 1920s*, p. 94.

④　Gail Collins, *America's Women*, p. 347.

用，产业结构出现显著变化：作为支柱产业之一的农业处于长期的慢性萧条中，继续收缩；第二产业制造业和建筑业兴旺发达，其中汽车业的发展最为显著，刺激了相关行业的发展，促进了道路建设和郊区的城市化，而且由于机械化程度的进一步提高，十年中制造业中的受雇人数减少了120万人，其在全美劳动力中的比例下降了5%；与贸易和服务业有关的第三产业则发展迅速，十年间吸收了440万从业人员。[①] 经济的这些结构性变化，使劳动力市场呈现农业和制造业就业人数下降（主要雇佣男性）、白领和服务行业就业（欢迎女性、尤其是受过教育的中产阶级女性）人数上升的特点，这些工作是要求重复的常规工作，技术要求不高。同时随着美国国会通过限制移民法案，失去了稳定的新移民来源以补充劳动力，同时男性劳动力工资提高，企业家们只好把目光瞄准了妇女这支有潜力的后备劳动力。许多工作女性不仅学得快，工资低廉，而且她们是"暂时的"工人，可以在她们有资格享受高额的津贴和带薪假期之前就以结婚和生育为由而辞退，另外她们还有细心、耐心、手巧等男性所不具备的性别优势。所有这些因素使女性劳动力越来越有吸引力。1924年纽约《时代》（Times）杂志报道说，各种类型的办公室人员都短缺，雇主甚至为吸引工人提供金钱刺激，如弗吉尼亚里士满（Richmond，Virginia）一家制烟厂向每个介绍朋友来工作的年轻妇女提供2美元的奖金，如果其朋友工作满一个月则另外加5美元。[②] 社会经济发展的需求成为女性进入劳动力市场重要的推

---

① Robert L. Daniel, *American Women in the 20ᵗʰ Century*, *The Festival of Life*, p. 65.

② Alice Kessler-Harris, *Out to Work: A History of Wage-Earning Women in the United States*, pp. 230—231.

动力。

　　其次，女性自身的变化也为她们进入劳动力市场提供了条件。第一次世界大战期间美国劳动力短缺，女性进入男性就业领域，打破了女性就业禁区，女性以出色的表现使公众对她们的工作能力刮目相看，社会对她们大规模涌入劳动力市场也较能容忍了；同时，第一次世界大战时期女性的工作经历提高了其就业的信心，事实证明她们胜任任何工作，到战争结束时，享受到工作乐趣和经济独立滋味的女性不愿回归旧的家庭生活，重新做一个维多利亚式的贤妻良母。再有，1920年代美国妇女受教育水平的提高也是妇女就业发展的一个重要前提。此时美国中小学教育基本普及，为大批女性接受中高等教育提供了良好的前提。此时美国妇女在大学的注册人数增长了70％，有30％多的人最终获得学位，她们与男性在高等教育的差距不断缩小。[1] 受教育水平的提高使从业女性以前所未有的规模进入白领职业，提高了妇女在白领职业的性别比例，树立了妇女就业的新形象。哥伦比亚大学（Columbia University）第一位女教授玛乔里·尼科尔森（Marjorie Nicolson）指出，"我们出生得正逢其时，得以避免了先驱者的自我意识和好战性，把接受教育和训练视为理所当然；我们又出生得够早，得以把在专业位置上能充分利用我们所受到训练视为理所当然"。[2]

　　最后，消费主义的高涨也为妇女就业提供了时机。许多女性出于提高家庭生活水平的意愿而进入劳动力市场。妇女就业的迅速发展还与1920年代美国家庭规模的缩小、家务劳动的简化有

---

　　[1]　Robert L. Daniel, *American Women in the 20ᵗʰ Century*, *The Festival of Life*, p. 80.

　　[2]　Nancy Woloch, *Women and the American Experience*, p. 392.

关，妇女的家务劳动压力也大大减轻，女性有机会进入就业市场。此外，由于 20 世纪初有关未成年人观念出现新的变化，人们普遍认为过早进入工场不利于未成年人的身心健康，童工逐渐退出劳动力市场，劳动力中未成年人比例不断下降，1900 年到 1920 年下降了 10％，1920 年代的 10 年中又下降了 16.5％。[①] 这使部分母亲外出就业以抵消未成年人退出劳动力市场带来的空缺。

妇女就业是妇女走向平等和解放的重要途径，"妇女实现其解放的重要前提之一就是妇女大量地、社会规模地参加生产"[②]。1920 年代美国女性就业有较大发展，大量女性涌入劳动力市场，"进入曾经被男性独占的领域"，形成了"一场伟大的无意识和无组织的妇女运动"。[③] 就业不仅使妇女在经济上获得独立，而且影响了传统的妇女观，促进了妇女独立、平等意识的觉醒，进而向妇女解放又迈出重要的一步，"如果对于 19 世纪的女权主义者来说，'女奴'是妇女所受的一切压迫的象征的话，对新一代的女权主义者而言，工作妇女——包括工人和专业技术阶层在内——则成为妇女解放的象征"。[④] 就业的发展促进了女性的经济独立，"削弱夫权和父母权威"，直接向"妇女的位置在家庭"的传统观念提出挑战，构成了妇女"向前追求自由"关键性的一步。[⑤]

---

① Robert L. Daniel, *American Women in the 20*[th] *Century*, *The Festival of Life*, p. 70.

② 《马克思、恩格斯、列宁、斯大林论妇女》，人民出版社 1978 年版，第 152 页。

③ Nancy Woloch, *Women and the American Experience*, p. 388.

④ ［美］埃里克·方纳著，王希译：《美国自由的故事》，商务印书馆 2003 年版，第 214 页。

⑤ William Henry Chafe：*The American Woman*, *Her Changing Social*, *Economic*, *and Political Roles*, *1920－1970*, p. 50

首先，妇女的争取职业发展、经济独立的努力使美国人对妇女刮目相看，人们的妇女观逐渐有了改变。美国传统的妇女观认为妇女的位置和职责在家庭，她们在公众的心目中是羞怯、脆弱和无能的，和孩子一样没有独立生存的能力，需要特殊的照顾和保护。女性的大量就业、尤其在白领职业的发展，使公众对妇女就业的观念有所改变。而女性在各行各业中的出色表现又证明女性柔弱的外表下其智力和能力并不逊于男性，她们既可以做贤妻良母，同时也能胜任各项工作。她们还以女性特有的敏感、细致和耐心为许多职业特性定下了基调。尽管此时公众对已婚女性就业依然并不赞同，但还是把年轻女性的大量就业当作一个既成事实接受下来，并对聪明能干的职业女性表示认可和赞赏。

其次，女性的大量就业提高了女性的经济地位，尤其是白领职业的发展，"文书工作时代的到来……为妇女的真正突破和她们作为独有的角色从家庭生活中浮现出来提供了舞台"。① 就业使女性既可以帮助支撑家庭，又可以独立支配自身的消费，使妇女在家庭中的地位有了很大提高。许多年轻的职业女性对自己的工资也有越来越大的支配权，她们往往只上交一部分的工资，其余由自己自由支配，有的甚至搬到公寓中单独居住。经济的独立也使妇女在婚姻中的地位提高，她们与丈夫的关系趋向于平等，"参加工作的妻子比待在家中的妻子有更好的选择成为其丈夫的朋友。……因为她不再是一个依赖者，"一名女性指出，"她是一个平等的伙伴。家庭幸福的机会似乎比除了丈夫所能给予她的之外就什么也没有的旧式婚姻要大一些"。1926 年《调查图解》

①　　Robert L. Daniel, *American Women in the 20ᵗʰ Century*, *The Festival of Life*, p. 107.

（*Survey Graphic*）中也有女性撰文宣称，"当一个人完全依赖另一个人，而另一个人不得不独自为两个人的生活和家庭承担经济责任时，实际上不可能创造一个令人满意的关系"。这些女性指出，女性的独立美化了生活，促进了婚姻。[①]

最后，就业促进了女性自我意识的觉醒。女性在工作中体会到经济独立的滋味和自我价值实现的满足感，"不是教室，也不是公寓，而是工作，为培养年轻女性所显示的独立精神提供了最广泛和最合意的环境"。[②] 就业使女性走出狭小的家庭小天地，她们在工作环境中不仅躲避了家务，而且逃避了某些男亲属和其所处的亚文化群体的监督，获得了自由交际的机会，尤其是年轻女性，更易受到这种工作文化的影响，家庭和社区的控制和影响相应减少。她们从工作中学会了在社会生活和支配自己的工资中获得更多的自由，这对于"旧世界"中那种父权家庭结构来说是一种十分陌生的意识。历史学家威廉·亨利·查夫指出："一旦女孩子们逃脱了家庭的严密的道德控制，找到工作和自己的公寓，那么旧的真理消失了，而新的解放开始了。"[③] 虽然依然有很多女性把工作只看作是谋生手段或一种有趣的消遣，社会也往往把她们看作是临时的雇员，但对许多有见识有能力的女性来说，工作是对她个人能力的一种肯定，是自我实现的一种手段，她会为自己在工作中的成就而自豪，如果环境许可的话，她们愿

---

① Lynn Y. Weiner, *From Working Girl to Working Mother：The Female Labor Force in the United States*, *1820－1980*, p. 105.

② Mary P. Ryan, *Womanhood in American*, *From Colonial Times to the Present*, p. 229.

③ William Henry Chafe：*The American Woman*, *Her Changing Social*, *Economic*, *and Political Roles*, *1920－1970*, p. 50.

意长期工作，以实际行动证明她们会是家庭和职业中有价值的伙伴。对她们而言，工作比抚养孩子和做沉闷单调的家务劳动要有趣和有意义得多，她们已意识到工作的重要性和不可替代性，"爱或许会消亡，孩子们会长大，但一个人的工作会继续"。[①] 史密斯大学教授罗达·伊丽莎白·麦考洛克（Rhoda Elizabeth Mc-Culloch）认为为了"个人满意"，"女性必须工作"，工作是"她们个性的发展、生活的扩大"。[②] 夏洛·帕金斯·吉尔曼指出，当越来越多的年轻女性希望有一个终身职业时，表明了一种"个人独立自主精神"的存在，预示家庭与经济生活将发生重大转化，她认为只有彻底废除个体家庭，女性才能获得"家庭自由"，才能作为"经济个人"而"自由存在"。[③]

　　当然，这一时期美国女性就业还存在许多问题：第一，就业市场依然是"性别隔离"的市场，近86％的就业女性集中在纺织工厂、家庭服务、教师、社会工作、护士等十余种传统的"女性职业"内，其中家庭和个人服务排在前列。[④] 尽管女性专业人员绝对数量提高的比率与男性相同（约40％），但3/4的有专业的女性从业人员从事教师、护理或其他"女性的"工作，而在诸如法律、医学、工程和科学研究等职业中，女性人

---

①　Mary Beth Norton, *Major Problems in American Women's History*, Lexington, Massachusetts: D. Lexington, Massachusetts: Heath and Company, 1989, p. 323.

②　Alice Kessler-Harris, *Out to Work: A History of Wage-Earning Women in the United States*, p. 229.

③　［美］埃里克·方纳著，王希译：《美国自由的故事》，商务印书馆2003年版，第214页。

④　Susan Ware, *Modern American Women, A Documentary History*, p. 162.

数极少①。1930 年统计数据显示，女性人数占全体教师的
81%，社会工作者的 78.7%，图书管理员的 91.4%，护士的
98.1%。② 尽管新的职业种类在向女性开放，但其程度是极其有
限的，女性学生在医学学校中的数量实际上从 1902—1903 年的
1280 名减少到 1926 年的 992 名，1920 年代末美国只有 60 个女
会计师和 151 名女牙医。对纽约专业妇女（proffsional women）
的调查也显示了这个特点，共有 63637 名女教师和 21915 名女护
士，女性工程师则只有 11 名、女发明者只有 7 名。③ 传统的男
性职业也加强了对妇女的排斥，以医学领域为例，美国医药协会
（The American Medical Association）提出"更少和更好的医生"
的原则，限制女医生开业，医学院对女性入学规定严格的名额限
制，90% 的医院拒绝女实习医生，女医生占该专业的从业人员的
比例从 1910 年的 6% 下降到 1920 年的 5% 和 1930 年的 4.4%，
人数下降了 1/3。④

　　第二，1920 年代期间美国全国的工资水平普遍上升，但大
幅度的工资增长主要在熟练工人中，很多非熟练工人（其中大多
数为女工）工资依然较低。1920 年代中期，纽约州洗衣工人一
周工作 48 小时以上，但工资不到 15 美元；纽约旅馆中的在浴室

---

　　① 妇女在建筑师和律师中的比例在 1910 年到 1930 年间几乎保持不变（不到
3%）。参见 William Henry Chafe：*The American Woman*，*Her Changing Social*，
Economic，*and Political Roles*，*1920－1970*，p. 58.

　　② Dorothy M. Brown，*Setting a Course：American Women in the 1920s*，
pp. 246－247.

　　③ William Henry Chafe，*The American Woman*，*Her Changing Social*，*Eco-
nomic*，*and Political Roles*，*1920－1970*，p. 90.

　　④ Nancy Woloch，*Women and the American Experience*，p. 392.

中工作的女工一周工作 7 天，一天 7 小时，女服务员一周也工作
48 小时以上，而她们的月薪分别只有 25 美元和 28 美元。[①] 此时
对女性劳动者的报酬，与男性在同等工作中差距仍很大，其工资
只有男性的 52%—55%。[②] 这一时期的调查显示，在非熟练的男
工和女工之间的计时工资差别，从 1923 年的 1 小时 6.3 美分上
升到 1929 年的 10.2 美分。[③] 1927 年，男性平均周工资为 29.35
美元，女性则只有 17.34 美元。[④] 美国劳工部 1928 年的一份调
查显示，工作妇女的工资比男性工人低 1/2 或 1/4；工厂女工的
周薪 60% 的人低于 14 美元。[⑤]

　　第三，女性劳动力的阶层与种族构成与之前相比也没有质的
变化，其职业发展前景黯淡。尽管此时中产阶级女性在劳动力市
场中的比例大幅度上升，但是来自有色人种等弱势群体的女性依
然是女性劳动力市场的主力。1930 年 57% 以上的就业妇女或是
黑人，或是国外出生的白人，这两个群体主要做家庭佣人和服装
厂的工人，她们往往每天工作长达 10—12 小时，而工资每天只
有 1 美元左右；[⑥] 至少 50% 的农场与工厂女工所挣得的工资仅能

---

① Alice Kessler-Harris, *Out to Work：A History of Wage-Earning Women in the United States*, p. 236.

② Susan Ware, *Modern American Women*, *A Documentary History*, p. 162.

③ ［美］洛伊斯·班纳著，侯文蕙译：《现代美国妇女》，东方出版社 1995 年版，第 158 页。

④ Gail Collins, *America's Women*, p. 348.

⑤ Philip S. Foner, *Women and American Labor Movement：From World War I to the Present*, The Free Press：A Division of Macmillan Publishing Co., Inc., 1980, p. 259.

⑥ William Henry Chafe, *The American Woman*, *Her Changing Social*, *Economic*, *and Political Roles*, *1920—1970*, p. 57.

维持生存，这些人主要是黑人和墨西哥人，对这些女性来说生存是第一需要。[①] 女性的职业发展前景黯淡，工厂女工很少成为管理人员或工头，白领职业女性也很少获得提升或担任行政职务，甚至在女性占主导的职业中，她们也往往不能担任领导职务。以教师为例，美国 80% 以上的教师是女性，且主要集中在小学，报酬较好、声望较高的中学和大学中女性教师的人数不断减少，在大学中女教授只占总数的 7.9%，而且女性更多的是讲师，担任最繁重的教学任务而得到的却是最低的报酬。学校高层大多为男性。据调查，在 2853 个城市中女性学校负责人只有 45 名。[②] 巴林摩尔女子学院（Bryn Mawr College）到 1927 年有 1088 名博士获得学位毕业，她们大多数进入教育系统，然而到 1920 年代末只有 21 名在女子学院中、4 名在男子学院中担任全职教授。[③] 在商业领域中职业女性同样处于低层。银行经常雇用女专家应付女性顾客，但她们基本上处于助理出纳员的职位，并且在银行业中几乎成为女性的专业职位。尽管这一时期女性就业从数量和就业领域上都有很大的突破，但就业市场基本还是男性的天下，妇女依然遭受严重的歧视，"被分配给最不熟练的工作，给予最小可能性的升迁，被看作劳动力中最可牺牲的成员"。[④] 1920 年代屈指可数的女企业家之一的海伦娜·鲁宾斯坦（Helena Rubinstein）感叹，"在男人的世界里做一名艰苦奋斗的女人

---

① ［美］洛伊斯·W. 班纳著，侯文蕙译：《现代美国妇女》，东方出版社 1987 年版，第 156 页。

② William Henry Chafe, *The American Woman*, *Her Changing Social*, *Economic*, *and Political Roles*, *1920 - 1970*, p. 60.

③ Ibid. , p. 91.

④ Ibid. , p. 67.

是不容易的"。[①] 女性要在职业上成功，必须付出比男性更多的努力。

第四，就业中对女性的偏见依然根深蒂固。例如银行因为妇女的"整洁、善于管理钱财与文件、圆滑以及某种知觉判断"而雇佣她们，但却认为妇女不理性、缺乏逻辑性而把大多数妇女排除在投资过程以及决策位置之外，理由是"不合适"；女性不能成为书记员，理由是因为法院精神压力大而女性不能承受。[②] 此时社会依然认为就业会对女性气质造成破坏，从而使许多就业的女性排斥婚姻。1927 年《民族》杂志刊登了一些文章，强调工作会使女性变得像男性一样，使工作成为她们的"第一特性"。[③] 在欧内斯特·R. 格罗夫斯（Ernest R. Groves）《婚姻危机》一书中，记述了一位商业管理人员的看法，他认为由于工作的刻板、常规、令人疲倦以及竞争激烈，外出参加工作的女性会变得"粗鲁和无情"，对未来婚姻造成了威胁。[④] 尽管有许多依赖工资收入生活的贫困女性与单身母亲，但社会却普遍认为女性是为额外的享受而工作，亨利·福特说"我对女性支付足够的工资，这样使她们能够打扮得迷人并结婚"。[⑤] 雇主一般把女性雇员看作临时的工人，就业只是婚前一种"消遣"，坚持她们真正的职责在家庭。劳工专家艾丽斯·罗杰斯·哈格（Alice Rogers Hagar）

---

① ［美］洛伊斯·W. 班纳著，侯文蕙译：《现代美国妇女》，东方出版社 1987 年版，第 154 页。

② Alice Kessler-Harris, *Out to Work：A History of Wage-Earning Women in the United States*, p. 232.

③ Ibid. , p. 236.

④ Dorothy M. Brown, *Setting a Course：American Women in the 1920s*, p. 97.

⑤ Gail Collins, *America's Women*, p. 349.

在 1929 年写道："妇女几乎总是廉价和勉强够格的劳动力，而且……被公众和雇主期待保持这种状态。"① 对已婚女性的偏见更是根深蒂固。

总之，1920 年代女性就业数量和比例都呈现上升趋势，就业领域大为拓宽。阿瑟·林克（Arthur Link）指出，"妇女在 1920 年之后找到了比以往任何时候更广泛的经济机会"。② 就业拓宽了女性的生存空间，使她们更能够积极融入到时代潮流中，向男女平等又迈出了重要的一步。历史学家威廉·利查顿伯格（William Leuchtenburg）指出美国劳动力中有 1000 万妇女的事实，"没有什么事比这个做得更多而能够解放她们"。乔治·莫雷（George Mowry）则指出，这个妇女加入劳动大军的高峰，扫除了"传统的惯例、道德和社会习俗"。③ 不过也有一部分历史学家对 1920 年代美国女性在经济平等上的成就并没有这么乐观。威廉·亨利·查夫认为历史学家们夸大了这一时期的"经济变化数量"，他承认劳动力构成的变化，但认为妇女"争取经济平等目标的进展很少"。④ 洛伊斯·W. 班纳则把这一时期女性就业数字上的增长看作是"一般人口增长的反映"，她认为妇女"没有实质性地提高她们在（美国）劳动力市场中的地位"。尽管职业妇女为数众多，但她们得到的工作

---

①　William Henry Chafe, *The American Woman, Her Changing Social, Economic, and Political Roles, 1920 — 1970*, p. 65.

②　Ibid., p. 50.

③　Robert L. Daniel, *American Women in the 20ᵗʰ Century, The Festival of Life*, pp. 63 — 64.

④　William Henry Chafe, *The American Woman, Her Changing Social, Economic, and Political Roles, 1920 — 1970*, pp. 51 — 54.

"声望和工资都较低"。① 玛丽·P. 莱昂（Mary P. Ryan）把1940年前美国妇女就业"主要的变化"描绘成从制造业和家庭服务劳动进入白领工作的"一个简单的变化"。②

1920年代的女性毫无疑问比前辈女性拥有更多的自由和选择，但是同时妇女就业进展的障碍依然存在，劳动力市场仍然是分离的领域，对女性的歧视在各个领域内明显存在，"妇女的位置在家庭"的传统观念并没有动摇，她们必须在家庭和事业之间寻求平衡，往往不得不为了事业而牺牲婚姻，女性在劳动大军中的地位并没有得到根本性的改善。经济史学家因而得出结论："好斗的女权主义者在1920年代以职业作为实现（解放）的主要希望暗淡了。"③ 随着大萧条的到来要求妇女回归家庭的呼声日益高涨，妇女的就业发展面临危机。

第四节　1920年代美国妇女婚姻和家庭
生活特点及其地位和角色变迁

1920年代期间随着已婚女性大量进入美国劳动力市场，不仅使妇女在劳动力市场的职业构成和地位有所改善，而且使她们在社会和婚姻与家庭中的地位和角色出现新的变化。本节主要从

---

① ［美］洛伊斯·W. 班纳，侯文蕙译：《现代美国妇女》，东方出版社1987年版，第151页。

② Robert Daniel, *American Women in the 20th Century*, *The Festival of Life*, p. 63.

③ William Henry Chafe, *The American Woman*, *Her Changing Social*, *Economic, and Political Roles*, *1920－1970*, p. 58.

婚姻和家庭角度阐释这一时期美国妇女的生存状况，剖析妇女在婚姻家庭中地位和角色变化的特点和原因。笔者认为，此时美国绝大多数妇女把婚姻和家庭视为生活的中心，女性婚龄上升，性爱在婚姻中占有重要地位，女性追求平等的伙伴关系的婚姻；出生率下降，家庭规模缩小；电力设施大规模进入城市中产阶级家庭，减轻了家庭主妇的家务负担；已婚女性外出就业呈上升趋势，城市中挣两份工资（指夫妻双方均外出工作）的家庭日益增多；汽车、电影、照相机、收音机等新的生活和娱乐工具的出现和普及，也丰富了妇女的生活。女性普遍追求生活质量的提高，无论在物质享受、感情需求方面都提出更高的要求。与此同时，离婚率上升，成为一个严重的社会问题。

一 恋爱与婚姻关系特点

（一）"试婚"（companionate marriage）①

19 世纪末 20 世纪初，新的性学思想开始在美国传播发展。性被认为是快乐和自然的，取代了前一个世纪向年轻女性所灌输的性是羞耻和犯罪的观念，美国人的爱情与婚姻观开始呈现出与维多利亚时代不同的特点。以西蒙·弗洛伊德为代表的性心理学在 1920 年代期间逐渐为美国主流社会所接受，这种新的性心理学充分肯定了性的积极作用，而且把异性和夫妻之间的关系界定为正常的性关系，同性恋则被视为"性变态"，对这一时期美国人的爱情与婚姻产生了深远的影响。

1920 年代相对开放自由的环境为年轻人谈情说爱提供了有利条件。大量进入高中和大学就读的年轻人，尤其是因男女同校的州立大学数量激增，为他们找到了"可以试用新观念、用相对

---

① 指一种婚姻观，主张实行节育和离婚自由。

自由向传统观念挑战的环境"。① 流行文化同样为爱情提供了"催化剂"。电影是新兴的娱乐方式,却已对年轻人的爱情与生活方式起了无可替代的榜样作用。汽车的逐渐普及,又为年轻人的约会与亲近提供了新的自由,使年轻人可以避开家长和社区的监督,自由自在地表达感情。《调查》(*Survey*) 杂志的一位作者在 1925 年报道,年轻女性下班后,她们被"汽油鹰"(汽车中的年轻男性)带走,他们"甚至在街上爱抚她们,在我的窗外做这些……这种热情即使用两个大袋的袋装水浇在他们的汽车挡风玻璃上……也不会冷却"。② 年轻人追求浪漫、自由的爱情,拥抱和接吻司空见惯,与维多利亚时代的拘谨与保守形成鲜明的对比。

　　爱情在年轻女性的生活中占有重要地位,若没有人追求,对女性来说无疑是悲剧,而婚姻则是爱情的终极目标。1920 年代的统计资料显示,美国人有"显著的婚姻倾向",15 岁以上的美国女性有 60％结婚,而 30 岁出头的美国女性中有 80％结婚。③洛蕾·普鲁蒂(Lorine Pruette)在 1920 年代早期进行了一项调查,其中年龄在 15—17 岁的年轻女性的样本显示,其中 35％想要一个职业,愿意为此放弃婚姻和家庭,但更多的人则想把职业与婚姻结合起来。1920 年代末,社会学家菲利斯·布兰查德与卡罗林·曼纳西斯的调查发现,在 18—26 岁的年轻女性中间,

---

　　① [美]萨拉·M. 埃文斯,杨俊峰译:《为自由而生——美国妇女历史》,东方出版社 1987 年版,第 198 页。

　　② Gail Collins, *America's Women*, New York: HarperCollins Publishers Inc., 2003, p. 332.

　　③ Dorothy M. Brown, *Setting a Course: American Women in the 1920s*, p. 102.

很少有人愿意为职业而放弃婚姻。① 女子学院毕业生的婚姻状况也与这种趋势保持一致。19 世纪晚期女子学院半数以上的毕业生保持单身，但到 1920 年代这种情况发生了变化。对 1919—1923 年期间女子学院毕业生的一份调查显示，有 80％的人结婚；1923 年对瓦莎学院（Vassar College）毕业生的一份调查显示，90％的人想结婚，152 名毕业生中只有 11 名愿意在商业或专业领域中就业，大多数女性认为婚姻是"所有职业中最伟大的"。②此外，男女婚龄也呈现下降趋势。19 世纪晚期男性首次结婚的年龄中值为 26 岁，女性为 24 岁；1920 年代期间男性首次结婚的年龄中值是 25 岁，女性则为 22.5 岁，其中大学毕业生结婚趋势尤其明显。③

1920 年代美国人的婚姻观念正在从以生殖为中心向以爱情、伴侣和享受性爱乐趣为基础的理想婚姻方向转变，出现一种新型的"试婚"。维多利亚时代的婚姻基本是父权制的家庭关系，丈夫居于主导、支配地位，妻子处于从属和服从的地位；而在"试婚"中，妻子的角色是性伴侣和令人愉快的伙伴，浪漫的爱情、性快乐和伴侣关系是其核心。这种新型的婚姻，追求两性之间的志趣相投和平等关系，讲求夫妻之间的沟通和交流。这种新变化是女性婚姻地位的一个巨大转变。这一时期的大学课本、婚姻指南和杂志中，刊登了很多社会学家、心理学家、精神病学者以及

---

① Nancy Woloch, *Women and the American Experience*, p. 407.

② William Henry Chafe, *The American Woman*, *Her Changing Social*, *Economic*, *and Political Roles*, *1920 — 1970*, p. 102.

③ Fracoise Thebaud, Edi., *A History of Women in the West*, V. *Toward a Cultural Identity in the Twentieth Century*, Cmbridge Massachusetts: The Belknap Press of Harvard University Press, 1994, p. 82.

医生对"试婚"进行探讨的文章。欧内斯特·伯格斯（Ernest Burgess）指出，这种婚姻关系的基础是浪漫爱情，"个人在婚姻中最大的幸福来自浪漫的爱"。欧内斯特·R. 格鲁夫斯（Ernest R. Groves）在其关于婚姻与家庭的书中，也肯定现代婚姻是一种"爱的伙伴。"①　菲利斯·布兰查德与卡罗林·曼纳西斯指出，中产阶级年轻女性希望通过婚姻获得"更充实、更富裕的生活"，她们期望"与配偶分享快乐与悲伤，他不仅仅是一个保护者和赡养者，而是一个全面的伙伴"。年轻女性对婚姻怀有很高的带有平等主义色彩的期望，强调婚姻的和谐共存、交流与亲密关系，她们期待着婚姻是"会涉及生活所有方面的双方个性的一个完美的结果"。多萝西·顿巴·布卢姆利在 1927 年写道，她想满足于"作为一个爱人和伴侣"的角色，并期望"婚姻中更多的自由和忠诚"。②　当然，"试婚"尽管被视为是激情、友谊与平等的体现，但女性相对来说付出更多，她们若想成为理想的妻子和伴侣，就必须把全部精力都放在家庭生活上，尤其是婚姻关系上。此时的大众媒体中充斥着各种各样"使婚姻保持激情"的信息，强调妻子必须有高度的性吸引力，成功的妻子不再只是那种勤劳节俭的治家能手，而更多的是能把生活安排得丰富多彩、优雅有趣的女性。

　　1920 年代被看作是美国性道德革命时期，女性的性欲得到肯定，家庭被视为表达亲密感情、个性和性的特殊领域。19 世纪的人们认为女性缺乏性欲，强调女性的道德优势和母性；到1920 年代性已被作为生活的正常因素接受，人的性欲不再被看成是邪恶的，而是生活中必不可少的重要部分；性问题也不再是

---

① 　Nancy Woloch, *Women and the American Experience*, p. 408.

② 　Ibid. , p. 407.

禁忌，而是可以自由讨论的普通问题；妇女不再被看成是纯洁的和无情欲的，而是同男子一样有情欲，并有权利享受性快感；生育与性相比已退居次要地位，性生活被认为是为了"性本身"，而且是婚姻幸福的主要因素之一。这一时期强调女性是"性的动物"，婚姻是表达性爱的场所。婚姻专家埃弗雷德（Alfred）明确地指出："生育既不是婚姻的核心，也不是婚姻的主要目的。若要赋予婚姻一个主要目的的话……他会发现，婚姻期望的是性交流和性伴侣。"[①] 生育节制的倡导也为成功的婚姻定下了一个新的标准，即同伴的性满足。1926 年桑格在《婚姻的快乐》一书中指出，男女双方应该认识到"通过性表达的爱完全满足的重要性"，指出婚姻中的性是令人振奋、浪漫和重要的，"性表达，正确的理解，是爱的极致、完成与奉献。"社会学家和生育节制倡导者约瑟夫·K. 福尔索姆（Joseph Kirk Folsom）也强调性有助于"强化、美化和纯化爱情"。[②] 这样，经过一个世纪对女性性行为的否认之后，美国中产阶级主流文化终于对其予以承认，并且把性快乐从生育目的中分离出来。"1920 年代尽管普遍被视为性解放的 10 年，过分拘谨的约束被抛之一边，美国人开始享受全方位的性快乐，但 1920 年代被解释为性最终走出私室的时代更为确切。性成为一个被公开讨论、分析、承认、实验的项目。"[③] 此时把正常的性关系界定为异性之间的关系，同性恋受到歧视，"既然现在女性的性冲动被视为与男性的一样重要，并从生殖目标中分离出来，女性之间的相互关系被视为对异性的

---

① ［美］玛丽莲、亚隆著，许德金、霍炜等译：《老婆的历史》，华龄出版社 2002 年版，第 378 页。

② Nancy Woloch, *Women and the American Experience*, p. 408.

③ George H. Douglas, *Women of the 20s*, p. 26.

竞争，并被怀疑是对当前的性关系和社会秩序的威胁"。[①]

这种新的性观念在凯瑟琳·B. 戴维斯所出版的性学调查中已经显示出来。早期的性学调查往往针对妓女、囚犯等特殊群体，到 1920 年代研究者把注意力转向普通人。戴维斯与由 11 名女心理学家、医生和社会学家组成的委员会成员一起，对 2200名已婚和未婚的中产阶级女性（主要为大学毕业生），尤其是"普通已婚妇女的性生活"进行调查，这是美国性学史上一个重要的先驱性的研究报告，为后人了解这一时期美国人的性经历与性思想提供了重要信息。戴维斯在调查报告中分析了女性性生活的相关因素和女性对性经历的态度。调查显示，健康、婚前性经历、与其他女性的关系、职业以及孩子等，对女性的性生活和性感受都有一定的影响；大多数已婚妇女使用避孕药物，用肯定的、接纳的言辞表达性关系，认为性是"爱的一种表达"、"自然正常的关系"、"快乐与满足"、"有利于精神和肉体的健康"等。[②] 性学家金西（Kinsey）通过对更广泛的样本进行详尽考察后发现，1900 年后出生的女性比 1900 年前出生的妇女婚姻性行为多两倍。1920 年代也是性道德的转变时期，对男女不同要求的双重标准的传统道德开始崩溃，男女两性的"道德"开始变得更加相似。比阿特丽斯·欣克尔（Beatrice Hinkle）指出，这一时期的性道德更加接近男性标准，这种变化对那些随着"旧道德"成长起来的女性形成巨大冲击。弗朗西斯·伍德沃德·普雷蒂斯（Frances Woodward Prentise）指出，"我们既不能像年轻人一样轻松地对待性，也不能像老一辈那样冷漠地对待它"。

---

① Fracoise Thebaud, Edi., *A History of Women in the West*, V. *Toward a Cultural Identity in the Twentieth Century*, p. 81.

② Nancy Woloch, *Women and the American Experience*, pp. 397—398.

对性的正视，是对人性的正视，是社会进步与开放的一种体现。1920年代性被提到了前所未有的高度，成为婚姻生活的关键词。

（二）"性道德历史上最有革命性的实践"——玛格丽特·桑格与生育节制运动

1920年代玛格丽特·桑格的生育节制的方法与思想虽然举步维艰，但她所提倡的生育节制观念却逐渐被中产阶级主流文化接纳，中产阶级夫妇实行节育，有意识限制家庭的规模；节育诊所对中产阶级妇女开放，同时也以有限的规模向工人阶级妇女开放。虽然美国许多州仍然禁止节育信息与工具的传播，但越来越多的城市地区放宽此类法律，横膈膜与避孕套之类的节育工具广泛使用。沃尔特·李普曼（Walter Lippmamn）1929年在《道德序言》一书中指出，"生育节制无论是否有利于优生、卫生或经济"，它是"性道德历史上最有革命性的实践"。① 生育节制改变着中产阶级的道德标准、求婚习俗以及婚姻理想，而这些方面的变化也同时使生育节制更加必要。

由于特殊的生理原因，避孕与节制生育一直是成年女性生活中的一件要事，关乎她们的健康与生活的幸福与否，甚至是人命关天的大事。在西方基督教伦理思想中，并不支持避孕与节育，而把怀孕与生育视为女性的天职和人类繁衍发展的基础，但在实际生活中，出于种种原因，避孕与生育节制是必要的，尤其是贫困妇女，过多的怀孕与生育不仅是生理和心理的双重痛苦，也是沉重的经济负担。但在美国，避孕一直是一个敏感和引起争议的问题。1830年代美国人即已获知关于避孕与避孕工具的一些信息，但到1873年，随着《康斯托克法》（*Comstock Laws*）的通过，避孕信息、避孕工具的制造、出售与做广告被认为是"污秽

---

① Nancy Woloch, *Women and the American Experience*, p. 412.

的"，出售或收到"污秽的"的东西会被罚款或监禁。一些富裕的妇女可以绕过法律从医生那里获得避孕药和避孕的方法，但大多数女性只能通过节制性生活来避孕，许多妇女也通过流产节制生育。1973 年前美国最高法院作出关于孕妇流产的裁定时，每年至少有 100 万妇女进行非法流产，其中 5000 名到 1 万名妇女因流产而死亡。[①] 流产在美国不合法，不仅风险大，女性身体也往往会受到很大的损害，有的女性甚至因为怀孕而自杀，避孕与生育节制成为女性生活中难以言说的痛苦。到 20 世纪初，避孕与生育节制越来越受到社会的关注，尤其是女性，伴随着性解放思潮，避孕与生育节制的普及提上了日程。

埃玛·戈德曼（Emma Goldman）是最早提倡生育节制思想的人之一，在第一次世界大战前就开始宣传生育节制，希望它能作为妇女流产的替代方法，使妇女能控制自己的身体。戈德曼强调，一旦妇女能够控制自己的生育，她们就能从对男性的依赖和统治中解放出来。戈德曼曾因公开宣传避孕而被警方投入监狱。

玛格丽特·桑格是美国生育节制运动最持久最有影响的倡导者，她使避孕从一个在上流社会中难以启齿的问题，转变为一个有着复杂的政治和经济意义的公共健康问题。桑格本人来自一个有 11 个孩子的大家庭，母亲因怀孕和生育过多而身心受到伤害，桑格对做母亲的痛苦深有体会。后来在纽约诊所工作时桑格又目睹一位名叫塞迪·塞克斯（Sadie Sachs）的妇女因堕胎而失去生命，使她立志要为女性免除因怀孕和生育过多而带来的身心伤害。最初桑格从戈德曼那里了解了一些避孕知识，1914 年和

---

① Carol Hymowitz & Michaele Weissman, *A History of Women in American*, New York：The Anti-Defamation League of B'nai B'rith, 1978, p. 293. 这些数据是 20 世纪以来的估计数，20 世纪之前流产与死亡数很难估算。

1915 年到荷兰、法国和英国旅行，她又收集有关避孕的信息，并与英国性学家哈夫洛克·埃利斯进行了交流。这次欧洲之旅对桑格的思想影响很大，她不仅把生育节制看作是一个医学问题，同时找到了一种她认为"理想的"避孕方法（即横膈膜法），认为它不仅安全有效，并使女性而不是男性控制避孕过程。1916年桑格回到美国后，开始宣传生育节制，并在纽约开设了第一个节制生育诊所。为宣传节制生育思想，桑格一度加入社会主义者妇女委员会（Women's Commission of the Socialist），并为社会主义者报纸《呼声》（*Call*）写关于性病和卫生的文章，其专栏"女孩须知"（"What Every Girl Should Know"）中的言论在当时被视为伤风败俗，因此该报被禁止邮寄。由于在这个组织中生育节制问题并不受重视，桑格很失望，开始独立开展其改革运动。她写了《女性反叛》（*Woman Rebel*）一书，宣称"在女性能完全控制其生殖功能之前，不能处于与男性平等的地位"。[①]由于桑格的言行违反了联邦所制定的《康斯托克法》，受到为期30 天的拘捕，以后桑格为生育节制多次被驱赶、监禁。1918 年，纽约上诉法庭（New York Court of Appeals）作出一个裁决，规定执业医生可以出于防止或治愈疾病的目的，而向病人提供避孕药方或药物，这为桑格继续开展节制生育运动带来了希望。

到 1920 年代，桑格全身心投入到这个运动中，进行写作、演讲，致力于为生育节制建立相应的机构组织和赢得公众的尊重。她的《妇女与新种族》（1920）和《文明的中心》（1922）两本著作把生育节制视为妇女自由的根源，指出有避孕知识的妇女不会"被迫在母亲经历和婚姻爱情生活之间作选择……不会被迫在母性和社会与精神价值之间作平衡"，女性的避孕知识的匮乏

---

① Nancy Woloch, *Women and the American Experience*, p. 415.

不仅使她们在社会上束缚于既定位置，而且伤害种族。"战争、饥饿、贫困与工人的压迫，"她指出，"只有到妇女限制生殖，使生活变得美好而不能虚度光阴时才会结束"。提供节制生育的知识解放妇女，可以把她们的思想转变为"新种族"，美国和世界就会被拯救。①

与此同时，桑格还着手建立组织。1921 年 11 月桑格在纽约倡议并召开了第一个美国生育节制会议（American Birth Control Conference），并成立美国生育节制同盟（American Birth Control League，ABCL）。ABCL 在组织诊所运动的同时，寻求医生对女性避孕方法的支持，随着医生的加盟与对优生的提倡，使它具有了专业化和科学化的特点，其影响不断扩大。1926 年，ABCL 已经得到主要来自美国北部与中西部 37000 名较富裕的人的支持，在推进生育节制运动中起了重要作用。不过，尽管 ABCL 与美国医学联盟（AMA）合作很成功，但对国家法律的制定的影响很小，这一时期避孕依然是非法行为，直到 1936 年，美国联邦法院的一个裁决才改变这种状况。

在桑格的努力下，节制生育在美国赢得了越来越多的支持。首先是来自女性群体的支持，她们不仅是桑格生育节制的目标，也是桑格开展运动的重要推动力。桑格在 20 世纪第一个十年就取得了一些生活较富足妇女的支持，1920 年《妇女与新种族》一书出版后，她还收到了数以千计来自工人阶级妇女的信件，其中一封信提出，"富人看起来似乎没有生养这么多的孩子，为什么经济负担不起的穷人应该有这么多孩子"？另一封则提出"为

---

① Dorothy M. Brown, *Setting a Course: American Women in the 1920s*, p. 113.

什么总是穷人遭受苦难"的疑问。① 贫困妇女不仅因为多次生育
而导致身体虚弱，而且使家庭更加贫困，身心都不堪重负。一名
明尼苏达州的妇女在 1921 年给桑格的信中指出，她是 11 个孩子
的母亲，其中 10 个存活，丈夫认为孩子过多是女人的过错。她
住在农场中，家庭贫困又缺乏医疗条件，由于不断怀孕生育而病
痛缠身，她痛恨生活，甚至想自杀。她有两个分别为 17 岁与 15
岁的女儿，很快就可能要结婚，她不想让女儿步自己的后尘，因
此寻求桑格的帮助。另一名明尼苏达州的妇女有三个孩子，由于
缺乏生育和抚养孩子的知识，身心交瘁，同时由于贫困，她不愿
意再生育，认为自己"把孩子们带进这个世界而让他们衣不蔽
体、食不果腹"而罪孽深重。② 1928 年一位妇女写信给桑格：
"请告诉我怎样才能少生孩子。我只有 26 岁，已是 5 个孩子的母
亲，其中四个存活，最大的 8 岁，其余分别为 6 岁、4 岁和 2
岁。最后一次我在 6 个月小产，从那时起就很虚弱。这发生在刚
刚过去的 8 月。我丈夫正在努力找工作，我不得不自己供养孩子
们。我不得不努力工作，因此我觉得再生一个孩子会要我的
命。……我不想再要孩子，5 个对我来说已经足够了。"③ 来自社
会底层妇女痛苦的呼声，更坚定了桑格推进生育节制的决心。
1920 年代期间桑格的生育节制运动得到了中产阶级妇女的大力
支持，在她们之间普遍实施生育节制成为现实，到 1930 年代生

---

① Nancy Woloch, *Women and the American Experience*, p. 413.

② Doreen Rappaport, Edi., *American Women*, *Their Lives in Their Words*: *a Documentary History*, p. 209.

③ "Letter to Margaret Sanger" (1928), Ellen Skinner, *Women and the National Experience*, *Primary Sources in American History*, New York: Addison-Wesley Educational Publishers, 2003, p. 188.

育节制也在劳动阶级妇女中得以推广。

桑格所提倡的节制生育得到了女性群体的坚决支持，她同时还寻求宗教界、医生、学者、优生学家和其他机构与专业人士的支持，使一度激进主义的生育节制运动逐步现代化、专业化和主流化。宗教界曾经是桑格所推行的生育节制最坚决与有力的反对者，但到 1920 年代，宗教界内部对生育节制的看法发生了变化。新教徒牧师，尤其是那些掌握富裕群体的牧师，在强调婚姻中和谐的性关系时往往赞同生育节制；圣保罗大教堂（St. Paul Cathedral）的教长 W. R. 英格（W. R. Inge）警告《民族》杂志，试图压制生育节制信息只会带来更大的邪恶，他宣称《康斯托克法》"除了把许多品行端正的人们认为无害的一种实践代之以一种罪恶之外一无所获"，美国估计每年有百万例非法流产，已经成为"典型的流产之地"（the classic land of abortion）。①

在赢得某些宗教界人士的支持的同时，部分医生也站到了支持者的行列中，逐渐接受了生育节制思想。不仅如此，医生怀疑外行对避孕药"不加区分的"分发，对个人与社会的危害更大。1920 年，美国妇科学会（The American Gynecological Society）主席罗伯特·拉透·迪克森（Robert Latou Dickinson）博士，敦促同事们要掌握生育节制运动的领先地位，三年后，迪克森建立了怀孕健康委员会（The Committee on Maternal Health），从事避孕、不育和范围广泛的"婚姻卫生学"问题的研究。桑格也在寻求与医学专业组织与人员的联合。1924 年她出版《女性公民》一书，指出"美国生育节制联盟希望生育节制中的指导应该交给医学专业。只有通过个体看护与治疗，妇女才能得到最好最安全的控制生育的方法。我们不喜欢不可靠、不安全的生育节制

① Dorothy M. Brown, *Setting a Course: American Women in the 1920s*, p. 114.

建议，并不加选择地传播"。在 1925 年桑格组织的纽约国际生育
节制会议（International Birth Control Conference）上，她获得
了美国医学联盟（AMA）领导威廉・A. 普塞（William
A. Pusey）的支持。同年她请求怀孕健康委员会接管她在纽约开
设的 ABCL 诊所，迪克森接受了她的建议。到 1920 年代中期，
避孕赢得了美国医学联盟的支持，由医生主导生育节制，"婚姻
卫生学"成为医学课程的一部分、专业会议上的一个主题和美国
医学联盟的其中一个部门。

桑格赢得保守支持者中数量最多、也最有影响的团体是优生
学家。1924 年，爱德华・A. 罗斯（Edward A. Ross）写了《我
们本土种族的慢性自杀》一文，指出"我们所需要忧虑的是质
量。最多产的 1/4 的人将会生育接近 3/4 的人所生的孩子，"他
警告，"倘使如果这致命的 1/4 会包括大多数的痴呆和愚型人该
怎么办"?[1] 优生学家的忧虑与桑格的观点不谋而合。桑格强调
生育节制运动的使命是消除文盲和堕落者，不仅可以使妇女避
孕，而且使社会免于衰败。桑格在 1922 年写道，"高生育率总是
与极端贫困、精神缺陷、弱智以及其他可以遗传的特征联系在一
起"。[2] 两年后她在《女性公民》一书中的"生育节制案例"中
又指出，"我们知道那些最不适合繁衍种族的父母们，他们的孩
子数量最多，而健康、悠闲和受过教育的人则家庭规模最小"。
在她的《自传》中，桑格称"没有生育节制的优生"为空中楼
阁。[3] 她积极寻求优生学家的支持，杰出的优生学家被邀请参加

---

[1] Dorothy M. Brown，*Setting a Course：American Women in the 1920s*，p. 115.

[2] Nancy Woloch，*Women and the American Experience*，p. 414.

[3] Dorothy M. Brown，*Setting a Course：American Women in the 1920s*，
p. 116.

1921 年 ABCL 会议。优生学家的加盟，不仅带来了尊重科学的
表象，而且也带来了金钱的支持。

　　当然，反对节制生育的力量依然强大。在 1921 年生育节制
大会过程中桑格演讲时被纽约警察驱逐；天主教阵营中一些人与
全国天主教福利委员会（The National Catholic Welfare Coun-
cil）把桑格和生育节制视为敌人，指出"避孕宣传"是对非天主
教家庭的"破坏"，生育节制将导致"整个社会道德生活的堕
落"。① 避孕问题也没有得到女权主义者与组织的支持，一些有
影响的女权主义者仍然持怀疑或矛盾态度。1920 年桑格呼请卡
里·查普曼·凯特的支持，凯特回答出人意料："尽管我没有站
在你的立场，请相信我没有反对。……就我看来，作为一件事的
结果你宣传过多。大多数改革者都这样。你的改革太狭窄不符合
我的要求，而且也太肮脏。"② 著名女权主义者夏洛特· 帕金
斯·吉尔曼在《生育节制评论》（Birth Control Review）上攻击
桑格只是就事论事，她否认性是精神交流或自我表达的终极目
标，谴责生育节制不会促进婚姻，却会使婚姻变得"不浪漫、尽
职地顺从男性（对性）的沉溺"。最后她强调性问题的双重标准：
"当男性谈论性时，他们只意味交合，"吉尔曼写道，"而对女性
来说，它意味着生殖、爱与交合"。③ 吉尔曼与凯特都怀疑生育
节制会维持男性在婚姻关系中的专制，迫使妇女承担由男性规定
的性角色。1927 年，全国妇女党拒绝了生育节制的政策纲要，
三年后妇女选民同盟拒绝研究这个问题。因生育节制运动与女权

---

　　① Dorothy M. Brown, *Setting a Course: American Women in the 1920s*,
p. 114.

　　② Nancy Woloch, *Women and the American Experience*, p. 413.

　　③ Ibid. , pp. 413—414.

主义运动与组织的目标相去甚远，所以桑格在女权主义者眼中甚至成为异端。

1920 年代在美国实行的避孕方法主要限于中产阶级妇女使用，她们能从私人医生处以"治愈或防止疾病"的名义开处方获得避孕药具。但通过医疗机构避孕有种种限制与不便，生育节制诊所的服务也非常有限，使得避孕器具的非法输入扩大，形成了活跃的地下交易。而桑格希望贫穷妇女避孕的初衷并没有实现。由于缺乏避孕公共教育计划，贫困女性对避孕信息的了解很有限。另外，那时专业医疗机构并没有对避孕与节育予以足够的重视，1930 年一份对美国 75 所 A 级医学学校的调查显示，只有 13 所提供了关于避孕知识的课程。①

但是，正是生育节制运动的开展使美国妇女的避孕状况发生了根本性的变化，避孕节育思想被广泛接受。凯瑟琳·B. 戴维斯的调查显示，在被采访的未婚女性中，85％认为应该在婚姻中实行避孕，只有不到 8％的人反对；约 75％被调查的已婚女性认为应该避孕，并且身体力行。1920 年代尽管避孕仍然还只是中产阶级所享有的特权，但其实行的范围在逐渐扩大。1925 年的一份调查显示，在年龄在 25—29 岁、有一个孩子的年轻已婚妇女中，约 80％富裕的人、36％的较贫困的人采用避孕方法。② 生育节制运动对社会生活与文化产生了显著的影响，它使女性性行为合法化，有助于建立新的性标准；生育节制也把性与生殖分离开来，把婚姻中的性从"义务"转变为"交流"，并可以进行有计划生育，把妇女从"非自愿的母亲"中解放出来；同时，生育

---

① Carol Hymowitz & Michaele Weissman, *A History of Women in American*, p. 298.

② Nancy Woloch, *Women and the American Experience*, p. 413.

节制也使职业与婚姻结合的愿望有更大的可行性。一位分析家指出，女性避孕"马上成为新道德问题的关键、经济独立的首因与这十年妇女生活中最主要的变化"。社会学家格鲁夫斯与奥格本则评论道："没有一个发明注定（比生育节制）对家庭生活有更大的影响。"①

（三）"我愿意在离婚中寻求解脱"

1920 年代急剧上升的离婚率也反映了美国人婚姻观的变化。在婚姻被认为是永久和神圣并受到主流价值观维护的 19世纪，对离婚的限制很严，早期的女权主义者呼吁制定更自由的离婚法律。进步主义时代"大规模离婚"（mass divorce）的出现对中产阶级的行为与道德产生巨大的冲击，1909 年，詹姆斯·C. 吉本斯（James Cardinal Gibbons）警告说，离婚"正像罗马时代的灾祸一样降下来"，美国人比其他的基督教世界离婚更多。第一次世界大战期间离婚数字继续上扬，并在 1920年代继续呈扩大趋势。统计数字显示，1922 年每 1000 例婚姻中有 131 对离婚；到 1928 年，每 1000 例中有 166 对以离婚告终。丹佛家庭关系法院的法官林赛根据精确的统计资料，指出每两对领取结婚证的夫妇中有一对以离婚结束，美国的婚姻已经"令人痛惜地"失败。②

这一时期离婚的原因出现新的变化。19 世纪末，最普遍的离婚理由是丈夫无力供养与感情淡漠。到 1920 年，《大西洋月刊》上有一篇文章指出，"不安的骚动"和"削弱的精神权威"、日益增长的经济压力、女性的新要求以及战争的影响等，是离婚

---

① Dorothy M. Brown, *Setting a Course: American Women in the 1920s*, p. 112.

② Ibid., p. 122.

率上升的原因。三年后,《大西洋月刊》另有一篇文章强调,生活节奏的加快、生活费用的提高、奢侈品的增多、竞争的加剧以及女性对其权利的过分坚持,对婚姻产生了消极影响,有时甚至连生活中的小摩擦也成了离婚的原因。纽约一位律师根据他16年处理离婚案例的经验,列出了"不快乐婚姻的9个普遍原因":性情不合、亲戚或朋友的干涉、嫉妒、不忠实、过分的行为、吝啬、邋遢、缺乏责任感以及宗教信仰的不同。[①]

　　无论基于什么理由离婚,美国女性在婚姻中的主动权有了较大提高。1920年代离婚率比十年前上升50%,并且其中2/3的离婚由妇女提出起诉。[②] 有一位结婚五、六年的女性这样解释自己对婚姻的看法:"我若发现自己被误解或陷于糟糕的处境中,我愿意在离婚中寻求解脱。"[③] 这一时期许多女性对婚姻都抱有这种想法。女性就业对婚姻的影响较大,正在工作或曾经工作过的女性,其离婚的可能性也随之增大。"离婚率,伴随着女性经济的自立而上升",社会学家欧内斯特·R.格罗夫斯指出:"女性的经济自立,更大的自我表现,家庭生活中的家长制模式的崩溃,都是婚姻失败可能性增大的社会影响因素。"[④] 一位孩子已经读中学的工头的妻子陈述离

---

①　Dorothy M. Brown, *Setting a Course: American Women in the 1920s*, pp. 122—123.

②　Barbara Welter, *The Women Question in American History*, Hinsdale: The Dryden Press, 1973, p. 138.

③　Alice Kessler-Harris: *Out to Work: A History of Wage-Earning Women in the United States*, p. 225.

④　[日]野野山久也著,杜大宁等译:《美国的离婚、再婚和同居》,新华出版社1989年版,第70页。

婚理由："婚姻应该是伙伴关系，但是我们由于没有分享金钱事务而一开始就错了。我丈夫不愿意谈论这种事。我既不知道他挣多少钱，也不知道我们储蓄了多少钱……正是因为这个原因我参加工作。我喜欢拥有属于自己的钱，而我丈夫则痛恨之。婚姻中的男性会因为女性外出工作而受谴责。他们没有公平地对待妻子。"与此同时，婚姻中的女性对生活的要求并不仅仅是经济保障，而更多的是情感上的需求。多萝西·迪克斯（Dorothy Dix）指出，"人们对生活的要求比过去更多……在较早时期他们希望通过艰苦工作过安定的生活……相互容忍，现在，我们明白婚姻中的已经相互仇视的两个人在一起没有任何意义"。[①] 不过由于美国不同的州离婚法律不同，各州的离婚状况各异：南卡罗来纳州没有合法的离婚求助；纽约只有一方"通奸"才可以作为正当的离婚理由被接受；俄亥俄州离婚则极其容易，在一桩无异议的离婚案中，花费 10 美元在 10 分钟内就可解除婚姻。东北部和中太平洋诸州离婚比例最低，西部诸州，尤其是内华达州（Nevada）和加利福尼亚州（California）以及一些中西部州，由于离婚法律更加自由，离婚率最高。美国离婚率上升被视为道德和社会问题，是对家庭和文明基础的威胁，但从某种程度上，这也反映了女性对婚姻中感情的重视，是她们追求平等的一种体现。

二　美国城市女性家庭生活特点

　　1920 年代美国城市女性的家庭生活最鲜明地体现了时代特征和女性角色的变化。此时美国城市家庭生育率下降，从 1800

---

① Dorothy M. Brown, *Setting a Course*: *American Women in the 1920s*, p. 123.

年到 1900 年的百年间，白人妇女生育孩子的平均数量减半，从 7 个减少到 3.5 个。① 与此同时，家庭中搭伙、寄宿和住宿佣人日益减少，美国城市家庭的规模普遍缩小。这一时期在桑格生育节制运动的促进下，婚内生育节制观念已经成为中产阶级主流价值观，横膈膜在中产阶级女性中广泛使用，避孕观念和实践在社会中逐渐普及，生育率下降，核心家庭成为美国社会的基本单位。

这一时期城市家庭生活呈现新的特点，现代居住环境基本成型，家用电器源源不断地进入家庭中，取代了家庭佣人，使家务劳动简化，家庭主妇更多地承担了消费者的角色，通过购买来管理家庭。在孩子的抚养中母亲的地位和作用提高，母亲不仅要照顾孩子的日常起居，更要对孩子的心理健康负主要责任，她们在专家的指导下养育着未来的公民。现代家庭主妇担任着多重角色，为家庭提供全天候、多维度的服务："她们为婴儿每天称体重，并为孩子们的营养摄入作出细致的计划。孩子们的发展被仔细观察，青春期孩子的社会活动事无巨细被谨慎地掌控在她们手中。她开车、玩桥牌、度假，她佣人很少或没有。早晨她为家庭准备轻松愉快的早餐，中午自己就吃罐头汤。她通过电话购物，或在小超市购物。大多数的衣服是买来的成衣，穿丝袜，在做家务时用整洁的头巾扎起头发。她可以在孩子整个患麻疹期间护理他，修水龙头，装饰厨房，谈论维他命（维生素），在妇女俱乐部演讲，或款待她丈夫的商业伙伴。——所有这一切都同样熟练。她总是快乐、健康、现代和雅致的，从来不发怒、沮丧、病态、过时。她满足于自己的生活，对自己的女性气质毫不怀疑；

---

① Fracoise Thebaud, Edi, *A History of Women in the West*, V. *Toward a Cultural Identity in the Twentieth Century*, p. 79.

如果她还有需求的话，那也会是一些器具，或起居室中的一块小地毯——如果她有追求的话，那也是与家庭有关的物质。她有投票权，但是很少谈论政治；她相信离婚，但不是自己离婚；她实行生育节制，但从来不与女儿讨论性问题。"① 美国家庭主妇们的旧职责披上了现代的外衣，她们是主妇、免费的家务劳动力，同时是消费者、科学的管理者。新式家庭主妇苗条、优雅、快乐，传统与摩登在她们身上得到了和谐的统一。

（一）居住环境的变化

住宅是居民生活水平最直接的反映，美国亦如此。林德夫妇在 1920 年代对米德尔敦（Middletown）的调查发现，该城38000 名市民中有 86% 居住在以家庭为单位的房子中，住宅是"独立、体面和富有的象征"②，房子因阶层不同而有明显的差别。工人阶级的住房条件相对比较乱，生活设施较差。林德夫妇在调查报告中有详细而生动的描述："一天下来，工作了 9 个半小时贫穷的工人，沿着通常是未铺石子的路走来，他拐进一座无遮无掩、里面杂乱无章地放着旧自行车或废弃的车胎的院子，然后，推开一扇摇摇欲坠的门，进入家里的客厅。在客厅里，整个房子一览无余：厨房里有餐桌，地板上落满了苍蝇，而且各处常常堆积着面包屑、橘子皮、碎纸、煤块和木块；卧室里，又硬又沉的被子已搭拉到床下；破旧的绿窗帘斜挂着，半明半暗的光线

① Ruth Schwartz Cowan, "*Two Washes in the Morning and a Bridge Party at Night: The American Housewife between the Wars*", Jean Friedman, William G. Shade, ed., *Our American Sisters, Women in American Life and Thought*, p. 455.

② ［美］罗伯特·S. 林德、海伦·梅里尔·林德著，盛学文等译：《米德尔敦：当代美国文化研究》，商务印书馆 1999 年版，第 117 页。

洒落在妆点华丽的日历或孩子的放大照片上，那照片或许镶嵌在沉重的镀金镜框里，镜框斜在墙上靠近天花板的地方，与墙面呈一个可调的夹角。整个房间弥漫着食品、衣物和烟草的浑浊气味。"①

中产阶级的房子则是另一番景象。这些人家一般有整洁的院子，房前有天竺葵之类的花草点缀，小地毯、橡木家具、绣花垫座、钢琴、留声机、缝纫机、零星的装饰物、杂志、孩子的图片装饰着起居室和餐室。经济宽裕的家庭房子则更宽敞、更舒适："他们沿着收拾得干净整洁的林荫大道走进那属于'现代小型住宅中最新式的'住房。房子或许是木瓦板或水泥铺顶，坐落于整洁的平台式院中。从前门墙壁花架上的藤蔓，到松软的长沙发边的现代菲律宾红木茶几，样样东西都恰当得体。宽敞的客厅里，双开门通向餐厅。那里小地毯、椅罩、窗帘、精致的落地灯罩上的色彩搭配合理，三四幅彩色照片或马克斯菲尔德·帕里什的画挂在与眼同高的位置，一对烛台放在组合书柜上，还有一些碗和托盘。厨房的橱柜也很方便实用。"② 美国城市女性就是在这种居所中经营着油盐酱醋米。

（二）家务劳动变化

20 世纪前，无论是农村妇女还是城市中产阶级家庭主妇，都一直在家务上付出大量的精力和劳动，美国亦同样如此。多萝西·迪克斯评价传统状况下的家庭时说道："婚姻给女人带来的是在家庭中的终身苦役，她的工作是世界上最单调的工作，而且

---

① ［美］罗伯特·S. 林德、海伦·梅里尔·林德著，盛学文等译：《米德尔敦：当代美国文化研究》，商务印书馆 1999 年版，第 112 页。

② 同上书，第 113—114 页。

无从逃避。"① 家务劳动被认为是一项困难但必要的工作,如何获得合适的家务劳动帮手一直是美国社会和妇女杂志反复讨论的一个问题。中产阶级家庭主妇一般有家庭佣人、未婚的阿姨或未出嫁的女儿做家务劳动的帮手,独自应付家务的家庭主妇被认为是"不幸的"。20 世纪以来由于移民数量的减少和工资较高的工厂工作的吸引,美国家庭佣人数量减少,而且工资不断提高。1890 年住在雇主家中的厨师工资约为一星期 4 美元,1920 年提高到一星期 25 美元。② 其他家务劳动帮手也在消失:外祖父母很少与已婚孩子们住在一起;长大成人的女儿们倾向于在婚前拥有自己的公寓和工作;未婚的阿姨们更喜欢单独居住,家庭主妇越来越需要单独处理家务劳动。

20 世纪初随着自来水和各种电力设施的逐渐普及,引起美国家务劳动的革命,大大减轻了家庭主妇的负担,社会对家务劳动的看法也发生了变化。家务劳动被看成是家庭主妇的个性体现及其对家庭生活施加影响的一种表现,是她密切、巩固家庭成员感情的重要方式。过去厨房往往在地下室,阴暗沉闷,现在整洁明亮的厨房是主妇施展才能、表达对家人爱心的领地,家庭进餐现在成为沟通感情的一种方式,"细心的主妇……知道第一流的烤排骨,就像桃子、冰淇淋一样,是家庭忠诚奇妙的刺激物"。其他的家务劳动也被披上了感情的外衣。"洗衣曾经一度就只是

① 〔美〕罗伯特·S. 林德、海伦·梅里尔·林德著,盛学文等译:《米德尔敦:当代美国文化研究》,商务印书馆 1999 年版,第 190 页。

② Ruth Schwartz Cowan, "*Two Washes in the Morning and a Bridge Party at Night: The American Housewife between the Wars*", Jean Friedman, William G. Shade, ed. , *Our American Sisters*, *Women in American Life and Thought*, p. 456.

洗涤衣物，现在它是一种爱的表达；换尿布也不仅是换尿布，而是建立婴儿安全感的时候；清洁浴缸也不仅是清洁，而是一种母性本能的体现，以保护家庭成员远离疾病。"①

（1）"电力佣人是可以信赖的"

家务劳动变化最重要的推动力是电力。1926 年，美国有 1600 万家庭通了电，这些家庭 37％有真空吸尘器，25％有洗衣机，80％有电熨斗；冰箱取代了冰盒，使"凉快的地下室"废弃不用。② 与此同时，电的价格开始下降，从 1920 年的每千瓦小时 9.5 美分下降到 1925 年的 7.68 美分，电力在城市家庭中逐渐普及。林德夫妇的调查显示，1924 年米德尔敦 99％的家庭通了电，1920 年 3 月至 1924 年 2 月间，每家每户的用电千瓦数平均增加了 25％。③ 到 1920 年代末，美国有 1700 万城市居民的住宅铺上了电线。④

电力的发展使家用电器的使用迅速增加，其广告费用也加倍增长。1890 年代电风扇、电暖气和电烤炉出现，在随后的 10 年中，电动洗衣机和吸尘器的销量也迅速增长。到 1914 年，美国洗衣机和吸尘器的销售总额分别为 100 万美元和 133 万美元，1916 年洗衣机的销售总额达到 700 万美元，1919 年达到 5000 万美元，1920 年达到 8500 万美元，1923 年为 8200

---

① Ruth Schwartz Cowan, *"Two Washes in the Morning and a Bridge Party at Night: The American Housewife between the Wars"*, Jean Friedman, William G. Shade ed. , *Our American Sisters, Women in American Life and Thought*, p. 450.

② Dorothy M. Brown, *Setting a Course: American Women in the 1920s*, p. 7.

③ ［美］罗伯特·S. 林德、海伦·梅里尔·林德著，盛学文等译：《米德尔敦：当代美国文化研究》，商务印书馆 1999 年版，第 192 页。

④ Dorothy M. Brown, *Setting a Course: American Women in the 1920s*, p. 107.

万美元。真空吸尘器的销量同样迅速增长，1923 年销售总额达到 5000 万美元。[①] 到 1920 年代末，美国家庭已拥有了 1530 万个电熨斗、680 万个真空吸尘器、500 万台洗衣机。[②] 自动电冰箱 1916 年在市场推出，价格比较昂贵，约 900 美元一台，1921 年销售了 5000 台，1929 年增加到 89 万台，价格也降至每台约 180 美元。1920 年代末的一份调查显示，家用电器在美国的普及不仅仅限于中产阶级，在劳动阶级中的使用率也在提高。1929 年一份对底特律福特公司 100 名雇员的调查显示，其中 98 户家庭有电熨斗，80 户有电动缝纫机，49 户有电力洗衣机，21 户有电力真空吸尘器。[③] 1921—1929 年，美国的家用电器产品的销售额增加了 3 倍。[④] 电话的使用也逐渐普及。以米德尔敦小镇为例，1880 年代初电话出现，到 1924 年 4 月，已有 4348 户人家安装了电话，另外还有 5000 户没有安装。被调查的 40 户经营阶级家庭全都有电话，而在 122 个被调查的生产阶级家庭中，55％的家庭有电话。[⑤]

　　美国家用电器设施的迅速普及，有以下一些原因：第一次世界大战时建立的大多数工厂，在和平时期转入消费品的生

①　[美] 罗伯特·S. 林德、海伦·梅里尔·林德著，盛学文等译：《米德尔敦：当代美国文化研究》，商务印书馆 1999 年版，第 192 页。

②　Dorothy M. Brown, *Setting a Course: American Women in the 1920s*, p. 107.

③　Ruth Schwartz Cowan, *"Two Washes in the Morning and a Bridge Party at Night: The American Housewife between the Wars"*, Jean Friedman, William G. Shade ed., *Our American Sisters, Women in American Life and Thought*, p. 458.

④　Nancy Woloch: *Women and the American Experience*, p. 410.

⑤　[美] 罗伯特·S. 林德、海伦·梅里尔·林德著，盛学文等译：《米德尔敦：当代美国文化研究》，商务印书馆 1999 年版，第 194 页。

产；佣人的明显缺乏及其工资的提高，使得许多家庭考虑使用新机器以代替佣人；广告在电力设施的推广中起了重要作用，报纸杂志上上充斥着各种关于家用电器的广告，鼓励家庭主妇们使用电力佣人："电力佣人是可以信赖的，可以利用它们做洗、熨、清洁和缝补等体力活动。夏天它们会使室内凉爽，冬天会使每个角落充满暖意。电力佣人帮你煮咖啡、烤面包、煎鸡蛋，一个高大洁净的电力佣人能做所有的烹调，而不用火柴，没有油烟，没有煤块，没有争执——一切都在凉爽怡人的厨房里完成。"① 当然，最重要的是，经济繁荣使许多人有可能为家庭购买新设备，分期付款、信用卡等消费方式也为超前消费提供了条件。

随着家用电器的逐渐普及，这一时期美国家庭的佣人数量减少。林德对米德尔敦的调查显示，调查时该城市主妇雇用专职女仆做家务的数量仅仅是 1890 年的一半。美国联邦政府的普查也显示了同样的趋势。1890 年，已是每 13.5 个家庭才有一个佣人，到 1920 年，每 30.5 个家庭有一个佣人。② 此时美国家庭大都每周雇佣女工做一两天家务，或由专业服务机构来做。美国家庭主妇理想的佣人是电器，各类广告建构了一个在各种家用电器帮助下事事亲力亲为的现代家庭主妇形象：去污粉——一个家庭主妇在洗洗涤槽；地板蜡——一位优雅的女士在给地板打蜡；洗手液——"他们绝不会知道你自己拖洗地板"；清洗机器——

---

① ［美］萨拉·M. 埃文斯著，杨俊峰译：《为自由而生——美国妇女历史》，辽宁人民出版社 1995 年版，第 203 页。

② ［美］罗伯特·S. 林德、海伦·梅里尔·林德著，盛学文等译：《米德尔敦：当代美国文化研究》，商务印书馆 1999 年版，第 190 页。

"早上两次洗涤，晚上一次桥牌会。"① 广告中的家庭主妇不仅打扮入时、发型简洁、指甲修剪优雅，而且快乐、果断地做家务。现代家庭主妇认为家用电器不仅是"节省劳动力的装置"，而且也是"节省生活的装置"。②

不过，也有学者指出，家用电器并没有使女性真正从家务劳动中解放出来：洗衣机或真空吸尘器只不过提高了清洁水平，但"为母亲招来更多的工作"，此时美国妇女仍然在家庭杂务上平均每星期花 51 小时，与她们的母亲和祖母并无多大差别。③ 家庭经济学家对用在家务劳动中的时间进行比较研究后也指出，城市家庭主妇与农村家庭主妇一样，家务劳动是一个全职工作，只有10％的城市家庭主妇每星期用不到 35 小时做家务。④ 一些专家也指出，"节省劳动力的"家用设施在提高清洁标准方面比缩短家务劳动时间更有效，如果说家庭主妇通过应用电力设施节省了时间的话，他们也把节省下来的时间用于照顾孩子、购物或家庭事务管理上，工作任务并没有减轻。尽管如此，笔者认为现代化设施的确简化了家务劳动，改变了家庭主妇的生活模式，使她们有更多的时间照顾家人或从事其他活动。

---

① Ruth Schwartz Cowan, *"Two Washes in the Morning and a Bridge Party at Night：The American Housewife between the Wars"*, Jean Friedman, William G. Shade ed. , *Our American Sisters, Women in American Life and Thought*, p. 449.

② *"The Labor I Use"* (1923), Ellen Skinner, *Women and the National Experience, Primary Sources in American History*, p. 179.

③ Susan Ware, *Modern American Women, A Documentary History*, p. 162.

④ Fracoise Thebaud, Edi. , *A History of Women in the West, V. Toward a Cultural Identity in the Twentieth Century*, p. 86.

（2）家务劳动的简化

1920 年代的消费热潮，使家庭主妇通过购买获得日常生活所需要的物品与服务，烹饪、缝纫等费时费力的家务劳动压力大为减轻；同时，随着电气化和家用电器的日益普及，烹饪、加热、照明和洗衣过程简化；汽车逐渐普及，方便了家庭主妇外出购物、接送孩子；超市逐渐取代街角杂货店、门对门的零售商与路边市场（1918 年，《主妇之家》杂志把超市称为"没有店员的新式百货店"），到 1928 年，美国已有 2600 家皮格利·威格利超市（Piggly Wiggly）①，家庭主妇可在超市中实现"一站式"购物，大大节省了时间；到 1920 年代末，美国家庭主妇们也通过电话订购日常物品，送货到家。种种现代化设施使美国家庭主妇的家务劳动大为简化，生活方式与前辈妇女相比有巨大的变化，延续至今的现代生活方式已经成型。

民以食为天，饮食的简化与罐装食品的出现，大大减轻了美国家庭主妇的家务负担。第一次世界大战前，美国家庭的膳食比较复杂。以米德尔敦为例，1890 年全城所有人家有两大类食谱，即"夏季食谱"与"冬季食谱"，其中"冬季食谱"主要为：牛排、烤肉、通心粉、爱尔兰马铃薯、红薯、萝卜、油菜色拉、炸苹果、煮西红柿，再加上印度布丁、米饭、糕点或甜饼作为甜点心。"这就是每个普通人家冬季的全部食谱。我们轮流采用一种互相搭配的方式，用酸菜和酱菜调剂千篇一律的淀粉食物。我们从没想过有新鲜的水果、蔬菜，即使想也没办法搞到。"肉食是普通家庭的主食，"1890 年，我们一日

---

① Ruth Schwartz Cowan, *"Two Washes in the Morning and a Bridge Party at Night: The American Housewife between the Wars"*, Jean Friedman, William G. Shade ed., *Our American Sisters*, *Women in American Life and Thought*, p. 461.

三餐都吃肉,"米德尔敦一家杂货店的掌柜说,"早餐:猪排骨或猪排加煎马铃薯、荞麦饼以及热面包;午餐:热面包卷和马铃薯;晚餐:一样的面包卷,但是冷的。"① 到 1920 年代中期,膳食简化,烹调时间也大为缩小:早餐为鸡蛋和/或谷类食物;午餐基本是一道菜,或是汤与三明治;晚餐往往不超过三道。另外,利用成品面包的增多,在家烤面包的相对减少。据米德尔敦一家大面包店的店主说,在 1890 年商品面包量不到全城面包食用总量的 25%,到 1920 年代,年面包消费量的 55%—70% 为面包商所制造。②

其次,罐头食品的利用也在增多,这不仅意味着家庭制作罐头的时间减少了,而且意味着中下等收入的家庭也能普遍获得多种多样有益健康的食品。19 世纪中叶,美国只有少数罐装食品(主要是豌豆与玉米),到 1918 年,美国家庭主妇已经能买到各种罐装食品,妇女杂志刊出的食谱上也利用罐装食品作为一道菜。到 1920 年代中期,美国一般家庭已很少自己做罐头。一位家庭主妇说:"在 1890 年时,你得花掉整个夏天的时间制作罐装食品,现在能买到的罐装食品质量真好,让我们觉得花那么多时间自制罐装食品真不值得。"③ 随着冷冻冷藏技术以及交通运输的日益发展,进一步带来了饮食结构的改变,美国家庭主妇在冬季也能买到新鲜的蔬菜水果了。

烹饪设施也有很大改进,利用天然气、煤油、汽油或电的炉子逐渐取代了利用煤或木柴燃烧的炉子,到 1920 年代末,以煤

---

① 〔美〕罗伯特·S. 林德、海伦·梅里尔·林德著,盛学文等译:《米德尔敦:当代美国文化研究》,商务印书馆 1999 年版,第 175 页。

② 同上书,第 173 页。

③ 同上书,第 174 页。

为燃料的炉子的广告不再出现在美国家庭装备杂志上，房子主人被敦促尽快使用油、气或电炉子。随着厨房里煤气炉取代燃煤炉或燃柴炉，烹饪与清洁也越来越容易。1928 年《女士家庭杂志》有一篇文章描述了当时的幸福主妇，她把自己的厨房布置得宽敞明快："厨房就是一道彩虹，厨师边唱歌边做饭，从不把家务看作是苦差事。"[①] 不仅烹饪在简化，就餐地点也在变化，除了家里，中学和大工厂的食堂以及商人工作午餐俱乐部等地方，也使许多人可以在家庭外就餐。在米德尔敦，烹调的重要性已经降低，当地一位肉店老板说："现代主妇全都丧失了烹调艺术。她们只买切好的肉以便做起来又快又省事，而她们的母亲在 90 年代却是把大块的肉买回家，然后自己切割加工，做成各种各样的菜。现在的人都是三口两口吃完饭，开车就走。"[②] 烹饪的简化，饮食习惯的变化，使美国家庭主妇家务负担大为减轻。

个人卫生的负担也在减少。20 世纪前，绝大多数美国家庭洗澡是通过把一根锌管接到厨房，注满水并在炉子上加热，要费很多的精力。1920 年代初期，大多数的中产阶级家庭中装有自来水，而且有洗涤槽、盥洗室和下水道等全套设施。美国越来越多的旧房子安装了浴室，新房子则把浴室作为必要的组成部分。第一次世界大战前浴室附属装置没有标准化，瓷浴缸用手工制作；第一次世界大战后铸铁搪瓷器具实现批量生产，零件标准化，浴室数量飞速增加。1921 年，美国全国的搪瓷卫生器具的销售额为 240 万美元，1923 年增加到 480 万美元，1925 年又增

---

①　[美] 萨拉·M. 埃文斯著，杨俊峰译：《为自由而生——美国妇女历史》，第 203 页。

②　[美] 罗伯特·S. 林德、海伦·梅里尔·林德著，盛学文等译：《米德尔敦：当代美国文化研究》，商务印书馆 1999 年版，第 172 页。

加到 510 万美元。[①] 到 1930 年代早期，美国浴室的标准形式是一个小房间，放在凹进处的浴缸，铺上砖瓦的地面和墙壁，黄铜制的抽水马桶，以及一个封闭的洗涤槽。浴室相对容易清洁，也彻底改变了美国人的个人卫生习惯。

其他的家务劳动压力也在减轻。1920 年代初，市场上出现洗衣粉和洗衣薄片，同时电力洗衣机也带来了许多方便。此时美国家庭的洗衣方式多元化。林德夫妇注意到，在米德尔敦的同一条街上，经济水平相似的家庭有截然不同的洗衣方式：手洗、电力洗衣机洗衣、商业洗衣、洗衣女工在"家里"洗，或由洗衣女工在"外面"洗。此时商业洗衣进入繁荣时期，美国年收入超过 5000 美元的洗衣店的数量，从 1919 年的 4881 家上升到 1929 年的 6776 家，收入增加了两倍多。[②]

为每个家庭成员提供服装传统上是一项比较费时费力的家庭杂务，一般由家庭主妇按尺码买布料制作衣服，直到 1910 年，美国地方报刊上几乎从未出现过女装的广告。但到 1920 年代，买成衣已经成为主流，家庭缝纫与家庭缝补都已经成为退化的手艺，年轻妇女现在被教导怎样购买服装，而不是怎样做服装，人们对布料的需求"不过是 1890 年的九牛一毛而已"。到 1928 年，妇女杂志上已刊登了许多服装的图片。林德夫妇对米德尔敦的调查显示，112 位工人妻子中，有 72 位（近 2/3）每周缝纫不超过 6 小时；39 位经营阶级的妻子中，有 29 位（近 3/4）属于这种情况。此时家庭中的针线活，大部分集中在女性家庭成员与小孩

---

① Ruth Schwartz Cowan, *"Two Washes in the Morning and a Bridge Party at Night: The American Housewife between the Wars"*, Jean Friedman, William G. Shade ed. , *Our American Sisters*, *Women in American Life and Thought*, p. 460.

② Ibid. , p. 461.

的服装上。112 位工人妻子中有 92 位（4/5）除了为丈夫缝补衣物外，不做别的针线活，而据她们估计，她们的母亲辈中只有 38 位（1/3）如此。39 位经营阶级女性中有 35 位（9/10）现在不为丈夫做针线活，而她们的母亲中有 29 位（3/4）如此。[①] 缝纫任务的减少，也大大减轻了美国家庭主妇的家务负担。

总之，随着现代化家用电器等设施在美国城市家庭中的逐渐普及，家务劳动大为简化，受到家庭主妇的欢迎，一位华盛顿的家庭主妇这样描述：

> 当我们的洗衣账单不断上升，直到每个星期还为没有被好好洗的衣服支付 2 美元，我们决定自己做些事。我们有一个汽油机但没有洗衣房，只有一个后走廊，因太小放不下这台机器和洗衣机。桶下直接带有发动机的洗衣机解决了这个问题，它所占的空间并没有比普通的洗衣桶大，但其费用不到一年的洗衣账单的费用。它不仅免去了洗衣苦工，而且给我们干净的衣服，节省了钱。

> 经过慎重考虑，我决定利用旧的钢琴凳和汽油熨斗进行熨烫，节省了许多时间和精力。我发现我可以坐着或站着熨烫；熨斗的温度总是很合适；不必在炉子上加热熨斗浪费时间。一品脱的汽油足以用来作一次大规模的熨烫；几乎不耗费燃料。

> 国家的家庭经济俱乐部（Home Economics Clubs）已经形成了试验一系列节省劳力设施的检验系统。我正利用装有轮子的桌子或厨房车，发现它是有效率的"女仆"，我的

---

① ［美］罗伯特·S. 林德、海伦·梅里尔·林德著，盛学文等译：《米德尔敦：当代美国文化研究》，商务印书馆 1999 年版，第 184—185 页。

儿子将在学校中为我做一个。

碟子和银餐具以及所有的食物可以一趟运送，用餐结束后，用过的碟子一车就可以送回厨房，而不是往常的 4 次或 5 次。从厨房到起居室要走 10 步（两者都很小），来回至少要 5 趟，一天中在准备和收拾餐食时节省了 300 步。

在熨烫的日子里，这种车子很方便，当衣服熨完后，它们堆在车上面，然后被运送到合适的位置。

我家的厨房是如此小，因此在洗涤槽上没有空间放滴水板，但是有什么好忧虑的？家中有大的干燥器，下面带有镀锌的接油滴盘子的碟子，因此可以在厨房中用它。我擦洗玻璃杯和银餐具，但碟子和烹饪工具用沸水清洗，通过脱水干燥。算一下即使一天节省半个小时，在一周的时间里就可以节省三个半小时。

……由于最初美国医学联盟的女专家们指出，死亡的妇女中很多是家务劳动过度的牺牲品，我想我会叫它们（家用电器等）救生员，因为它们消除了这么多花费在家务管理上被浪费的精力。①

总之，此时家务劳动不仅大大简化，而且家务劳动被披上了感情和科学的外衣，被视为是家庭主妇一项有创造性的职业。第一次世界大战前美国理想的厨房模仿实验室，是白色和金属色的。第一次大战后理想的厨房则模仿艺术家的工作室，是色彩的协调："通过有着令人愉悦的色彩对比的用餐使膳食更加鲜美。"社会认为，美国新式的家庭主妇应该是一个艺术

---

① "The Labor I Use" (1923)，Ellen Skinner, *Women and the National Experience, Primary Sources in American History*, pp. 180—181.

家，而不是一个从事单调乏味工作的人；家庭主妇在现代科技
的帮助下，永远身材苗条，风度优雅，讨人喜欢。这种变化具
有划时代的意义："尽管第二次世界大战后美国处于空前的繁
荣中，家用电器更加普及，生活设施更加齐全，生活更加方
便，家庭的现代化程度更高，但是所有这些变化，与从煤油灯
变成电灯、煤炉变成汽油炉、煤炭炉子变成气或油炉子、厨房
供热到集中供热、室外马桶到室内马桶、没有浴室到有浴室、
用罐头装西红柿到买罐装西红柿，做衣服到买衣服，烘面包到
买面包，与佣人一起生活到没有佣人等变化相比，第二次世界
大战后发生的变化都黯然失色。"①

（三）"妻子继续成为一个消费者"

1920 年代美国城市家庭主妇已不再参加生产或指导生产，
相反，购买和使用新技术成为她们的主要任务。"今天一个女
性作为家庭主妇的德行和优点不是依赖她的技巧进行组织，它
本身提出完全不同的任务，更困难、更复杂，要求无限广泛的
能力，而且正因为这些原因而更有趣和鼓舞人心。"② 那个任务
就是购买，明智地购买家庭所需要的一切生活用品。这一时期家
庭经济学家宣称美国家庭主妇的首要任务，是"家庭关系和家庭
消费的领导"。③ 安妮·E. 理查德森也强调"主妇作为购买者的

---

①　Jean Friedman，William G. Shade, ed. , *Our American Sisters*，*Women in American Life and Thought*，Boston：D. C. Heath and Company，1987，p. 462.

②　Ruth Schwartz Cowan，"*Two Washes in the Morning and a Bridge Party at Night：The American Housewife between the Wars*"，Jean Friedm，William G. Shade ed. , *Our American Sisters*，*Women in American Life and Thought*，p. 451.

③　Fracoise Thebaud，Edi. , *A History of Women in the West*，V. *Toward a Cultural Identity in the Twentieth Century*，p. 89.

重大责任"。①

　　这一时期美国家庭主妇是消费社会的中心。"妇女是购买者,这是 1920 年代一个显著的社会现象。报纸杂志的广告、广告牌以及广播中的广告节目都请求可爱的女士试用最新的香皂、香烟,以及购买最新的厨房设备。已婚女性购买丈夫与孩子以及自己的服装,购买食品、亚麻织物、家庭器具。这些责任,受到广告商的高度强调。"② 此时电话商店增加,有更多的超市开业。随着衣食住行中选择的多样化,美国家庭主妇必须学会区分不同等级的牛奶、面包、吸尘器以及无烟炉灶,必须决定诸如是用另一种地毯取代草毯,还是用草毯取代地毯等数百项事情。美国女性杂志中有一些专栏经常提供一些购物预算提示,引导女性如何进行消费;广告千方百计吸引她们的注意力;百货公司和超市推出各种促销手段,改进售后服务,想方设法使家庭主妇购买其产品;消费者的要求也格外得到尊重,公司努力做得更好以满足她们的要求。

　　这一时期各种大众媒体上广告铺天盖地,以种种动人的言辞,敦促美国的家庭主妇承担家庭消费者的角色,购买各种能节省时间与精力的产品,从"经常的苦工"状态下解放出来,跟上时代发展的步伐,做一个现代、优雅的家庭主妇,对男性保持足够的吸引力。广告的范围无所不包,从家用电器一直到罐装食品,五花八门,应有尽有。广告在竭尽全力推销商品的同时,巧妙地把妇女的传统角色观念和现代化观念糅合起来:现代化妇女懂得效率,家务劳动的高效率靠购买现代化商品来实现,高效率

---

① Dorothy M. Brown, *Setting a Course*: *American Women in the 1920s*, p. 106.

② June Sochen, History: *A Record of the American Woman's Past*, p. 261.

带来了闲暇，使女性能更好地尽一个贤妻良母的责任；女性应该把时髦、美丽以及性魅力看成是生活中最应关注的事情。一家电器公司的广告这样说，"能否把最重要的事情放在首位，这是检验成功母亲的标志。她是不会把属于孩子的时间留给扫除的……衡量男人成功与否是看他们在工作中被授予的权力来判断的，同样，聪明的女人把所有能用电力来做的事情都让电力来做。她所不能移交的是一项最重要的工作，即人生在她的把握中，未来由她的双手和诚心来塑造"。① 电器工厂敦促妇女放弃传统打扫房间的方法，购买真空吸尘器，"凡是电器能做的都委托给电器"。② 洗衣店的广告宣传："拍卖时间啦，你买吗？哪儿能买回一个昨天？当然不行。然而就在你的城市里，你可以买到明天。用于妆点青春和美貌的时间，用于俱乐部事务、教会和社区活动的时间，用于读书、表演和听音乐会的时间，用于家庭和教育子女的时间。"③ 现代广告还把个人自由和控制权与消费联系起来，"今天妇女得到了她想得到的东西，"《芝加哥论坛》上一条广告上这么说，"投票。丝质的苗条的女式紧身服装取代了宽大的衬裙。玻璃制品是宝石蓝的或是鲜明的琥珀色。从事职业的权利。肥皂要与其浴室的颜色搭配。"④

---

① ［美］罗伯特・S. 林德、海伦・梅里尔・林德著，盛学文等译：《米德尔敦：当代美国文化研究》，商务印书馆 1999 年版，第 193 页。

② Nancy Woloch, *Women and the American Experience*, p. 410.

③ ［美］罗伯特・S. 林德、海伦・梅里尔・林德著，盛学文等译：《米德尔敦：当代美国文化研究》，商务印书馆 1999 年版，第 193 页。

④ Fracoise Thebaud, Edi., *A History of Women in the West*, V. *Toward a Cultural Identity in the Twentieth Century*, p. 90.

（四）"我们的孩子是我们的母亲造就的"——子女的抚养教育

生育对女性来说是生活中的大事，原来生育孩子都是由接生婆、助产士来负责，产妇与婴儿也主要由亲戚守在身边进行照顾。生育孩子往往有潜在的危险，第一次世界大战期间，死于生育孩子的妇女的数量比死在战场的男性更多。当时尽管已经知道细菌，但是没有类似青霉素一类的抗生素类药物，传染性流行病往往可能一夜之间夺走许多人的性命。但随着现代化、城市化的发展，生育习惯逐渐发生了变化，美国怀孕妇女不再被建议从胚胎成型的第一刻起就待在家中，而且从1910年起在商店中就有了孕妇装。1920年代美国妇女的生育方式发生新的变化，越来越多的人到医院中生产。广告强调医院的无菌环境更加安全、舒适、有效率，提供X射线机器与血库，并有医生和护士日夜照看。新式医院还介绍了一种从德国引进的、被誉为"有效率的生产奇迹"的无痛分娩技术，广告上用生动的语言描述这种新式的应用技术："两颗黄色的胶囊，在胳膊上猛扎一下，使女性迅速失去地点、时间的知觉……其中一个护士轻声说，'结束了，你已经得到孩子了'。"[1] 这对产妇很有吸引力，当然分娩费用也随之上涨。这一时期妇产科专业的出现，使接生婆的助产活动在社会上逐渐消失，生育地点从家庭转移到城市医院。

这一时期母亲在孩子抚养中的作用被提到新的高度，科技新发展提供了关于营养、卫生和儿童抚养实践的专门知识，公共卫生部门、学校、妇女俱乐部、报纸杂志以及美国联邦政府等，都为母亲提供抚养子女科学的指导。《女士家庭杂志》的一名作者

---

[1]　Dorothy M. Brown, *Setting a Course: American Women in the 1920s*, p. 111.

指出："我们的孩子是我们的母亲造就的……如果我们履行职责，不仅是物质上的职责，即把我们丈夫的收入转化为食品、衣服以及孩子们的娱乐，而其中更困难的职责是养育孩子。"[1] 这与20世纪早期精神卫生领域的发展相一致。精神卫生专家们指出，现代工业社会中家庭的主要责任不再是经济生产，而是为孩子的健康和精神健全的调节建立合适的环境。他们努力使公众熟知"正常"的含义，提醒父母要注意正在成长的孩子"幼儿期"或"神经过敏的"的行为，防止不正常。[2] 专家们建议，不要把孩子留给文盲或缺少现代教育的女仆照顾："被佣人照顾的年轻男孩不会学到美国孩子真正的正直、能干而有进取心的智慧，不会成为一个（崇尚）平等主义的合众国有用的成员……（他）或许会在商业世界中失败。若是女孩，由于缺乏母亲的榜样，她会不知道怎样使用现代厨房无数的设施、怎样装饰菠萝色拉，或怎样在电器中洗丝绸内衣……她不会吸引或留住一个真正的美国丈夫。"[3] 专家们强调，母亲应该承担起教养孩子的主要责任，因为她们比保姆们信息更灵通，受过更好的教育，她们是"孩子发展的主要力量，也是孩子发展的主要障碍"。[4] 一份研究指出，此时除家

---

[1]　Dorothy M. Brown，*Setting a Course：American Women in the 1920s*，p. 121.

[2]　Fracoise Thebaud，Edi.，*A History of Women in the West*，V. *Toward a Cultural Identity in the Twentieth Century*，p. 88.

[3]　Ruth Schwartz Cowan，*"Two Washes in the Morning and a Bridge Party at Night：The American Housewife between the Wars"*，Jean Friedman，William G. Shade ed.，*Our American Sisters*，*Women in American Life and Thought*，p. 452.

[4]　Dorothy M. Brown，*Setting a Course：American Women in the 1920s*，p. 118.

庭外，社会上出现更多的部门，帮助母亲"满足孩子文化的需求"，并"在某种程度上由于对她有更高的标准而增加了母亲的工作量"。[①]

1920 年代的美国还是专家大行其道的时代，爱情、婚姻、家务劳动都有专家提供各种建议，子女的抚养教育也不例外，"当医生接管生育节制诊所、家庭经济学家为家庭提供建议时，母亲的角色中没有一个领域比抚养孩子受到更仔细的考察，或她的'王国'受到更完全的入侵"。专家们强调，母亲对孩子的责任主要集中在两个方面：儿童的健康看护和孩子性格的训练，尤其强调母亲在孩子心理健康方面的重要影响。这与社会儿童观念和母亲角色的变化有关系。19 世纪时强调母亲的职责是把忠诚、"好性格"的道德品质逐渐灌输给孩子。20 世纪初美国社会的儿童观念出现变化。1909 年，爱伦·凯出版《孩子的世纪》一书，宣称"社会的转变从未出生的孩子开始"。她认为只有通过"几代完全集中培养孩子，妇女才能希望生育完美的男性"。[②] 此时儿童发展研究中心与幼儿园的数量激增，重视孩子抚养的高效率和专门知识。专家们认为，儿童时期生活对后来成人行为有重要影响，强调"受过教育的母亲"的重要性，母亲承担着引导孩子绕过婴儿和儿童时代"心理暗礁"的重要责任。安娜·嘉琳·斯宾塞（Anna Garlin Spencer）认为，母亲的职责是为孩子提供保护与照看，训练孩子形成良好的个人习惯以及诸如走路、说话之类的基本技巧，并灌输"社会秩

---

① Fracoise Thebaud, Edi., *A History of Women in the West*, V. *Toward a Cultural Identity in the Twentieth Century*, p. 87.

② Dorothy M. Brown, *Setting a Course: American Women in the 1920s*, p. 117.

序和社会福利的初步训练"。① 心理学家 G. 斯坦利·霍尔
（G. Stanley Hall）强调抚养孩子应该成为一门科学。

美国社会与政府对儿童的健康也日益关注，1920 年有一篇
文章指出，美国每年新生的 250 万名婴儿中，约 10‰在未满周
岁时死亡，美国是世界上婴儿死亡率最高的国家之一。② 另外也
有文章指出，美国政府应该承担起照顾怀孕妇女和新生婴儿的责
任。经过种种努力，1921 年《谢泼德—汤纳法》（The Shepp-
ard-Towner Act）通过，由美国联邦政府拨款给州政府，为怀孕
妇女和新生婴儿提供健康看护。美国联邦政府公共部门开始努力
提高年轻人的健康和体格，尤其是传播关于合适营养和在患病期
间正确看护孩子的信息，"儿童的健康变得压倒一切，甚至是父
母强迫性的关怀"。③

母亲在儿童的健康成长中承担了主要责任，她们时刻关注孩
子的营养，在他们生病时更是无微不至地进行照顾：儿童不得不
在床上待几个星期，"即使最轻微的颤抖也应该被小心避免"；某
些疾病中孩子的粪便在丢弃之前必须进行消毒，食品必须作特殊
准备；生病的孩子吃剩的食物必须焚毁，器具应用沸水烫过，用

---

① Lynn Y. Weiner, *From Working Girl to Working Mother：The Female La-
bor Force in the United States，1820－1980*，p. 107.

② Ruth Schwartz Cowan, *"Two Washes in the Morning and a Bridge Party at
Night：The American Housewife between the Wars"*, Jean Friedm，William G. Shade
ed.，*Our American Sisters，Women in American Life and Thought*，p. 463.

③ Ann Martin, *"We Couldn't Afford a Doctor"* （1920），Ellen Skinner,
Women and the National Experience，Primary Sources in American History，p. 179.
相比之下，法国只失去 1/13 出生的婴儿；澳大利亚和瑞典为 1/14；挪威为 1/17；新
西兰，通过在孩子出生前后照顾母亲，是世界上婴儿死亡率最低的国家，只有 1/20。

酒精擦浴盆；严格认真地把孩子的手洗干净，并为他们仔细地戴上口罩，等等，而且，母亲必须保持乐观，"因为病房中需要快乐，正在护理处于病痛中孩子的母亲的态度对康复速度大有影响"。美国社会对儿童健康的关注，对保护儿童健康起了重要作用，1930 年美国婴儿死亡率下降到每 1000 名成活出生的只有 65 名死亡。[①]

儿童性格的训练同样需要母亲全身心的投入，专家们向母亲们提供了关于如何对儿童进行道德训练和文化教育的建议。整个 1920 年代，罗拉·斯帕尔曼·洛克菲勒基金会（Raura Spelman Rockefeller Foundation）提供 700 万美元资助美国各地的 75 个主要的组织，致力于养育孩子的研究。心理学家约翰·B. 沃森（John B. Watson）对这一时期的美国儿童教育有巨大影响。美国劳工部推广的最畅销的小册子《婴儿与儿童看护》一书基本采用了他的思想。1928 年沃森出版《婴儿与儿童的心理看护》一书，强调母亲在孩子的养育中起了关键的作用，但"今天没有人有足够的知识来养育孩子"，不过现代母亲"开始发现养育孩子是所有职业中最艰巨的"。沃森强调要注意孩子的心理看护，尊重孩子有保守自己秘密的权利，这样才能培养出身心健康的孩子，"不要更多的孩子，"他宣称，"但要更多受到较好养育的孩子是我们的目标"。沃森提醒，不能过分溺爱孩子，应该像对待成人一样对待他们："让孩子尽快学习自己做每一件事。"[②] 沃森

---

① Ruth Schwartz Cowan, *"Two Washes in the Morning and a Bridge Party at Night: The American Housewife between the Wars"*, Jean Friedman & William G. Shade ed., *Our American Sisters*, *Women in American Life and Thought*, p. 464.

② Dorothy M. Brown, *Setting a Course: American Women in the 1920s*, p. 120.

对照看孩子、规则与游戏提出严格的时间表，强调对儿童心理损害的危险性："谁能说这种损害是能够修复的呢?"① 沃森还指出家庭、国家和社会都可能妨碍个体的发展，而有秩序、理智和自由的环境，可以保证养育出自由、适应环境的孩子。

医学博士威廉·爱默森（William Emerson）对 1920 年代的美国儿童教育也有很大影响，他曾经在《女士家庭伴侣》（*Woman's Home Companion*）杂志中提供了一个图表让母亲们自测——"你是一名 100％的母亲吗?"（附录 B）。爱默森强调母亲在孩子性格培养中的重要作用，敦促母亲把孩子身体放在第一位，并在日常生活中训练孩子的道德。另一位医生弗兰克·克莱恩（Frank Crane）博士在《美国杂志》（*American Magazine*）中的一篇文章中劝告母亲"不要成为逆来顺受的可怜虫"。对"错误的逆来顺受的母亲"，他注意到，母亲"为了女儿苏茜（Suzy）可以弹钢琴、在唱机上塞碟片，在洗衣板上磨去了自己的指甲；她在织补袜子时毁坏了眼睛；她坐到午夜，等待苏茜从爵士舞会回家。她太忙于烘烤和缝补以及做家务苦工，而没有阅读任何书籍或提高自己的思想水平……她快乐地损坏了自己的健康，使胸脯平坦，皮肤起皱纹，诱发肺结核，这样换来苏茜玫瑰色的脸颊和整洁的脚踝。"② 这是不可取的。沃森和其他专家都把养育健康孩子的责任放在母亲身上，提醒母亲们太关注孩子会扭曲其成长；忽视孩子也会导致类似的灾难。

正是在这样的氛围中，美国的母亲们把大量的精力用在孩子

---

① Lynn Y. Weiner, *From Working Girl to Working Mother*：*The Female Labor Force in the United States*，1820－1980，p. 107.

② Dorothy M. Brown, *Setting a Course*：*American Women in the 1920s*，p. 119.

身上，"1920 年代，母亲们用时间与孩子们一起与其母亲辈用时间在教堂的慈善工作一样，成为一种道德上必须履行的责任。她们不必为传教士编织更多的袜子，或造访年长患病的亲戚，或参加圣经讲习班，取而代之的是与孩子一起观看篮球比赛，与他们一起玩牌，帮助他们学钢琴，这成为中产阶级美国人的生活实际"。① 就这样，在专家们的指导下，美国的母亲们养育着快乐、适应性良好的美国未来一代的公民，米德尔敦的一位母亲表达了她的迷惑："对我母亲来说生活更简单……那时候没有意识到照顾孩子应该了解这么多东西。我意识到自己应该成为半个专家，我害怕犯错误，并常常不知道到哪里寻求建议。"②

三　美国妇女在婚姻和家庭中的地位与角色变迁

1920 年代美国的婚姻家庭呈现前所未有的特点，带有消费社会的鲜明特征，女性在家庭中的地位与角色有显著的变化，"已婚妇女将成为一个妻子/伙伴，一个有见识的主要消费者，科学的家庭主妇、孩子的生育者和培养者。她将掌握这些角色，对自己的性需求更有意识，抓住生育节制的选择，使她的家务管理机械化，避免对她的孩子心理的故意损害，而且日益外出工作以满足经济需求与家庭的消费需求"。③

---

① Ruth Schwartz Cowan, *"Two Washes in the Morning and a Bridge Party at Night: The American Housewife between the Wars"*, Jean Friedman, William G. Shade ed., *Our American Sisters, Women in American Life and Thought*, p. 453.

② Winifred D. Wandersee, *Women's Work and Family Values, 1920 — 1940*, Cambridge, Mass: Harvard University Press, 1981, pp. 57—58.

③ Dorothy M. Brown, *Setting a Course: American Women in the 1920s*, p. 247.

维多利亚时代的婚姻，是传统的家长制特点的婚姻，强调"妻子的顺从、敬爱、服从情绪"，女性在婚姻中处于从属地位。林德夫妇通过对米德尔敦的调查指出，1920 年代之前，米德尔敦的家庭是传统型的，"既是一个经济机构，又是一个生理和感情的机构。它具有娱乐、教育、保护及经济的功能。女人的编织、缝纫、做饭、种菜等职责，与男人的那些活动在经济上具有同等的重要意义。离婚之所以罕见，部分原因就在于它会打乱这些具有基础互补性的经济和产业活动。家庭为男孩们提供了学手艺的场所，为女孩们提供了被训练为熟练的家庭主妇的场所。其固定的住所和可靠的财力资源，适当地保护和照顾着家属们"。①女性不仅承担着繁重的家务，还承担着重要的经济功能和教育、娱乐功能。而且，社会强调"妇女的位置在家庭"，她们的权利与责任仅限于家庭领域，与男性所在的公共领域是两个截然不同的世界。由于家务劳动被认为是女性应尽的职责，并且是无偿的，因此尽管女性对家庭经济的贡献并不亚于男性，但男性一般被认为是养家糊口的人，女性是被供养者，她们是勤勉能干的主妇、细心周到的保姆、温柔顺从的妻子，服从丈夫、照顾孩子是她们的天职和生活的中心。

但是工业化、城市化以及社会文化的发展改变了这一切，美国人的家庭生活也因此发生急剧变化："在家庭生活中，住所地域上的接近和固定所起的作用越来越弱了；家里能将夫妻联系在一起的子女及其他亲属少了；适合不同年龄、性别和爱好的家庭成员的活动，取代了许多全家的共同活动；随着这些要花钱的家庭外活动的增多而来的，是家庭成员之间更加重视金钱关系了；

---

① ［美］罗伯特·S. 林德、海伦·梅里尔·林德著，盛学文等译：《米德尔敦：当代美国文化研究》，商务印书馆 1999 年版，第 197 页。

接受高等教育的欲望使子女日益摆脱子承父业的老路,从而扩大两代人在生活水平和思维习惯上的差异;电话、汽车之类的新工具在协助家庭成员之间的相互联系的同时,也为他们的单独活动提供了便利。"① 现代化拓宽了女性的生存空间,扩大了她们在社会和婚姻家庭中的角色。

社会文化的发展对美国女性在婚姻和家庭中角色的转型影响更加巨大。1920 年代随着性革命思潮的流行,男女之间的交往由于开放的社会环境而更加自由,这在"新女性"群体中尤其明显。不仅恋爱中女性的自由在增大,而且还出现"试婚",强调男女两性感情上的平等、默契和交流。欧内斯特·格罗夫斯和威廉·奥格本在 1928 年的一份调查中指出:"当女性卷入政治与工作、翻腾于未知的水流中时,婚姻与家庭的旧天堂显得更加有挑战性和骚动不安。妻子与母亲在求爱与结婚时面临一系列的期望、职责、选择与角色。她会是一个为弗洛伊德、玛格丽特·桑格和詹姆斯·沃森的思想所激动的国家中的妻子/伴侣,主要的消费者、科学的管家和孩子抚养者、敏感和受过教育的孩子培养者。"② 这一时期以个人主义、消费主义为特色的社会文化思潮对美国妇女在社会与婚姻家庭中的地位与角色产生了重要影响。

这一时期独身生活被认为是不完美和变态的,婚姻仍然是神圣的,依然是大多数女性的归宿,"1920 年代与 1890 年代一样,婚姻是妇女唯一得到赞同的状况。离婚者总是尽快结婚,这不仅

---

① 〔美〕罗伯特·S. 林德、海伦·梅里尔·林德,盛学文译:《米德尔敦:当代美国文化研究》,商务印书馆 1999 年版,第 197—198 页。

② Dorothy M. Brown, *Setting a Course: American Women in the 1920s*, p. 101.

对她们自己与孩子们来说是经济保障的要求，也是获得尊重的需要"。[1] 尽管此时家庭规模缩小，现代化的家用电器等简化了家务劳动，但美国妇女依然承担了家务劳动、孩子的抚养教育等传统的职责，家庭依然是其生活的重心所在；即使她还在从事家庭外的有酬工作，但与家庭相比，职业居于次要地位，1920 年代末很多有才能的职业妇女在职业、家庭难以两全的情况下，不得已放弃职业回归家庭。苏珊•拉法利特（Suzanne Lafollette）指出，婚姻对女性来说是"职业"。[2]

美国妇女在履行旧职责的同时，还承担了消费者、科学的现代家庭管理者等新角色。自来水和电力设施使 1920 年代家务劳动大大简化，家用电器成为家庭主妇的得力助手，没有佣人的家庭成为现代家庭的标准，家庭的生产功能进一步退化，而消费功能大为增强，家务劳动的方方面面，商业化的趋势越来越明显。随着美国妇女的经济功能让位于工厂和杂货店，她作为生产者的工作也让位于作为消费者的责任。女性也是现代家庭的科学的管理者，如何合理利用现代化设施、合理安排家庭日常生活、照顾和养育孩子成为美国家庭主妇的另一个重要职责，她们在各种专家指导下，在日渐现代化的家庭中扮演着摩登、科学的新角色。

尽管此时家庭依然是美国女性的生活中心，但她们的独立意识有很大提高，她们"首先要求被认为是一个人，其次才是妻子和母亲"。[3] 长期以来没有报酬、被视为家庭主妇天职的家务劳动，遭到家庭经济学家与家庭主妇的质疑，对"仅仅是一个主妇"的旧框架提出挑战。家庭经济学家希尔德加德•尼兰德

---

[1]　June Sochen，*History*：*A Record of the American Woman's Past*，p. 266.

[2]　Nancy Woloch，*Women and the American Experience*，p. 409.

[3]　Ibid.，p. 395.

（Hildegarde Kneeland）在考察厨师、洗衣女工、女招待和女仆所挣得的全职与部分时间工资的基础上，对 1000 名家庭主妇的工作习惯进行调查，得出的结论是：估计家庭主妇工作的每周价值为 60 美元，或一年 3000 美元。安妮·E. 理查森（Anna E. Richardson）为家庭主妇们感到痛惜，指出"尽管在歌曲和故事中歌颂母亲的服务，但她在家务管理中的成功很少被认识到"。她代替一位家庭主妇说："我 20 年来从事这个工作，没有得到承认，也没有报酬。我想该是我学习做其他事的时候了。"① 也有女性对自己仅仅做一个家庭主妇感到绝望："目前我仅仅是背景——愉快、重要或许是必不可少的背景。我承认一直是为另外两个人（而活）。我没有独立、完整的生活。我渴望引人入胜、令人满意的工作。我的时光用于一连串的琐碎、令人厌倦的小事中，其最终获益与努力的对象是这两个人。我，曾经有如此明确、肯定的自我，现在变得如此懒散，不再抛头露面。"② 家庭主妇们的痛苦，正是其主体意识上升的一种反映。

　　已婚妇女也越来越意识到经济独立的重要性。这一时期美国已婚妇女外出就业呈现明显的上升趋势，不仅使女性对男性的经济依赖减弱，而且也培养了她们的独立和自主意识。女权主义者更是强调女性经济独立的必要性，她们对消费主义和享乐主义进行谴责，坚持家庭主妇缺乏创造性活动是社会的一个损失。苏珊·拉法利特认为在广告的影响下，妇女过着"没有思想、没有理想"的生活。爱丽斯·比尔·帕森斯（Alice Beal Parsons）坚持性不是包治百病的灵药，创造性工作对使女性

---

① Dorothy M. Brown, *Setting a Course*: *American Women in the 1920s*, p. 109.

② June Sochen, *History*: *A Record of the American Woman's Past*, p. 258.

"每件事摆脱男性"更好。① 1921 年，伊丽莎白·K. 亚当斯 (Elizabeth Kemper Adams) 在一份关于妇女教育与工厂工会的研究中也指出，"为了把孩子培养成明智的公民和工人，父母双方本身都应该成为明智的公民和工人"。她认为妇女的职责不仅针对自己的孩子，也针对整个社区。韦利斯汀·古德塞尔 (Willystine Goodsell) 在 1926 年提出质疑："谁能说我们成千上万受过教育的妻子和母亲除了满足……人类需要就不能提供任何东西？难道管理家庭与抚养二三名孩子成为她们终生的全职工作，体现了她们所有的才能？"埃丽诺·罗斯福认为尽管一个已婚女性的首要职责是待在家中，但这并不排除她有个职业，并把才能贡献给社会。她指出，全职母亲对许多妇女来说已经足够，但对有些妇女来说仅仅承担"护士与保姆"的角色是不够的。② 美国女性越来越清楚地意识到，只有经济上不依赖男性，爱情、婚姻与家庭中的平等关系才有可能实现，这一时期越来越多的女性追求家庭与事业的双全，正是这种信念的重要体现。

　　尽管此时家庭的经济、教育、保护与娱乐功能继续被侵蚀，但家庭依然是大多数美国人生活的中心，"每个社区里都应有下列 4 种重要的好思想，"1924 年米德尔敦一位妇女在一次社区会议上说，"家庭的思想，教会的思想，学校的思想，社区的思想。上帝创造的第一个制度是家庭并把它作为社会的基本单位，其中有：父亲、母亲和子女"。"英语中有三个最高贵的字根，"1924 年提交给某妇女俱乐部的一篇文章中写道，

---

①　Nancy Woloch, *Women and the American Experience*, p. 411.

②　Lynn Y. Weiner, *From Working Girl to Working Mother: The Female Labor Force in the United States*, 1820－1980, p. 108.

"母亲、家庭和天堂。……当一个女人认识到持家这一职业的重要性之后,它在她及社区人们的眼中就会越发尊贵和光荣。它成了一种正当的职业,姑娘们不必认为只有离开家庭才能获得自我。没有什么能像做一个优秀的家庭主妇那样,使孩子依其应有的方式而被抚养成人"。"家庭生活,"一位商人说,"是一切的中心,丧失了它,就丧失了一切"。① 一名银行的行政官员也指出,"一个妇女所能从事的最高职业是做一名有魅力的妻子和聪明的母亲"。② 这一时期美国人妇女观的变化也很有限,林德夫妇发现,人们在评价某个妇女时很看重她的容貌和衣着;同时他们还发现,当男人们直言不讳地谈论妇女时,他们通常"喜欢把妇女说成是比男人更单纯的造物,更有道德修养,但她们相对来说又更不切实际,更情绪化,更易接受成见,更易被伤害,而且她们中的大多数不能够面对现实或是进行逻辑严密的思考"。③

不仅传统观念没有动摇,1920 年代新道德所倡导的性自由也并没有从根本上改变美国男女之间基本的角色分工,"性限制的放松并不意味着社会性别角色的复杂转变,也没有伴随着更'解放'的行为的增加而有更多的经济机会的诉求,大多数妇女继续认为家庭角色是规定的女性特征。性别隔离和基于社会性别的工作场所也没有什么变化。除了一小部分女权主义

---

① 〔美〕罗伯特·S. 林德、海伦·梅里尔·林德著,盛学文等译:《米德尔敦:当代美国文化研究》,商务印书馆 1999 年版,第 198—199 页。

② William Henry Chafe, *The American Woman*, *Her Changing Social*, *Economic*, *and Political Roles*, *1920—1970*, p. 90.

③ 霍华德·津恩:《美国人民的历史》,上海人民出版社 2000 年版,第 427 页。

者，经济独立不是一个主要问题。性知识与女性的满足依赖于
婚姻和家庭的坚持共存"。① 女性可以抽烟、喝酒，甚至有婚外
性行为，但行为与道德的变化并不妨碍妇女负责家庭、男性外
出谋生的劳动性别分工的永久存在。这一时期美国家庭的特征
与之前并没有什么不同：安抚狂乱的孩子是母亲，为沮丧的丈
夫提供安慰是妻子，而从事烹饪与清扫家庭杂务的依然是家庭
主妇。尽管妇女被视为是消费者，但"妇女的购买权力并不是
真正的而是授权的——是丈夫或父亲可以在任何时候都可以
'拿走'的一种特权。尽管购买—消费的角色给予女性一种想
法，即她是自由、独立的，而实际上她遭受了双重奴役：被家
庭支撑者丈夫和新的消费主义"。女性为家庭提供的服务依然
是无偿的，她们是"金钱经济中唯一没有被付酬的工人，没有
人像社会酬劳工人那样酬劳妇女——为她们的劳动支付报
酬"。② 此时妇女经济平等的目标依然任重而道远："只有当两
件事发生时，妇女才能获得经济平等：目前的家庭构成不再存
在，或有人帮助看护孩子、准备膳食，保持家庭的完整。无论
哪种情况，其变化都会威胁妇女位置的传统含义，并要求一个
大多数美国人不愿接受的社会革命。"③ 然而，这样的社会革命
并未在 1920 年代的美国发生。

① Ellen Skinner, *Women and the National Experience*, *Primary Sources in American History*, p. 171.

② June Sochen, *History: A Record of the American Woman's Past*, p. 262.

③ William Henry Chafe, *The American Woman*, *Her Changing Social*, *Economic, and Political Roles*, *1920—1970*, p. 96.

小　结

1920 年代是美国新旧生活方式和价值观交织斗争的时期，"经济富裕对以节俭、勤奋工作和节制作为成功的美国方式的旧的准则提出挑战；技术和科学的进步改变了工作场所和家庭，并在原教旨主义者和现代主义者与教堂之间触发了新的紧张；'新女性'挤到了上流社会'真正女性'的前面；更新一代的美国人涌入城市，威胁了农村习俗和'100％美国人'的旧血统；新的一代用弗洛伊德武装起来，要求新的自由"。① 1920 年代也是变化最迅速的时代之一，"市民一只脚放在相对稳固的、已建立的风俗习惯上，另一只脚又很快踏上一个不稳定的、以令人迷惑、变化的且迅速移动的自动楼梯"。② 正是在这样的环境中，1920 年代美国在生活方式和道德上发生了一场革命。此时美国现代居住环境已经形成，核心家庭成为社会的基本单位，运动与电影等全国性流行的娱乐活动取代家庭娱乐活动，汽车与电话的普及方便了家庭成员之间的相互联系，同时也扩大了人们的活动范围。美国妇女在家庭和社会中的地位有所提高，她们不仅取得了选举权、大量进入就业市场和其他公共领域，她们在家庭中的角色也更加多元化，集家务劳动主力、保姆、摩登的伴侣、消费者、家庭营养师和儿童教育家等角色于一身。到 1920 年代结束时，即便是普通的美国妇女，"在她所期望的社会行为方面、在对她所

---

① Dorothy M. Brown, *Setting a Course：American Women in the 1920s*, p. 2.

② ［美］罗伯特·S. 林德、海伦·梅里尔·林德著，盛学文等译：《米德尔敦：当代美国文化研究》，商务印书馆 1999 年版，第 556—557 页。

开放的经济机会方面以及在她所享受的智力自由方面比历史上任何时候更接近于男子"。①

但这一时期并不是美国妇女真正自由解放的时代。选举权的获得，并没有使妇女的社会地位有大的改观，政治上的平等和发展远未到来。埃玛·戈德曼指出："普选权是我们时代盲目崇拜的偶像……女性的发展、自由、独立必须要由女性通过自身的努力来实现。……只有通过这种形式而不是通过选票，才能给妇女带来真正的自由。"此时女性在就业上的进展有限，大多数女性依然局限于传统的"女性职业"内，报酬很低，雇主和社会都把她们当作临时的工人看待，升迁机会极为有限，而且当危机发生时，她们首当其冲，不仅被指责从男性那里"偷走"了工作，而且被要求回归家庭。另外，女性的教育依然深受传统观念的影响，各级学校中都存在性别角色教育，强调男性是实干家、达到目标者和保护人，女性是以家庭生活为中心、受赡养者和被保护的人。女性高等教育中传统观念体现得更为明显，强调"妇女教育路线要沿着她们的兴趣和责任，即母亲和家庭"②，持家学、优生学、卫生学、家庭美学等被提到优先地位，女子学院更多的是培养家庭主妇，家庭经济学得到大力推广，如瓦莎学院设立了诸如"丈夫和妻子"、"母亲"以及"作为经济单位的家庭"等课程，培养女性接受传统角色。中高等教育中所存在的性别差别教育限制了女性对其教育的利用，男性可以凭借文凭谋求白领职业、中产阶级地位；而对于女性来说，虽然文凭为她进入白领职业提供了前提，但文凭更大的价值只在于提供了寻求更好婚姻的

---

① Barbara Welter, *The Women Question in American History*, p. 138.

② William Henry Chafe, *The American Woman, Her Changing Social, Economic, and Political Roles, 1920—1970*, p. 103.

机会。社会学家路易斯·特曼（Lewis Terman）的研究揭示，这十年中86％的所谓"天资高"的男性找到了成功的职业，而61％的杰出妇女则以全职家庭主妇成为其归宿。[1] 此外，美国人对妇女的性别定义仍然是做妻子和母亲，即使是自由不羁的"新女性"，也依然以婚姻和家庭作为其生活的中心，"这一代年轻的妇女不知道用已获得的自由去做什么。她们的离经叛道是典型的青年时代的行动。一旦感到筋疲力尽，其继承者们就落入到她们父母的标准和传统——结婚和做母亲中去了。这一代绝不会克服妇女所面临的最大的困难：充当女性角色的条件，这个条件是她们所受教养中的一个不可分离的部分"。[2] 而且，这一时期的社会和文化有明显的中产阶级特性，中产阶级妇女是这个十年的中心角色，她们分享了工业文明、商业文明的成果，但对其他处于社会边缘的女性群体来说，现代化的享受可望而不可即，1920年代对她们来说是个"沮丧和幻灭的时代。"[3]

总之，1920年代空前的繁华喧嚣，空前的开放自由，也空前的顽固守旧，妇女的自由和解放受到传统的重重束缚，而且歌舞升平掩盖了贫富差距的扩大，乐观的喧嚣掩盖了破坏的潜流，1929年股票市场的崩溃突然而惨烈，十年的繁荣灰飞烟灭，女性自由的梦想在华尔街的一片混乱中幻灭。

---

[1] Robert Daniel, *American Women in the 20th Century*, *The Festival of Life*, p. 80.

[2] ［美］洛伊斯·W. 班纳，侯文蕙译：《现代美国妇女》，东方出版社1987年版，第147页。

[3] George H. Douglas, *Women of the 20s*, p. 5.

第二章　危难时的坚持

——1930年代美国妇女生存状况及地位与角色变迁

1929年随着纽约股票市场的崩溃，美国陷入空前的经济与社会危机之中，所有的美国人都被卷入"大萧条"的梦魇中。"大萧条就像一柄利剑，"罗伯特·S. 林德和海伦·林德在《中小城市的变迁》中写道："它不偏不倚地向所有美国人的头上劈下，无论是富人还是穷人，都断送了他们的美好生活，断送了他们的美好梦想。这次经历比美国近代史上的任何一次持久的情感经历都更具有普遍性。它以一种原始的震撼力触及了生与死的磨难。"① "大萧条"使美国社会骤然从繁荣与稳定跌入萧条与混乱中，美国人无论贫富老幼，都在"大萧条"期间经历了物质匮乏和精神焦虑的双重磨难，"对穷人来说，生活一直就是生存斗争，但现在这种斗争被强化；对美国的中产阶级来说，大萧条是一种新的经历，令人震惊、使人害怕地意识到经济变化

---

① 转引自［美］多莉丝·基恩斯·古德温著，尤以丁等译：《非常年代——罗斯福夫妇在二战岁月中》，上海人民出版社2001年版，第46—47页。

影响了家庭与个人的生活"。① 1930 年代期间美国经济陷于长期的萧条中，失业率居高不下，社会动荡不安，美国女性的生存状态呈现出与 1920 年代截然不同的特点，生存成为所有人包括各个阶层、不同种族女性的第一需要，经济需求成为压倒一切的需求，女性在社会和婚姻家庭中的地位也发生显著的变化。

第一节 "大萧条"时期美国经济与社会特点

"大萧条"时期经济危机不仅动摇了资本主义制度的根基，也动摇了美国人对生活的信念；经济萧条不仅带来物质的匮乏，对心灵造成的创伤更是深重，美国妇女也在凄风苦雨中挣扎求生。罗斯福上台执政后，实施"新政"，不仅挽救了美国资本主义制度，也为美国妇女提供了前所未有的参政机会。面对困境，美国妇女与男性同心协力维持家庭的生存，继续进入劳动力市场，同时活跃于"新政"的各个部门，为"新政"的各项救济和社会福利政策的制定和实施出谋划策，其在社会和家庭中的地位和角色在一定程度上得以提高。

一 "大萧条"的到来

1920 年代美国社会物质繁荣，消费主义、享乐主义观念盛行一时，"福莱勃尔"成为这个时代的象征。经济繁荣也使整

---

① Doreen Rappaport, Edi., *American Women*, *Their Lives in Their Words*: *A Documentary History*, Harper Trophy: A Division of Harper Collins Publishers, 1992, p. 215.

个社会盲目乐观，财富受到顶礼膜拜，而投机则成为全民性行为，人们沉醉在一夜暴富的迷梦中，"在美国，千百万人真以为企业界已经找到现代乌托邦的秘密，假如继续实施柯立芝政府政策的话，繁荣就会继续下去"。[①] 农业的萧条、生产与消费的矛盾、贫富差距的扩大等潜在的危险都被视而不见。正当全民做着繁华美国梦的时候，1929 年 10 月 24 日，纽约证券交易所（New York Stock Exchange）出现股票抛售狂潮，当天损失30 亿美元。此后股票继续狂跌，到 11 月中旬，《纽约时报》（New York Times）的平均指数降到了 224 点，纽约证券交易所挂牌的各种股票的票面值减少了 260 亿美元，跌幅超过40%。股票的下跌还在继续，1932 年 7 月的《纽约时报》平均股票指数降到了最低点 58 点。[②] 以几家大公司为例，美国电话公司（American Telephone Company）的股价从 1929 年 9 月3 日的每股 304 美元跌到 1932 年的 70.25 美元；同期大众电力公司（General Electric Company）股价每股从 396.25 美元下降到 34 美元，通用汽车公司（General Moters Company）股价每股从 72.75 美元下降到 7.63 美元，美国钢铁公司（United States Steel Company）股价每股从 261.75 美元下降到 21.25 美元。[③] 1932 年纽约证券行情牌上的股票价格，只等于 1929 年

---

① ［美］德怀特·L. 杜蒙德著，宋岳亭译：《现代美国，1896—1946 年》，商务印书馆 1984 年版，第 465 页。

② ［美］J. 布卢姆等著，戴瑞辉等译：《美国的历程》（下册，第一分册），商务印书馆 1988 年版，第 357 页。

③ Susan Ware, *Holding Their Own: American Women in the 1930s*, p. xii.

的 11%；投资者的损失达 740 亿美元，相当于第一次世界大战全部战争费用的 3 倍；全国有 5000 多家银行倒闭，8.6 万家商号暂停营业；美国国民生产总值从 1040 亿美元下降到 410 亿美元。① 股票市场的崩溃使千百万的投资者一夜之间一无所有，生活突然陷入噩梦之中，美国历史上最深重、历时最长的经济"大萧条"就此开始，银行倒闭，工厂破产，失业剧增，社会突然从一个似乎会无限延续的物质富裕的时代跌入到冰冷凄惨的萧条中，"没有一个 10 年像 1920 年代一样被如此迅速地消灭：它几乎使人们觉得大萧条是对前一个 10 年过度行为的惩罚"。②

　　股市的崩溃给美国整个国民经济的发展带来了灾难性的影响。1930 年美国工业产量下降 17%，1931 年又下降 17%，到 1932 年年底，工业产量下降了近一半，而全国总产量下降近 1/3；③ 美国工业生产指数在 1929 年 8 月为 114，到 1933 年为 54，下降超过了一半，而耐用品制造指数下跌了 77%。商业建设总值从 1929 年的 87 亿美元下降至 1933 年的 14 亿美元。④ 1930 年美国有 450 万人登记失业，1931 年有 800 万人，到 1933

---

　　① ［美］威廉·曼彻斯特著，广州外国语学院英美问题研究室翻译组、朱协译：《光荣与梦想：1932—1972 年美国社会实录》第一部，海南出版社、三环出版社 2004 年版。第 5 页。

　　② Susan Ware, *Holding Their Own：American Women in the 1930s*, pp. xi－xii.

　　③ Alice Kessler-Harris, *Out to Work：A History of Wage-Earning Women in the United States*, p. 250.

　　④ ［美］默里·罗斯巴德著，谢育华译：《美国大萧条》，上海人民出版社 2003 年版，第 5 页。

年近 1300 万人——即约 25％的劳动力失业。[①] 失业率从 1929 年的 3.2％上升到 1933 年的 24.9％，1934 年达到 26.7％。[②] 1934 年美国国家收入比 1931 年减少 100 亿美元，只略高于 1929 年水平的一半。[③] 1932 年 9 月的《财富》（Fortune）杂志估计，美国有 3400 万人（包括儿童）没有任何收入，此数接近人口总数的 28％。[④] 此时工资下降了 45％，低于生存标准的人口比例从 1929 年的 40％上升到 1932 年的 75％。[⑤]

农业也是受到"大萧条"打击最为深重的领域之一。农产品价格随着股票市场的崩溃而骤然跌落，农场收入 1930 年下降 20％，1931 年又下降 30％。[⑥] 美国农业在第一次世界大战后由于农产品价格下跌，一直处于萧条之中，尤其是 1920 年到 1921 年秋，由于国外需求急剧下降以及政府取消农产品价格补助，小

---

①　Doreen Rappaport, Edi., *American Women, Their Lives in Their Words: A Documentary History*, p. 215；艾丽斯·克斯勒—哈里森的统计数据与多琳·拉帕波特相同，参见 Alice Kessler-Harris: *Out to Work: A History of Wage-Earning Women in the United States*，第 250 页；菲利普·方纳认为 1930 年失业人数为 300 万人，1933 年上升到近 1500 万人。参见 Philip S. Foner: *Women and American Labor Movement: From World War I to the Present*，第 256 页。一般认为 1929 年到 1933 年美国的失业人数在 1200 万到 1500 万人之间，整个 1930 年代失业人数在 800 万人左右浮动。

②　［美］默里·罗斯巴德著，谢育华译：《美国大萧条》，上海人民出版社 2003 年版，第 5 页。

③　Susan Ware, *Holding Their Own: American Women in the 1930s*, p. xii.

④　［美］威廉·曼彻斯特著，广州外国语学院英美问题研究室翻译组、朱协译：《光荣与梦想：1932—1972 年美国社会实录》，第 8 页。

⑤　Philip S. Foner, *Women and American Labor Movement: From World War I to the Present*, p. 256.

⑥　Susan Ware, *Holding Their Own: American Women in the 1930s*, p. xii.

麦价格暴跌约 60％，玉米价格暴跌约 67％，生猪价格暴跌约 50％，农民收入锐减。历史学家阿瑟·林克（Arthur Link）和威廉·卡顿（William Carton）认为，"1921 年和 1929 年之间，（美国的）农产品价格略有上升，但从没有提高到使农业真正有利可图（的地步）"。① "大萧条"的到来加剧了农业困境，农业收入锐减，许多农民不能支付抵押贷款，只能无助地看着农场被关闭与拍卖。到 1932 年，农民组织起"农场假期"（farm holidays），罢工抗议农场收入的降低。畜牧业同样危机深重，西部牧场主的牲畜销不掉又养不起，只好宰杀后抛进山谷。各种自然灾害也频繁发生，沙尘暴和干旱延续了整个 1930 年代，农民流离失所，生活更加困苦。

城市中失业人数激增，原来生活富裕悠闲的中产阶级失业或有失业危险，新的大学毕业生找不到工作，专业技术人员也加入了申请救济的行列。在加利福尼亚水库工地上从事体力劳动的人中，有不少人原来是农场主、牧师、工程师，甚至是中学校长、银行行长。《纽约时报》的记者贝尔·菲利普斯（Bell Philps）指出，夜间敲门讨饭的，"可能几个月前或一年前在银行里爽快地签发过你的贷款，或者在你所读的报纸上写过社论，或者是某家大地产公司的副经理"。② 千百万人面临饥饿的威胁，美国所有的城市都出现了施粥所和领取救济面包的长队，饥饿的人群到处寻找食物。芝加哥出版的一份报纸描述说："卸垃圾和其他废物的卡车周围约有 35 名男人、女人和孩子，当卡车一从废物堆

---

① ［美］阿瑟·林克、威廉·卡顿著，刘绪贻等译：《一九○○年以来的美国史》上册，第 376—377 页。

② ［美］威廉·曼彻斯特著，广州外国语学院英美问题研究室翻译组、朱协译::《光荣与梦想：1932—1972 年美国社会实录》，第 19 页。

旁开走，他们就一拥而上，开始用树枝挖掘，甚至有些人用手挖，抓住能找到的每一点食物和蔬菜。"[1] 在隆冬的严寒里，因付不起房租而无家可归的人们在临时搭建的帐篷里冻得瑟瑟发抖；许多夫妇推迟生孩子，更多的年轻人推迟或永远放弃结婚；失业与收入削减破坏了许多家庭，使这些家庭成员精神颓废，许多家庭因而解体，幼小子女寄养在朋友、亲戚或慈善机构里，夫妻、父母、子女暂时甚至永远分离；教育也受到了极大冲击，由于政府无钱投入，教师被减薪或解雇，一些学校上课时间缩短，有的学校则干脆关门。饥饿也威胁着孩子们的健康，1930 年代中期对科罗拉多州（Colorado）的一个调查揭示，该州 50％的在校学生营养不良。[2] 尽管采取了种种救济措施，但到 1932 年，只有 25％的失业者得到救济，有幸获得救济的家庭每星期平均获得 2.39 美元的救济。[3] 但这些救济不过是杯水车薪，可以说于事无补。

　　"大萧条"还造成大批的流浪者。历史学家小阿瑟·M. 施莱辛格（Arthur M. Slesinger Jr. ）估计，1932 年美国全国共有 150 万到 200 万的流浪者。流浪者成分复杂，有佃农、农场主、大中学毕业生、失业医生和律师，形形色色，其中以年轻人居多。大部分流浪者没有明确的目的地，只希望能找到工作，但由于各州政府的救济负担都很重，无力接纳他们，于是群居在城市郊外。有目击者这样描述："这些人都住在破旧的、锈迹斑斑的

---

① Walter I. Trattner, *From Poor Law to Welfare State*：*A History of Social Welfare in America*, New York：The Free Press, 1974, 4th ed. , 1989, p. 263.

② Winifred D. Wandersee, *Women's Work and Family Values*, *1920 − 1940*, Cambridge, Mass. : Harvard University Press, 1981, p. 29.

③ Philip S. Foner, *Women and American Labor Movement*：*From World War I to the Present*, p. 263.

车体中，我的意思是那就是他们的家。还有人居住在装橘子的柳条箱做成的棚屋中。还有一个有很多孩子的家庭住在钢琴盒中。"① 这种居住地被称为"胡佛村"（Hoover Villege），遍布全国各地。大萧条期间有 14.5 万名女性无家可归，她们到处游荡，寻找工作、食品和蔽身之处。②

大萧条也导致了美国人信念的崩溃和心灵的创伤。沃尔特·李普曼（Walter Lippmamn）指出："整个民族精神不振，人人觉得自己孤零零的，谁也不信，啥事也不信，甚至对自己也不信任了。"③ 美国人一向信奉人人通过努力就可以成功，但大萧条带来的经济困境却对这个信念提出挑战。没有工作，没有存款，没有保险金，甚至没有住宅，长长的救济队伍，肮脏混乱的窝棚，美国人对自己的前程和国家的未来茫然无措，也动摇了对自由企业、政府甚至婚姻和家庭的信念。大萧条的幸存者往往以作者卡罗琳·伯德的书名《无形的创伤》（*invisible scar*）来表达自己的心情，即使到第二次世界大战期间及其之后的繁荣时期，这些幸存者仍然害怕回到经济崩溃中。这种心理创伤也在美国历史发展轨迹上刻下深深的印痕，引起美国社会制度的大变革和一代又一代的人反省、追问。

大萧条以不可阻挡之势扩散、深化，如弗雷德里克·兰维斯·艾伦观察到的那样，"或许大萧条最糟的事是其一年又一年

① Gail Collins, *America's Women*, p. 355.

② Philip S. Foner, *Women and American Labor Movement: From World War I to the Present*, p. 262.

③ ［美］威廉·曼彻斯特著，广州外国语学院英美问题研究室翻译组、朱协译：《光荣与梦想：1932—1972 年美国社会实录》第一部，第 3 页。

无情的继续"。① 胡佛（Herbert Clark Hoover）上台之初的理想
是"在主要是社会问题的领域内，我们的首要任务应当是保护健
康，保证我们国内每个儿童受教育与训练的机会。在更主要是属
于经济问题的领域内，我们的首要目标必须是提供免于贫困的与
匮乏的安全。我们希望每一个家庭在生活上都得到保障，希望我
国人民都有住宅，都有农场。我们希望他们的储蓄得到保护。我
们希望他们得到安定的工作。我们希望看到他们愈来愈多地能够
防范死亡和意外事件、得到失业和老年的保险。我们希望他们人
人安居乐业"。② 但"大萧条"的到来使胡佛的承诺成为一种辛
辣的讽刺，而且他从一开始就拒绝承认问题的严重性，相信经济
正常运转，强调"国家基本的事务……建立于良好和繁荣的基础
上"，因此"我们现在已经渡过了最坏的状况"，"危机在 60 天内
就会结束"，等等。③ 胡佛对形势的盲目乐观及其顽固的保守主
义立场使他无法阻止萧条、帮助民众。胡佛认为，社会应当照顾
儿童、老人、病人、残废者和失业者，但这应当通过人民的自愿
联合并通过地方政府来完成；联邦政府的主要责任是引导，他坚
信对经济自由的任何干涉都会不可避免地破坏精神的自由，认为
"你要是把政府的控制扩充到人民的日常劳动生活方面就不可避
免使政府成为人民的灵魂的和思想的主宰者"。④ 但到 1932 年、

① Susan Ware: *Holding Their Own*: *American Women in the 1930s*, p. xii.

② ［美］德怀特・L. 杜蒙德著，宋岳亭译：《现代美国，1896—1946 年》，第
470 页。

③ Walter I. Trattner, *From Poor Law to Welfare State*: *A History of Social
Welfare in America*, p. 260.

④ ［美］德怀特・L. 杜蒙德著，宋岳亭译：《现代美国，1896—1946 年》，第
470 页。

1933 年，美国私人慈善团体及州与地方福利机构的资源已经耗竭，经济濒临崩溃的边缘。

经济危机对美国社会产生了深刻的影响，震动了美国社会制度的根基。历史学家小阿瑟·M. 施莱辛格指出："美国经济和人民遭受的普遍经济灾难是空前的。在整个美国历史中，是有过恐慌、衰退和通货膨胀，但大萧条对人民生活而且最终对美国制度性质的影响，是不可比拟的。"① 美国社会何去何从？资本主义走到了尽头吗？

二 "新政"（New Deal）

在风雨飘摇之际，富兰克林·德拉诺·罗斯福（Franklin Delano Roosevelt）上台执政成为新一任美国总统。他大刀阔斧进行改革，宣布实施"新政"，挽狂澜于既倒。"除非我理解错误，国家要求大胆、持续的实验，"其时还是纽约州州长的罗斯福 1932 年 6 月在接受民主党总统提名时宣称，"共同的感觉是想出办法并实验之，如果失败了再想一个。但最重要的是尝试做点什么"。② 他宣布若当选总统的话，要为美国人民实行"新政"。

1933 年 3 月 3 日，富兰克林·德拉诺·罗斯福宣誓就任美国总统。在就职演说中，他宣布："首先让我表示我自己的坚定信念：我们所不得不畏惧的唯一东西，就是畏惧本身，这种难以名状、失去理智和毫无道理的恐惧，麻痹人的意志，使人们不去进行必要的努力，从而将退却变成前进。""我们第一位的首要任

---

① 刘绪贻：《富兰克林·D·罗斯福时代（1929—1945）》，人民出版 1994 年版，第 26 页。

② Walter I. Trattner, *From Poor Law to Welfare State: A History of Social Welfare in America*, pp. 261—262.

务，就是让人们有工作可做，如果我们明智而勇敢地加以面对，这就不是什么不能解决的问题。"① 罗斯福以坚定的态度稳定了人心。《矿工报》（*Collier's*）评论罗斯福第一次演说时指出："新总统并没有对他所面临的困难悲观失望，而是面对困难泰然自若，对国家的前途满怀信心。"仅仅通过这次演说，罗斯福就"恢复美国人民的勇气、希望和信心。不到一星期，50 多万封信件和电报雪片一般的飞到了白宫，表达了美国人民对他的领导抱有十足的信心"。②

上任伊始，罗斯福政府一反上届政府的无为政策，以史无前例的立法和行政命令，对社会生活的方方面面进行强有力的干预。首先从整顿银行业入手，总统宣布暂停黄金交易，禁止兑换和出口黄金，银行休假并进行整顿。用一周半的时间，在经过财政部的审查后，各银行分期分批重新开业。此举很快就取得了明显效果，挤兑基本停止，银行存款增多，黄金陆续回到了联邦储备银行手中。同时，美国联邦政府还通过其他立法，规定证券交易委员会全权管理和监督全国的证券交易活动。通过金融改革，联邦政府把货币、信贷的管理权集中到自己手里，从而结束了美国原有的自由经营银行制。

除了金融立法外，美国国会以前所未有的速度通过了罗斯福政府提出的一系列立法。1933 年 5 月通过《农业调整法》（*The Agricultural Adjustment Act*），授权政府农业部长和农民签订协议，让农民削减农作物生产量，由政府给予相应的补偿，并向

---

① 李剑鸣、章彤编：《美利坚合众国总统就职演说全集》，天津人民出版社 1997 年版，第 351、353 页。

② ［美］多莉丝·基恩斯·古德温著，尤以丁等译：《非常年代——罗斯福夫妇在二战岁月中》，上海人民出版社 2001 年版，第 53 页。

合作的农场主提供贷款。此法案旨在维持农产品的价格与农民的购买力。同年 6 月，国会通过《全国工业复兴法》(*The National Industrial Recovery Act*)，规定不同行业成立相应的顾问委员会，由各行业的企业家与政府官员共同草拟相应的工业法规，确定生产配额，制定价格，分配资源；该法令的第七条第七款还保证劳工与雇主集体谈判的权利，不得限制工人加入自己选择的工会，并不得以此作为受雇条件，雇主应遵守总统批准的有关工资、工时规定；建立公共工程管理署 (The Public Works Administration, PWA)，由它执行公共工程计划以刺激工业的复兴，由内务部长哈罗德·伊克斯 (Ickes Harold) 负责管理 30 亿美元的 PWA 预算。[①] 到同年 9 月，主要工业部门已经制定了各自的工业法规，规定了最低工资额和最高工时数。《全国工业复兴法》是"百日新政"时期最重要的立法之一，这是联邦政府第一次为成人劳动力制定劳动标准法规，并坚持性别中立原则，在一定程度上提高了工人的福利水平。1938 年，国会又通过《公平劳动标准法》(*The Fair Labor Standards Act*)，取消童工，规定了从事州际贸易行业工人的最低工资额和最高工时数。罗斯福在"百日新政"期间的措施尤其鼓舞人心，安妮·奥黑尔·麦考密克 (Anne O'Hare McCormick) 在《纽约时报》(*New York Times*) 上写道："从来没有一个总统能在这么短的时间里叫人觉得这样满怀希望。"[②]

　　罗斯福政府还实行了一系列救济和社会保障政策，奠定了美

---

① Susan Ware, *Beyond Suffrage: Women in the New Deal*, Cambridge, Mass: Harvard University Press, 1981, p. 88.

② [美] 威廉·曼彻斯特著，广州外国语学院英美问题研究室翻译组、朱协译：《光荣与梦想：1932—1972 年美国社会实录》，第 59 页。

国现代福利国家的基础。为解决失业问题,联邦政府先成立民间资源保护队(The Civilian Conservation Corps),后又成立联邦紧急救济署(The Federal Emergency Relief Administration),对各州和地方政府进行拨款,以开展各种公共救济项目。哈里·霍普金斯(Harry Hopkins)对联邦紧急救济署进行了卓有成效的领导,先后投入 3 万个以上的新办工程,诸如兴水利、设邮局、筑桥梁、办监狱、修机场、打下水道和涵洞、开辟公共游泳池、运动场和儿童游乐场、兴建发电厂和火车站等。在此期间,美国新建公路的 10%,新开医院的 35%,新建市府大楼、法院大厦和新设医疗设施的 65%,新办学校的 70%,都是霍普金斯任内搞出来的。① "新政"第二阶段影响最为深远的是美国社会保障政策的制定和通过。1935 年通过的《社会保障法》(*The Social Security Act of 1935*)规定设立社会保障委员会(the Social Security Board),负责实施社会保障项目,为老年人和残疾人、失业者提供保障,使包括女性在内的弱势群体获益不少,并奠定了美国现代福利国家的基础。

尽管"新政"采取了史无前例的改革措施,努力使国家拔出大萧条的泥潭,取得了一定的成效但实际上"新政"对振兴经济,缩短萧条所起的作用还是很有限。历史学家认为罗斯福"1930 年代对政治所做的最大的独一无二的贡献是在民众中宣扬希望与勇气"。② 1930 年代末,希特勒德国的侵略扩张步伐加速,战火四起,一年左右的时间内,德国的一些邻国相继沦陷,加利福尼亚州的海岸边甚至亦出现"纳粹"潜艇的阴影,美国人终于

---

① 〔美〕威廉·曼彻斯特著,广州外国语学院英美问题研究室翻译组、朱协译:《光荣与梦想:1932—1972 年美国社会实录》,第 63 页。

② Susan Ware, *Holding Their Own: American Women in the 1930s*, p. xiv.

意识到广阔的太平洋和大西洋并非"铜墙铁壁",战争迫在眉睫。1941 年 12 月 7 日珍珠港的隆隆炮声,终于把美国人从"孤立主义"的迷梦中惊醒过来,美国全民动员,抗击法西斯侵略。随着战争的开始,"大萧条"的梦魇也就此结束。

三　"大萧条"时期的美国妇女

"大萧条"与"新政"改变了千千万万美国家庭的命运,也改变了无数女性的命运,它使"美国妇女及其家庭面临着极为现实的灾难。……城市开始变得酷似战场。……由于没有安全保障体系,人们在垃圾箱里捡食物,或排在穿过几个街区的长队里等待喝碗汤。被房东逐出的家庭有的投亲靠友,有的住在车里,还有的住进临时用薄纸板搭起的窝棚里。到 30 年代中期,经济大萧条已经给一代人留下了生活创伤。很少有人能从这场艰难的生活中逃脱,但由于所处的环境不同,每个人的经历也存在极大的差异。关于男人和女人应该有自己合适的社会角色的幻想被严酷的现实击得粉碎"。① 大难当头,许多女性在日常生活和职业场所充分发挥自己的智慧和勇气,采取种种方法应对危机,不仅维持了自身和家庭的生存,而且在一定程度上改变了自己在家庭与社会中的角色。

"大萧条"首先对美国家庭生活造成巨大的冲击。家庭的经济困境改变了家庭主妇们的日常生活,生存是第一需要,不论有无工作,家庭主妇都千方百计地减少家庭开支和孩子的数量。"大萧条"时期,尽管生活中充满凄风苦雨,但女性一如既往以家庭为中心,维持着家庭的日常生活,"我母亲? 我认为她接受

---

① 　[美]萨拉·M. 埃文斯,杨俊峰译:《为自由而生——美国妇女历史》,第223 页。

了既成事实。她很忙，而我认为那就是一个答案——她总是有事情要做"。[1] 女性成为"大萧条"期间家庭的精神核心，她们承担起更多的责任，维持着婚姻和家庭的存续。

另一方面，大萧条造成丈夫失业或收入不足以支撑家庭，迫使更多的妻子们走出家门参加工作。1930 年代不仅来自最贫困家庭的妇女在寻找工作，大量已婚中产阶级妇女也走出家门从事有酬工作，威妮弗雷德·旺德西·博林（Winifred Wandersee Bolin）发现，1940 年 40％以上的已婚就业妇女，其丈夫在 1939 年的收入为 1000 美元或以上，而 1935—1936 年中等家庭收入为 1160 美元，这种收入水平足以使妇女过上相当舒适的生活，中产阶级已婚妇女就业的部分原因是为了维持较高的收入水平，使家庭仍然可以维持在 1920 年代所习惯的高消费的生活水准。[2]"大萧条"期间劳动力市场性别隔离状况的存在，在某种程度上保护了女性就业，女性失业率低于男性，往往承担起家庭的主要经济责任，并由于取代了丈夫在家庭中的权威，家庭地位也不断上升。"大萧条"没有终止 20 世纪初以来妇女就业不断增长的趋势，其中已婚妇女以更大规模进入劳动力市场。[3]

"新政"也为美国女性参政提供了前所未有的机会。社会救济计划的急剧扩大和社会福利政策的制定和实施，为长期活跃在这个领域的妇女提供了发挥才能的机会，她们进入"新政"的各个部门，为各项社会救济政策与福利政策的制定和实施作出了重要贡献。女性在党派政治中的影响也在加强。第一夫人埃莉诺·罗斯福是这一时期妇女参政的中心，是这个十年中最受尊敬的女

---

① Susan Ware, *Holding Their Own: American Women in the 1930s*, p. 17.

② Ibid., p. 29.

③ Ibid., p. 68.

性，她是 1930 年代黑人和妇女等弱势群体的代言人，被称为"新政的良心"。弗朗西斯·帕金斯是第一个担任内阁职务的女性，民主党全国委员会妇女部主任莫莉·W. 迪尤森（Molly W. Dewson），为 1930 年代民主党的竞选胜利立下汗马功劳。"新政"期间有才能的妇女组成了一个"妇女网络"，相互呼应，相互扶持，对扩大妇女参政起了重要作用。[①]

"新政"也为女性提供了前所未有的保护。女性群体是美国"新政"社会改革和经济复兴措施的受益者之一。"新政"时期的一些改革法案在一定程度上改善了妇女在劳动力市场中的处境。《全国工业复兴法》、《国家劳工关系法》（The National Labor Relations Act）与《公平劳动标准法》中对最高工时和最低工资的规定，以及对劳资关系的调整，使大量女性获益，她们不仅因此提高工资，缩短工时，而且积极参与劳工运动，一反 1920 年代对劳工运动的漠视。1929 年，妇女工会同盟称全国 400 万名妇女中只有 25 万名参加工会组织，到 1939 年，妇女局估计有 80 万名妇女参加工会组织。[②] 1930 年代劳工运动空前活跃，妇女在罢工期间提供救护服务，筹集资金，组织各种活动支持罢工，为劳工运动作出了贡献。

第二节　1930 年代美国妇女就业状况及其地位和角色变迁

与 1920 年代相比，妇女就业发展由于经济危机而面临困境。

---

① Susan Ware, *Modern American Women*, *A Documentary History*, p. 195.

② Susan Ware, *Holding Their Own*; *American Women in the 1930s*, p. 42.

本节主要阐述 1930 年代美国妇女就业发展的特点、原因及其影响，反映特殊的社会环境下妇女的生存状况及其地位和角色变迁。从总体上来看，此时美国妇女不仅出于家庭经济的需要继续外出工作，而且由于联邦救济计划的实施以及工会力量的增强，促进了妇女就业的发展，其就业人数及比例都有所增加，其中已婚女性就业显著发展。但此时劳动力市场性别隔离状况并没有改变，而且经济状况的恶化使同性之间的竞争加剧。经济危机也进一步巩固了"妇女的位置在家庭"的传统观念，公众往往把高失业率归咎于妇女"偷走"了男性的"饭碗"，对已婚女性就业的敌视空前增强，其就业处境相对恶化。但妇女大量就业已成不可逆转的潮流，并取得了一定的进展。

一　1930 年代美国女性就业特点

（一）就业比例及年龄构成

大萧条期间由于男性失业骤增或工资被削减，许多美国女性出于家庭经济需要进入劳动力市场，就业的人数与比例都呈现增长趋势。1930 年代 60％加入到美国劳动力市场中的人是女性。[1] 妇女在美国劳动力市场中的比例从 1930 年的 24.3％上升到 1940 年的 25.4％（见表 2—1），增加了 200 多万名的女工。[2] 1930 年的统计数字显示，美国有近 1100 万名妇女从事有酬劳动，且每 7 名男性受雇，就有 2 名妇女受雇。[3] 1930 年代期间美国妇女进

---

① Robert L. Daniel, *American Women in the 20th Century*, *The Festival of Lif.*, p. 99.

② Susan Ware, *Holding Their Own: American Women in the 1930s*, p. 49.

③ Ibid., p. 24.

入劳动力市场的人数 2 倍于男性，女工数量上升了 25%。[1] 1940
年女性劳动力人数为 12574000 人，比 1930 年多 1895000 人。[2]
此时从事有酬劳动的妇女中有 2.5% 是"新"工人，而相比之下
男性只有 1.2%。[3]

表 2—1　　　　　　　美国女性劳动力比率变化

年份	14 岁或大于 14 岁的女性在 劳动力中的百分比	每 10 年的百分比变化 (增长率)
1900	20.4	—
1910	25.2	23.5
1920	23.3	7.5
1930	24.3	4.3
1940	25.4	4.5
1950	29.0	14.2
1960	34.5	19.0

资料来源：Valerie K. Oppenheimer：The Female Labor in the United States：
Demographic and Economic Factors Governing its Growth and Changing Composition,
(Berkeley：Institute of International Studies, University of California, 1973.) p. 3。
转引自 Susan Ware, Holding Their Own：American Women in the 1930s, Boston：
G. K. Hall & Co. , 1982, p. 22。

---

[1]　Nancy Woloch, *Women and the American Experience*, p. 446.

[2]　Robert L. Daniel, *American Women in the 20th Century*, *The Festival of
Life*, p. 92.

[3]　Alice Kessler-Harris, *Out to Work*：*A History of Wage-Earning Women in
the United States*, p. 259.

　　1930 年代美国就业妇女延续了这个世纪以来成年女性劳动力比例增长的长期趋势。1900 年女工一般年龄在 25 岁以下，单身、贫困，往往来自黑人与移民家庭；1930 年代有更多年龄较大的妇女，尤其是已婚妇女进入劳动力市场，成年女性的比例上升了 3.12%，这些女性工人的年龄在 25 岁左右，通常已经结婚，她们中有 75% 以上从来没有工作过。[①] 这一时期女性劳动力的年龄构成因种族而有所不同。成年土生白人妇女占全部成年女性劳动力的 70%，其在劳动力中的比例从 1930 年的 20.5% 提高到 1930 年代末的 24.8%。由于经济需要与文化传统等原因，成年单身外国出生的白人女性比单身土生白人妇女更易于进入劳动力市场，但外国出生的已婚、离婚妇女或丧偶的女性一般很少参加工作，其比例没有变化。非白人妇女在经济压力下继续参加工作，其中已婚妇女的比例提高了 3.9%，增长最快；单身妇女的劳动力比例则下降 5.0%，丧偶的女性和离婚妇女的比例没有变化。[②] 在非白人女性中间，20 岁到 45 岁之间的女性劳动力比例逐渐上升。

　　女性劳动力年龄构成的这种变化由多种因素构成。首先是人口统计因素，20 世纪初以来美国生育率下降，使每个相继的一代比其父母辈的孩子要少，年轻单身妇女的人数减少。与此同时，营养条件的改善与卫生健康水平的提高使人口寿命延长。1930 年的美国人口统计数据显示，45 岁以下白人女性的每个年龄群体的女性人数，尤其是 14—24 岁、35—39 岁的人数大大下降，65 岁及 65 岁以上的妇女比例上升了 1.55%。在非白人女性

---

　　① 　Robert L. Daniel, *American Women in the 20th Century*, *The Festival of Life*, p. 92.

　　② 　Ibid., pp. 95—96.

中，在 1930 年之前，65 岁以上的妇女比例下降，35—64 岁的女性群体则不断扩大；1930 年代 25 岁以下女性数量急剧下降，而 65 岁以上的非白人妇女比例突然扩大。从婚姻状况来看，"大萧条"导致所有 40 岁以下的年龄群体中单身女性比例提高，已婚女性比例相应下降。① 其次，政府政策导向对女性就业也产生了影响。此时更多的年轻人在公立学校完成中学教育，一系列新政法规也为取消童工提供了法律依据。1930 年代 20 岁以下的女性在劳动力市场中的参与率降低，到 1940 年她们只占 19%，10 年中下降了 3.8%。此时 65 岁及 65 岁以上的妇女劳动力比例也在 10 年间下降，其参与劳动力市场的比例最低；同时期 20—64 岁妇女的劳动力比例提高，其中 20—30 岁的妇女劳动力比例上升 3.8%，30—40 岁的女性劳动力比例上升 7.2%，55—60 岁的女性劳动力比例减少到 0.7%。② 无论是白人还是非白人女性劳动力，在 1930 年代都呈现"两个职业"模式——即在 20 岁出头达到顶峰，在 25 岁后到 30 岁出头期间下降，随之而来的是在 40 岁出头和 50 岁出头的一个小高潮，然后退休。

（二）就业结构

（1）尽管 1930 年代美国妇女进入劳动力市场的规模扩大，就业领域有所拓宽，但此时就业的性别隔离状况没有出现大的变化，对女性劳动力的需求继续集中在诸如销售、秘书以及服务职业之类的"妇女领域"中，30% 的妇女仍然从事与家内服务与个人服务相关的工作，75% 的以女性为主体的专业人员为学校教师

---

① Robert L. Daniel, *American Women in the 20th Century*, *The Festival of Life*, p. 93.

② Ibid., pp. 94—95.

或护士。① 在 22 个主要的女性职业中，其中 11 个职业雇佣的女性不到 10 万人，只有教师、速记员与打字员、私人佣人、服饰制造 4 个雇佣职业领域雇佣的女性达到 50 万人，占就业妇女总数的近 30%。② 这一时期有 5 个职业群体中妇女比例下降，其中家庭服务和专业及技术职业中依然妇女占大多数，但比例下降；在农场劳工、农民与非农场劳工等职业中，妇女的人数与比例都在下降。此期间美国妇女从事白领职业的比例有较大增长，从 1910 年的 23.5% 增加到 1940 年的 44.9%，其中以秘书、打字员与销售人员等白领职业增长最快（见表 2—2）。③ 1930 年代的大部分时间里，家庭与个人服务中的女性的失业率要比其他领域中的女性失业率要高；专业妇女和女售货员失业率相对较低。秘书工作长期以来是中下阶层年轻女性就业的首选目标，1920 年代几乎每个美国大城市都拥有自己的商业学校。1930 年代情况发生变化，女性在秘书工作中虽然人数和比例都在上升，但竞争日趋激烈。1934 年马萨诸塞（Massachusetts）的失业统计数据显示，近 9500 名受过职业训练但从未工作过的年轻妇女中有 7500 名是受训做秘书工作；美国妇女局的一份研究报告也指出，1934—1935 年在马萨诸塞的新班德福德（New Bedford），663 名女孩注册学习商业课程，1934 年 6 月的毕业班级中只有 34 名被安置在秘书职位；美国就业服务局（The U. S. Employment

---

① 　William Henry Chafe, *The American Woman*, *Her Changing Social*, *Economic*, *and Political Roles*, *1920－1970*, p. 58.

② 　Robert L. Daniel, *American Women in the 20th Century*, *The Festival of Life*, p. 102.

③ 　Winifred D. Wandersee, *Women's Work and Family Values*, *1920－1940*, Cambridge, Mass.：Harvard University Press, 1981, p. 90.

Service）的一份报告也显示，1937 年 11 月有 17.7 万名妇女寻找秘书工作，只有 5300 名实现就业，且其中一半从事临时的职位。① 1930 年代还有 150 万名妇女断断续续工作或从事非全日工作，女销售员在这方面最为典型，1937 年 11 月，近 5.8 万名妇女在美国就业服务局登记要求谋得销售职位，但只有 4800 人得到这一职位，她们之中半数以上从事的是临时的工作。②

表 2—2　　美国女性劳动力市场分布的变化 (1910—1940)

年份	白　领		家庭和个人服务		劳工和半熟练技工	
	分布的百分比	变化率	分布的百分比	变化率	分布的百分比	变化率
1910	23.5	—	31.3	—	45.2	—
1920	38.5	+64.3	25.6	-18.2	35.8	-20.8
1930	44.0	+14.0	29.6	+15.6	26.5	-26.0
1940	44.9	+2.1	28.9	-2.4	23.9	-9.8

资料来源：H. Dewey Anderson and Percy E. Davidson, *Occupational Trends in the United States*, California：Stanford University Press, 1940, p. 19; *Fifteenth Census of the United States*, *1930. Population*, Vol. V, *General Report on Occupations*, Washington, D. C.：Government Printing Office, 1933, p. 39; *Sixteenth Census of the United States*, *1940. Population*, Vol. III, *The Labor Force*, pt. I, *U. S. Summary*, Washington, D. C.：Government Printing Office, 1943, p. 87.

说明：1940 年全部数据为 97.7%，因为统计中有 2.3% 女性就业者没有报职业。

---

①　Mary Kelly, Edi., *Woman's Being*, *Woman's Place：Female Identity and Vocation in American History*, p. 300.

②　Ibid., pp. 301—300.

　　这一时期女性在制造业与工厂、家庭与个人服务以及某些白领职业领域中比例下降的原因各不相同。女性在制造业和工厂中的下降部分原因是从体力和非熟练劳动中分离出来的长期趋势，此时女性在农业中的就业比率下降得比男性更快，这与整个1930年代的农业危机、农业技术改革以及"新政"改革促使农场劳工向城市流动有关系。部分白领职业的下降原因更复杂，部分是因为随着更多的已婚妇女进入劳动力市场，她们更容易集中在低地位的工作中，对白领工作的发展产生不利影响。不过，1930年代期间专业妇女与其他职业群体相比是低失业率，一方面，专业妇女由于有专业技术，使她们能够进入其他职业；专业妇女常常因为与有专业职位的男性结婚，或有其他家庭成员供养，在得不到工作时退出劳动力市场时更容易有资源依靠，与其他普通妇女相比更容易为不是严格意义上的经济需求而工作。洛蕾·普鲁蒂（Lorine Pruette）1934年在美国妇女联盟（The American Woman's Association）的成员中作了一份就业和失业的调查，这个拥有4000名成员的组织，其中90％以上的成员或是纽约居民，或居住在距纽约90里范围内，她们中75％以上从事商业或专业职业。对她们的就业调查显示，29％回答调查问卷的人此时已失业，随着就业市场的紧张，妇女更容易被推到更低的职业水平上；一般说来，这些失业妇女在4年零8个月可能有工作时期，75％的人失业至少3个月，近10％的人失业至少3年，最长的平均持续时间为22个月；60％以上的人回答问卷时提到1929—1933年之间的工资的削减，那些没有失业或也没有失去收入的人中间也有普遍的不安全感。①

---

① Mary Kelly, Edi., *Woman's Being*, *Woman's Place*：*Female Identity and Vocation in American History*，pp. 301—302.

到 1940 年，美国女性劳动力市场就业结构变化并不大（见表 2—3）。统计数据显示，家内服务业依然占了较大比例，共有 140 万人，其中 90％为家庭佣人；速记员、打字员与秘书不到 100 万人；女性专业人员数量下降，但从事秘书工作的人数有所上升，制造业中妇女人数保持不变。1940 年每 10 个工作妇女中，3 个在从事秘书职业或销售工作，2 个是工厂操作员（集中在服装与纺织业中），2 个从事家内服务，1 个为专业人员（通常是教师或护士），1 个为服务工人。[①] 总之，1930 年代妇女就业的性别隔离更加强化，其就业普遍面临较大困难。

（2）白领职业状况

与 1920 年代女性在白领职业迅速发展不同，"大萧条"期间美国女性在白领职业中的进展面临重重阻力，对她们的歧视普遍增强，经济危机也使专业工作对教育水平的要求普遍提高，女性进入这些领域的门槛也因此有所提高，对妇女在某些专业领域的发展产生一定的影响。此时专业妇女的就业比例从 14.2％下降到 12.3％，反映了这种缩减趋势。[②] 这一时期无论何种白领职业，工资减少而工时增加，升迁的机会也越来越小。白领职业妇女不仅在传统的"女性领域"中受到来自男性的强有力的竞争，而且在"男性领域"中遭遇更坚硬的"壁垒"，举步维艰。尽管如此，此时经济结构的调整、劳动力中性别隔离模式的继续存在以及"新政"，使女性在白领职业某些领域取得了一定的进展。

---

① Susan Ware, *Holding Their Own：American Women in the 1930s*, p. 25.

② William Henry Chafe, *The American Woman，Her Changing Social，Economic，and Political Roles，1920－1970*, p. 59.

表 2—3   1940 年美国妇女职业群体

职业群体	在有酬职业妇女中的百分比
专业	11. 7
半专业	0. 9
农场主与经理	1. 3
业主、经理	3. 6
秘书、销售与类似职业	28. 0
工匠、工头	0. 9
操作员	18. 5
家内服务	17. 9
服务，另外的个人服务（清洁、女招待、厨师、美容师与未经正式培训而有经验的护士）	11. 3
农场工人——有工资收入	0. 9
农场工人——不付酬的家庭工人	1. 9
农场之外的劳动者	1. 0
未知的职业	2. 1

资料来源：Janet Hooks, "Women's Occupations Through Seven Decades", *Women's Bureau Bulletin* ♯218（Washington, D.C., Government Printing Office, 1951），p. 18.

此时教师、图书管理员和社会工作者等传统的"女性领域"面临来自男性的强有力的竞争。1930 年代期间，由于税收降低而预算不断下降，学生入学人数上升，使学校不堪重负，同时由于此时来自男性的竞争加剧，女教师首当其冲受到削减，男教师的比例则从 19％上升到 35％以上，而且占据了学校各部门较高

层的管理职务。① 这一时期女教师的比例从 1920 年的 85％下降
到 1940 年的 78％。② 女教师的总数量也从 1930 年的 853976 人
下降到 1940 年的 802264 人③，不仅比例与数量都呈下降趋势，
教师的工资也一再削减。 "大萧条"时期，安·玛丽亚·罗
(Ann Marie Low) 的日记中记载，农村小学教师一个月的报酬
只有 60 美元，即使在镇上的小学也只能获得 75 美元的月薪。工
作多年的教育督察厄斯顿小姐（Miss Eston）被告知，她的薪水
已经降到了每月 75 美元，她几乎入不敷出，而且不敢结婚，怕
被学校当局解雇。④ "大萧条"也加速了教育职业中的另一个趋
势——对教师的教育水平要求提高，学校现在可以要求教师有大
学学位而不必提高工资或改善工作环境，到"大萧条"结束时，
新的标准已经被广泛接受。1930 年代期间，图书馆管理员工作
和社会工作中男性的比例也在提高，其中男性图书管理员的数字
从 9％上升到 15％。⑤ 此外，一些女子学院的毕业生就职也面临
更大的困难，伯纳德学院（Barnard College）安置办公室说，
1932 年该学院毕业班只有 1/3 的人要求工作保证支付报酬，大
多数人不得不寻找兼职工作；史密斯学院的高级职员告诉学生，

---

① ［美］洛伊斯·W. 班纳著，侯文蕙译：《现代美国妇女》，东方出版社 1987
年版，第 190 页。

② Nancy Woloch, *Women and the American Experience*, p. 446.

③ Susan Ware, *Holding Their Own：American Women in the 1930s*, p. 72.

④ Ann Marie Low, *"Dust Bowl Diary"* (1934), Ellen Skinner, *Women and
the National Experience*, *Primary Sources in American History*, New York：Addi-
son-Wesley Educational Publishers, 2003, p. 197.

⑤ ［美］洛伊斯·W. 班纳著，侯文蕙译：《现代美国妇女》，东方出版社 1987
年版，第 189 页。

没有职位向仅有学士学位的女性开放；妇女职业关系协会（Institute of Women's Professional Relations）建议女学生专攻家庭经济和室内装潢，以避免与男性竞争有限的工作岗位，该协会的会长宣布，只有集中于"女性"职业，才会获得成功。[1]

在传统的"女性领域"受到男性侵入的同时，女性在某些"男性领域"的职业中却遭遇越来越大的阻力。法律领域中对女性的歧视增强，她们被排除出许多主要的法律学校（如哈佛大学直到1950年代才招收女生学习法律），或不得不在为女性入学申请者而定的有限的配额中（5％或更低比例）相互竞争。女律师往往被分派到法律中的与"女性"关系密切的领域，如家庭关系、家庭法律、遗嘱检验、遗嘱与托管财产所有权等，主要的律师事务所很少聘用女性。1937年杰出的女律师多萝西·肯杨（Dorothy Kenyon）甚至也被排除出纽约城市律师联合会（New York City Bar Association）；女性在医学领域内处境更加艰难，1930年全美国有6825名女医生，占全部医生的4.4％；1940年有7708名，占全部医生的4.6％。[2] 在医学学院中女生有严格的配额（一般为5％），如哈佛之类有名望的医学校甚至拒绝接纳女学生。除了进医学院有重重障碍外，女医学生由于进入医学职业标准的提高，因而她们实习的机会也很少。商业领域中女性同样面临偏见与歧视。大多数从事商业的女性是办公室职员，只有少数商业女性超越于普通的秘书群体之上。《财富》杂志宣称："没有一个女性的商业成就，能适当地与成功男性的第一、第二甚至第三等级并驾齐驱。"据统计，美国1929年只有1万到1.2

① William Henry Chafe, *The American Woman, Her Changing Social, Economic, and Political Roles, 1920—1970*, p. 59.

② Susan Ware, *Holding Their Own: American Women in the 1930s*, p. 73.

万名妇女的收入超过 5000 美元，这些妇女中的大多数人是拿薪水的雇员，而不是工厂的工头。[①] 1930 年代生存是第一需要，失业对职业妇女来说与男性一样，是生命中不能承受之重，面对歧视与非难，"专业妇女们接受了这种歧视性待遇，她们开始寻找声望较低的专业工作，女科学家放弃了专业的竞争，而在政府机构里就业或做研究助手，人事管理员变成了秘书，秘书变成了文件保管员。……似乎妇女们是没有抗议地接受了这些降格，很多人也只是压制了她们的不满，不情愿地降低了她们的渴望，同时又忍受了职位下降的耻辱。……她们中很多人失去了信心，而接受了在专业上由男性支配的事实"。[②]

　　尽管就业障碍重重，但此时美国女性在一些白领和专业领域的就业还是取得了一些进展（见表 2—4）。1900 年美国只有不到 100 万名秘书，其中 1/4 是女性，到 1940 年，秘书达到 500 万名，其中一半以上是妇女，她们大多数是簿记员、速记员和打字员。[③] 护士工作虽然没有受到男性的竞争，但是也提高了其教育水平要求。在 1930 年代之前，实习护士在医院中几乎提供所有的服务，而持证护士则在私人家庭中服务，照顾那些能负担她们服务费用的人。"大萧条"使得这种报酬丰厚的私人服务来源断绝，持证护士也只能待在医院中，从事实习时做过的工作。1929 年到 1937 年，美国在医院中的护士数量从 4000 名增加到 28000 名，且工资并不比她们做实习护士时高。但此时她们别无选择，这些受过训练的护士提高了医院的护理水平，到"大萧条"结束

---

① Susan Ware, *Holding Their Own: American Women in the 1930s*, p. 75.

② ［美］洛伊斯·W. 班纳著，侯文蕙译：《现代美国妇女》，第 190 页。

③ Robert L. Daniel, *American Women in the 20th Century*, *The Festival of Life*, p. 107.

时，医院已经非常依赖护士阶层的专业服务，美国护士的总数量从 1930 年的 228737 增加到 1940 年的 362897 人。[①]

表 2—4　美国女性在专业职业中所占比例（1910—1960）

职业	所有工作的百分比						
	1900 年	1910 年	1920 年	1930 年	1940 年	1950 年	1960 年
律师		1.0	1.4	2.1	2.4	3.5	3.5
大学校长							
教授		19.0	30.0	32.0	27.0	23.0	19.0
牧师	4.4	1.0	2.6	4.3	2.2	8.5	5.8
医生		6.0	5.0	4.0	4.6	6.1	6.8
工程师					0.3	1.2	0.8
牙医		3.1	3.2	1.8	1.5	2.7	2.1
生物学家						27.0	28.0
数学家						38.0	26.4
物理学家						6.5	4.2
图书管理员		79.0	88.0	91.0	89.0	89.0	85.0
护士	94.0	93.0	96.0	98.0	98.0	98.0	97.0
社会工作者		52.0	62.0	68.0	67.0	66.0	57.0

资料来源：Cynthia Fuchs Epstein, Women's Place：Options and Limits in Professional Careers（Berkeley：University of California Press, 1971），p. 7. 转引自 Susan Ware, *Holding Their Own*：*American Women in the 1930s*, Boston：G. K. Hall & Co. , 1982，第 70 页。

---

① Susan Ware, *Holding Their Own*：*American Women in the 1930s*, p. 73.

美国女性在某些传统上为男性占主导的职业领域中也取得一定进展。商业领域中女性在经理与管理人职位上的比例提高，从每 1000 人中由 84 人提高到 110 人。[①] 另一份关于"经理、高级职员、所有人"的统计数据也显示，1930 年与 1940 年此类女性的数量与比例上升，而男性处于持平状态（见表 2—5）。[②] 1930 年代《财富》杂志提到一些成功的商业女性，约瑟芬·阿斯平沃尔·罗奇（Josephine Aspinwall Roche）管理着科罗拉多的一家煤矿公司，并在执行"新政"的政府财政部任助理部长职务，是那个时代最杰出的商业女性之一；伊丽莎白·阿登（Elizabeth Arden）与海伦娜·鲁宾斯坦（Helena Rubinstein）都拥有庞大的化妆品公司；桃碧·科利尔·戴维斯（Taube Coller Davis）夫人由于向百货商店提出联合经营的建议，其年收入超过 10 万美元。这些杰出女性在竞争激烈的商业界凭自己的智慧和执著取得了一席之地。女律师群体也在夹缝中艰难壮大，女性从业者从 1930 年的 3385 人增加到 1940 年的 4447 人；女法律教授的比例从 2.1% 增加到 2.4%；1933 年弗洛伦斯·艾伦（Florence Allen）被任命为美国第六巡回上诉法庭（The United States Court of Appeals for the Sixth Circuit）的法官，这是女性首次在联邦司法系统中获得的最高位置，对女性在法律领域的发展具有重要的象征意义。[③]

---

① Robert L. Daniel, *American Women in the 20ᵗʰ Century*, *The Festival of Life*, p. 102.

② Susan Ware, *Holding Their Own: American Women in the 1930s*, p. 76.

③ Ibid., p. 73.

表 2—5　美国女性经理、高级职员与所有人（除了农场）

年份	数量	总百分比	每 10 年间的增长（百分比）	男性每 10 年间的增长（百分比）
1900	77214	4.5	—	—
1910	216537	8.6	180	43
1920	220797	7.8	2	13
1930	304969	8.4	38	27
1940	414472	11.0	36	1
1950	699807	13.6	69	33

资料来源：Frank Stricker，"Cookbooks and Lawbooks：The Hidden History of Career Women in Twentieth Century America," *Journal of Social History* 10（Fall 1976），5. 转引自 Susan Ware，*Holding Their Own*：*American Women in the 1930s*，Boston：G. K. Hall & Co.，1982，第 76 页。

社会工作在 1930 年代美国妇女专业工作发展中一枝独秀。女性从事社会工作的传统由来已久，20 世纪初的住宅楼运动（The Settlement House Movement）曾经使美国社会工作者引起社会的广泛关注，出现了诸如简·亚当斯（Jane Addams）、弗洛伦斯·凯利（Florence Kelley）、朱丽叶·拉舍普（Julia Lathrop）、莉莲·沃尔德（Lilian Wald）等许多杰出女性。1920 年代期间，社会工作发生重要变化，开始重视资格训练、专业特性以及对申请户等情况的个别调查工作，逐渐从志愿工作走向专业化、职业化，男性也随之介入这个领域。1930 年代期间，"大萧条"和罗斯福"新政"对社会工作者及其职业产生了复杂的影响。首先，"新政"产生了许多新的工作机会，为社会工作者提供了大显身手的舞台，1930 年有近 4 万名社会工作者，之后十年中数量加倍。① 1932 年莉莲·沃尔德在给朋友的一封信中指出："我认为现在是社会工作者的好时光；她们似乎是唯一就业的人!"尽管此时社会工作也面临男性的竞争，但女性的比例几乎没有什么变化，1930 年美国社会工作者中女性占 68%，1940 年为 67%，女性社会工作者的数量在 47000—48000 名之间。② 其次，"大萧条"也促进了社会工作范围的扩大，到 1930 年代末，社会工作不仅指根据法令提供财政救济，还涉及社会保障目标、公园和娱乐项目、农业再安置项目、贫民窟清理和再安置计划以及其他活动；社会工作不再被视为紧急事务职业，而是现代工业社会中重要的日常功能。社会工作者中半数以上是女性，她们为联邦、州及各级政府提供了有关救济、社会福利等专门知识，促进了"新政"的许多社会立法，并产生了良好的后果。历史学家苏珊·韦尔也指出："1930 年代期间，社会工作者为联邦、州以及地方政府提供了重要的专门知识，以满足不断扩大的大萧条的要求。如果没有社会工作者这种女性领域职业提供专门知识，新政不会做得如此多与如此迅速。"③

这一时期美国女性在新闻出版领域的就业也取得了一定进展。女性编辑与记者人数 1920 年为 7105 人，1930 年达到 14786 人，1940 年则为 15890 人。④ 此时女性新闻记者已经进入该领域的所有部门，她们的身影出现在各个新闻现场，以勤奋与智慧证明她们有与男性同样出色的才能。第一夫人埃莉诺·罗斯福进入

---

① Walter I. Trattner, *From Poor Law to Welfare State: A History of Social Welfare in America*, p. 278.

② Susan Ware, *Holding Their Own: American Women in the 1930s*, p. 74.

③ Ibid.

④ Ibid., p. 75.

白宫之初，就定下只允许女记者参加其新闻发布会的规矩，对提高女新闻从业人员的地位起了重大作用，约有 30—40 名女记者经常参加这种新闻发布会。贝斯·福尔曼（Bess Furman）指出："没有任何女新闻从业人员能得到比这更好的机会。"[①] 埃莉诺·罗斯福通过这种新闻发布会与女记者建立起良好的私人关系。这一时期女记者对国内国际事务的报道不仅引起广泛的关注，而且也确立了她们在该领域应有的地位。洛伦娜·希科克（Lorena Hickok）为联合出版公司（Associated Press）撰写 1920 年代到 1933 年关于国家事务的文章，引起广泛关注；《芝加哥论坛报》（*Chicago Tribune*）的吉纳维夫·福布斯·赫里克（Genevieve Forbes Herrick）、《洛杉矶检查人》（*Los Angeles Examiner*）报社的玛乔里·德里斯克尔（Marjorie Driscoll）、《纽约每日新闻》（*New York Daily News*）报社的格蕾斯·罗宾森（Grace Robinson）、《纽约世界报》（*New York World*）的伊莉诺尔·凯洛格（Elenore Kellogg）等成为撰写署名文章以及头版新闻的记者；斯克里普斯—霍华德报系（Scripps-Howard Chain）的鲁斯·芬妮（Ruth Finney）是 1930 年代华盛顿最负盛名的撰写政治文章的女记者。国际事务也为女性提供了新的论坛，《纽约时报》的安妮·奥黑尔·麦考马克（Anne O'Hare McCormick）在1920 年代与 1930 年代以对欧洲事务的透彻分析而声名远扬，尤其是她对墨索里尼（Mussolini）在意大利政坛的崛起的记述令人印象深刻，1936 年她成为《纽约时报》编辑委员会第一个女性成员，1937 年成为第一个获普利策奖（Pulitzer Prize）世界新闻界最重要的奖项之一的女性。多萝西·汤普森（Dorothy Thompson）是 1930 年代杰出的国外事务通讯记者，她在 1920

---

① Susan Ware, *Holding Their Own：American Women in the 1930s*, p. 77.

年代由于敢于报道革命与战争而在欧洲赢得声誉。1931年她重返欧洲,采访德国的阿道夫·希特勒(Hitler),一个后来影响世界巨大的人物,三年后,由于她写文章批评"纳粹"政权而被驱逐出德国。回到美国后,汤普森成为非常成功的报纸专栏作家与电台评论员,呼吁反对希特勒,呼吁美国出面干预,阻止法西斯的蔓延。弗丽达·科克威(Freda Kirchway)从记者到编辑,到成为成功的出版家,也是1930年代新闻界的杰出女性。

这一时期美国女性在学术领域也取得了与新闻领域类似的进展。索福尼斯巴·布雷金里奇(Sophonisba P. Breckinridge)、格蕾斯·阿博特(Grace Abbott)与伊迪斯·阿博特(Edith Abbott)是芝加哥大学(Chicago University)社会服务学校管理处成员。鲁斯·班尼迪克(Ruth Benedict)与玛格丽特·米德进入人类学研究领域,成绩斐然。其他杰出的女学者包括卡罗琳·韦尔(Caroline Ware)著名的经济学家,康斯坦斯·洛克(Constance Rourke)一位美国幽默专家,爱丽斯·汉密尔顿(Alice Hamilton)博士,哈佛大学此时唯一的荣誉教授,海伦·M. 林德与玛丽·比尔德(Mary Beard)社会学与历史学高深造诣者;玛乔里·尼科尔森(Marjorie Nicolson)1941年被哥伦比亚大学(Columbia University)聘为正教授(这是女性首次获此职位)。女性在学术生涯中的进展与研究生教育有密切联系。尽管在美国,女性获得博士学位的比例从1930年的15.4%下降到1940年的13.0%,但总的数量却在上升,从1930年的311名增加到1940年的419名(见表2—6)。[①] 1930年有19930名女性成为大学校长、教授与讲师,1940年上升到20124名。1920年女性占大学教员的26%,1930年占27%,1940年占28%,

---

① Susan Ware, *Holding Their Own: American Women in the 1930s*, p. 79.

尽管上升幅度不大，但在"大萧条"期间能保持不下降亦属不易。不过，女性教员绝大多数集中在私立女子学院中，1940 年在 22 所最大的私立女子学院中，女性占全体教职员的 72%，相比之下，在 21 所最大的私立男子学院中女性教职员只占 3%。[①]

表 2—6　　　　　　美国女博士增长情况

年份	授予的数量	女性在总数中的百分比	10 年中的增长比例
1920	90	15.1	—
1930	311	15.4	245.5
1940	419	13.0	34.7
1950	613	9.2	46.3
1960	1090	10.5	77.8

资料来源：Frank Stricker，"Cookbooks and Lawbooks：The Hidden History of Career Women in Twentieth Century America"，*Journal of Social History* 10（Fall 1976），Susan Ware，*Holding Their Own：American Women in the 1930s*，Boston：G. K. Hall & Co.，1982，p. 80.

（3）非白领职业状况

由于非白领职业女性群体处于职业链条的最底端，经济萧条对她们冲击较大，处境也最艰难、最绝望。纺织业是传统的女工集中的行业，20 世纪初以来由于生产过剩和制造商之间竞争激

[①]　Susan Ware，*Holding Their Own：American Women in the 1930s*，pp. 79—80. 威廉·亨利·查夫的统计数据有所不同，他指出 1930 年代美国大学中女教师的比例也从 32.5% 下降到 26.5%。参见 William Henry Chafe，*The American Woman，Her Changing Social，Economic，and Political Roles，1920—1970*，第 94 页。

烈，造成该产业产品价格低廉、利润空间狭小，许多纺织厂商开始把工厂转移到劳动力价格相对低廉、工会势力薄弱的南方地区，对女性劳动力的依赖减弱。1920 年代期间女性在美国整个纺织业中的比例呈现下降趋势，但在北方地区女性劳动力依然占主导，并且比例还在不断扩大，到 1933 年，全国范围内女性纺织工人则占 2/5，妇女占了北方纺织工人的 1/2；在南卡罗莱纳，只有 1/3 的工人是女性，她们的比例在稳步下降。"大萧条"期间为了提高纺织品的价格，棉纺机构中的南方制造商代表在 1931 年和 1932 年尽力限制产量，工时缩短到一周白天开工 55 小时，晚上开工 50 小时，女工和儿童不在晚上工作；同时提高效率，削减工资，以减少费用。为了压缩产量，纺织品制造商们同意任何工厂限制工时，每星期 40 小时；鼓励工厂主更新工厂设施，并充分利用可以达到的工时。[①] 随着工厂设施的更新，受雇女工的绝对数量上升。

　　大萧条期间美国服装工厂的变化也同样有利于女性就业，其中工会力量起了重要作用。1931 年，国际女士服装工人工会（The International Ladies Garment Workers Union，ILGWU）已经认识到成衣制造业（其工人几乎全是女性）取代斗篷制造业（其工人主要是男性）已经是服装发展的主要趋势，该工会办的报纸《正义》（Justice）指出了股票市场的崩溃所带来的意外的冲击："……在过去的两年中，由于目前的工厂萧条已经剥夺了众多男人的工作，服装贸易中女工的就业环境已经出现新的变化，雇主发现（女性）更容易被剥削和恐吓。"女工在服装工厂中的比例从 64.4% 增长到 74%，并使近 50 年来不断的下降的趋

[①]　Alice Kessler-Harris, *Out to Work: A History of Wage-Earning Women in the United States*, p. 266.

势终止了。① 由于女工容易被资方所摆布，工会开始加强了组织。在《全国工业复兴法》第 7 条 a 款颁布之前很久，ILGWU 就已经开始加强对女工的组织。法规颁布后，工会存在合法化，ILGWU 积极为服装女工争取缩短工时和取得确定价格的发言权。

但 1930 年代期间家庭计件工人和家庭佣人的利益并没有在法规中得到体现，工资依然微薄。这一时期很多工厂依然采用计件工作方式，如玩具、坚果去壳、针织、装饰邮政卡片、吊袜带、廉价项链、纸盒和袋子等，美国劳工部妇女局估计 80% 从事此类工作的妇女收入少于每小时 20 美分，而那些工作 40 小时一周的妇女，大多数最高收入不到 5 美元。② 除了工资微薄，这些妇女还经受着失业和疾病的困扰。1930 年美国有 200 万名妇女从事家庭服务工作，是女性最大的职业群体。③ 1930 年至 1940 年间，家庭佣人的数量上升了 25%，其中大部分是黑人，1930 年，55% 的家庭佣人为有色人种，到 1940 年，这个比例上升到 64%，达到 67%。④ 大多数的"新政"法规没有为从事这个职业的人提供任何保护。罗斯福总统曾经签署一个行政命令，规定如果残疾人和那些照顾伤残人的人被支付与在工厂中工作相同的工资，允许他们在家中工作。但这个行政命令并没有改善贫困家庭工人及家庭佣人的处境。家庭佣人工资低廉，1934 年 3

---

①　Alice Kessler-Harris, *Out to Work: A History of Wage-Earning Women in the United States*, p. 267.

②　Ibid., p. 270.

③　Doreen Rappaport Edi., *American Women, Their Lives in Their Words: A Documentary History*, p. 218.

④　［美］萨拉·M. 埃文斯，杨俊峰译：《为自由而生——美国妇女历史》，第 225 页。

月报纸广告上为住宿佣人提供每月 33.34 美元的工资；纽约家庭佣人平均工资为每周 12.25 美元；青年妇女基督教联盟（The Young Women's Christian Association，YWCA）建议住宿佣人的周工资为 9 美元；妇女局指出，1937 年弗吉尼亚林奇伯格（Lynchburg，Virginia）家庭佣人每周工作 72 小时，工资只有 6 美元，这种情况在当时比较普遍。① 此外，"大萧条"期间也有一些白人妇女进入家庭服务业。

此时女性在"男性领域"中取得一些进展。1930 年代美国男性工匠就业下降，但在这个领域就业的妇女的数量增加到 28000 名，到 1940 年，在这种蓝领职业中每 1000 名工人中已有 22 名女性。② 1890 年代以来雪茄工厂就不断引入新机器，大大提高了生产力，"大萧条"期间加速了雪茄工厂的机械化，到 1933 年，50％以上的雪茄烟是机器制造的，1890 年雪茄工厂女工只有 25％，到 1930 年女性占 60％。③

（三）工时与工资

1930 年代女工工作状况的主要特点是工时长而工资低。美国劳工部妇女局的调查显示，美国一半以上的从业女工每周工作时间超过 50 小时，所以雇主更愿意雇佣精力充沛的年轻妇女，许多人发现在就业市场"30 岁就老了"。④ 长时间操作织布机与

①　Alice Kessler-Harris, *Out to Work*：*A History of Wage-Earning Women in the United States*, p. 271.

②　Robert L. Daniel, *American Women in the 20ᵗʰ Century*, *The Festival of Life*, p. 102.

③　Alice Kessler-Harris, *Out to Work*：*A History of Wage-Earning Women in the United States*, p. 266.

④　Susan Ware, *Holding Their Own*：*American Women in the 1930s*, p. 27.

干洗机等机器，妇女往往过度劳累，容易患结核病、糙皮病等之类的疾病，身心受到很大的损害。随着"大萧条"的加深，就业妇女的处境更加恶化，原本的工作标准被取消，"血汗工厂"复活，"在目前失业状态中，已经不能确保任何标准"。1933 年妇女局提出，"尽管国家通过立法或通过强有力的工会同盟的坚持，经济还是发生了严重的崩溃。越来越多的雇主不能或不愿满足开办工厂所必需的一般管理费用，而是把工作拿出厂外，以惊人的低工资（由工人）在家庭中完成"。①

"大萧条"对女工的工资收入有较大影响，她们的工资普遍下跌，尤其是非白领职业，工资低得惊人，已无法维持基本生活。1931 年 9 月一个在费城（Fhiladelphia）服装厂就业的女工写道："有几个星期我挣不到 5 美元。常常在付工资日我只得到 3 美元。想象一下做牛做马一星期只能得 3 美元！"在加利福尼亚州的奥克兰（Oakland, California），有经验的罐头厂的女工 7 个小时的工作只挣 30—50 美分；1933 年佐治亚州（Georgia）的一个工厂中，90％的女工一周报酬少于 2.95 美元；康涅狄格州（Connecticut）的女裁缝每天工作 15 小时，一周的报酬少于 4 美元；南阿巴拉契亚山（Southern Appalachian mountain）的妇女，以计件工作方式手工缝制罩衫与被子，平均每年收入为 52 美元；得克萨斯州（Texas）的墨西哥裔妇女有时一天的收入不到 5 美分。② "大萧条"时期对芝加哥女工的一个调查发现，多数女工每小时工资不到 25 美分，其中 1/4 的女工甚至每小时的工资不到 10 美分；在纽约布鲁克林区的"血汗工厂"里，15

---

① Philip S. Foner, *Women and American Labor Movement：From World War I to the Present*，p. 259.

② Ibid.，pp. 259－260.

岁左右的童工每周只挣 2.78 美元，女工每周工作 50 小时，报酬是 2.39 美元。《时代》周刊报道说："无法无天的雇主"已经"把美国工人的工资压低到中国苦力的水平了。"[①]

不仅工资低，美国女工在工资收入上明显遭受性别歧视，无论是白领工作还是非白领工作，男女同工不同酬是普遍现象。1934 年一份对 9000 名专业妇女的调查揭示，女性教师、图书管理员和社会工作者的 50% 从来没有获得过 2000 美元的年工资，一半的小学教师年工资低于 1500 美元；1939 年，男教师的平均年工资为 1953 美元，女教师只有 1394 美元；男性社会工作者年收入 1718 美元，女性只有 1442 美元；1931 年女秘书每月的工资平均为 99 美元；被美国大学妇女联盟（The American Association of University Women）调查的 80% 女大学毕业生其收入少于做相应工作的男性。职业声望的职业情况类似，且雇用妇女人数最多的职业，支付的工资最低。1929 年，在美国南部工业城镇工作的妇女每星期收入 9.35 美元，1940 年家庭工人的平均年收入只有 312.60 美元；而工厂中女工的收入最多只有男性所得的 50%—65%；社会保障局（The Social Security Administration）透露，1937 年女工平均年收入为 525 美元，而男性的年收入为 1027 美元；纽约一个纸盒厂的男性整理工每星期挣 35.50 美元，但做同样工作的女性每星期只有 17.83 美元。[②]

工资的性别差异在 1930 年代期间被美国政府法规强化。尽

---

① ［美］威廉·曼彻斯特著，广州外国语学院英美问题研究室翻译组、朱协译：《光荣与梦想：1932—1972 年美国社会实录》，第 10 页。

② William Henry Chafe, *The American Woman*, *Her Changing Social*, *Economic*, *and Political Roles*, *1920—1970*, p. 61.

管复兴管理局（The National Recovery Administration）的领导休·约翰森（Hugh Johnson）、劳工部长弗朗西斯·帕金斯、第一夫人埃莉诺·罗斯福都反对男女有区别的工资，但约 1/4 的法规，还是给妇女规定了较低的工资。民用工程署（The Civil Works Administration）和公共工程兴办署（Works Progress Administration）的项目歧视妇女，公共工程兴办署的男性工人工作每一天可获 5 美元，而女性只有 3 美元；相同的工作已婚妇女与有孩子的丧偶女性 1 小时只挣 30 美分，而男童工 1 小时则 50 美分。1936 年 11 月的一份男性与女性工资水平的调查显示，雇用妇女为主的工厂中，平均工资几乎没有 1 周超过 20 美元，其中纺织与制靴和制鞋工人平均少于一周 16 美元，服装工人平均 1 周为 17.5 美元；而在钢铁、汽车、木材以及建筑等行业雇用男性为主的企业中，工资水平一直保持至少每周 20 美元，通常为 30 美元左右。① 一般的服装厂规定："短上衣，大衣，女式紧身双排纽扣上衣，服装制作员，男性，1 小时 1 美元"；"短上衣，大衣，女式紧身双排纽扣上衣，服装制作员，女性，1 小时 90 美分"；男性"裙子制作员"为 1 小时 90 美分，女性则为 1 小时 80 美分。② 服装裁剪师一般是熟练男性工人，根据《全国工业复兴法》的规定，只要一周工作 35 小时即可获得 45 美元的工资；而做"样板"的工人，几乎全是女性，且至少也是熟练工人，一周工作 35 小时却只能获得 30 美元的工资。在半熟练工作中，操作者大部分是女性，只能获得 1 小时 1 美元的工资。工资随服装厂和工种的不同而有所不同，但工资性别差异作为既成事

---

① Alice Kessler-Harris, *Out to Work: A History of Wage-Earning Women in the United States*, p. 263.

② Ibid., p. 262.

实而被接受。劳工部妇女局局长玛丽·安德森指出，法规真正的作用是使女性低工资制度化。1937 年妇女局引用了一份总统委员会的资料："实际上每一个以低工资雇用妇女或劳动力未被组织起来的大工厂中，都要求女工工资例外，或要求最低比例。"[①]

　　不过，这一时期美国所制定的有关法规也提高了最低工资水平，使部分女工获益。纽约州在有关新法规生效后，1933 年 7 月到 1934 年 11 月，妇女工资提高了 16.6%，而男性工资只提高 3.4%；宾夕法尼亚州（Pennsylvania）制造业中的工资平均上升 11.6%；在纺织厂、妇女服装、雪茄和烟草制造之类女工集中的工厂中，工资在平均水平基础上加倍提高；"芝加哥青年妇女基督教联盟工业部"在 1933 年 12 月指出，该城 200 个公司中女工的工资已经在 3 个月内加倍，从 1 小时 15 美分增加到 30 美分。报酬最低的职业其工资比例上升最快。1936 年美国劳工部妇女局对服装厂的一份调查显示，《全国工业复兴法》规定，传统上报酬最低的服装工人中值工资上升了 75.2%，相比之下其相邻级别的工人工资只上升 50%左右，而在最高工资线上报酬更高的工人工资只上升 47.5%。[②] 当然，虽然一些行业的工资标准提高了，但女工的工资仍然很低。

　　"大萧条"时期美国政府制定的法规也成功地削减了所有工人的平均工时，尤其是女工与其他低技术、低工资的雇员。44 小时一周工作制在 1929 年是一种特权（当时的标准是一周工作 48 小时），而非熟练女工往往要工作 54 小时一周；1933 年，《全国工业复兴法》规定标准工作周为 40 小时，35 小时一周也偶然

---

　　① Alice Kessler-Harris, *Out to Work: A History of Wage-Earning Women in the United States*, p. 263.

　　② Ibid., pp. 263—264.

出现。妇女局估计 80％以上雇用妇女的工厂削减了周工时，最低削减 16％，其中工时超长的纺织工厂削减了 25％到 28％。随着工时的削减也引起一些争议，有人担心在这么短的时间内无法与较长工时所能取得的工资同样多。社会学家艾米·休斯（Amy Hews）对巴林摩尔学院女工暑期学校（Bryn Mawr Summer School）的学生调查后指出，雇主倾向于通过削减收入较高的人的工资，来抵消最低工资工人所上涨的周工资。一位学员告诉他，"在《全国工业复兴法》实施前，我每周收入 13.5 美元，除此之外，我还获得每周 1 美元的电车费补贴。但在企业刚刚获得'蓝鹰标记'时，我们的电车费补贴被取消了，而且周薪为 13.5 美元的人的工资被削减，这样雇主就能为那些收入没有这么高的人补足 12 美元"。此外，雇主往往通过增加劳动强度来弥补工时削减所造成的损失，对女工来说，工时或许从每周 48 小时下降到 40 小时，但工资也成比例下降，而生产任务被要求增加了 50％之多。[①]

　　总之，1930 年代美国就业女性不仅工时延长，工资降低，而且一如既往遭受性别歧视，因此相当一部分女性的收入不足以支撑家庭和自身，但由于所有工人的工资都下降，因而妇女的工资收入相对于男性的比例有所上升，此时妇女工资相当于男性工资的 60％到 63％，接近历史的最高点。[②]

二　美国已婚女性就业状况

　　1930 年代期间，美国家庭经济和劳动力市场的需求使越来

---

　　① Alice Kessler-Harris, *Out to Work: A History of Wage-Earning Women in the United States*, pp. 264—265.

　　② Ibid., p. 258.

越多的已婚妇女走出家门进入劳动力市场，延续了 1920 年代的增长趋势。据报告，1920 年不到 1/10 的已婚妇女工作，到 1940 年，则达到 17％。[①] 1930 年代的 10 年中已婚妇女就业数量增加了 50％，是 20 世纪初至此增长最快的时期。[②] 随着已婚妇女就业的发展，她们在劳动力市场中的比例从 1930 年的 11.7％上升到 1940 年的 15.3％[③]，其在女性劳动力的比例也从 1930 年的 28.9％上升到 1940 年的 35.5％（见表 2—7）。[④] 但与此同时，由于经济形势恶化，已婚妇女就业压力增大，"妇女位置在家庭"的传统思想、公众舆论的敌视、政府的政策制约了她们的就业发展。

① Lynn Y. Weiner, *From Working Girl to Working Mother：The Female Labor Force in the United States, 1820 — 1980*, p. 101.

② Susan Ware, *Modern American Women, A Documentary History*, p. 194.

③ ［美］洛伊斯·W. 班纳著，侯文蕙译：《现代美国妇女》，第 195 页。罗伯特·丹尼尔统计数字为 1930 年代末美国劳动力市场中有 1039 万名妇女，其中 390 万名把家庭主妇的角色与挣工资者的角色结合起来；到 1940 年，劳动力市场中已婚妇女的人数增长到 456 万人，占劳动力比例的 15.6％，参见 Robert L. Daniel：*American Women in the 20th Century, The Festival of Life*，第 98 页。

④ Mary Kelly, Edi., *Woman's Being, Woman's Place：Female Identity and Vocation in American History*, p. 298；艾丽斯·凯斯勒-哈里斯一书中的统计数据显示，1930 年已婚妇女占所有美国就业妇女的 28.9％，1940 年为 35.5％。详参见 Alice Kessler-Harris：*Out to Work：A History of Wage-Earning Women in the United States*, p. 259；苏珊·韦尔书中的统计资料（见表），分别为 29％和 35％，参见 Susan Ware：*Holding Their Own：American Women in the 1930s*，第 29 页。

表 2—7　　　　　　美国就业 15 年及以上的已婚妇女
就业状况统计（1910—1940）

年份	参加有酬工作百分比	提高的比例	占女性劳动力百分比	提高的比例
1910	10.7		24.7	
1920	9.0	−15.9	23.0	−6.7
1930	11.7	+30.0	28.9	+25.7
1940	15.3	+30.8	35.5	+22.8

资料来源：*Labor Force*：*Its Growth and Changing Composition*. Cencus Monograph Series（New York：John Wiley and Sons，1958）Table 28，p. 45.

　　美国已婚妇女就业比例高低与其丈夫经济收入多寡有密切关系。调查显示，1940 年与低收入男性结婚的女性，比与高收入职业男性结婚的女性更易于进入劳动力市场。若一个家庭中，丈夫的年收入高于 3000 美元，这些家庭中只有 5.6％的已婚妇女就业；若一个家庭中，丈夫收入低于 400 美元，这些家庭中则有 24.2％的妇女就业。[①] 1940 年，近 50％的已婚女性，其丈夫从事熟练蓝领工作或白领工作。[②] 低收入家庭已婚妇女外出就业的传统由来已久，1930 年代经济状况恶化，家庭经济需求更加迫切，已婚妇女的收入对维持家庭的生存至关重要。相对来说，这一时期中产阶级家庭的经济需求没有低收入家庭来得迫切，虽然

---

　　① William Henry Chafe，*The American Woman*，*Her Changing Social*，*Economic*，*and Political Roles*，*1920−1970*，p. 57.

　　② Robert L. Daniel，*American Women in the 20ᵗʰ Century*，*The Festival of Life*，p. 98.

也面临失业和工资削减的危险，但为维持家庭原来的生活水平一些已婚妇女仍选择了出外就业。威妮弗雷德·旺德西·博林的研究显示，到 1940 年，40％以上就业的已婚妇女其丈夫在 1939 年的年收入在 1000 美元或以上，而 1935—1936 年中等家庭的年收入为 1160 美元，这种收入水平足以使家庭过上相当舒适的生活。[1] 这一时期有相当数量的家庭拥有了中产阶级地位，这应归功于妻子工作，她们为家庭费用、使孩子们继续学业等需求而参加工作，并使家庭仍然能够维持其在 1920 年代所习惯的高消费的生活水准。

　　1930 年代美国非白领职业中已婚妇女主要集中在职业声望较低和低收入的职业中。此时 36％的已婚妇女从事家务和个人服务，20％在服装厂和罐头工厂工作。[2] 白领职业中教师与销售工作是已婚妇女就业比较集中的两个职业。尽管 1930 年代教育领域对已婚妇女的排斥、限制空前强化，但此时教师职业基本上依然属于女性职业领域，尤其在中小学，来自男性的竞争比较有限，已婚女教师的比例从 1930 年的 17.9％上升到 1940 年的 24.6％；[3] 随着规模大且方便的商场和超市在 1920 年代和 1930 年代的迅速发展，从事销售工作中已婚妇女的比例也在上升。1920 年已婚妇女占所有女销售员的 21.1％，1930 年为 33.5％，1940 年为 42.7％。[4] 虽然已婚妇女在这个领域的就业也遭到来

---

① Susan Ware, *Holding Their Own*：*American Women in the 1930s*, p. 29.

② William Henry Chafe, *The American Woman*, *Her Changing Social*, *Economic*, *and Political Roles*, *1920－1970*, p. 57.

③ Susan Ware, *Holding Their Own*：*American Women in the 1930s*, p. 72.

④ Mary Kelly, Edi. , *Woman's Being*, *Woman's Place*：*Female Identity and Vocation in American History*, p. 307.

自消费者、劳工组织、妇女俱乐部以及各种各样失业群体的反对，但"几乎所有的百货商店既怀疑公开宣布反对雇佣或保留已婚妇女从业是否是明智之举，也相信这样做不会对公众有益"。[1]其实对百货商店来说，做兼职工作的已婚妇女比要求全职工作的单身妇女更有利于百货商店，一方面，许多商场和超市的雇主发现，女售货员比男售货员更能吸引顾客，因此他们更愿意雇佣女性，而且已婚妇女工资要求相对较低；另一方面，售货员一般实行部分时间工作，这对已婚妇女有很大吸引力，她们因此得以兼顾工作与家庭，双方是一种双赢的合作。

尽管这一时期美国已婚妇女外出就业的增长趋势在继续，但大量男性失业和工资削减、经济的长期低迷，社会中加剧了对妇女就业的抵制，尤其是已婚妇女，甚至成为众矢之的，反对妇女就业的声浪不断高涨。对已婚妇女就业权利的争论从 20 世纪初随着中产阶级已婚妇女进入劳动力市场时就已开始，但因为此时已婚妇女就业人数与比例都较少，并没有成为社会性问题。到 1920年代，随着已婚妇女以更大规模进入白领职业领域，关于已婚妇女就业权利的争论集中在如何把婚姻与职业结合的问题上，可见美国的社会上已经有一部分人接受了已婚妇女就业的既成事实。但 1930 年代期间美国的社会舆论比过去更强烈地反对已婚妇女外出工作，尤其反对有职业男性的妻子外出工作。社会上普遍认为，"大萧条"是由于妇女"抢走"了男性的工作位置而引起；女性一旦结婚，就应该把所有的精力投入家庭，外出就业不仅违反了女性传统，而且"削弱了这个国家在道德上的力量，并且导致了一

---

[1] Ruth Shallcross, *"Shall Married Women Work"* (1936), Ellen Skinner, *Women and the National Experience*, *Primary Sources in American History*, p. 194.

种不可避免的精神危机"。① 1934 年曾有一名商人说:"我们不雇用任何已婚妇女。她们的位置在家庭!"② 一些工会也持同样观点,如"火车和汽船司机兄弟会"宣布有丈夫供养的已婚妇女没有权利参加工作。这一时期劳工组织也加入了反对已婚妇女加入就业的行列。美国劳联认为,有就业丈夫的已婚女工"应在雇员的雇用中被区别对待"。③ 工作岗位的短缺使公众反对已婚妇女就业,传统观念也使大多数美国人坚信已婚妇女属于家庭,她们不应该外出工作,而是应该留在家庭中照顾其他家庭成员,"妇女压根儿就不应该受雇,她们的位置在由男人供养的家里"。④

　　1930 年代美国各种组织、杂志和民意测验机构就已婚妇女就业问题做过多次民意测验,调查结果显示,人们普遍对已婚妇女就业持否定态度。1936 年《财富》杂志对已婚妇女就业所进行的民意测验问:"你认为已婚妇女应该拥有一个全职工作吗?"被调查者中有 15% 赞同,48% 不赞成,37% 认为应考虑具体情况而定。⑤ 1936 年盖洛普民意测验显示,82% 的公众反对已婚妇女外出参加工作,1939 年盖洛普民意测验发现有 78% 的人反对已婚妇女就业(见本书第 497 页附录一/五/3)。⑥ 1938 年《女士

---

　　① [美]洛伊斯·W. 班纳著,侯文蕙译:《现代美国妇女》,东方出版社 1987年版,第 191 页。

　　② Lynn Y. Weiner, *From Working Girl to Working Mother: The Female Labor Force in the United States, 1820—1980*, p. 109.

　　③ Nancy Woloch, *Women and the American Experience*, p. 441.

　　④ [美]萨拉·M. 埃文斯著,杨俊峰译:《为自由而生——美国妇女历史》,辽宁人民出版社 1995 年版,第 229 页。

　　⑤ Susan Ware, *Holding Their Own: American Women in the 1930s*, p. 27.

　　⑥ Rosalyn Baxandall, Linda Gordon, Susan Reverby, *American Working Women, A Documentary History-1600 to the Present*, p. 245.

家庭杂志》报道，关于就业问题参加调查的读者中有 75％认为
丈夫与妻子应该一起做决定，90％认为如果丈夫希望她留在家
中，妻子就应该放弃工作。[①] 1939 年《百货商店经济学家》
（*Department Store Economist*）报道说反对已婚妇女工作的情绪
"正在变得强烈"。[②] 其他的民意测验显示，丈夫的工资收入越
低，对已婚妇女就业的容忍度就越高：如果丈夫的年收入超过
1600 美元，有 67％的人支持通过立法禁止已婚妇女就业；当丈
夫的年收入低于 1000 美元，支持这种限制的人下降到 56％。[③]
社会舆论的反对大多是基于传统的家庭性别分工观念，即男性是
"养家糊口的人"，妇女的位置在家庭中，在"大萧条"造成严重
的失业的情况下，这种性别观念得到了强化。

　　不仅社会舆论普遍反对已婚妇女就业，许多妇女也认同已婚
妇女的位置在家中，认为在"大萧条"中，她们应该退出劳动力
市场，把就业位置让给男性，由男性肩负起养家的责任。1930
年代一个妇女组织指出，"任何有工作的已婚妇女，如丈夫的收
入足以支撑家庭，应该放弃工作 6 个月左右，以使男性可以就业
支撑家庭"。[④] 伯纳德女子学院院长告诉 1931 级学生，在她们进
入劳动力市场之前应考虑一下自己的需求，"你有必要痛苦地就
业吗？如果不是，或许你能对社区所做的最大服务……是有勇气

---

① Nancy Woloch, *Women and the American Experience*, p. 442.

② Rosalyn Baxandall, Linda Gordon, Susan Reverby, *American Working Women*, *A Documentary History-1600 to the Present*, p. 246.

③ Susan Ware, *Holding Their Own*: *American Women in the 1930s*, p. 28.

④ Lynn Y Weiner, *From Working Girl to Working Mother*: *The Female Labor Force in the United States*, *1820 - 1980*, p. 109.

拒绝为收益而工作……"① 1936 年盖洛普民意测验问，如果丈夫有工作时妻子是否应该工作，持否定意见的 82％的人中有 75％为女性。②

不仅如此，这一时期关于已婚妇女工作目的是为了赚取"零用钱"（Pin-money）的观念也喧嚣一时。一位 23 岁女子在写给劳工部的信中说："我认为单身女性比有丈夫支撑、更多的是为了购买许多奢侈品的已婚妇女更有权利谋生。"弗朗西斯·帕金斯 1930 年在纽约为罗斯福州长工作时，也赞同这种看法，把仅仅为"零用钱"工作的妇女谴责为"对社会的危害，是一种自私、短视的人，应该为自己感到羞耻"。③

已婚妇女就业不仅受到舆论的重压，此时政府部门和私人企业也纷纷作出限制已婚妇女就业的规定，以保证男子就业的优先权。联邦政府《1932 年经济法》第 213 条规定，禁止同一个家庭中有 2 个人在联邦政府机关就业，因此妇女往往首当其冲成为被解雇的对象。妇女局对这个条款的一份分析显示，75％辞职的配偶是妇女。④ 1932—1937 年联邦政府从政府服务机构中解雇了 1600 名已婚妇女。⑤ 这个法规对已婚妇女及其家庭非常不利。1935 年妇女局的一份调查显示，那些被解雇的女性中 90％确实

① Alice Kessler-Harris, *Out to Work: A History of Wage-Earning Women in the United States*, p. 258.

② Nancy Woloch, *Women and the American Experience*, p. 441.

③ Gail Collins, *America's Women*, pp. 362—363.

④ Philip S. Foner, *Women and American Labor Movement: From World War I to the Present*, p. 257.

⑤ Susan Ware, *Beyond Suffrage: Women in the New Deal*, Cambridge, Mass: Harvard University Press, 1981, p. 2.

需要有一份合适的工作，她们或丈夫的收入不足以在"健康与体面的基础上"维持家庭，或本身还需要照顾父母及其他依靠他们生活的亲戚。联邦政府部门中许多被解雇的女性，其丈夫的年收入在 720 美元或不到；一位女性在她离 55 岁还差 3 个月时因这个条款而被迫辞职，而美国法律规定，妇女 55 岁就有权利领退休金；另一位在政府印刷办公室已经工作 17 年、年薪为 1800 美元的妇女也因这个条款不得不辞职，尽管她办事效率高，将会在一年内可领取延迟的年金，而且她有 3 个孩子，丈夫月收入只有 55 美元。① 此法由于过于苛刻且不合理，于 1937 年被废除。州与地方政府也有类似的政策阻止已婚妇女在政府机构中工作。1931 年，美国一些州、城市和地方的教育委员会制定法规禁止或限制雇用已婚妇女，到 1939 年年末，有 26 个州的立法机构考虑制定禁止已婚妇女从事州工作的法律，但最终只有路易斯安那州获得通过，并不久撤销了此法。另外 6 个州或有联合决议或有政府命令限制已婚妇女工作，有 3 个州制定了禁止已婚妇女参加公职的一般规定。中部地区的肯塔基州（Kentucky）是唯一的例外，它认为婚姻契约是"整个社会结构的真正基础"，因此不对就业构成障碍。②

　　由于非理性的歧视与敌视，美国各个职业领域中已婚妇女就业受阻严重。全国商业和专业妇女俱乐部联盟（The National Federation of Business and Professional Women's Club）在 1940 年年初关于地方就业政策的调查显示，大多数的国家公立学校，

---

　　①　Genevieve Parkhurst，"Is Feminism Dead?" *Harper's Magazine* ，Volume 170，May 1935，p. 743.

　　②　Ruth Shallcross，*"Shall Married Women Work"* （1936），Ellen Skinner，*Women and the National Experience* ，*Primary Sources in American History* ，p. 195.

43％的公用事业部门，以及 13％的百货公司拒绝已婚妇女的加入。① 反对已婚妇女的障碍各种各样，这在学校系统中表现得最为典型。1920 年代期间，公立学校中的女教师已经供过于求，对已婚女教师的歧视已经出现，但是由于经济繁荣，这种歧视还不很明显。"大萧条"期间教师职位竞争加剧，同时学校的财政困难加剧了对已婚女教师的排斥和歧视。这时最常用的方式是拒绝雇佣已婚妇女，或解雇结婚的女教师，或延迟升级及实际上的降级，或当女教师怀孕时暂时或永久性地将其解雇。全国教育联盟（The National Education Association）经常在地方社区中调查就业政策，其中 1930—1931 的一份调查报告显示，其所接触的 1500 所学校中，有 77％不会雇佣已婚妇女，63％会马上解雇结婚的女教师。② 到 1940 年，全国范围内仅有 13％的社区学院雇用已婚妇女做教师，30％的社区学院留用已婚妇女。③

此时的许多私营企业也采取了歧视已婚妇女的政策。铁路公司在"大萧条"之前就歧视已婚妇女就业，现在则开始解雇她们。得克萨斯州对从事交通工作的女性进行调查，若其丈夫的月收入超过 50 美元，女工则必须辞职。1939 年全国工业会议委员会（The National Industrial Conference Board）的一份调查显示，84％的保险公司、65％的银行、63％的公用事业部门禁止雇

① Carol Hymowitz & Michaele Weissman, *A History of Women in American*, p. 306.

② Mary Kelly, Edi., *Woman's Being*, *Woman's Place*: *Female Identity and Vocation in American History*, p. 306.

③ ［美］洛伊斯·W. 班纳著，侯文蕙译：《现代美国妇女》，东方出版社 1987 年版，第 191 页。

佣已婚妇女。① 1931 年所有已婚妇女都被新英格兰电话和电报公司（New England Telephone and Telegraph Company）与北太平洋铁路公司（North Paciphic Railway Company）解雇。1940年美国劳工部妇女局的调查显示，洛杉矶的银行和许多商业公司不雇用已婚妇女；堪萨斯城（Kansas City）大多数的石油和肉类公司以及公共设施歧视已婚妇女；里士满（Richmond）的保险办公室、铁路、批发机构只愿意雇用单身妇女，而 1/10 被调查的商业机构，随时解雇在被雇用后结婚的女性。②

　　总之，1930 年代是美国已婚妇女就业的"寒冬时期"，公众舆论、政府部门与私人雇主对已婚妇女就业的歧视与反对范围广，强度大，方法多样。如果说 1920 年代对已婚妇女的歧视与反对主要还停留在其就业会危害家庭幸福和自身的女性气质层面上，1930 年代对已婚妇女的攻击则已经上升到道德和国家能否复兴的层面上。这种歧视以及反对已婚女性就业来源于"男主外、女主内"的男女性别角色分工的传统观念。美国社会普遍认为，男性作为家庭的主要供养者，在就业上理所当然有优先权，经济萧条和大量失业，使人们相信已婚妇女的就业是"偷走"了本来属于男人的工作，只要已婚妇女退出劳动力市场，男性有了工作，经济的繁荣就会到来。在许多人看来，已婚妇女坚持工作是"自私的"，对家庭和国家极其"有害"，1931 年一名男子在写给国会议员的信中指出："在我国，如果少雇用妇女，就会给许多闲散的男人腾出地方……说到底，真正属于女人的地方是负责养育孩子的家，外出谋生是男人的事。这是天意……我认为妇

---

　　① Susan Ware, *Holding Their Own: American Women in the 1930s*, p. 28.

　　② Lynn Y. Weiner, *From Working Girl to Working Mother: The Female Labor Force in the United States, 1820－1980*, p. 110.

女不回家我们就无法恢复正常和繁荣的时代。"①

但无论是社会舆论还是政府政策，反对已婚妇女就业的理由既不充分，也不理性。美国社会反对已婚妇女就业主要有三个理由：她"占据"了本是男性的工作；妇女的位置在家庭；如果妇女不工作，孩子们会更健康而家庭生活会更加幸福。但事实证明：第一，已婚妇女在劳动力市场中的比例依然偏低，1930 年为 11.7%，1940 年也只占 15.6%。② 在最低收入领域内，只有 25% 的已婚妇女在工作，而且有年幼孩子的已婚妇女很少外出工作。③ 第二，由于丈夫工资削减或失业，已婚妇女为了家庭经济需求而参加工作，这对维持家庭的生活水平甚至家庭的生存至关重要。美国劳工部妇女局的一项调查显示，大多数就业的已婚妇女是因为丈夫失业或他的收入不足以支撑家庭，近 1/3 的已婚就业妇女是家庭生活中唯一来源，55.6% 的已婚就业妇女与家庭中的其他成员共同支撑家庭。④ 埃莉诺·罗斯福把《1932 年经济法》第 213 条款称为"非常糟糕和愚蠢的东西"，她指出，在政府机构中工作的薪水这么低，一个家庭需要两份收入才能生活。⑤ 第三，由于劳动力市场中性别区分模式的存在，男性很少进入女性就业领域，而女性同样很难涉足传统上为男性职业的领

---

① ［美］萨拉·M. 埃文斯著，杨俊峰译：《为自由而生——美国妇女历史》，辽宁人民出版社 1995 年版，第 227 页。

② Robert L. Daniel, *American Women in the 20ᵗʰ Century*, *The Festival of Life*, p. 98.

③ Susan Ware, *Holding Their Own: American Women in the 1930s*, p. 29.

④ Alice Kessler-Harris, *Out to Work: A History of Wage-Earning Women in the United States*, p. 256.

⑤ Gail Collins, *America's Women*, p. 363.

域，禁止已婚妇女就业无助于解决失业问题。华盛顿州金县通过一个禁止已婚妇女在当地政府中就业的法律，但这个法律实施后男人只获得 50 个工作岗位，这对该县 8.3 万人的失业人员来说无疑是杯水车薪。1940 年卢斯·夏尔克罗斯（Ruth Shallcross）观察到："反对已婚妇女就业的人中似乎很少有人意识到，一个煤矿工人或钢铁工人是不能很好地胜任护士、清洁工或现在多是由妇女担任的工作与秘书的工作。"[①] 1930 年代的美国，仍然是性别区分的劳动力市场中，在绝大多数情况下就业竞争主要是同性之间的竞争，解雇已婚妇女无济于事。那些反对的人根本没有探究经济危机的深层原因，而只是把罪责推到已婚妇女身上，她们成了"大萧条"的替罪羊。

　　反对已婚妇女就业的人也并不真正关心人们就业的权利问题，他们关注的中心乃是男性的地位问题。美国社会对男女的性别分工有根深蒂固的看法，妇女的位置在家庭，而男性的成功有赖于他在外部世界取得的成就，事业的成功与否是衡量男性的最重要的标准。一名优秀的男性，应该努力工作，供养家庭，一般人认为，只有在事业上失败的已婚男性才会让妻子外出就业。这种价值观念对美国社会有深远的影响，即使是身为工人阶级的男性，在经济许可的情况下，也往往以让妻子做全职家庭主妇为荣。男性失业在美国社会被视为是个人的失败，失业的男性不仅丧失了家庭供养者的主导地位，丧失了自尊，动摇了他们在家庭和社会中的地位，从而危及传统的权力分配关系。"大萧条"期间对已婚妇女就业的歧视与反对的根源即在此。

　　这一时期只有美国共产党对已婚妇女就业问题提出异议。《每日工人报》（Daily Worker）发表题为 "为什么共产主义者

---

① 　Susan Ware, *Modern American Women*, *A Documentary History*, p. 195.

反对解雇已婚妇女，以便为家庭的失业者腾出位置"的文章，指出"共产主义者反对把已婚妇女赶出工厂，因为这是一个反动行为，这个行为不仅反对妇女，而且反对整个工人阶级。这是部分资本家降低工人生活水平的一个尝试，既然代替已婚妇女的男性采用后者的工资，这个工资大大低于那些男性工人的工资。这个实践的扩散就这样降低所有工人的工资水平，而这些降低了的工资变成了标准。另外，解雇女性从业者的实践是把妇女贬低为'包袱'的法西斯运动的一部分——妇女只与孩子、做饭和教堂相联系——没有机会参与社会与文化的进步……必须强调工厂中40%的女工是已婚妇女。她们不仅仅是为谋取零用钱而工作……劳工部的妇女局承认在工厂中辛苦工作的90%的已婚妇女，是因为她们必须补充丈夫与孩子的收入的不足……工作妇女争取工作的斗争是整个工人阶级的斗争……参加这个斗争是每个受雇或失业的工人的责任"。① 但美国共产党的声音是微弱的，并未在社会中产生大的影响。而且他们又把妇女就业与阶级斗争联系起来，这种观念对美国社会来说却是不合时宜的。

除了美国共产党，妇女局、妇女工会同盟、妇女选民同盟以及全国妇女党与商业和专业妇女俱乐部等机构、组织坚持所有妇女有权获得外出的工作，强调家庭依赖已婚妇女的工作。全国工会同盟的领导坚持"关于妇女唯一公平的解雇政策，与关于男性的解雇政策一样，不是考虑……工人的婚姻地位而是经济地位"。"无论婚否，大多数人为她们的生活而工作，她们没有其他的方

---

① Philip S. Foner, *Women and American Labor Movement：From World War I to the Present*，pp. 258－259.

式支撑自己或其他人。"[①] 1930 年代的女权主义者也强调，如果婚姻成为解雇妇女的理由，那么所有的妇女将会处于严重的不利地位。她们认为单身妇女不应该加入指责已婚妇女的行列，这会危害她们婚后的工作权利。但这些声音同样没有产生什么影响。

另外，尽管"大萧条"时期美国公众普遍反对已婚妇女就业，但对于员工来说，最终还是由雇主作决定，他们往往更加讲求实际，经济因素和求职者的个人素质是最重要的参考因素。1939 年全国工业会议委员会的一份研究显示，大多数私企雇主认为工人的优点比婚姻地位更重要，3/4 的公司指出没有明确的关于已婚妇女雇员的政策，60％在考虑办公室雇员时根本没有具体政策。但私企雇主在某种程度上也受到流行观念的影响。[②] 已婚妇女就业也在一些州中受到法律保护，1939 年全国教育联盟指出，至少在 13 个州中教师受到法院裁决的保护，不会因为结婚而被解雇。

总之，整个 1930 年代美国已婚女性就业受阻，并遭到公众舆论的猛烈攻击和政府法规、私企雇主各种形式的歧视，已婚妇女就业四面楚歌，举步维艰。

三　美国黑人妇女就业状况

长期以来，美国黑人妇女往往由于丈夫工资太低或需要独立支撑家庭而不得不外出工作，其就业率一直高于美国其他种族的女性。她们习惯上被排除出大多数向白人妇女开放的职业，一般

---

① Alice Kessler-Harris, *Out to Work：A History of Wage-Earning Women in the United States*, pp. 256—257.

② Winifred D. Wandersee, *Women's Work and Family Values*, 1920—1940, Cambridge, p. 100.

从事低报酬和最卑下的工作，遭受着性别歧视和种族歧视的双重压迫，处于女性就业阶梯的最底层，而"大萧条"的到来使她们的处境更加恶化。据美国劳工部妇女局统计，1930年从业的黑人妇女90％是家庭或农场工人；1938年只有10％的黑人妇女工人受雇于工厂，还主要在诸如洗衣工作之类的简单工作种类。[1]"大萧条"对美国黑人的伤害比对白人的伤害更大。这一时期由于棉花市场价格的崩溃和出口市场的萎缩，从事农业的黑人深受其苦。"大萧条"期间北方黑人男性比白人男性有更高的失业率。随着黑人男性供养家庭能力的进一步减弱，黑人妇女不得不外出工作，以维持更加困难的家庭经济。1930年，美国有近40％的黑人妇女参加工作，相比之下只有约20％的白人妇女就业；劳动力市场中有200万黑人妇女，占女工的1/6。[2]到第二次世界大战前夕，有38％的黑人妇女受雇，而白人妇女只有24％参加工作，工作的黑人已婚妇女的比例约为白人已婚妇女的两倍。[3]此时无论在北方或南方，已婚或单身，黑人妇女比白人妇女更易失业；而随着就业市场竞争的加剧，种族歧视使黑人妇女更处于劣势。1938年，美国劳工部妇女局指出，黑人妇女在劳动力市场中普遍面临歧视，"这样的困境以双倍的重压落到黑人妇女身上"。[4]但此时黑人妇女获得联邦救济计划援助的机会要比白人妇女更少。

　　"大萧条"使美国黑人妇女的失业率急剧上升，她们在女性

---

① Nancy Woloch, *Women and the American Experience*, p. 450.

② Susan Ware, *Holding Their Own: American Women in the 1930s*, p. 30.

③ Nancy Woloch, *Women and the American Experience*, p. 451.

④ Ibid., p. 450.

劳动力中的比例从 1930 年的 42％下降到 10 年后的 37.8％。[1]
1930 年代黑人总的失业率高于白人总的失业率,例如 1931 年在
芝加哥,43.5％的黑人男性失业,白人男性则为 29.7％;
58.5％的黑人女性失业,白人女性则为 19.4％。[2] 黑人妇女的失
业率在北方的大城市中比南方更高,并且比在同样城市中的白人
妇女的失业率高 50％到 100％。[3] 就业市场的性别区分虽然为白
人妇女在白领工作中提供了某些保护,但对黑人妇女却毫无益
处。1931 年 4 月,北方 8％的黑人妇女失业,而白人妇女只有
5％;克利夫兰(Cleveland)有 17％的白人妇女失业,而黑人妇
女则有 50％以上失业。一些南方城市情况类似。休斯敦(Hous-
ton)失业黑人妇女的比例 2 倍于白人妇女。美国劳工部妇女局
的调查数据显示,1931 年 1 月匹兹堡(Pittsburgh)50％以上的
黑人妇女失业,而该地妇女整体的失业率只有 19.4％。1933 年
春,美国劳工部关于肯塔基州路易斯维尔(Louisville, Ken-
tucky)失业状况的调查发现,50％以上的黑人妇女失业,而白
人妇女失业不到 25％;被调查的 75％以上的黑人妇女从事家庭
服务和个人服务,这些工人的失业率达到了 56％。[4]

“大萧条”期间失业率的居高不下对美国黑人妇女的就业产

---

[1] Jacqueline Jones, *Labor of Love, Labor of Sorrow: Black Women, Work, and the Family from the Slavery to the Present*, New York: Basic Books, Inc., 1985, p. 197.

[2] Nancy Woloch, *Women and the American Experience*, p. 451.

[3] Robert L. Daniel, *American Women in the 20th Century, The Festival of Life*, p. 106.

[4] Philip S. Foner, *Women and American Labor Movement: From World War I to the Present*, p. 261.

生了严重的影响。黑人女性由于种族歧视和受教育程度偏低,处于职业阶梯的低层,她们主要在家庭服务与农业这两大领域中就业,1930 年,60％的就业黑人妇女是家庭佣人或洗衣女工,25％为农业工人。① 美国有 200 多万名妇女从事家庭服务业,而它一直是黑人妇女的第一大职业,其中约一半黑人妇女从事家庭服务业。② "大萧条"期间很多雇主无力承担雇用佣人费用,家内服务业从业人员中一半以上的黑人妇女失业。1934 年联邦紧急救济署(The Federal Emergency Relief Administration)对城市中依赖救济的人的调查表明,67％一度在家内服务中从业的妇女失业,且主要集中在南方城市中。③ 继续从事这个工作的黑人女工,其工资一般每周 5—6 美元,平均每周工时为 72 小时。④随着"大萧条"的不断延续,来自白人妇女的竞争加剧了黑人家庭佣人的失业。一名黑人妇女描述了她在"大萧条"中的切身体验:"我是一个从事各种最脏最累工作的黑人女工,但是随着时世恶化,老板还是告诉我,你得为自己找一个工作。白人妇女愿意做这个工作。我一家一家地找工作,乞求干些活,但甚至连洗洗涮涮的工作都找不到。"⑤ 由于家庭佣人供过于求,许多雇主压低工资,增加工作量,延长工作时间,而且更愿意选择白人妇女,黑人妇女不得不以更低的工资来增加受雇的机会。1930 年

---

① Susan Ware, *Modern American Women*, *A Documentary History*, p. 218.

② Ellen Skinner, *Women and the National Experience*, *Primary Sources in American Histor*, p. 198.

③ Nancy Woloch, *Women and the American Experience*, p. 451.

④ Susan Ware, *Holding Their Own*: *American Women in the 1930s*, p. 30.

⑤ Philip S. Foner, *Women and American Labor Movement*: *From World War I to the Present*, p. 261.

代期间美国南方黑人家庭佣人平均一星期工作 66 小时，工资为 6.17 美元；黑人洗烫衣物女工做一天的工作，以换取一顿午餐和一件衣服，或一星期 50 美分的收入。[1] 与此同时，黑人妇女在城市职业介绍所中也面临严重的种族歧视，这里一般只给黑人妇女介绍家庭服务工作等收入低且辛苦的工作。1936 年 11 月 23 日一位贫困的黑人妇女写信给罗斯福总统，信中提到，一名有 5 个孩子、丈夫不能工作的黑人妇女到公共工程管理署要求一个工作，但是这个部门中的白人女性工作人员告诉她去找洗衣工作。但是白人并没有为她们的洗衣工作支付报酬，她不能通过洗衣来供养家庭。[2]

　　失业的阴霾挥之不去，而工作的机会少之又少，有一些妇女（大多数是黑人妇女）每天聚集在城市繁华街道的街角，等待工作机会。由于黑人妇女的这种求职方式让人们联想到美国南北战争前的奴隶拍卖市场，因此这种街道拐角劳动力市场被称为"奴隶市场"。绝大多数的"奴隶市场"靠近客流量大的地铁，容易找到雇主，且交通方便。纽约最有名的两个"奴隶市场"位于布朗克斯区（Bronx）的杰罗姆大街和辛普森大街，到 1940 年纽约至少有 25 个这样的"奴隶市场"。当时报刊上有一篇文章详细描述这种"奴隶市场"的情况：

　　　　无论天气阴晴，每个早晨成群的妇女带着褐色包或廉价
　　小提箱，站在布朗克斯和布鲁克林（Brooklyn）的街角，等待
　　获取某些工作的机会。有时有 15 名，有时有 30 名，有些年

---

① Carol Hymowitz & Michaele Weissman, *A History of Women in American*, p. 307.

② Pinkie Pilcher, "*Letter to President Roosevelt*" (1936), Ellen Skinner, *Women and the National Experience*, *Primary Sources in American History*, p. 196.

纪较大，但许多很年轻，绝大多数是黑人妇女，等待雇主到街角与她们讨价还价。她们早上 7 点就到，一直等到下午 4 点，希望到回家时能够挣到足够的钱买晚餐。有些人花完最后一分钱，然后来到街角，急切地等待着被雇用。随着时间流逝，到下午她们的劳动价值只有上午的一半。如果幸运的话，她们可以得到 1 小时 30 美分的活计，整天擦洗、清洁、干洗、洗窗户、给地板打蜡和做木工活。下午当大多数人已经被雇用时，工资下降到 1 小时 20 美分。一旦被"奴隶市场"雇用，妇女常常发现经过一天的劳累后，她们的工作超过安排的时间，而得到的比原先许诺的要少，有时被迫接受实物，如衣服作为报酬，而不是现金，被剥削的程度超出人的忍耐程度。只是因为极端需要钱才使她们屈从这种情况。……许多黑人妇女一周只有 2 美元收入，而工时长达 80 小时。她们没有社会保障，没有女工补助，没有老年保障。[1]

黑人妇女在"奴隶市场"的困境不过是冰山一角，她们在"大萧条"之前就很贫困，此时的生活更加凄惨黯淡。"新政"时期各种法令基本都没有涉及家庭工人和农业工人应该得到的支持与帮助，而黑人妇女绝大多数在这两个职业领域中，因而不能享受到政府立法的好处。据统计，只有 10％从事有酬劳动的黑人妇女能够从"新政"立法中受益。[2] 美国联邦救济计划中黑人同样处于不利地位。黑人妇女也面临种族歧视，联邦政府的以工代

---

① Doreen Rappaport Edi. , *American Women, Their Lives in Their Words*：*A Documentary History*, p. 218.

② Jacqueline Jones, *Labor of Love, Labor of Sorrow*：*Black Women, Work, and the Family from the Slavery to the Present*, p. 199.

赈计划里常常也没有把她们的就业列在其中，公共工程兴办署没有为有色人种提供救济帮助。即使被列在救济名单上，白人也以种种借口搪塞，使多数有色人种群体得不到任何救济。1935 年，只有 25％的黑人女工得到救济，而 40％的黑人女工是家庭的主要经济来源。① 没有受到法律保护家庭服务工人发现自己需要仰仗雇主的怜悯，只有威斯康星州（Wisconsin）和华盛顿州才有工资或工时立法。《全国劳工关系法》通过后，规定工人有集体与雇主谈判的权利，大大促进了劳工运动的发展，家庭工人也加入其中。1934 年，多拉·琼斯（Dora Jones）成立家庭工人工会（The Domestic Workers' Union），1936 年华盛顿特区、1937 年纽约州也相继成立家庭工人工会。琼斯的家庭工人工会 5 年后成员发展到 350 人，其中 75％是黑人妇女。② 但由于女性家庭工人工会人数微不足道，影响亦局限在地方范围内，未能为家庭工人争取到很多的利益。

农业是美国黑人妇女的第二大职业，1930 年代美国农业危机进一步加剧，不得不进行全国的农业结构调整，对黑人妇女就业产生了重大影响。几百年来，美国黑人几乎完全生活在美国南方，20 世纪以后才有黑人大量迁往北方城市，1930 年代期间这种流动仍在继续，约有 40 万黑人移民到北方，到 1940 年，在南方外生活的黑人达 300 万人，但绝大多数黑人（约 77％）仍然居住在南方。③ 农村黑人妇女由于一直生活艰辛，因此最初"大萧条"对她们的冲击并不是很大。随着"大萧条"的深化，从事

---

① Susan Ware, *Holding Their Own*：*American Women in the 1930s*, p. 30.

② Gerda Lerner, *Black Women in White America*：*A Documentary History*, New York：Vintage Books, A Division of Random House, 1972, pp. 231—232.

③ Susan Ware, *Holding Their Own*：*American Women in the 1930s*, p. 12.

农业的黑人妇女受到沉重打击。"新政"期间,美国联邦政府采取了限制农产品产量和提高农产品价格的方针,对农业政策进行调整。由于削减农产品产量,迫使许多佃农和分成农(Crop Tenant)离开土地。与此同时,美国联邦政府对农场主发放补贴,让他们把有限的资金投到农业机器的更新,对农业工人的需求下降。在这两方面的作用下,农业工人的需求数量迅速减少,大量男性黑人农业工人被淘汰,找不到其他工作。而此时南方白人男性也开始用暴力夺取黑人男性的工作,南方黑人面临饥饿与恐怖的威胁。在这种情况下,美国黑人妇女在家庭中所承担的经济责任加重,他们中有一部分人到城市中寻找出路,留在农村中的黑人妇女则想方设法寻找短期的有酬劳动,维持自身和家庭的生存。但此时黑人女性农业工人的就业机会很少,且工资低得惊人。一份调查显示,在路易斯安那(Louisiana)的一个教区里,棉花采摘女工的平均年收入是 41.67 美元(男性平均收入为 120.19 美元),大多数妇女一年平均工作日少于 90 天,所挣得的工资少于 50 美元。由于生活困窘,有些黑人家庭在东部沿海地区流动,过着颠沛流离的生活。美国劳工部妇女局在 1940 年的报告中记录了这种过着流动生活的黑人家庭,他们"在特拉华(Delaware)采摘浆果、罐装西红柿;在弗吉尼亚(Virginia)'抢'马铃薯;在马里兰(Maryland)收摘黄瓜。经过 9 个月的零星工作,家庭共挣了 330 美元"。[①]

　　美国工厂中黑人妇女的处境同样艰难。这一时期的工厂女工几乎全是白人,黑人女工则很少。1930 年美国工厂中有 10 万名黑人妇女,她们主要集中在烟草、服装、食品、纺织、伐木、冶

---

① Robert L. Daniel, *American Women in the 20ᵗʰ Century*, *The Festival of Life*, p. 105.

铁与钢铁以及印刷工厂中。1938年妇女局的一份调查显示，仅有10％的黑人妇女在工厂里就业，只比1890年的统计高出7％。[①] 工厂中的黑人妇女主要从事体力劳动或非熟练工作，从事白人妇女拒绝接受的最艰苦、肮脏的工作。在商业洗衣店中，黑人妇女做蒸汽熨烫和上浆，她们一天站立10小时，重复地"把手伸进几乎沸腾的浆水中"。在服装工厂中，黑人妇女也主要做熨衣工，这个工作要求以"非凡的力量与忍耐"忍受高温。在屠宰场，黑人女工主要做处理内脏的工作，在"冷、湿和'令人作呕的气味'"的环境中工作。[②] 不仅工作环境恶劣，工资减少，工时超长。在雪茄烟与香烟工厂中，1930年白人女工的平均工资为一周16.30美元，而黑人女工只有10.10美元；同年佐治亚（Georgia）关于工资的一份调查揭示，90％的黑人妇女与只有10％的白人妇女每周收入低于5美元；1930年在查理斯顿（Charleston）一个装包工厂，超过600名黑人妇女每天工作10—12小时，平均每周工资为4美元，如果她们工作迟到5分钟，就在工资中扣除25美分；在亚特兰大（Atlanta）洗衣店中，黑人妇女一周挣6.50美元，每天几乎工作12个小时。[③] 而在洗衣店中工作的3万美国黑人妇女，最低工资每天只有14美分。[④] 工厂中的黑人妇女承受着性别与种族歧视的双重压力。美

---

① ［美］洛伊斯·W. 班纳著，侯文蕙译：《现代美国妇女》，东方出版社1987年版，第189页。

② Robert L. Daniel, *American Women in the 20ᵗʰ Century*, *The Festival of Life*, p. 105.

③ Philip S. Foner, *Women and American Labor Movement：From World War I to the Present*, p. 262.

④ Nancy Woloch, *Women and the American Experience*, p. 450.

国劳工部妇女局指出：“她们注定要做更卑下的工作，获得更低的工资，更危险——总之，最不愉快，最不称心。”①

　　美国黑人妇女进入白领职业领域的机会在 1930 年代依然很少。此时销售与秘书工作尽管延续了 1920 年代的扩大趋势，为妇女提供了更多的就业机会，但基本为白人妇女所有，高薪的工厂工作也对所有的黑人关闭。到 1940 年，当 1/3 的白人女性从事秘书工作时，黑人妇女只有 1.3% 从事这项工作，而且还主要在黑人占多数的办公室里工作。② 此时只有少数职业对黑人妇女的需求有所上升，1930 年以前的 20 年间，黑人妇女在专业工作中的人数增长了 100%，到 1930 年，3/4 的黑人专业妇女是教师，1/10 是经过专业训练的护士。③ 黑人女教师的薪水少于女性白人教师，更少于男性白人教师。

　　此时黑人妇女就业环境更加凄惨，肤色的障碍仍然不可逾越，社会对黑人妇女的偏见根深蒂固，美国传统的妇女观主要针对白人妇女，具体来说是针对白人中产阶级妇女，并不适用于黑人妇女。黑人妇女从殖民地时期开始就从事各种艰辛的劳动，美国社会对她们的这种角色视为理所当然，没有人像对白人妇女进入劳动力市场那样，引起对女性气质、家庭伦理甚至国家道德与进步的忧虑与争论。由于大量的黑人妇女在工作和养家糊口，1930 年代期间对黑人家庭中的母权制家庭结构的争论不断，这个争论开始于 E. 富兰克林·弗雷泽尔德（E. Franklin Frazierde）的《美国的黑人家庭》一书。尽管美国劳工部妇女局注意

---

① Susan Ware, *Holding Their Own: American Women in the 1930s*, p. 30.

② Robert L. Daniel, *American Women in the 20th Century*, *The Festival of Life*, p. 105.

③ Susan Ware, *Holding Their Own: American Women in the 1930s*, p. 30.

到"大萧条"对黑人妇女来说尤其严重，但它坚持这是黑人妇女的自身原因造成的，直到黑人妇女能够"证明自身能够发展技术与稳定的工作习惯"，什么都不能改变。玛丽·安德森也在1933年3月的一次会议中指出："黑人妇女如果要取得进展，首先要显示她值得获得那个机会。"[1]

总之，1930年代黑人妇女就业的地位并没有改善，经济萧条不仅使黑人妇女工作机会大为减少，而且还受到来自机器和白人妇女的强有力的竞争，到1940年，教育家南妮·巴勒斯（Nannie Burroughs）指出，黑人妇女的工作"已经转让给机器、白人或被淘汰"。[2] 无论是从事蓝领还是白领工作，黑人工作妇女既不易从工会也不易从"新政"法律中获益，他们属于被边缘化的群体，而种族歧视的阴影更是如影随形，无论是城市或农村、北方或南方，这一时期的美国黑人妇女不仅经济压力沉重，还背负着沉重的精神包袱，处在"男子偏见、白人无理的憎恨与黑人缺乏权力的三方交叉火力"的重压之下。[3]

四　1930年代美国妇女就业发展的原因及其影响

1930年代美国妇女面对男性失业和公众敌视加剧的巨大压力，经受住了严峻的考验，在劳动力市场中依然呈现上升趋势，主要有以下几个原因。

首先，"大萧条"期间由于男性失业率加大，或收入低得不

---

[1]　Philip S. Foner, *Women and American Labor Movement: From World War I to the Present*, p. 262.

[2]　Jacqueline Jones, *Labor of Love, Labor of Sorrow: Black Women, Work, and the Family from the Slavery to the Present*, p. 197.

[3]　Susan Ware, *Holding Their Own: American Women in the 1930s*, p. 13.

足以支撑家庭，由于家庭经济需求已婚女性不得不大量进入就业市场。1929 年到 1933 年期间，美国家庭平均收入下降了 40%。此时全国一半以上的家庭年收入低于 1200 美元，很多家庭面临丈夫失业或丈夫工资被削减带来的困境，已婚妇女为了维持家庭的生存或保持原有的家庭生活水平而进入劳动力市场。1930 年 5 月的一封来自参加工作的已婚妇女的信中这样说："如果你是一个女性，你就会理解在工厂工作和管理家务意味着什么。甚至在我丈夫有工作时我就不得不参加工作，以使家庭收支相抵。我丈夫从去年 10 月以来就失业了，请别问我，一家人是怎样靠我那一点点可怜的收入过活，然而若无这点收入我们就会挨饿。"[1]对缅因州班格地区（Bangor，Maine）的一份调查报告也显示，已婚妇女就业的理由主要基于家庭经济的需求，一些女性提供了诸如"由于我丈夫的工资去年已大大下降，我获得某种形式的雇用是绝对必要的"、"我已婚有两个孩子，而且目前我丈夫失业"等理由，此外伯明翰工业委员会（The Birmingham Industrial Board）对"白人已婚女性"的调查中指出："如果妇女获得有收益的雇用，她就能肩负起养家重担，直到她的丈夫找到工作。"[2]同时，"大萧条"促使童工退出劳动力市场。从 1920 年代以来，随着中学教育民主化的发展，越来越多的青少年完成中学教育；"新政"期间通过了《国家工业复兴法》、《沃尔什—希利法》（The Walsh-Healy Act）、《公平劳动标准法》，为取消童工提供了法律依据；此外，20 世纪初以来美国社会的儿童观念也发生了变化，一再强调儿童的脆弱性，强调工业劳动会危害儿童的身

---

① Philip S. Foner, *Women and American Labor Movement*：*From World War I to the Present*，p. 257.

② Ibid.，p. 259.

心健康，而且会削减成年男性的工资。正是基于以上原因，"大萧条"期间很多家庭更多的是妻子而不是孩子进入劳动力市场，以满足家庭的经济需求。

其次，由于劳动力市场中的性别区分状况的存在，在大萧条的特殊背景下反而对妇女就业起了一定的保护作用。研究显示，这一时期男性占主导的重工业（如钢铁、石油、矿业等）比女性集中的消费与服务业（如纺织、食品、美容院、电话服务等）失业更严重，男性受到失业影响的程度比女性要深。约翰·帕里什（John Parrish）在 1940 年指出，妇女在几个受打击最严重的工厂群体中所占的比例不到工人总数的 2%，而妇女在失业下降最少的群体中占工人总数的 30%。[①] 卢斯·米尔克曼也认为妇女受到经济危机的影响相对要比男性小，"因为妇女所集中从事的职业，即为具有性别特征的'女性'职业，比男性所集中从事的职业收缩较少"。[②] 有些州中在"大萧条"的最低点时，男性失业甚至有女性失业的 4 倍之多。[③] 此时即使女性会被暂时解雇，但失业男性出于自尊，一般不愿意从事诸如家庭佣人、护士之类的"女性"工作，而失业女性从事"男性"工作却没有这种顾虑，她们会利用一切可能得到机会，也更容易接受工资低廉的工作。这种灵活性使女性能够从事任何类型的工作，以维持自己和家庭的生活。当然，这种状况也造成妇女继续转向报酬低、地位低的工作。卢斯·米尔克曼通过对"大萧条"期间妇女就业进行广泛

---

①　Alice Kessler-Harris, *Out to Work: A History of Wage-Earning Women in the United States*, p. 261.

②　Philip S. Foner, *Women and American Labor Movement: From World War I to the Present*, p. 256.

③　Nancy Woloch, *Women and the American Experience*, p. 447.

分析的基础上得出结论:"职业的性别类型在劳动力市场结构中造成了一种僵化,这防止了以本斯顿建议的方式驱逐妇女。它不是因为女性劳动力比男性廉价的事实,而是因为妇女的工作是如此严格的性别类型,保护妇女在大萧条中避免失业。"[①]

最后,此时美国妇女就业的发展也得益于技术进步和美国联邦政府政策的调整。20世纪初以来,由于技术进步导致了经济的结构性变化,美国经济从以工业经济为主向以服务为主导的经济模式转变,农业工人与工匠等蓝领职业缩减,服务业与半熟练操作以及白领职业则不断增长,这种转变有利于女性就业的发展,20世纪20年代女性在白领职业中的迅速发展是其突出表现。"大萧条"的到来加速了经济的这种结构性变化,对女性就业的需求继续上升。《全国工业复兴法》通过限制工时来限制产量,公司为了生存,更新机器,精简生产过程,生产合理化过程不断提高,降低了工作的技术含量,与之相对应的是工资的降低,这为妇女就业创造了有利条件。白领职业此时继续增长,始于19世纪末的办公室的专业化在"大萧条"期间进一步加强,技术进一步改进,使办公室更需要非技术性的女性来担任这种工作。随着办公室技术的不断改进和管理模式的转变,要求大量的速记员、打字员和办公室机器操作人员,使妇女获得12万个秘书工作,也增加了近9.8万个管理工作和9.3万个销售人员工作。[②] 此外,"新政"改革主要刺激了消费与服务行业,而建筑、

---

① Susan Ware, *Holding Their Own*: *American Women in the 1930s*, p. 36. 作家玛格丽特·本斯顿(Margaret Benston)指出,妇女的作用是劳动力的"后备大军":在劳动力匮乏时,妇女被拖进劳动力市场,而在劳动力过剩时则被排除出去。

② Robert L. Daniel, *American Women in the 20th Century*, *The Festival of Life*, p. 102.

交通、汽车和钢铁等被定义为"男性职业"的重工业部门，所受影响最大且恢复最慢，这样相对为妇女提供了比男性更多的就业机会。一份关于美国西部一个有 1.4 万人口的社区的研究表明，在"大萧条"早期，在编织贸易、纺织业和服务业，镇里妇女的工作增加了，而在玻璃厂工作的男性则急剧下降。对另一个"钢铁城镇"的研究也表明了同样的情况。[1] 这一时期由于大型超市等白领职业的明显发展，也为女性就业提供了更多的机会。正是上述原因，1930 年代美国妇女就业总体上呈上升趋势。

不过对这一时期美国妇女就业状况，也有一些相反的看法，一般集中在两点：第一点，妇女对职业的兴趣从 1920 年代开始已经下降，年青一代的女性对女权主义与职业的兴趣比前辈妇女要少；第二点，"大萧条"时期经济状况的恶化使女性的就业机会大大下降。历史学家芭芭拉·哈里斯（Barbara Harris）指出："如果 1920 年代看到了女性进入职业的数量缓慢的下降，那么 1930 年代意味着灾难。在大萧条的冲击下，对女性的敌视达到了新的强度。"[2] 但笔者认为，尽管大萧条期间妇女失业增加，但从整体看，整个 1930 年代男性总体上的失业率要超过女性。1930 年的人口调查表明，妇女的失业率为 4.7%，而男性为 7.1%。[3] 这一时期的一些研究报告也显示，在雇佣妇女人数相对较少的重工业部门，如开采、钢铁业和建筑贸易等行业中，男性的失业率要大于女性的失业率。例如在密歇根（Michigan），

①　Rosalyn Baxandall, Linda Gordon, Susan Reverby: *American Working Women*, *A Documentary History-1600 to the Present*, p. 247.

②　Susan Ware, *Holding Their Own*: *American Women in the 1930s*, p. 68.

③　Philip S. Foner, *Women and American Labor Movement*: *From World War I to the Present*, p. 256.

1935 年总就业率下降了约 7%，妇女只失去了 2% 的工作，男性则为 8%；宾夕法尼亚（Pennsylvania）1934 年 1 月到 12 月就业总体下降 6.2%，但实际上妇女的就业率还略有上升，而男性的就业率却下降了 8%。[①] 只有诸如罗得岛（Rhode Island）等以轻工业为主的州中，男性失业率才没有超过女性失业率。从总体上看，这一时期妇女就业压力虽然巨大，失业也在加剧，但生存压力迫使她们继续进入劳动力市场，客观条件也为她们创造了就业机会，20 世纪初以来美国妇女就业率的上升趋势并没有因这场空前的灾难而中断，依然在艰难的环境下曲折上升。

　　"大萧条"期间美国女性就业发展对家庭的生存和社会的发展起了重要作用。首先，"大萧条"期间许多家庭收入锐减或丈夫失业，妇女就业不仅维持了自身和家庭的生存，而且改善了家庭的经济状况，对支撑家庭生存至关重要；其次，"大萧条"期间政府为刺激经济的恢复和发展，重点刺激消费与服务行业，秘书工作、家内服务以及个人服务等女性工作如果没有女性作出贡献，经济就无法摆脱困境；再次，"新政"期间国家救济和社会福利部门急剧扩大，需要女性社会工作者的经验和知识，此时社会救济项目的实施和社会福利政策的制定和管理也都离不开女性的努力和奉献。又再次，此时对妇女是否应该工作的争论空前激烈，工作是"人类男性部分的绝对特权"或它是"每个人的基本权利"？对工作权利的争论对"妇女的位置在家庭"的传统观念形成一定的冲击，一些敏锐的人认识到保护所有女性工作的权利触及了比收入更大的问题。洛蕾·普鲁蒂指出，"家庭与国家的结构，当它处在一个否认妇女根据她们的能力、需要和愿望起作用的权利的社会

---

① Alice Kessler-Harris, *Out to Work：A History of Wage-Earning Women in the United States*, p. 260.

时，就不能发展"。劳工部妇女局局长玛丽·安德森也指出，如果需求是工作权利的基础，那么男性与女性都应该在那些基础上被雇用和解雇，通过阶级和婚姻地位区分妇女只能引起是否任何妇女有工作权利的问题的争论。[①] 这一时期一些社会学家、妇女局官员以及一些记者努力保护妇女的就业机会，而女性出于现实的经济需求继续加入劳动力大军，"妇女的位置在家庭"的信条已经变得更难维持。"1930 年代的危机侵蚀了抑制的机械主义，它减少了男性和女性工作之间的障碍，为女性和男性带来了进步主义时代的保护。总之，进入劳动力市场中真正的可能和无可辩驳的家庭的需求，抵消了公众坚持妇女应该在家中履行其职责的成见。从这个意义上来说，大萧条反而巩固了女性作为工人的位置，它强调已经根植于 1920 年代的感觉，即在某些情况下，妇女能够在家庭内外有效地履行家庭功能。"[②] 此时女性就业的发展对家庭的生存与巩固、对美国经济体制的正常运行起了重要作用，并且在一定程度上冲击了"妇女的位置在家庭"的陈规。

由于"大萧条"特殊的环境，对妇女就业的歧视在美国不断增强，而且女工往往被忽视或被政府政策边缘化，生存环境更加不容乐观。"大萧条"期间，公众一般只关注失业男性状况，"失业工人的公共形象是男性，妇女被假定有丈夫、兄弟或父亲照顾她们，尽管（她们）很多是一家之主或独立谋生。到 1933 年才实施的新政计划，很少给予城市中的单身妇女优先权，她们处于被忽视的状态中"。[③]

[①]　Alice Kessler-Harris, *Out to Work: A History of Wage-Earning Women in the United States*, p. 258.

[②]　Ibid., p. 272.

[③]　Susan Ware, *Modern American Women, A Documentary History*, p. 197.

首先，大萧条期间美国妇女大量失业，生活备受煎熬。1931年美国劳工部妇女局的一份调查显示，"相对于男女两性的就业率而言，经常性的波动与衰退更大程度上对妇女的影响超过对男性的影响；高峰时期在特定的季节性工厂中妇女比男性在更多受雇，更后被解雇；变动最剧烈的工厂与职业中往往正是那些女工赖以谋生的地方"。① 参议员罗伯特·F. 瓦格纳（Robert F. Wagner）指出，妇女挣工资者是"风暴中的第一批孤儿"。② 对美国其他州与城市的调查报告得出的也是相似的结论。纽约州劳工部（New York State Department of Labor）在 1933 年报告，有 30％的女工失业，克利夫兰报告中女性失业比例与其相同；亚特兰大 1932 年冬天女性占所有失业者的 50％；芝加哥的失业妇女占该城所有就业妇女的 20％；在纽约布法罗（New york，Buffalo），妇女中失业比例从 1932 年的 25.4％上升到 1933 年的 56.2％。格雷斯·哈金斯指出，1933 年夏失业妇女的数量接近 400 万人。③ 1937 年一份关于不完全就业、失业和就业的统计报告估计，在该年的 11 月有超过 300 万的失业妇女（1930年代全部女性劳动力约为 1100 万人），另外的 39.8 万妇女估计在公共工程兴办署和其他部门工作，约有 350 万妇女没有正常就业。④ 美国妇女联盟对妇女失业的调查报告显示，60％的被调查女

---

① Susan Ware, *Holding Their Own*：*American Women in the 1930s*，pp. 34—35.

② William Henry Chafe, *The American Woman*，*Her Changing Social*，*Economic*，*and Political Roles*，*1920—1970*，p. 58.

③ Philip S. Foner, *Women and American Labor Movement*：*From World War I to the Present*，pp. 256—257.

④ Mary Kelly, Edi., *Woman's Being*，*Woman's Place*：*Female Identity and Vocation in American History*，pp. 299—300.

性在"大萧条"期间面临工资削减与收入下降，30％被调查对象经历过某些失业；年龄较大的女性更易失业。[1] 妇女工会同盟1936 年夏的资料表明，服装、手套、纺织以及女帽工厂中，工人一年一般只工作 26 周至 35 周。一个工人回忆："在那时没有人整年工作。你工作几星期，然后失业一两个月，然后你得到另一份再工作几个星期。"[2] "每天早上都是相同的故事，"一位纺织厂女工写道，"我到哪里去？这个工厂正在衰退，那个工厂正在解雇女孩，我似乎无处可去。去年大约 20 个工厂已经停业，根本不可能获得任何工作"。[3] 由于就业岗位有限，妇女之间的竞争越来越激烈。男性对女性就业的抵制也在加强，卡内基技术学校（Carnegie Institute of Technology）的校长建议将 75％可以得到的工作应该留给男性，因为妇女就业的增加加剧了男性的就业困难。[4]

这一时期政府救济非常有限，工作机会少之又少，失业妇女们在饥饿和绝望中挣扎。记者、诗人兼小说家梅莉戴尔·勒索尔对明尼阿波利斯城市职业介绍所的求职妇女有过详细的描写：

> 我们坐在房间中，心中很明白没有工作。这就是我们说得不多的原因。我们低头看地板，害怕看到彼此眼中的那个信息。我们眼中有一种羞耻，不看彼此却看着地板。看见彼此眼中的这种动物般的恐惧太可怕了。一小时接一小时、一

---

① Susan Ware, *Holding Their Own：American Women in the 1930s*, p. 71.

② Ibid. , p. 31.

③ Carol Hymowitz & Michaele Weissman, *A History of Women in American*, pp. 305－306.

④ Philip S. Foner, *Women and American Labor Movement：From World War I to the Present*, p. 257.

天接一天坐在这里，等待工作的到来。有许多妇女争夺一份工作。一个瘦削的妇女坐在柜台后看书。四个小时中我们在看她看书。在这个小小的空荡荡的房间中有半打妇女坐在长椅上等待。许多人来了又走了，我们已经彼此熟悉，因为我们天天在这里等待。这是家务劳动就业局。来这里的大多数是中年妇女，有些有家庭；有些要供养家庭，现在则是一个人；有些人家中有失业的男性。时世艰难，男人去找工作，但没有找到，继续流浪，她或许已经很长时间没有听到他的消息了。她对此并不惊讶，她独自挣扎养活几个人。如果她足够机灵，她就可以通过慈善机构过很好的生活；如果她天生是一个马屁精、天生有点驯顺和狡猾的话，她就可以偶然从慈善机构获得帮助。但如果她高傲的话，她会安静地挨饿，离开孩子去找工作，经过一天的找寻后回家应付家与孩子。这样的故事写在所有这些妇女的脸上。[①]

其次，"大萧条"时期美国劳动力市场的性别区分状况在某种程度上被强化。历史学家艾丽斯·凯斯勒-哈里斯认为"大萧条"对男性与女性造成不同的影响，加速女性进入劳动力市场，并巩固了性别区分。妇女局的研究表明，"当有选择机会时，雇主更愿意雇佣男性；一旦一个工作被人们认为是'完全女性'的工作时，男性不再提出申请。这保护了妇女，但以加强流行的所谓的'女性的工作'的陈规为代价"。但她承认男性与女性失业的差距或许比她所提出的数据更小。例如，妇女经常没有被充分

---

① Meridel Le Sueur, *"The Despair of Unemployment Women"* (1932), Ellen Skinner, *Women and the National Experience*, *Primary Sources in American History*, pp. 191—192.

计入就业统计数据；统计数据的人也往往假定来开门的妇女是家庭主妇，而不是一个失业者。而且，妇女做部分时间工作的人比男性多，尽管受雇但无法维持生活。另外，由于劳动力性别区分状况的强化，女性在劳动力市场中的地位在逐渐退化。朱丽叶·K. 布兰克韦尔德（Julia Kirk Blackwelder）在对 1930—1940 年妇女在亚特兰大、新奥尔良（New Orleans）与圣安东尼奥（San Antonio）劳动力市场中的情况进行调查后发现，"贫困与失业的负担不均衡地降临到少数族裔群体上"，主要原因是职业的隔离，它对性别与少数族裔几乎是"等级制度式关系"，这影响了妇女劳动力的参与，"随着那些被严格贴上性别与少数族裔标签的特殊职业起伏波动，造成一个种族群体或女工所从事的工作的数量增加或下降，那个群体的劳动力参与显示一致的增加或丧失"。[1]

再次，"大萧条"期间对美国妇女就业的歧视和曲解也被强化。此时许多美国人依然认为妇女外出工作是"挣零用钱"或"消磨时间"，而无视许多家庭中妇女是家庭经济主要支撑者或主要贡献者的事实。1930 年，至少 1/10 的失业妇女是家庭的主要经济支柱，20%—50% 的失业妇女对家中的"依赖者"负责，她们的失业对家庭和其依赖者来说是巨大的灾难。[2] 这一时期关于妇女就业是为了"零用钱"的观念非常流行。"零用钱"理论假定就业妇女已经得到很好的供养，她们寻找有酬工作只是保证额外的消费的一种方式，很多美国人甚至有些妇女就业问题专家都持这种观念。拉尔夫 · G. 赫林（Ralph G. Hurlin）为"最近社

---

① Susan Ware, *Holding Their Own: American Women in the 1930s*, pp. 35—36.

② Ibid. , p. 32.

会趋势胡佛总统委员会"（Hoover's Commission on Recent Social Trends）写关于就业报告时断言，妇女寻找工作"只作为半临时工，追求零用钱，（她们）普遍从家里接受津贴"。① "零用钱"观念的流行对妇女就业造成不利影响，雇主以妇女不必依赖其工资谋生为理由，把支付妇女低工资合理化，而公共机构的官员也能把就业妇女作为劳动力市场的临时成员予以解雇。但调查显示，妇女寻求有酬工作主要是为了帮助家庭和维持自身生活。如劳工部的研究显示，一半以上的工厂工人挣不到足够的工资以维持体面的生活水平，只有妻子或女儿也参加工作，家庭的预算才能维持。美国劳工部妇女局的研究也显示，近 90％的就业妇女出于家庭经济需要而工作，以维持自己及家人的生活；大多数女工来自移民与黑人家庭，她们根本不是为了获得额外的钱购买奢侈品，而是使其家庭能够购买生存所必需的食品和衣服。美国劳工部妇女局官员强调："以如此巨大代价参加工作的已婚妇女所获得的报酬，是一个使其孩子拥有健康和教育、家庭有满意的生活的机会。"调查显示，这一时期 25％的就业妇女是其家庭的主要挣工资者，95％就业的已婚妇女贡献出全部的工资以敷家用；67％的单身妇女把所有的收入交给家庭使用。玛丽·安德森指出："妇女的所谓零用钱往往是家庭的联合零用钱，是使家庭团结一致、量入为出的唯一方式。"② "大萧条"期间女性外出就业对维持家庭至关重要，"零用钱"理论只不过是对女性就业进行歧视的另一个冠冕堂皇的理由。此外，此时雇主也可以以其他理由对妇女就业进行歧视，如一家医院可以以申请者的牙齿畸形

---

① William Henry Chafe: *The American Woman*, *Her Changing Social*, *Economic*, *and Political Roles*, *1920—1970*, p. 62.

② Ibid., pp. 63—64.

而拒绝她读护士学校；纽约教育董事会（New York Education Board）因罗丝·弗雷斯塔特（Rose Freistater）体重达 182 磅而拒绝她申请教师职位，理由是她会在消防训练中移动困难。诸如此类近乎荒谬的歧视理由不胜枚举。[①] 除此之外，此时劳动力市场中男女两性同工不同酬的现象更是普遍存在，"新政"的很多法规把这种男女差别工资加以制度化。

　　总之，1930 年代妇女就业受到较大的冲击，失业与歧视的双重负担阻碍了女性的个人进展，推迟了妇女作为一个群体的职业流动。但妇女就业还是取得了一定的进展，尤其是白领和专业工作有较大进展，职业女性以她们的智慧与才干不仅促进了个人职业生涯的发展，而且在"新政"部门占据了重要职位，她们经受住了"大萧条"的考验，在美国妇女职业发展史上写下艰难而光辉的一笔。

第三节　1930 年代美国妇女婚姻家庭生活
特点及其地位和角色变迁

一　恋爱与婚姻关系特点

（一）爱情是"抵挡孤独的屏障"

　　在经济"大萧条"的冲击下，1930 年代美国婚姻呈现出与 1920 年代不同的特点。在经济繁荣的 1920 年代，性解放思潮流行，婚前性行为、离婚率都呈增长趋势，而"福莱勃尔"作为性解放的象征成为这个十年最引人注目的群体。到 1930 年代，在

---

① Gail Collins, *America's Women*, p. 364.

美国，尽管婚前性行为的人数依然呈上升趋势，但这种行为更多出于感情上的安全感需要，并以婚姻作为终极目标。同时，经济困境使生存成为第一需要，许多年轻人由于经济原因推迟结婚。"大萧条"期间许多家庭成了免遭经济大萧条破坏的"精神避难所"，家庭的重要性更加凸显，人们对婚姻的期望值上升，妇女在家庭中的中心地位更加突出，妻子和母亲这个文化概念被赋予了新的含义。

美国的大学校园是流行文化最敏感的风向标，1930 年代的校园不再是"性解放"和"新道德"的先锋与实验场所。1936年《财富》杂志对美国大学校园的调查发现，节俭取代了嗜酒和性关系，宗教成为校园里辩论的主题。女大学生对婚姻的期望值上升，每 5 个女大学生中就有 3 个渴望在毕业后立即结婚，"她们大批地进入大学，但是羞于被看作是一个学识渊博的人。她们学习一种专业，但把巨大的精力放在社交活动上。她们似乎正在把兴趣投入到一种女性全力以赴的事物中——结婚和做母亲"。[①]经济的萧条、社会的动荡，使得年轻女性对爱情婚姻更加重视。一位观察家指出，经济"大萧条"使爱情成了"抵挡孤独的屏障"。[②]

但经济问题是这一时期婚姻所面临的最大难题，美国许多年轻女性慎重考虑婚姻，有的不得不推迟结婚，甚至不结婚。芝加哥的一位女教师埃尔莎·庞斯利（Elsa Ponselle）曾经有一个从事商业艺术的男朋友，但"失业就像一块砖头击中了他，而他绝

---

① ［美］洛伊斯·W. 班纳著，侯文蕙译：《现代美国妇女》，东方出版社 1987年版，第 200 页。

② ［美］萨拉·M. 埃文斯著，杨俊峰译：《为自由而生——美国妇女历史》，辽宁人民出版社 1995 年版，第 226 页。

望了"。她辛酸地问:"你知道我这一代有多少人没有结婚吗?"①
在经济危机的影响下,1929 年后美国结婚率下降,到 1934 年才
逐渐上升。调查显示,在从来未曾结婚的妇女中,1935 年年龄
在 25—30 岁妇女的比例比 5 年前的同类者高 30%。② 经济困境
使很多女性对婚姻绝望。梅莉戴尔·勒索尔在 1930 年代写了许
多有关少女失望的事,她们很清楚男人找不到工作,而她们又无
力靠自己去养家糊口:"我不想结婚,不想要孩子,大家都这么
说。不要孩子,不结婚,女人们自己照顾自己,保持单身。男人
现在没用了,靠他们他无法养家。如果他要养育后代,因为没
钱,也养活不了他们。所以少女们单身,自寻快乐。现在生活的
风险太可怕了,失败清楚地摆在生活面前。"③ 由于经济困境,
婚姻成为许多女性遥不可及的梦想。与 1920 年代鼓励结婚相反,
此时社会不再歧视独身女性。报纸杂志上不时刊登一些妇女在没
有丈夫的生活中找到了幸福的文章。此时不仅结婚费用高昂,离
婚也同样花费巨大,离婚率普遍呈下降趋势。林德夫妇对米德尔
敦的调查发现,这个小城的离婚率 1928 年到 1933 年下降了
43%。全国的趋势也相同,离婚率从 1929 年每 1000 人中的
1.66 下降到 1932 年的 1.28。④ 时世艰难使得夫妻必须共渡难
关,而且维持家庭更易于获得政府救济。大难当前,家庭不仅是
物质意义上的"庇护所",而且也是许多人精神上的"避风港"。

① Nancy Woloch, *Women and the American Experience*, p. 443.

② Susan Ware, *Holding Their Own: American Women in the 1930s*, p. 7.

③ [美]萨拉·M. 埃文斯著,杨俊峰译:《为自由而生——美国妇女历史》,
辽宁人民出版社 1995 年版,第 226 页。

④ Susan Ware, *Holding Their Own: American Women in the 1930s*, p. 7.

（二）"我不想把孩子带到一个对他们没有用的世界"

1930 年代期间避孕技术逐渐普及，美国人口生育率下降。对"大萧条"时期美国家庭的研究表明，经济困境对婚姻生活产生了明显的影响。男性失业对家庭是物质和精神上的双重打击，男女双方不仅社交活动减少，同时也伴随着性生活的减少。社会学家米勒·凯莫洛夫斯基（Mirra Komarovsky）对受到大萧条打击的中产阶级家庭的样本研究显示，只有 1/59 的个案性活动提高；社会学家埃利·金兹伯格（Eli Ginzburg）观察到，当丈夫不能养家糊口时，"妻子常常失去平衡"。伍尔夫（Wolfe）太太的个案显示了女性在性关系中的典型态度："当丈夫工作和供养她时，她认为有性关系是他的权利，于是默认之。现在她则尽力避免，把性关系限制到一周一次，甚至尽力摆脱……她认为没有理由为了丈夫的快乐而（要利用）避孕。"[①] 女性性心理的这种变化，显示了经济萧条所带来的心理失衡，这对婚姻和两性关系无疑产生了重要的影响。

这一时期养育孩子的费用不断上升，但失业率却史无前例地增长，控制生育不仅是家庭，也是国家的当务之急。此时美国公众对避孕的态度已经从谴责怀疑转变为完全接受。"在大萧条之前我从来没有想过生育节制，"一位父亲告诉米勒·凯莫洛夫斯基，"如果我们能预见大萧条，就不会对此觉得困难"。[②] 生育节制支持者强调限制生育的必要性，特别是让那些无力养育孩子的家庭限制生育更有必要。社会舆论也越来越支持生育节制，1936 年盖洛普民意调查显示，63％的人接受生育控制的教育与实

① Nancy Woloch, *Women and the American Experience*, pp. 443—444.

② Ibid. , p. 443.

践；① 1937 年，美国医学协会正式放弃了反对节制生育的立场；1938 年，《女士家庭杂志》进行的一次民意调查显示，79％的美国妇女同意采取避孕措施。② 不仅社会舆论越来越支持避孕与节育，政府立场在此时也有较大转变。尽管《康斯托克法》禁止通过邮政服务传播避孕知识和工具，而且美国有近一半的州通过了反避孕法，但由于害怕家庭抚养不起孩子或害怕有几个孩子的贫困家庭依靠国家的救济，越来越多的州政府改变反对立场，转而支持避孕节育。美国联邦政府更是大力支持，生育节制在 1930 年代中期后逐渐合法化，联邦法院消除了所有对生育节制的限制。到 1940 年，除了马萨诸塞州和康涅狄格州（Connecticut），美国联邦各州都不再把散发控制生育宣传材料视为非法举动。

随着美国公众与政府对避孕态度的转变，生育节制运动在 1930 年代有了较大发展，玛格丽特·桑格的努力终于有了实质性的进展。1920 年，美国节制生育联盟以桑格在纽约建立的诊所为原型，在美国 15 个州复制建立了 55 个诊所，到 1938 年，这样的诊所全国超过了 500 个，到 1941 年，已经有 746 个诊所，其中近 1/3 诊所得到政府的协助。节制生育诊所对美国人的避孕节育产生了重要影响。1931 年，85 个诊所联合提出建议，通过避孕减轻人们"脑力和体力痛苦"。③ 生育节制诊所也为已婚和订婚的夫妇提供劝告，《生育节制评论》把其重点从优生转移到"婚姻与家庭保护"。女性在推动避孕合法化中起到重要作用，已

---

① Susan Ware, *Holding Their Own*: *American Women in the 1930s*, p. 7.

② ［美］玛丽莲·亚隆著，许德金、霍炜等译：《老婆的历史》，华龄出版社 2002 年版，第 380 页。

③ ［美］洛伊斯·W. 班纳著，侯文蕙译：《现代美国妇女》，东方出版社 1987 年版，第 198 页。

婚妇女的避孕已经从中产阶级扩大到工人阶级中，避孕已经成为美国社会普遍接受的事实。

　　与 1920 年代不同的是，医疗专业机构没有在这一时期的生育节制中起主导作用，大多数妇女转向避孕品市场达到节育目的。由于到医疗机构开避孕药具不仅有种种限制和不便，而且价格昂贵。例如子宫托价格为 4—6 美元，只有一部分经济富裕的妇女才能负担，而且需要专业医生安放，远远不能满足大多数妇女的节育需要。此时避孕产品市场兴旺发达，避孕产品种类繁多，价格低廉，1 美元可以买 12 根栓剂、10 片发泡片剂。[①] 这些产品使用方便而且适合大多数妇女的购买，也与她们的购买力相匹配，因而这些避孕用品非常畅销。1938 年，美国全国避孕产品销售量超过 2.5 亿美元，《财富》杂志宣称避孕产品形成了 10 年来最为红火的产业之一。[②] 女性是避孕产品最主要的消费群体，厂商以"妇女卫生用品"名义在《麦考尔》（*McCall's*）、《女士家庭杂志》等各种妇女杂志上刊登广告，以"保护"、"安全"、"可靠"之类动听的言辞向急需避孕的女性作出承诺，强调不期而至的怀孕所带来的"危险"与"烦恼"，强调只有市场才能"解除心中种种对健康的忧虑，给她们以安康、身心愉快和精神安详的感觉。对为妻者的安全来说，这一切至关重要"。[③] 这一时期美国百货商店是妇女避孕用品的主要销售场所，商家开辟了单独的"个人卫生用品"销售部，自成一体，妇女可以在这里大大方方地选购避孕用品及其他卫生用品。售货员都是训练有素

---

　　① ［美］伊丽莎白·赖斯编，杨德等译：《美国性史》，东方出版社 2004 年版，第 331 页。

　　② 同上书，第 325 页。

　　③ 同上书，第 335 页。

的女性，她们"关怀备至，向顾客提供私密的建议"。① 到 1930
年代中期，一些全国连锁店也可以买到妇女卫生用品，避孕套之
类的用品则在药店、报摊、理发店、加油站等处随处可得，这些
主要是男性消费。随着妇女避孕品消费市场的形成，其商业化程
度越来越高，产业利润不断攀升，到第二次世界大战时，妇女卫
生用品销量已超过避孕套，有更多的妇女依靠妇女卫生用品进行
避孕。1930 年代避孕产品生产厂家充分利用美国人在经济萧条
时期希望缩小家庭规模的心理，成功地利用广告手段，使避孕用
品产业在购买力普遍下降的时期迅猛发展，并因此奠定了一个长
期的消费基础。

　　在越来越多的美国人采取避孕措施的同时，这一时期孕妇堕
胎的数量也有了大幅度的增加。弗雷德·J. 陶西格博士（Dr.
Fred J. Taussing）指出，尤其是在那些已经生育了 3 个或 4 个孩
子的妇女当中，堕胎数量逐步增加，他估计美国每年有 70 万例，
一年中死于堕胎的妇女在 1.5 万人左右。经济困难是妇女堕胎最
主要的原因，她们或因要养家糊口不能丢掉工作、或因无力抚养
而堕胎，即使中、上层妇女，其堕胎的数量也超过以前。历史学
家莱斯列·J. 里根（Leslie J. Reagan）调查了堕胎专家约瑟芬·
加伯尔（Josephine Gable）博士的行医情况后发现，其诊所
1932—1941 年间共实施 1.8 万例堕胎手术，其中 80％的孕妇为
已婚妇女。② 调查显示，同一阶层的黑人与白人妇女的堕胎率几
乎相同，但未婚的白人妇女要比未婚的黑人妇女更愿意堕胎。

---

① ［美］伊丽莎白·赖斯编，杨德等译：《美国性史》，东方出版社 2004 年版，
第 338 页。

② ［美］玛丽莲·亚隆著，许德金、霍炜等译：《老婆的历史》，华龄出版社
2002 年版，第 381—382 页。

1930 年代初，美国女性越来越多地因堕胎失败前来诊所就诊。
1935 年，纽约哈莱姆医院（Harlem Hospital）开设单独的病房
专门治疗这种病人；1939 年，芝加哥库克县医院治疗了 1000 多
位因堕胎而导致并发症的妇女。医生发出堕胎合法化呼吁，但新
闻出版界保持沉默。这一时期许多妇女求助于传统的医疗机构进
行堕胎，但有许多妇女由于没有钱或没有就医渠道而无法及时得
到相应的医治，堕胎的风险很高。

　　1930 年代美国人口的生育率也在下降，尤其在"大萧条"
的早期，下降得更快。1933 年生育率降到历史最低点，育龄妇
女每 1000 人的生育率从 97.4 下降到 75.7。[①] 但总的说来，这一
时期生育率下降幅度比 1920 年代小。此时生育率下降主要有以
下几个原因：一、夫妇由于艰难岁月而推迟要孩子，或减少生育
孩子的期望数量，"我不想把孩子带到一个对他们没有用的世
界"。[②] 怀孕常常被视为不幸，在一些圈子里流产已经被接受。
二、生育率的降低不仅与夫妇减少孩子数量的期望有关，还与节
育知识的传播有重要关系。三、由于家庭经济处于困境，婚内性
关系减少，也有助于减少生育率。不过，不同阶层、不同种族群
体的生育率有所不同。美国性行为研究的先驱多萝西·顿巴·布
卢姆利引用了米尔班克基金会（Milbank Foundation）的调查成

---

　　① Nancy Woloch, *Women and the American Experience*, p. 443. 不过这个统
计数据有出入，苏珊·韦尔的数据为 1930 年每 1000 人的生育率为 21.3，1933 年下
降到 18.4，参见 Susan Ware, *Holding Their Own: American Women in the 1930s*,
第 7 页；盖尔·科林斯则估计新生婴儿的数量比股票市场崩溃前一年约少 300 万婴
儿，参见 Gail Collins, *America's Women*, New York: HarperCollins Publishers Inc.,
2003, p. 354。

　　② Susan Ware, *Holding Their Own: American Women in the 1930s*, p. 7.

果发现，没有就业成员的家庭的生育率比家庭中至少有一名就业成员的家庭的生育率高 48%，其中 1929—1932 年家庭贫困的人生育率最高，营养不良、疾病、公共救济在这些家庭中比任何其他家庭更普遍。[①] 生育率的高低基本与经济状况成反比，这也是促使美国社会改变对生育节制态度、积极推进避孕的重要原因之一。

总之，经济大萧条改变了美国人的婚姻状况，结婚率、离婚率、生育率都呈下降趋势，美国人的性观念、婚姻观与生育观在经济危机所带来的大变动下有了与 1920 年代截然不同的特点，并对未来产生了深远的影响。

二　经济困境中的美国家庭生活特点

1920 年代的美国社会强调妇女通过消费来当好贤妻良母，但"大萧条"改变了不同阶层、不同种族、不同地域的美国人的家庭生活。"我看到恐惧控制了霍尔楼的邻居，" 1931 年简·亚当斯写道："那些看到小额积蓄消失的男女；那些看到和预见孩子们将要挨饿的一家之主。冰冷的恐惧的控制改变了家庭生活，不仅改变了诸如莫根镇（Morgantown）矿工那样在 1933 年失业的 25% 的工人家庭的生活，而且也改变了那些由于收入急剧下降，使他们从相对安全跌入不确定和恐慌的地狱边缘的中产阶级家庭的生活。……对妇女来说，大萧条导致 1920 年代渴望的突然结束，在某种程度上它还巩固了传统角色，要求（妇女担任）新的紧急情况角色，以适应悲惨状况。"[②] 此时美国社会开始强

---

① Alice Kessler-Harris, *Out to Work*: *A History of Wage-Earning Women in the United States*, p. 252.

② Nancy Woloch, *Women and the American Experience*, pp. 440—441.

调家庭主妇的勤俭持家，已婚妇女的家庭和社会角色由此发生重大变化。

在经济危机冲击下，1920 年代人们所强调的消费型的美国家庭消失，生存成了日常生活的关键词。1929 年到 1933 年期间，美国家庭平均收入下降了 40%，经济拮据是所有家庭主妇所面临的主要问题。[①] 一位社会工作者描述了费城的一个家庭在"大萧条"中的生活："一名妇女沿着码头走，捡起一棵从车上掉下来的菜。有时一天结束时鱼贩会给她一条鱼。家里已有一天半的时间里没有食物。另一家已有两天时间没有食物，丈夫出去采集蒲公英，全家以此为食。"另一名社会工作者指出，有一个 10 口之家刚搬进一个有 3 个房间的公寓，而这个公寓中已经住了一个 5 口之家，"这几乎是每天都在发生的事实"。[②] 此时美国家庭动用种种方法来解决经济困境。一份调查资料显示，最主要的解决方法是依赖积蓄，53.5% 的美国家庭至少有一些积蓄可以依赖；其次是负债，50% 以上的家庭延迟向房东支付房租，26% 从银行、贷款公司或朋友、亲戚处借钱，19% 从杂货商赊欠货物。[③] 从总体上看，此时富裕与赤贫的女性只是极少数，典型的情况是丈夫有工作，但可能面临工资削减；或丈夫失业，但家庭不必靠救济仍然可以维持下去。此时美国一半以上的家庭年收入在 500 美元到 1500 美元之间，1935—1936 年，家庭平均收入为 1160 美元，而年收入 2500 美元则可以使家庭过上非常舒适的生

---

① Gail Collins, *America's Women*, p. 353.

② Walter I. Trattner, *From Poor Law to Welfare State: A History of Social Welfare in America*, p. 259.

③ Winifred D. Wandersee, *Women's Work and Family Values, 1920 — 1940*, p. 31.

活。美国家庭平均每星期在食品、衣服、房租等方面约需支付
20—25 美元，制定家庭预算对大多数的美国家庭来说很有必要，
这往往是妇女的责任。美国政府建议留出 35％的家庭收入购买
食品，33％付房租，0.4％纳税。①此时生存是第一需要，成功
的家庭主妇是那些能够"量入为出"的人，埃莉诺·罗斯福总结
了这些妇女的日常生活："它意味着无尽的少量资金，对于那些
完全可能击溃家庭预算的意外事件或疾病等诸如此类灾祸的无穷
的焦虑。"②大萧条期间不同的阶层、不同种族和不同地域的妇女
有不同的应对危机的方法，其中美国中产阶级妇女与农村妇女的
生活具有典型性，她们在危机面前所显示的勇气和智慧，不仅支
撑家庭渡过危机，而且为整个国家最终摆脱危机起了重要作用。

（一）美国中产阶级妇女的家庭生活

美国城市中产阶级家庭大多依赖工资收入，他们认为生活的
必需品不仅包括食品与"庇护所"，还要有电器、室内管道和一
辆汽车，这些人在"大萧条"期间很少挨饿或无家可归，但他们
生活在忧虑和期望无法实现的失落中，必须作出巨大的牺牲、克
服种种困难才能应付危机带来的冲击。对平时养尊处优的美国中
产阶级妇女来说，"大萧条"期间财富与地位的巨大落差，使她
们在"大萧条"中经历了更多的精神痛苦与磨难。这些出生在衣
食无忧家庭的女性，曾经过着冬天去滑雪或到南方度过一个温暖
的假期、拥有随叫随到的女仆的优雅生活，但是"大萧条"的到
来使往昔的荣华富贵烟消云散，生活突然变得粗粝艰辛，她们承
认"不习惯的贫困考验着灵魂和身体"，这些考验主要落到妻子
和母亲额外的工作上，"包括更仔细的购买、更多的织补和缝纫

---

① Susan Ware, *Holding Their Own: American Women in the 1930s*, p. 3.

② Ibid., p. 2.

及对付权宜之计的能力。但是额外的工作只是威胁的一部分，它也包括在秋天第一个寒冷的日子里为了节省煤炭而坐在潮湿寒冷的房子中，否定孩子们简单的快乐，看着悲哀、阴郁和沉默的丈夫每天'满怀恐惧'地去办公室。白领工人家庭或许不会挨饿，但他们受到了惊吓，大萧条真实地存在于他们的生活中"。[①]

　　家庭的经济困境改变了这些中产阶级家庭主妇们的日常生活。中产阶级底层家庭妇女害怕失去房子，跌入到租赁阶层中；那些经济情况较好的家庭主妇也不得不精打细算，在没有佣人的帮助下努力维持表面的体面。与 1920 年代许多家庭主妇用现金购买商品与服务不同的是，"大萧条"期间家庭主妇们千方百计地减少家庭开支和减少生育孩子的数量。出于节俭需要，很多家庭主妇不得不亲自动手做家务，精心计划膳食，明智地消费。一些杂志的编辑们向读者建议，停止电话购物，自己下去采购，保证物有所值。为节约金钱，妇女们学习安装电动机，油漆用过的家具。荒废多年的家庭手工重新捡起，她们缝缝补补、改制衣服，把破床单从中间剪开，再把外侧的缝在一起，把成人的衣服改制成小孩衣服，给大衣换衬里。家庭手工及其不断修旧利废减少了家庭对商品经济的依赖；家庭主妇们也自己动手在园中种植蔬菜并装罐贮存，把剩下的一点点食物留下来做下顿饭吃；如果他们负担不起一套大的公寓，则搬到较小的公寓居住。

　　这一时期的美国家庭主妇们由于事事亲力亲为，家务劳动压力普遍增大。此时大多数家庭是在煤气炉、煤炉或者柴油炉里烤面包，只有那些有钱的丈夫才能给自己的太太买一个新式的能同时把两面烤焦的烤面包电炉。大多数美国人在家取暖都是用热空

---

① Winifred D. Wandersee, *Women's Work and Family Values*, 1920 - 1940, pp. 46-47.

气炉，人工加煤，一天两次，一个冬天全国大约需要 4 亿吨煤。炉子也用来烧热熨斗熨衣，如果家里没有热水龙头，还用炉子烧热水。食品支出是家庭预算的重要组成部分，同时也是传统上最耗费妇女时间的家庭杂务之一，"大萧条"时期家庭主妇们在膳食上花的心思可以看出她们为家庭的生存所做的努力。1920 年代期间，美国人的膳食已经简化，而且罐装食品和现成的食品已经随处可得，家庭主妇的家务负担大为减轻。到 1930 年代，美国家庭主妇竭尽所能，充分利用价格优势和烹饪技巧，在保证营养的基础上，努力削减家庭支出。由于 1930 年代早期农产品价格下降，一个精明的妇女能一周用 5 美元支撑一个六口之家：一夸脱牛奶 10 美分，一条面包 7 美分，一磅黄油 23 美分，两磅汉堡包 25 美分。[①] 另外，营养但廉价的膳食烹饪方法也是削减食品费用的另外一个途径，妇女之间经常相互分享食谱，这是美国女性在危机阶段的应对措施之一，从中体现了既要节俭，同时又要保证家庭成员营养的良苦用心。第一夫人埃莉诺·罗斯福曾在白宫中实行 7 美分膳食，为全国家庭主妇树立榜样。

除了精打细算度日之外，美国家庭主妇还充分发挥自身特长，维持自己和家庭的生存。有些家庭主妇们开始从事兼职工作，如洗衣、接收搭伙者或制衣，甚至开设小型的家庭商业——如出售烘烤食品或衣服，传统的家庭工厂重新出现。一名出生在南方、曾经富裕的芝加哥丧偶的女性呼吁，"在南部，如果你是一名女士，那你就缝纫吧"。[②] 她本人与一个朋友从事女式长睡衣的生产与销售。与此同时，由于丈夫失业或工资削减，促使有工作的妇女继续更努力地工作，而那些从未工作过的女性也开始

---

① Susan Ware, *Holding Their Own：American Women in the 1930s*, p. 3.

② Nancy Woloch, *Women and the American Experience*, 1984, p. 442.

进入劳动力市场，成为家庭经济至关重要的支撑者，其中已婚妇女占了很大的比例。"大萧条"期间已婚妇女就业问题引起了巨大的争论，这一点前文已有详细的阐述。

经济困境也使这一时期的家族关系网扩张到了极点，"抵御灾难的第一道防线是亲属关系"。1930年代期间所做的一些统计数据显示，在失业期间有一种家庭联合的趋势。对康涅狄格州哈特福德（Hartford）和纽黑文（New Haven）两个社区中被美国橡胶公司（The United States Rubber Company）解雇的工人的一份调查显示，在每个社区中，15％的失业家庭除了丈夫、妻子和孩子外，还包括了各种各样的亲戚，"整个家族联合成一种大家庭，因此一份租金就足够，而不是两份。各种亲戚围绕着一份收入就像苍蝇围绕着蜂蜜——有工作和收入的任何人会发现自己湮没在求助的呼吁或免费的请求中"。[①] 当然，外来者并不完全是依赖者，有些也是雇佣劳动者，某些年长的亲戚也往往有少量的财产或收入可以补充家庭收入。此外，还有许多家庭由于被房东逐出，只好两三家挤在一起，忍受着拥挤和丧失隐私的折磨。经济的拮据，生存空间的逼仄，使"大萧条"如梦魇一样压迫着每个人的神经。

密歇根大学（Michigan University）有关伯顿家庭（Burtons）的个案研究在"大萧条"时期的中产阶级中具有代表性。伯顿曾经是一个成功的批发商，但在"大萧条"期间因经营不善而破产，不得不从事一份销售工作，年收入从1万美元下降到3000美元。伯顿先生不仅失去了原有的社交圈，并且因工资降低而变得沮丧不安。相反，曾经是传统家庭主妇的伯顿太太，为

---

① Winifred D. Wandersee, *Women's Work and Family Values*, *1920－1940*, p. 30.

弥补家庭的经济需求，通过提供食宿赚得了家庭的大部分收入，"她保持了健康、雄心和活力，为家庭做所有的家务，照顾着有8个学生的房间，同时洗衣和熨烫……她放弃了原来的活动，完全把自己的生活融入家庭之中"。以分析家的话说，伯顿太太成为"家庭的女英雄"。[①] 1933 年春《哈泼斯》杂志的一名匿名作者描述了"大萧条"对她的影响，她本人曾经在结婚初期工作，夫妻的收入达到一年 7000 美元，有积蓄有股票。股票市场崩溃后，丈夫失业，她继续工作，丈夫承担大部分家务劳动，如烹饪、修补与购物，两年多来夫妻俩就靠她的一份工资维持生活。"大萧条"时期，有很多中产阶级妇女像她们一样，在经济困境中肩负起支撑家庭的重任，维持了家庭和婚姻的生存。

在维持基本生存的同时，中产阶级妇女还想方设法维持传统的价值观和生活方式。尽管在这一时期许多家庭收入仅敷支出，但由于较低的生活费用和消费率的下降，她们没有在这些令人沮丧的年代中改变对物质的态度，往往通过分期付款购买等方式努力维持相对高的生活水平。统计数据显示，1930 年 1 月，美国人仍有 25 亿美元的分期付款债务。据《女士家庭杂志》报道，这些债务没有拖欠。此时约 500 家公司在那个时候对分期付款购买提供财政支持，其中只有 5 家未能从危机中挺过来而倒闭；在每 100 个账单中，只有一个拖欠。尽管耐用品消费在 1930 年代初急剧下降，但到 1936 年，价值约 60 亿美元的汽车、收音机和其他物品通过分期付款形式所购买，比 1929 年增加 20％。1938 年《女士家庭杂志》所做的一个调查显示，接受调查的人中有 54％赞成以分期付款方式购买物品，70％的人承认曾用分期付款方式购买物品；绝大多数使用分期付款的人，或 88％的人，认

---

① Nancy Woloch，*Women and the American Experience*，pp. 444—445.

为若没有分期付款，家庭就会得不到一些需要的物品。^① 中产阶级正是利用诸如此类的方法，在经济大萧条的年代中把在繁荣时期已经习惯的生活标准和价值观维持下来。

美国中产阶级家庭的这种生活理念在对汽车的态度上最为显著。林德夫妇1930年代对米德尔敦进行调查后指出，中产阶级家庭把汽车视为地位和发展的一个象征，"汽车的拥有代表他们对'美国梦'的一大分享；他们坚持拥有它就像他们维持自尊一样。1935年看到一家人驾车去'救济委员处'排队等待1周4—5美元的食品施舍也是很正常的事。"尽管1929年和1930年镇上的人购买新车数量几乎减半，但1929年到1933年期间汽油销售的价格却只下降了4％，汽车的登记数量1933年比1929年只下降10％，到1935年时只比1929年低约2％，而比1928年还要高4％以上。在米德尔敦，每1000人口中汽车登记数量从1925年的173辆上升到1929年的192辆，1930年下降到179辆，1935年上升到215辆。1937年社会科学研究委员会（the Social Science Research Council）所作的一个全国范围内的关于出售的汽车数量与出售的汽油数量相比较的研究也显示了相同的趋势（见表2—8）。1930年代中期，中产阶级家庭把相当一部分收入用于汽车消费，其中年收入在900—1200美元范围内的家庭，把收入的5％—6％用于交通，而1917—1919年仅为1％或2％；那些年收入在1200美元到2000美元范围内的家庭，把收入的6％到9％用于交通，相比之下在较早时期类似收入水平的家庭为2％或3％。在收入5000美元或以上的家庭中拥有汽车是很普遍的事，那些较低收入家庭中汽车也相当普遍。被研究的所

---

① Winifred D. Wandersee, *Women's Work and Family Values*，1920－1940，p. 50.

有社区中年收入低至 750 美元到 1000 美元的至少 1/5 的未接受救济的白人家庭，在 1935—1936 年间拥有汽车。年收入在 1000 美元到 5000 美元之间的家庭中，拥有汽车的家庭的比例在此时稳定增长。例如，年收入在 1250 美元到 1500 美元收入水平的家庭，40％到 75％拥有汽车。[1]

表 2—8　　1929—1936 年美国出售的轿车和汽油指数

（以 1929 年指数为 100）

年份	汽车（辆）	汽油（加仑）
1929	100	100
1930	62	101
1931	42	104
1932	30	100
1933	30	100
1934	39	104
1935	60	113
1936	69	112

资料来源：Roland S. Vaile, Research Memorandum on Social Aspects of Consumption in the Depression, Bulletin No. 35 （New Yoek：Social Science Research Council，1937）p. 19。转引自 Winifred D. Wandersee, *Women's Work and Family Values*，*1920－1940*，第 42 页。

（二）美国农村妇女的家庭生活

1930 年代有 1/5 的美国家庭生活在农场中，而农村妇女生

---

[1]　Winifred D. Wandersee, *Women's Work and Family Values*，*1920－1940*，pp. 41－42.

活一直比城市中的中产阶级妇女要艰辛,这一时期经济的长期萧条与频繁的天灾加深了她们的苦难。1930 年代时美国农村电气化程度还不太高,自来水、电力设施尚不普及。1935 年"美国农村电气化计划"实施之前,全国农村只有 10％的农场实现了电气化,到 1941 年也只有 40％的农场通电。[①] 1935 年 680 万个农场中只有不到 80 个农场有电,密苏里只有 20％的农场带有排水设备的厨房洗涤槽,肯塔基只有 7％的农场有室内浴室。[②] 全国 90％的农家既没有浴缸,也没有淋浴设备,75％的农家室内没有自来水,50％的农家到井里或小河里打水,到室外洗衣服,给小孩洗澡。[③] 农村大多数地区生活条件比城市中的中产阶级要艰苦得多。

　　1929 年股票市场的崩溃并没有对广大农村妇女的生活带来明显的影响,但 1930 年代接连发生的各种自然灾害则加剧了农村妇女的困境。干旱不断出现在整个 1930 年代,庄稼枯萎、牲畜死亡,其中俄克拉荷马 (Oklahoma)、得克萨斯与阿肯色 (Arkansas) 是干旱最严重的州,但北方平原也没有逃脱干旱的影响。长期的干旱还导致了沙尘暴的频繁发生,影响了千百万美国农村家庭的生活。大平原地区的农村经常漫天尘灰,"疏松的土壤在旋转的龙卷风中,形成沙尘暴袭击了大平原上的城镇,瞬间白天变成

① 〔美〕萨拉·M. 埃文斯著,杨俊峰译:《为自由而生——美国妇女历史》,辽宁人民出版社 1995 年版,第 230 页。

② Gail Collins, *America's Women*, p. 364.

③ 〔美〕威廉·曼彻斯特著,广州外国语学院英美问题研究室翻译组、朱协译:《光荣与梦想:1932—1972 年美国社会实录》,海南出版社、三环出版社 2004 年版,第 36 页。

黑夜，居民包裹在泥土、烟灰和尘土之中"。① 沙尘暴破坏力惊人，许多经历过的人久久不能忘怀。"刚刚中午，空气逐渐混浊、昏暗，"南达科他（South Dakota）的一个农场小镇上长大的琼·奥斯特伦达（Joan Ostrander）这样描述，"厚厚的沙砾编成的毯子慢慢下降，使人窒息地覆盖在大地上，使我们在中午时就几乎处于完全的黑暗中——没有光能穿透的黑暗。这是一件明确的事——我们在手指与牙齿之间以及脸上能感觉到……到晚上黑块开始升高……早上鲜红灿烂的槭树，枯萎破碎地站在那里……翠菊与太阳花灰蒙蒙的，周围的世界也是灰蒙蒙的"。② 家庭主妇们把上了油的衣服塞在门下与窗格里，但灰尘仍无孔不入。鸡与野外的鸟类都死了，栅栏与小屋被埋在尘土下，一片狼藉。

　　安·玛丽亚·罗（Ann Marie Low）保留了 1927 年到 1937 年的日记，记载了被干旱和大萧条破坏的美国农业的荒芜以及农场中妇女的艰苦工作。绵绵不断的沙尘暴给农村妇女的生活带来了额外的负担，罗在 1934 年 4 月的日记中有这样的记述："上周末是我们从未见过的最糟糕的沙尘暴。……这个春天的很多日子里空气中充满不断涌来的尘土，确确实实绵延数百里。它无孔不入。我们洗好碟子后放好，但由于如此多的尘土通过缝隙进入碗碟橱，我们不得不在下一餐之前再洗一次。衣柜中覆盖着尘土。……上周末由于害怕损坏汽车没有人驾车外出。"③ 频繁发生的沙尘暴使许多农村妇女觉得沮丧和无助。

　　不仅有干旱和沙尘暴，1936 年、1937 年俄亥俄（Ihio）流

　　①　Susan Ware, *Modern American Women*, *A Documentary History*, p. 207.

　　②　Gail Collins, *America's Women*, p. 365.

　　③　Ann Marie Low, *"Dust Bowl Diary"* (1934), Ellen Skinner, *Women and the National Experience*, *Primary Sources in American History*, p. 197.

域的洪水导致 8 个州——俄亥俄、宾夕法尼亚、西弗吉尼亚 (West Virginia)、印第安纳 (Indian)、伊利诺伊 (Illinois)、田纳西 (Tennessee)、密苏里 (Missouri) 与阿肯色 50 万人背井离乡，罗斯福总统要求国会动议建立 7 个地区委员会处理洪水所引起的问题。频繁发生的天灾迫使千百个家庭离开农场向土地较为肥沃的西部迁移。一些农户还由于不能赎回被抵押的农场而破产。与此同时，农民的产品却只能以低于成本的价格出售，因而不得不大量销毁农产品，而城市的许多家庭却因无力购买而挨饿，这是经济危机下出现的荒谬现象。天灾与人祸使这一时期农村家庭的生活更加黯淡艰辛。

　　1930 年代中期，美国社会学家玛格丽特·哈古德在美国东南部采访了大量佃户农民的妻子，其经典之作《南方母亲》详细描述了白人佃农妇女的生活。此时农村家庭普遍收入低，生活贫困，农村妇女必须照顾庞大的家庭、干农活以及做家务。哈古德指出，"典型的形态是妇女做家中的一切事务，男性则负责农场上的事务，两者分担中间性的一些职责，如与后院以及与家畜有关的一些事务。尽管这些听起来很公平，但妻子除了传统的划归她的劳动外，也要花约半年的时间干田地里的活计。她从丈夫那里所能获得的干农场活的回报与其价值从不相称"。[①]

　　农村妇女有三重责任：家务、养育孩子以及农场工作，此时她们"做饭'又回到了最原始'的烧木材的炉子上，从井里提水，长时间在田间劳作，让男人'理财'，总是不停地生孩子并焦虑地关注她们女儿不要有什么意外发生"。[②] 家务对农村妇女

---

　　① Susan Ware, *Holding Their Own: American Women in the 1930s*, p. 9.

　　② [美] 萨拉·M. 埃文斯著，杨俊峰译：《为自由而生——美国妇女历史》，辽宁人民出版社 1995 年版，第 230 页。

来说是沉重的负担。她们在柴炉上烹饪，用脚踏缝纫机做大部分的家人的衣服。洗衣是最繁重的家务，丈夫肮脏的工装裤与婴儿尿布要费大量的精力才能洗干净。在农业社会中，孩子意味着为家庭与农场杂务提供了劳动力。哈古德指出，美国南方农村妇女的生育率非常高，每个已婚妇女平均成活生育 6.4 个，明显高于全国的平均生育率 2.19。[①] 农村妇女一般在邻居年长妇女的帮助下，在家中生产婴儿。过多的生育不仅损害了她们的健康，而且增加了她们的负担。南方妇女的避孕知识虽然相当肤浅，但普遍愿意控制生育，"养育这么多孩子并不是我的过错——我从来没有享受过一点乐趣"。[②] 农村妇女承担了抚养孩子的主要责任。除了繁重的家务与生养孩子，农村妇女还必须做农活，她们在农场经济中起了重要作用。

卡罗琳·A. 亨德森（Caroline A. Henderson）太太的生活是 1930 年代农场妇女日常生活的一个缩影。农业在 1920 年代就已经陷入慢性萧条中，大萧条和自然灾害加剧了农民的困境，亨德森夫妇努力挽救他们已经生活了几十年的家，坚持工作，并祈祷天降甘霖。亨德森太太向朋友描述了她在最困难时期的生活状况：衣衫褴褛，尽力与无孔不入的沙尘作斗争。俄克拉荷马农场的生活艰苦又寂寞，亨德森太太 640 英亩的土地见不到其他人影，他们穿过 60 里的联邦新建成的高速公路去参加星期六的农民贸易日，路上只见到一辆车。然而天灾人祸并没有使他们绝望，亨德森太太对将来还是充满信心，她感谢"新政"部门对她的建设性帮助，并为她家乡大多数人自力更生而没有依赖政府的

---

① Susan Ware, *Holding Their Own: American Women in the 1930s*, pp. 9—10.

② Gail Collins, *America's Women*, p. 364.

救济而自豪。俄亥俄流域的洪水与大平原的沙尘暴危害了千万人的生活,但与亨德森太太一样的农场的妻子们,在"大萧条"的困难时期坚信人定胜天,与丈夫并肩在地里劳动,同时照顾团结家庭。

除了农村家庭主妇们挣扎在生存线上、艰辛度日外,农村中年轻女孩的生活在此时也同样黯淡。1935年诺拉·米勒的《南方农村的女孩》一书,重点考察了未婚的美国农村年轻女孩的生活。第一次世界大战以后,越来越多的农村女孩离开农场到镇上上学,但很多女孩由于家庭负担加重,或对学校失去兴趣,无法继续学业,一般14或15岁就离开学校,回家或在城市地区找到一份有工资的工作。在离开学校到结婚建立家庭这一期间,女孩一般是家庭"免费的"佣人或农场劳动力,为家庭赚取额外的收入。但到1930年代,经济萧条使许多农村女孩子很难在城市中找到一份工作,她们无法在城市中自立而不得不回到农村,而农村寂寞黯淡的生活使女孩们普遍向往婚姻。此时农村女孩普遍婚龄较低,很多人在十七八岁就结婚。诺拉·米勒描述了这样一对夫妇,他们年轻时本来想在城市中从事商业活动,但"大萧条"的到来使他们的梦想破灭,不得不回农村结婚。但夫妇俩并不满足在农场的生活,常常梦想他们有可能会从事的职业,惋惜悲叹。"大萧条"断送了许多农村女孩进军城市的梦想,给她们的农村生活蒙上了阴影。

总之,1930年代期间的美国无论是城市中的中产阶级家庭还是农村家庭,生活状况都普遍恶化,但也因此将家庭的重要性更加凸显出来。此时美国人更关心工作与家庭,离婚率下降,家庭变得更加稳固,整个社会对家庭与婚姻的关注程度也不断提高,1930年洛杉矶开了第一家婚姻诊所,1936年纽约州召开了婚姻与家庭的会议,1938年召开了关于家庭关系的全国会议,

"大萧条"也使"父母教育全国委员会"（The National Council of Parent Education）改名为"家庭生活促进协会"（The Association for the Advancement of Family Life）。大多数已婚妇女把操持家务看成自己的主要责任，家庭成为对付"大萧条"的堡垒和个人寄托感情的处所。许多社会学家在研究家庭对"大萧条"的反应时意外地发现，经济上的逆境并没有如他们所预料的那样引起家庭的毁灭，相反，它把家人连接成一个更亲密的整体，"自从美国的小木屋时代以来，更多的家庭现在比任何时候都了解其家庭成员"。① 这一时期的媒体也宣称看到了困难中出现的光明，"许多失去汽车的家庭发现了灵魂"。②

三　美国妇女在婚姻和家庭中的地位与角色的变化

"大萧条"时期在很多失业男性消沉、厌世的悲观情况下，美国女性却在生活中显示了信心和勇气，成为家庭的灵魂，并为整个国家摆脱危机贡献着自己的智慧和力量。妇女们危难时刻在家庭中承担了更多的责任，在最基本的生存需求中充分发挥了作用。与此同时，许多女性出于家庭经济需求而从事有酬劳动，甚至成为家庭的经济支柱，许多家庭得以因此维持下来。一名妇女回忆她在大萧条的经历时指出："我看起来似乎总能找到办法解决问题。我认为时世艰难对男人来说更加难熬，因为妇女会做一些事，她们似乎比男人更了解哪里可以节省，哪里可以帮忙。大萧条对男人来说是忧虑，而当他不能照顾家庭时则感到恐惧。你知道我丈夫非常沮丧。哦，他会说你不能要这要那，我不想听到

① ［美］洛伊斯·W. 班纳著，侯文蕙译：《现代美国妇女》，东方出版社 1987年版，第 196 页。

② Gail Collins, *America's Women*, p. 353.

这些，整天抵制这些东西。照我说，女人能做得更多，她能忍受更多的痛苦。"① 在经济困境下，女性的精神状态和行动对家庭的生存与和谐起了至关重要的作用。第一夫人埃莉诺·罗斯福勉励全国女性，并指出，不仅男性应该在危难时刻保持乐观向上的精神对待工作和家庭，"女人也应该体惜丈夫所处的困难的情形。她要有伟大的精神，她应该把这个时候看作是她可以贡献的机会。在这样的环境下，她对于生命认识的准确或错误可以令全家的生活快乐，也可以令全家的生活痛苦，一切都在她的掌控之中"。②

严重的经济困难破坏了传统的家庭功能和关系，引起男女两性在家庭中角色与地位的改变。在传统的性别角色定位中，男性是家庭的"养家糊口者"，是家庭的权威，女性扮演辅助者的角色，这种社会性别分工模式在某种程度上使女性在经济危机期间遭受的打击要比男性少。由于男性的地位和利益与他支撑家庭的能力联系在一起，大萧条使男性作为养家糊口者的角色比妇女作为家务管理者的角色更迅速和直接地受到影响，"当男性失业，他就失去了作为其家庭养家糊口者的身份和男性角色。但是没有一个家庭主妇失业；事实上，当她们的丈夫失业时，在家庭中她们角色的重要性增加。通过以她们自己的劳动力取代以前购买的物品，家庭主妇能在失业或工资削减期间使家庭的预算基本保持在一个水准上"。③ 失业的男性心烦意乱地到处求职，往往沮丧消沉，而妇女成为家庭稳定的中心，并且常常是家庭事务的决断

① Susan Ware, *Holding Their Own: American Women in the 1930s*, p. 17.

② ［美］罗斯福夫人（埃莉诺·罗斯福）著，陈维姜、刘良模译：《这时代的女人》，长城书局1935年版，第10页。

③ Susan Ware, *Modern American Women, A Documentary History*, p. 194.

者。"各种各样带有本质性的变化出现了，在压力下面，妇女们显得有远见而且坚强有力，而男人则陷入到小气和自怨自艾之中。"① 林德夫妇对米德尔敦的调查也证明，大部分妻子们的生活受到大萧条的侵蚀要比她们的丈夫所受到的少得多，"男性游离于常规，失去了对时间的感觉，无助地游荡于阴郁的街头；而在家中，妇女的世界很大程度上没有触动，做饭、清洁房屋以及缝补成为比任何事更吸引人的事。"② "大萧条"期间，无论是中产阶级家庭主妇还是工人阶级家庭主妇，无论是城市妇女还是农村妇女，无论是白人妇女、黑人妇女还是其他有色人种妇女，在家庭生活中承担了更重要的责任。卡罗琳·伯德写道："甚至在家中分文全无时，妇女们仍然有工作，她们仍然'掌管'着家。"③

男性的失业对男女两性在家庭中的地位影响最为显著，很多"大萧条"期间的个案研究证明了失业所造成的家庭中男女两性的角色变迁与权力更替。一位理论家指出，男性长期没有收入会在家庭内部造成一种"不寻常的消沉气氛"，会导致他们的自责和自我怀疑，使其与妻子和孩子的关系陷入混乱。④ 社会学家米勒·凯莫洛夫斯基也指出，男性很少能成功地适应因为失业而导致的权力和威望的改变。1931 年哥伦比亚特区（District of Columbia）福利部门的一位官员指出："失去工作所带来的落魄、

---

① ［美］洛伊斯·W. 班纳著，侯文蕙译：《现代美国妇女》，东方出版社 1987 年版，第 198 页。

② Ware，Susan，*Modern American Women*，*A Documentary History*，p. 194.

③ Susan Ware，*Holding Their Own：American Women in the 1930s*，p. 14.

④ Ibid.，p. 16.

彻底的恐惧与恐慌、丧失与痛苦腐蚀着男性的灵魂。"① 哥伦比亚大学（Columbia University）精神病学者内森·阿克曼（Nathan Ackerman）在研究宾夕法尼亚煤矿工人的失业情况时也指出，男性不愿告诉妻子自己被解雇，因为有些妻子"通过控制自己的性欲，通过贬低和弱化男人，削弱他们的父亲权威和转向长子来惩罚男人不能谋生"。② 尤其对于依靠男性的职业和收入来决定家庭地位和社会地位的那些家庭来说，由于男人养家糊口的传统性别作用不复存在，女人也不再依赖他们，对男性精神方面的打击更加严重，他本人与家庭都会认为失业的男性毫无价值，他们怀有深切的羞耻感与挫败感，有些离家出走不见踪影，有些成了酒鬼，还有一些人自杀。里斯曼在《孤独的人群》一书中指出："如果他屡试屡败，前程绝望，一个人就很可能再也没有内在的力量去抵抗外界的压力，于是满心内疚，只恨自己无能。"③

失业不仅给男性带来沉重的精神压力，也使一些男性与女性的传统角色产生错位，社会学家称为"角色倒错"，这使很多男性难以接受。路易斯·亚当密克的一份研究发现，当失业男性突然发现自己整日围绕家庭转时，心情烦躁，他们对家庭杂务有深深的抵触与痛苦，甚至认为妻子与孩子们在看他们的笑话。失业后的"他有很多空余时间。早上妻子上班前叮嘱他要整理床铺，孩子们看着他的新角色，有时要嘲笑他。我偶然

---

① Nancy Woloch, *Women and the American Experience*, p. 444.

② Robert L. Daniel, *American Women in the 20ᵗʰ Century*, *The Festival of Life*, p. 87.

③ ［美］威廉·曼彻斯特著，广州外国语学院英美问题研究室翻译组、朱协译：《光荣与梦想：1932—1972年美国社会实录》第一部，海南出版社、三环出版社2004年版，第3页。

遇见一个男人，有一天在整理床铺时，被他的儿子激怒，差点杀了孩子"。大多数研究强调这种角色的颠倒既非男性也非女性所愿，许多女性发现丈夫做家务并不称职，"他的笨拙和所犯的错误往往导致冲突而不是满意。一段时间后，妻子很高兴让他脱离压迫而自己做家务"。由于传统角色的错位而造成的矛盾冲突使得女性在丈夫失业后不愿出去工作，因为"当他有工作，疲惫地回到家，她正在等他，他们有融洽的交谈。但反之就不一样了"。[1] 性别角色的错位在"大萧条"时期对男女两性都是一种考验和煎熬。

　　男性在家庭中的地位由于失业而下降的同时，女性也由于经济地位的变化而引起家庭地位的上升。由于越来越多的家庭主妇因丈夫失业或工资削减进入劳动力市场，另外由于劳动力市场中的性别区分模式对妇女就业起了一定的保护作用，妇女失业率低于男性，她们往往承担起家庭的主要经济责任，取代了丈夫在家庭中的权威，使自己在家庭中的地位不断上升。社会学家 C. 怀特·贝克（C. Wight Bakke）指出，经济下降阶段中家庭调整的一般化模式是：第一个阶段是男性最初的失业。第二个阶段，贝克称为"不稳定的平衡"，妇女往往在这个阶段试图获得有收益就业，即妻子仍然负责家务，但她承担了更多的管理责任和作出更多的经济贡献。与此同时，丈夫由于未能找到工作而意志消沉，他容易放弃做父母的责任，把与孩子们的行动有关的大多数的决定留给妻子去做。第三个阶段，贝克称为"瓦解"，妻子明确地把对家庭的管理和计划责任当成了自己的事情，丈夫维持了名义上的家长，他和其他家庭成员都认为这徒有虚名，如果这种

---

[1]　Susan Ware, *Holding Their Own: American Women in the 1930s*, p. 15.

混乱持续时间稍久，家庭就会被毁灭。① 拉帕克（Raparka）一家在大萧条时的经历体现了这种模式。拉帕克先生在 1933 年秋失业前是"赚面包的人"，一直是家庭的支柱，家中的大小事情都由他决定，包括日常开销和娱乐活动等。但失业改变了这一切。拉帕克的失业使家庭面临严峻的生存危机，太太不得已站出来，为家庭生计而奔走，家庭的变化也随之开始。先是工作角色的转换，拉帕克先生留在家中做家务，拉帕克太太则到教堂或其他地方为一家人争取救济物资，拉帕克先生在家中的权威大为下降，在妻子和孩子们眼中，不再是过去那个说一不二的丈夫和父亲。虽然他后来找到了一份工作，但昔日的权威却并未恢复。孩子们一个个长大成人，找到工作，拉帕克先生的地位更低。拉帕克先生也不能享受工作救济的待遇，再次成为"对支撑家庭没有贡献的人"；而儿子们领到工资后都习惯地交给母亲，财政大权由拉帕克太太掌握，家庭的一切开支由拉帕克太太决定，拉帕克先生根本没有发言权。为此他曾抗议过，也想过自杀，现在对他的家庭来说，他是"一个受益者而不是一个伙伴"，根本无力改变这种状况。最后失意的拉帕克选择了离家出走，再也没有回来。② "大萧条"期间的许多其他案例也都表明了家庭中类似的角色转换与权力更替。

1930 年代期间，除了妻子和母亲控制家庭的情况外，在有些家庭，成年的女儿亦承担起家庭责任，取代了父亲的权威，成为家庭的核心。密歇根大学（Michigan University）的研究人员

① Winifred D. Wandersee, *Women's Work and Family Values*, 1920 — 1940, pp. 111—112.

② Rosalyn Baxandall, Linda Gordon, Susan Reverby, *American Working Women*, *A Documentary History-1600 to the Present*, p. 244.

曾做了一些这类案例的研究。以赖利（Riley）家庭为例，赖利先生曾经是一个不太成功的律师，却喜欢挥霍，1930 年代早期失业，他在沮丧之余常常到当地弹子房与"地痞流氓"玩牌。妻子对他漠不关心，也对改变家庭经济状况并不热心，因此 24 岁的女儿威妮弗雷德（Winifred）接过了这副担子，经过努力，她成为一位成功的音乐演奏者，由于父亲的收入下降，而她的收入稳定增加，于是她成为重要的养家糊口的人，因此"威妮弗雷德成为家庭的领导"。①

　　无论是妻子和母亲还是女儿，她们在家庭中角色的这种变化都被视为"大萧条"所带来的角色错位，这样的角色错位无论是父母/孩子，还是丈夫/妻子，都与否定的因素——贫困、不幸和下滑相关联。繁荣时代的美国传统家庭，其权威取决于男性是"养家糊口的人"。一旦受到危机打击，妇女在家中地位的提高（相对于男性），甚至把平凡的家庭主妇（如伯顿太太）变为"女英雄"。有些男性，就像拉帕克先生，发现他们不仅在职业世界里的地位遭到毁坏，而且在家里的权威也遭到挑战。当他们不能适应这种新的变化时，他们或离家出走，或借酒浇愁，甚至自杀，而另外的一些男人则不得不选择正视现实，不顾别人的耻笑而接受了在家工作等"女性工作"。

　　同时，美国传统的家长制模式在 1930 年代被强化。此时强大的社会舆论规范了妇女在社会中的"正确"角色，这些舆论，通过媒体、宗教与其他的文化机构传播，对男女两性起了同样的引导作用。艾丽斯·汉密尔顿在 1930 年指出，"传统坚持妇女的位置在家庭，而且社会哲学认为妇女地位并没有和各种各样的社会和经济组织一样变化迅速"。来自得克萨斯州的国会议员乔·

---

① Nancy Woloch, *Women and the American Experience*, p. 446.

伊格尔（Joe Eagle）宣称："妇女的工作应该是做一个好男人的好妻子，并按通常的方法抚养家庭中的孩子。"① "今天家庭主要所关心的事，"一位社会学家在 1933 年建议"不是把它当成一个多么强大的经济组织，而是要它为每个成员提供良好的服务"。② "大萧条"期间一些妇女杂志重新强调妇女的传统角色是做妻子和母亲，其中一份妇女杂志宣称："办公室女性，无论多么成功，也似移植的花束……就像玫瑰在其自己合适的土壤里生长，然后开花，达到最美丽，一个女人深爱着一个人，每时每刻操劳着自己的家，家庭是使女人能够达到最完美的地方。"③ 多萝西·汤普森在 1940 年告诫《女士家庭杂志》的读者，"男性对婚姻的要求和需求是他们所爱的女人全部的感情"，她强调女性职业与成功对婚姻家庭不利。④

　　在强大的社会舆论规范下，美国传统的家庭模式和男女角色分配得到巩固，即由妇女全权负责家庭事务，在维持家庭团结中担当重要角色，以对抗"大萧条"所带来的消解因素。卢斯·米尔克曼注意到，在大多数的危机与突发事件中，妇女对家庭生活的额外贡献，非但没有提高她们在家庭中应有的地位，反而更强化了她们在家庭中的传统角色定位。"虽然由于时世艰难而使丈夫在家庭中的固有地位逐渐削弱，但他们失去

　　① 　William Henry Chafe, *The American Woman, Her Changing Social, Economic, and Political Roles, 1920－1970*, p. 62.

　　② 　Lynn Y. Weiner, *From Working Girl to Working Mother: The Female Labor Force in the United States, 1820－1980*, p. 98.

　　③ 　William H. Chafe, *Women and Equality: Changing Patterns in American Culture*, New York: Oxford University Press, 1977, p. 17.

　　④ 　Nancy Woloch, *Women and the American Experience*, p. 461.

的权威不会暂时也不会永久性地添加到妇女身上。"① 这一时期大多数美国家庭依然保持明确的性别分工，即男人是养家糊口之人，妇女则管理家庭。芝加哥社会学家在 1934—1935 年通过对 100 个家庭的研究得出结论，和谐的家庭趋向于团结一致克服危机，而其成员之间不能很好地调整心态的家庭则四分五裂。这种和谐的家庭基本属于传统模式的家庭，而家庭角色的变化往往危害家庭的稳定。诸如威廉·奥格本、约瑟夫·K. 福尔索姆（Joseph Kirk Folsom）等杰出的社会学家也指出，由于工业化和城市化使外部世界控制了经济、教育、宗教、娱乐以及保护功能，家庭所保留的主要功能是"为配偶提供幸福和为年轻人提供理想的个性培养"，即"感情方面的"功能，一些主张保留传统主义的人把这项功能解释为命令妇女待在家庭，以使其发挥有效的影响与内在力量，以经受住经济危机带来的打击。② 1930 年代中期，林德夫妇再次访问米德尔敦时发现，此时该城的性别观念与维多利亚时代没有什么差别，虽然失业会使男人损失"男子气概"，但关于男女两性的角色定位并没有被触动，社会依然强调"男人应该表现得像个真正男人，而女人则也应表现得更像女人"。③ 米勒·凯莫洛夫斯基在《失业的男人与他的家庭》中也指出，大多数男性保持了对家庭的控制与权威，甚至在他没有收入的情况下也如此；只有 25％的样本显示，失业明显影响了丈夫在家庭中的地位，或逐渐削弱

---

① Susan Ware, *Holding Their Own: American Women in the 1930s*, p. 16.

② Alice Kessler-Harris, *Out to Work: A History of Wage-Earning Women in the United States*, p. 253.

③ Robert L. Daniel, *American Women in the 20th Century*, *The Festival of Life*, p. 87.

了他作为决策者的男性统治角色。① 这一时期女性在家庭中的地位上升是有限的，传统的性别角色分工依然占主导地位。

总之，"大萧条"对美国女性在家庭中的地位变化产生了双重影响：一方面，由于男性收入下降、失业等原因，其作为一家之主的角色被削弱，在家庭中的权威受到挑战，而为了家庭的生存，原来被视为柔弱、依赖性强的女人们变得坚强起来，她们在家庭中的经济作用和精神力量相对增大，在家庭中的角色扩大，地位相应提高，有的甚至成为维持家庭生存的中流砥柱。这种角色转变，给妇女带来了新的生活模式，她们不再把自己局限于家庭，走出了狭小的家庭小天地，进入劳动力市场，参与政治与社会改革以及从事艺术与流行文化活动，其活动领域大为拓宽。另一方面，此时美国男女两性的性别定位并没有得到根本性改变，"大萧条"通过在经济危机期间给予妇女一种团结家庭并使之一致的重大角色，巩固了传统思想。女作家赛珍珠认为，"大萧条"时期无论年长还是年轻的美国妇女，都在家庭中恢复了某些重要的经济角色，比过去要更多地回到家务和女人的气质上，"妇女对工作和专业的兴趣在这后半个世纪里从来没有像现在这样低"。②

第四节　美国妇女与"新政"

从 19 世纪中期第一次女权主义运动兴起以来，美国妇女

---

① Susan Ware, *Holding Their Own*: *American Women in the 1930s*, p. 16.

② ［美］洛伊斯·W. 班纳著，侯文蕙译：《现代美国妇女》，东方出版社 1987 年版，第 200 页。

就致力于贫民区福利住宅运动和其他社会改革运动，力图为妇女和其他弱势群体提供社会救济，并敦促政府制定社会福利政策。在进步主义改革潮流中，美国妇女成为一支重要的社会改革力量，在州和地方层面取得了一些进展，通过了一些针对女性和童工的保护性立法。20 世纪 20 年代，美国妇女进一步建议政府制定有关健康、教育等方面的福利政策，但由于当时保守主义势力的阻碍而没有取得实质性的进展。1930 年代随着经济危机的蔓延与深化，其所造成的危害已经远非教堂和私人慈善机构所能承担，要求政府改革社会保障的呼声越来越高，形成一股强大的推动力，促使美国联邦政府不得不承担起救危扶困的责任来。"新政"时期，美国联邦政府大刀阔斧进行社会福利改革，不仅承担起直接的救济责任，并制定和实施一系列保护性立法和社会保障法，为失业工人、妇女、老年人、残疾人和其他弱势群体提供法律保障。"新政"也为妇女参与国家政治生活提供了前所未有的机会，此时女性担任政府公职人数大增，她们积极参与"新政"时期的社会福利改革，奠定了美国现代福利国家的基础。"新政"舞台上活跃着一批杰出的女性，第一夫人埃莉诺·罗斯福被视为妇女运动的一面旗帜。"新政的开放和实验主义以及白宫中埃莉诺·罗斯福的存在，使一批主要的妇女改革者获得了有效手段，使她们能够沿着家庭生活政治化的路线重新塑造国家。"①

一　"新政"救济计划的实施与对美国女性的救济

"大萧条"期间美国大量工厂企业倒闭、银行停业，许多公

① ［美］萨拉·M. 埃文斯著，杨俊峰译：《为自由而生——美国妇女历史》，辽宁人民出版社 1995 年版，第 246 页。

民的积蓄随着股票市场的崩溃一夜之间化为乌有，成千上万的农民被迫离开土地，整个国家陷入混乱和哀愁中，救济成为当务之急。"大萧条"之初，救济失业工人及其家庭的任务由私人慈善机构和地方部门来负责，此时不仅年老的、生病的、残疾的或其他较贫困的人需要救济和帮助，而且还有所谓的新穷人——失业工人和中产阶级群体中的许多人，这显然超出了它们的财力许可的范围。一位观察者指出："通过私人慈善贡献想挡住这个贫困浪潮，就像试图用花园里的水龙头去扑灭一场森林大火一样无济于事。"① 志愿性的慈善机构和地方救济机构已无力应付这种情况，只有联邦政府机构才能够应付经济崩溃、大规模失业和普遍的贫困。

但当政的胡佛政府并没有承担起救济责任。虽然官方鼓励人们再就业，州和联邦政府组织了一些委员会，但它们只是象征性的，而且大部分工作是继续鼓励地方承担救济责任。1931 年 9月之前，除了少数一些城市和州制订了公共救济计划，联邦政府没有采取大规模的行动，只有纽约州在州长富兰克林·D. 罗斯福的促进下，州立法机构率先采取了行动，为该州失业公民提供失业救济。此时许多社会工作者已意识到造成大量贫困者的是无法控制的社会和经济因素，而此时私人和地方公共资源不足，他们呼吁采取公共行动和提供联邦帮助，他们对政府的无所作为非常不满，痛斥这种"继续舍本求末而不去阻止破坏"的行为。1931 年 10 月，纽约城市福利委员会（The New York City Welfare Council）的威廉·豪德森（William Hodson）给胡佛总统写了一封公开信，敦促进行联邦救济，并把其视为一种权利而不

---

① Walter I. Trattner, *From Poor Law to Welfare State: A History of Social Welfare in America*, 4th ed., New York: The Free Press, 1989, p. 257.

是一项慈善事业；美国社会工作者联盟（The American Associ-
ation of Social Workers）的执行秘书长沃尔特·韦斯特（Walter
West）也指出："救济问题已经不是一个地方问题，它的起
因……和范围都是全国性的。"[①] 几个月后，在豪德森等人以及
美国社会工作者联盟的促进下，国会拉弗利特—科斯蒂根委员会
（The LaFollette-Costigan Committee）组织了一系列历史性的关
于失业救济的听证会。

　　尽管美国民众要求联邦政府承担起救济责任的呼声很高，
而且听证会上显示的证据要求其必须提供帮助，但对这种行动
还存在大量的反对意见，甚至遭到胡佛总统尤为坚决的反对。
在大萧条之初，他坚持认为萧条只是暂时的，"繁荣就在角落
边"。[②] 针对听证会，胡佛反对联邦救济原因很多，首先，他对
自助和个人负责的美国传统观念深信不疑，他认为救济是一个
道德问题，而不仅仅是一个经济问题，救济最好由私人慈善机
构承担，而公共帮助、尤其是来自联邦政府的公共帮助，是一
个"悲哀"。在胡佛看来，联邦政府介入救济会延误繁荣的恢
复，削弱政府的信用和偿付能力，抑制志愿的捐助，衍生官僚
主义，而且联邦政府的救济不灵活，不能回应地方的需求，同
时它也是不合法的，是对地方责任和州权力的侵犯，最终会危
及民主政府。胡佛总统 1931 年 11 月赞成国会拨款 4500 万美
元资助阿肯色农民们恢复受到危害的畜牧业，但却反对拨另外
的 2500 万美元去帮助饥饿的农民及其家庭。一年后，美国总

---

　　① Walter I. Trattner, *From Poor Law to Welfare State：A History of Social Welfare in America*, pp. 258—259.

　　② Philip S. Foner, *Women and American Labor Movement：From World War I to the Present*, p. 256.

统发言人约翰·加纳（John Canan）联合纽约参议员罗伯特·F. 瓦格纳（Robert F. Wagner）提议一个26亿美元的联邦公共工程计划，提供工作机会，刺激经济发展，但胡佛总统否决了这个提议，宣称"在这之前这个国家整个历史中从来没有人提出如此危险的建议"。① 胡佛总统依然坚信公共救助会导致道德败坏和控制其申请者，而私人救助则不会。但总统似乎不知道，失业者和饥饿者最迫切的需要是填饱肚子，对他们来说谁提供食品无关紧要。1930年到1931年美国经济已趋崩溃，几百万的公民并不是因为自己的过错而失业，美国的私人慈善资源也已经枯竭，联邦政府的救济势在必行。

富兰克林·D. 罗斯福入主白宫后，与上届政府反其道而行之，展开了大规模的政府救济。前文提到，还在1931年8月任纽约州州长时，D. 罗斯福就呼吁为紧急事件制定一个特殊的立法，把失业与养老、女性丧偶而居和工厂事故同等看待，认为这些伤害是个人无法控制的，所引起的危机也是如此。罗斯福宣布，"现代社会通过其政府采取行动，有明确的义务阻止任何努力维持自身而却没有做到的男女公民受饥饿或不幸的损害"，帮助失业公民"必须扩大到政府（行为），不是作为一项慈善事业，而是作为一个社会责任"。② 在罗斯福的推动下，纽约州于1931年9月23日颁布了《州失业救济法》（即《威克斯法》，Wicks Act），成为美国第一个向其贫困公民提供失业救济的州。《威克斯法》规定在紧急时期，由州政府把几百万的救济款拨到地方，提供工作和住房救济；成立的"临时紧急救济管理署"（The

① Walter I. Trattner, *From Poor Law to Welfare State: A History of Social Welfare in America*, pp. 260—261.

② Ibid., p. 262.

Temporary Emergency Relief Administration，TERA）负责州救济事务。来自纽约肺结核和公共健康联盟（The New York Tuberculosis and Public Health Association）的青年社会工作者哈里·霍普金斯（Harry Hopkins）担任了临时紧急救济管理署的领导工作，并开始崭露头角。《威克斯法》在美国福利制度历史上有重要地位，它肯定了公共救济的社会价值，有助于打破公共救济会使其受助人贫困和道德败坏的观念；此外，通过把失业问题视为一个州范围的社会问题，改变了社会工作的范围，失业大军被当作一个整体而不是个体来看，社会工作者不仅仅是个体的管理人，同时还要处理许多人的福利；而且，通过把经过训练的社会工作者带进政府服务部门，使临时紧急救济管理署在私人慈善部门和公共福利之间形成了重要的联系。当然，正如临时紧急救济管理署的名字所表明的那样，《威克斯法》被视为危机期间州政府提供失业救济的权宜之计。其他州仿效纽约州制定通过类似法案，到1931年年底，已经有24个州向失业者提供了失业救济。《威克斯法》后来成为美国联邦救济法的范例。① 罗斯福打破陈规率先展开政府救济行动，使纽约州成为美国最进步的州，罗斯福也由此名闻全国。

　　纽约州和其他州因现实而行动，但由于联邦政府在救济方面的不作为，到1933年，绝望和混乱在人们中更加广为扩散，贫困饥饿的公民对政府的不满日益增长。罗斯福正是在此危急时刻上台执政，上台伊始，他继续把自己在纽约州长任上的工作扩展到了整个国家，把实施联邦政府救济视为当务之急，指出："人类应该为所有人的福利负责。失业者往往不是由于自

---

　　①　Walter I. Trattner，*From Poor Law to Welfare State：A History of Social Welfare in America*，p. 263.

身原因，而是因非个人因素和不能控制的经济体制问题而导致
失业。公共帮助不是一个慈善事业，而是一个依赖于文明社会
中最低生活水平的个体权利的正义事业。自由和保障是同义
词，民主国家的存在有赖于其公民的健康和福利。"[①] 新一届政
府实施的"新政"，除了直接进行救济外，还通过一系列立法
行动承担起社会救济责任：成立民间资源保护队（The Civilian
Conservation Corps，CCC），为成千上万的失业青年提供植树造
林和控制洪水、火灾等工作；公共工程管理署（The Public
Works Administration，PWA）以庞大的公共工程项目为千百万
公民提供就业机会，刺激萧条中的工业，尤其是建筑业；全国
青年管理署（The National Youth Administration，NYA）为高
中和大学学生提供了部分时间工作，以使他们能挣得足够的费
用完成教育；公共工程兴办署（The Works Progress Adminis-
tration，WPA）包括艺术家、音乐家、学者等群体在内，为失
业者提供适合于他们技术和经验的工作。1930 年代期间不少
群体得到联邦政府的财政资助：交响乐团、作家与艺术家得到
联邦救济创立的项目资助；年轻人建造高速公路，在森林中从
事水土保持工作；农民获得财政资助；公共工程工作为非熟练
工人、工程师与商人提供就业机会。美国联邦政府通过制定并
实施联邦救济项目及复兴经济，成功地恢复了美国人对国家基
本制度的信任，阻止了经济形势的进一步恶化。

　　美国最早和最重要的联邦救济法案之一是《联邦紧急救济
法》（The Federal Emergency Relief Act），它以《威克斯法》为
样板，1933 年 5 月颁布实施。该法规以 5 亿美元开始的联邦资

---

①　Walter I. Trattner, *From Poor Law to Welfare State：A History of Social
Welfare in America*, p. 264.

金作为拨款分发到各州，作紧急失业救济之用；建立第一个国家救济部门——联邦紧急救济署（The Federal Emergency Relief Administration，FERA），由其决定给各州拨款的规模，管理资金的责任由州和地方共同掌管，但所有的联邦拨款被规定由公共部门管理。《联邦紧急救济法》目的是为了应付大规模失业，重点在建筑和公共工程方面，但联邦的帮助涵盖了各种形式的失业救济，包括家庭救济、现金津贴、帮助不幸的农村家庭等计划。法令还规定每个地方救济管理部门在其职员中至少要雇佣一名有经验的社会工作者，每 20 个雇员中至少有一名合格的监督者。这个规定不仅进一步缩短了社会工作和公共福利之间的距离，而且对两者有积极的影响，它把社会工作者及其工作方法带进了美国的每一个县和镇，使公众相信福利金由训练有素的、专业的社会工作者管理，而不是由政客或任命的官员，有助于进一步消除他们对公共帮助的恐惧。哈里·霍普金斯对联邦紧急救济署的领导是卓有成效的。《联邦紧急救济法》的实施，打开了联邦救济领域，把对大量公民的救济责任从私人和地方部门转到美国联邦政府。这部法律也是当时世界上最大的公共救济计划之一，先后对 2000 万人的生活产生影响，耗资 40 亿美元。1933 年下半年，联邦紧急救济署被公共工程兴办署取代，由它监督联邦救济项目。"新政"时期还颁布了《民用工程管理法》（The Civilian Works Administration Act，CWA），它于 1933 年 11 月以总统行政命令颁布，通过以工代赈的方法提供救济。《联邦紧急救济法》的领受者必须在救济站证明自身的贫困，并接受"家庭经济情况调查"，审查合格后才能获得救济，但 CWA 没有这样的附带条件，它提供"固定的"工作时间，支付"现行的"工资，并且收益是 FERA 的2.5 倍。1933—1934 年冬天，共有 400 万人参与了民用工程管理署提供的工作。① 不过 CWA 只是使国家度过"冬天"的权宜之计，很快就在 1934 年 3 月解散。

随着美国联邦政府救济活动的展开，处于困境中的女性群体也受到关注。"大萧条"期间女性受到沉重打击，尤其是失业女性。一位历史学家指出："大规模失业既是一种统计数据，也是胃中空虚的感觉。为充分了解这一点，你应该既看统计数字，又去体味空虚。"② 梅莉戴尔·乐素尔对这一时期的失业妇女有生动的描述。乐素尔在城市就业局遇见一名 35 岁妇女，为雇主洗涮和烹调了 15 年，只储蓄了 30 美元，但"大萧条"到来后就失业了，她用一个月 3 美元租到一幢简陋、寒冷的房子，整个冬天她只用 25 美元。她已经一年没有工作了，并将所储蓄的 30 美元用完了，现在又饿又沮丧，天天到就业局无望地等待。乐素尔还有一个曾经在就业局天天看见的女孩精神分裂了，她已经 8 个月没有工作了，不断地说："你们得给我些东西。"③ 不仅总是见到这种惨不忍睹的现象，乐素尔自己对这种空虚感也有真切的体味，"我住在城市中，几个月来身无分文，没有帮助，因太羞怯而不敢去领救济食品。我知道很多妇女这样生活，直到由于缺乏生活必需品而晕倒在大街上"。④

"大萧条"时期的美国，虽有救济但却很有限，领取救济

---

① Walter I. Trattner, *From Poor Law to Welfare State: A History of Social Welfare in America*, pp. 268—269.

② Susan Ware, *Modern American Women, A Documentary History*, p. 196.

③ Meridel Le Sueur, "*The Despair of Unemployment Women*" (1932), Ellen Skinner, *Women and the National Experience, Primary Sources in American History*, p. 193.

④ Susan Ware, *Holding Their Own: American Women in the 1930s*, p. 33.

食物的队伍中女性并不多，女性也没有廉价住房可以居住。1931 年秋，许多无家可归的妇女躺在芝加哥的公园里，在饥寒交迫中度过漫漫长夜。1934 年，纽约有 7.5 万名无家可归的单身妇女，她们待在火车站、乘坐地铁、或去职业介绍所等待工作机会。① 格雷斯·哈金斯（Grace Hutchins）估计全国有 10 万到 15 万名无家可归的妇女。一份对 800 个城市女性流浪者的调查发现，一个晚上有近万名妇女求助，被收容在"救世军"的收容救助站中，而这仅仅是流浪妇女的一小部分。青年妇女基督教联盟估计 1933 年 3 月约有 14.5 万名妇女到处流浪。成千上万的妇女除了做流浪者之外而别无选择，一些男人甚至叫她们为"路上姐妹"。社会科学家汤姆斯·明尼翰（Thomas Minehan）在全国奔走了几个月收集信息，他估计每 20 个流浪者中有一个是年轻女性，她们大多数 18 岁以下，因为失业而离家流浪，她们往往选择与一名女性或男性成对流浪，同性伙伴较普遍，她们很少在一个地方停留一星期以上，许多女性往往靠卖淫获得男性提供住所与食品。② 伯莎·汤普森（Bertha Thompson）的《棚车伯莎自传》（1937）中对于这种流浪女孩有生动的描写。伯莎与本·雷塔曼博士（Dr. Ben Reitman）合作写书时已经在美国各地流浪了 15 年。1930 年代早期，伯莎在女性流浪者办公署（The Female Transient Bureaus）工作，帮助流浪的"妇女大军"。"大萧条"时期妇女的困境引起妇女团体的极大关注，她们在 1930 年代救济项目的制定和贯彻中扮演了重要角色。

---

① ［美］萨拉·M. 埃文斯著，杨俊峰译：《为自由而生——美国妇女历史》，辽宁人民出版社 1995 年版，第 229 页。

② Susan Ware, *Holding Their Own: American Women in the 1930s*, p. 33.

1933 年 5 月联邦紧急救济署开始工作后，尽管官方政策宣称 "贫困妇女应该与贫困男性同等考虑"，但直到这一年的 11 月底妇女项目才真正实施。在埃莉诺·罗斯福、玛丽·W. 戴维森（Mary W. Dewson）和埃伦·沙利文·伍德沃德（Ellen Sullivan Woodward）等人的努力下，1933 年 11 月 20 日举行了由联邦紧急救济署发动的 "关于妇女紧急需求" 的白宫会议（White House Conference on the Emergency Needs of Women），50 多名妇女领袖出席了会议，她们就更好地满足失业妇女需求的促进办法进行充分讨论。霍普金斯在会议开幕致辞中表示："我表明一个信念，我的一个确信，即找到一个完美的项目，让 30 万或 40 万妇女投入工作，并很快做到是可能的……我们想在 20 天或 25 天内做到。"伍德沃德讨论了 "大萧条" 期间妇女的需求以及州和联邦政府应该怎样满足这些需求。在伍德沃德看来，最紧急的需求是提供工作岗位，她提出为妇女提供缝纫、罐装、秘书、家务管理、公共健康、紧急护理、音乐以及历史研究等切实可行的工作。罗斯·施奈德曼（Rose Schneiderman）、格蕾斯·阿博特（Grace Abbott）、希尔达·沃辛顿·史密斯（Hilda Worthington Smith）等建议扩大公共图书馆服务，为失业教师找工作，建立居住营等。许多讨论项目后来得以实现，成为以后妇女救济项目的主要部分。罗斯福夫人在这次会议上起了重要作用，伍德沃德指出："罗斯福夫人对失业妇女紧急救济需求的特殊兴趣，是对无数妇女组织联合起来应付失业妇女需求有帮助的。"[①] 联邦紧急救济署根据这次白宫会议上的讨论，把妇女主要分配在两类工作项目中：熟练工人或那些有专业训练的人从事诸如护理、教

---

① Susan Ware，*Beyond Suffrage*：*Women in the New Deal*，Cambridge，Mass：Harvard University Press，1981，pp. 106—107.

学、家务管理、图书馆工作以及研究；其他妇女则被分到涉及诸如食品和服装制造等救济项目中。

在"关于妇女紧急需求"的白宫会议召开的同一周，伍德沃德与霍普金斯讨论民用工程管理署中对妇女的救济方法。1934年2月，在民用工程管理署登记的近400万人中，约30万名是妇女，这些妇女大多数集中在非建筑业的民用工程部门。1935年末公共工程兴办署已经取代了联邦紧急救济署，联邦政府把救济的人分成两大类，即有工作能力的人，向他们提供公共工程兴办署项目上的工作，没有工作能力的人如老年人、盲人和受抚养儿童等则被社会保障计划所包括。基于公共工程兴办署中对妇女救济存在的一些问题，伍德沃德提醒埃莉诺·罗斯福："请您敦请总统在星期天晚上的谈话中强调救济中可雇佣的妇女将会在新的计划中获得公平的工作比例。我认为这很重要。罗斯福夫人，因为当民用工程署创办时，包括其他聪明的州管理者们在内的许多人阐述'400万男性将有工作'的声明，在字面上意味着是男性而不是男性和女性，为了纠正这个错误的印象，我们需要几个星期的努力和发出成千上万封电报和信件……由于在报刊中提及的项目主要只是男性的工作项目，全国的妇女感到非常忧虑。"公共工程兴办署保留了对妇女的救济项目，伍德沃德继续在公共工程兴办署下担任妇女和专业项目部的负责人，负责专业与服务计划、以联邦1号著称的艺术部（包括联邦剧院计划、联邦作家计划与联邦艺术计划）与妇女计划，妇女构成了 WPA 工作救济项目受雇佣总数的 12％到 19％。妇女局对 WPA 高度评价，指出"WPA 已经为今天的妇女工人展示了许多光明的前景"。伍德沃德赞同这个看法，她于 1936 年策划了一个公关活动，扩大对妇女救济项目的宣传。但在公共工程兴办署中为妇女找到合适的工作同样是个难题，有一个负责妇女工作的地区领导写信给埃莉诺·罗斯福，认为适合男性救济项目很多，而适合于妇女的很少，"为妇女找到 50 万个工作岗位比为男性找到 400 万个工作岗位要更艰难，因为妇女被认为不适合繁重的建筑工作，而大量的救济计划由这些工作构成"。[①] 另外，由于许多妇女是首次进入劳动力市场，或长久没有工作后再次进入劳动力市场，妇女项目中往往包括必要的上岗培训，增加了救济费用，1941 年非劳工的花费平均为全部项目费用的 26%，关于缝纫项目的非劳工项目实际上超过这个比例，平均为全部费用的 27%。[②] 总体上来看，妇女就在 CWA、FERA 与 WPA 等救济项目取得了重要而微小的进步。

"失业妇女营地"是另一个重要的妇女救济项目，由希尔达·沃辛顿·史密斯负责。最早的妇女营地 1933 年由纽约州临时紧急救济管理署建立，营地在熊山公园（Bear Mountain Park，后来被命名为简·亚当斯营地，Jane Addams Camps），后来推广到全国。史密斯的居住营地的思想主要来自她于 1920 年领导的巴林摩尔工厂工人暑期学校，1933 年年末史密斯已经提出失业妇女的居住营地的建议，计划为妇女的紧急需求提供食品、居所和衣服，但主要强调教育机会和在集体中的经历、民主的生活。1934 年 4 月 30 日"失业妇女营地"会议（The Conference on Camps for Unemployed Women）在罗斯福夫人等的支持下举行，有 75 人出席会议，其中大多数为女性。这次会议对"失业妇女营地"的建立起了重要作用。白宫会议后，哈里·霍普金斯很快赞成这个计划，并建议州救济管理者为妇女营地提供资金。由于计划是实验性的，第一个夏天只设立了 40 所学校，

---

① Susan Ware, *Beyond Suffrage: Women in the New Deal*, p. 107.

② Ibid., p. 109.

由联邦紧急救济署拨款支付职员的薪水、学生生活费用、建筑的维修，州与私人资金提供设备与组织费用（一周人均 8 美元），共为 1800 名妇女提供了为期一个月的培训。"失业妇女营地"与民间资源保护队有所不同，妇女营地中的年轻妇女不从事体力劳动，也没有工资，她们所做的唯一工作是维持和管理营地。营地内的人员需要注册而且仅限于来自通过地方救济管理人员推荐的贫困家庭的年轻女性。由于水土保持和重新造林被认为不适合妇女，妇女营地中的妇女在第一个夏天中接受了健康、职业引导、家务管理和公民教育的系统训练，以及"社会责任的新感觉"，近 20％妇女在学期末找到了工作。1935 年共有 45 个营地在运作，每个营地各时段保持有 70—80 个学生的规模。1935 年年末，妇女营地转到全国青年管理分部教育营地（The National Youth Administration's Division on Educational Camps），由来自美国就业服务局（The U. S. Employment Service）的多萝西·德斯克温兹（Dorothy DeSchwenitz）负责。到 1936 年 3 月，有 90 个营地共 5000 名妇女获得培训。到 1937 年由于维持营地的费用太大，而由全国青年管理署提供的定期生活津贴也太少，最后宣布终止妇女营地计划。史密斯对不得不关闭营地很不安，她写信给埃莉诺·罗斯福："我从来没有这么苦恼，这个计划会被迅速结束而没有给予充分的机会讨论这个实验的结果……许多以前的学校正获得高水平的工作成果，而它们并没有经过听证而被如此突然地取消。"[①] 由于"失业妇女营地"在规模和影响上比水土资源保护队小得多，撤销时没有引起人们什么特别的反应。

尽管"新政"的各项救济计划中都把妇女包括在内，而且一批精英妇女在救济计划的制订和实施中起了重要的作用，但参与

---

① Susan Ware, *Beyond Suffrage: Women in the New Deal*, pp. 113—114.

的女性人数有限，并存在着明显的歧视，远远不能满足失业妇女的需求。民间资源保护队通过立法严格限于男性，尽管联邦政府也为妇女建立了营地并提供资助和教育项目，但规模大大缩小，且资金匮乏，全美国总共只有 8000 名年轻女性在 1937 年由于预算原因而被突然解散之前，加入了这些营地，而相比之下民间资源保护队共有 250 万年轻人。① CWA 主要集中在大规模的建筑与公共工作项目上，被认为不适合女性。女性在联邦紧急救济署中处境稍好一些，但 1935 年她们也只占联邦紧急救济署所提供的工作的 12%。② 1935 年，在全美国 160 万从事政府项目的工人中，只有 14.2 万人是妇女。③ 妇女在公共工程兴办署中的经历也类似。统计数据显示，1938 年，全美国只有约 37.2 万名妇女从事公共工程兴办署管理下的工作，但全国却有 300 多万名妇女失业，还有 150 万名妇女只有部分时间工作。④ 另外由于美国联邦政府规定家庭中只有一个成员能得到公共工程兴办署负责的工作，妇女在被接纳前必须证明自己是家庭的经济来源，丈夫能工作但找不到工作的妇女不合格，到 1940 年全美国仍有 125 万女性寻求工作，然而却只有 45 万人受雇于公共紧急工作。⑤ 由于难以为妇女找到合适的工作项目，埃莉诺·罗斯福提醒哈里·霍普金斯注意妇女计划缺乏男性的支持："我今天忘记说我希望你在某些方面将会给州管理者们留下印象，即妇女计划与男性计

---

① Susan Ware, *Holding Their Own：American Women in the 1930s*, p. 41.

② Ibid. , p. 39.

③ June Sochen, *History：A Record of the American Woman's Past*, p. 283.

④ Susan Ware, *Beyond Suffrage：Women in the New Deal*, p. 110.

⑤ Mary Kelly, Edi. , *Woman's Being, Woman's Place：Female Identity and Vocation in American History*, p. 304.

划一样重要。他们是如此易于忘记我们。"①

　　得到救济的妇女的人数与待遇不仅无法与男性相比，而且即使有资格接受救济的妇女，也很难找到合适的工作项目。在联邦管理和资助下的公共就业计划中，妇女更多地被分配与妇女传统家务技术有关的工作，如参加公共工程兴办署的妇女主要受雇于强调体力家务工作的项目，她们把剩余物资进行贮藏、装罐头或干燥，送到需要的家庭，或为学校供应午餐。1937 年 7 月，公共工程兴办署建立家务劳动服务示范计划，为寻求家务职业的妇女提供训练，也为在课程中做教师和示范者的妇女提供就业机会，约有 1700 名妇女接受为期 2 个月的课程（后来延长到 3 个月），学习烹饪、制作食品、照看房子、照顾孩子、洗涮、熨烫以及采购等科目。公共工程兴办署家政帮助项目也雇佣了 3 万名妇女。1937—1938 学年，有 8000 名妇女受雇于学校午餐项目。② 公共兴办署妇女项目最大的组成部分是缝纫室，受雇女性修补旧衣服或用剩余物资制作新衣服，并把这些产品分发到被救济的家庭。1936 年，在公共工程兴办署管理的项目中工作的妇女中有 56％是在缝纫室，公共工程兴办署一名女官员简洁地总结了其重要性："对做非熟练工作的男性我们有铁铲，而对做非熟练工作的妇女我们只有针。"③ 显然所有这些任务是妇女传统家庭角色的一种体现。"联邦和地方各级政府在实施救济计划过程中大量借鉴了妇女的经验。然而，正是这些救济计划对妇女进行歧视，这里的工作往往不让已婚妇女来做，只给她们像缝纫这样传统上由女性来完成的

　　① Susan Ware, *Beyond Suffrage: Women in the New Deal*, p. 105.

　　② Mary Kelly, Edi., *Woman's Being, Woman's Place: Female Identity and Vocation in American History*, pp. 303—304.

　　③ Susan Ware, *Beyond Suffrage: Women in the New Deal*, p. 109.

工作，工资特别低。这些救济计划仍以男人为养家糊口而需要工作、需要救济思想为前提，这种想法与做法实际上掩盖了妇女的需要。"① 不过，虽然女性参与公共工程兴办署项目的数量大大少于男性，但她们的职业类型却比男性更加有利，她们中近 33% 为秘书、专业和技术人员，或项目的管理人或工头。②

此外，阶级、种族与性别偏见也弥漫于"新政"的各项救济政策之中。罗斯福尽管成功地使大多数黑人脱离共和党转而支持民主党，但他对生存环境相对更不好的少数族裔来说，更多的是一个象征而不是一个行动主义者。他虽然同情黑人，但受现实的政治考虑所牵制，"新政"各项救济项目中种族歧视普遍存在。民间水土资源保护队将黑人的比例限制在总数的 10%，而且多把他们安排在"隔离的地区"。③ 在联邦救济工作计划的制定和资金的分配中也往往歧视黑人，尤其在南方农村地区。原本主要从事农业和家庭服务工作的黑人妇女，也被许多"新政"救济计划排除在外，只有 10% 从事有酬劳动的黑人妇女能从"新政"立法中受益。④ 而此时黑人妇女对救济的需求更加迫切，这对她们意味着"幸存和挨饿之间的区别"。⑤ 一些主管"新政"项目与

---

① ［美］萨拉·M. 埃文斯著，杨俊峰译：《为自由而生——美国妇女历史》，辽宁人民出版社 1995 年版，第 238 页。

② Mary Kelly, Edi., *Woman's Being*, *Woman's Place*: *Female Identity and Vocation in American History*, p. 304.

③ Walter I. Trattner, *From Poor Law to Welfare State*: *A History of Social Welfare in America*, p. 265.

④ Jacqueline Jones, *Labor of Love*, *Labor of Sorrow*: *Black women*, *Work*, *and the Family from the Slavery to the Present*, p. 199.

⑤ Ellen Skinner, *Women and the National Experience*, *Primary Sources in American History*, p. 190.

分发救济金的南方种族主义者，常常以种种借口歧视有色人种群体，使他们得不到任何救济。对此，有色人种群体在给罗斯福总统、埃莉诺·罗斯福和联邦部门负责人的信中，表示了强烈的不满。"我没有骡子，没有四轮马车，没有饲料，没有食品，"佐治亚州一位有7个孩子的寡居的黑人妇女写信给农业部长，"这些掌管政府国内工作的男女却没有帮助我"。[①] 1936年11月23日一封写给罗斯福总统的信中也指出："我们在想大量有或没有孩子的寡居的妇女将会变得怎样。当我们到办公室寻求工作机会时，公共工程兴办署上层的这些白人妇女仍然让我们有色人种妇女寻找洗衣工作……几天前我在办公室中，那里有一个妇女，她有5个孩子，丈夫不能工作，工作人员告诉她去找洗衣工作……白人不会为她们的洗衣工作支付任何报酬。她不能获得足够的洗衣工作养家。我正在阅读报纸上的一篇文章，调查为什么某些地方有色人种男性没有出现在WPA项目中。……我知道格林伍德（Greenwood）有些男人一连几个星期到救济办公室，白人工作人员总是告诉他们明天再来、星期一再来，最后他们会说你们'黑鬼'总是来这里干吗？我们不能再为你们找什么工作。然后他们就会在报告中写找不到失业或无业的黑人。相当多有色人种的男性告诉我他们在回到任何救济办公室之前，没吃没喝，只好让那些白人工作人员再次当狗一样对待。我们有得不到任何帮助的老人。如果老人到救济办公室，他们会说到你们的孩子那里去，如果孩子们也要求救济，那工作人员就告诉他们救济办公室再也无能为力了。"[②]

------

① Lerner Gerda, *Black Women in White America：A Documentary History*, p. 399.

② Gerda Lerner, *Black Women in White America：A Documentary History*, pp. 401－402.

由于救济中种族歧视普遍存在，黑人往往"最后一个获得救济，最早被项目削减，最后一个被以工代赈项目雇佣"。[①] 就业和救济中存在的种族歧视加深了有色人种群体的苦难。

二　美国女性与保护性立法和现代社会福利政策

"新政"期间美国联邦政府除了直接进行救济外，还逐步建立起全国性现代社会福利保障体系。胡佛政府执政时期，救济主要由地方政府与社区、私人慈善机构负责，联邦政府基本不介入；随着危机的蔓延与加重，经济"大萧条"所造成的危害已经远非地方政府和慈善机构所能承担，要求政府改革社会保障制度的呼声越来越高，到 1930 年代初期已经形成一股强大的推动力，促使联邦政府不得不承担起救危扶困的责任来。从 1933 年起，美国联邦政府制定和实施了一系列保护性立法和社会保障法，对男女工人以及老年人、残疾人及其他弱势群体提供救济与保障，这奠定了美国现代福利制度的基础。

（一）妇女与"新政"时期的保护性立法

美国妇女改革团体坚持妇女由于生理和心理原因需要特殊的保护，长期以来呼吁政府为女工制定合理的工资和工时，但在 19 世纪和 20 世纪初这方面并没有取得实质性进展。只是在进步主义时代经过妇女改革团体的努力，一些州和地方通过了针对女性的保护性立法。1914 年，美国有 27 个州通过了对女工的保护性立法。1917 年，全国只有 9 个州没有限制妇女工时的立法，有 6 个州规定妇女最低工时为每天 8 小时、每周 48 小时，有 13 个州限定州最高工时为 54 小时。1924 年，又有 4 个州实行最高

---

① Gerda Lerner, *Black Women in White America: A Documentary History*, p. 399.

工时限制，全国只剩下 5 个州没有进行这方面的立法，其中 3 个为南部州。① 在最低工资立法方面也只取得微小的进展。1912年，马萨诸塞州通过了关于妇女的最低工资立法，1913 年加利福尼亚等 8 个州通过类似法案，但以后进展不大，尤其在 1920年代以后，这方面的立法遭遇强大的保守主义势力的阻碍，处于停滞状态。保护性立法是一把"双刃剑"，它在一定程度和范围内保护了女工的利益，但又在一些行业中造成了对女性的歧视和排斥，雇主以女性不适合该工作为由而拒绝雇佣她们。例如禁止妇女上夜班工作的立法成为雇主解雇或拒绝雇佣女性的借口。1924 年美国联邦最高法院裁定纽约州禁止女性在晚上 10 点到早上 6 点之间在饭店工作的法规合法，理由是夜班严重影响了女性的健康，"威胁和削弱了她们特殊和天生的职能"。② 尽管如此，保护性立法还是使大多数女工获益，使她们在一定程度上得到保护。

　　"大萧条"期间，美国大量工人失业，在职的也面临工资下调的可能，经过长期努力而赢得的工资和工时立法得不到有效的执行，"血汗工厂"重新出现，工时延长，反过来又加剧了工人的失业。严峻的形势迫使政府必须在这方面采取措施，为所有工人，而不仅仅是妇女和童工制定保护性立法，终止这种恶性循环。到 1933 年，甚至连妇女工会同盟也改变原来所持的反对立场，与其他改革组织一道，宣传争取最高工时和最低工资的一般立法。"新政"时期，随着一批女性在"新政"部门担任要职，她们参与了大多数的社会福利领域的工作，并在社会福利政策的

---

① Alice Kessler-Harris, *Out to Work：A History of Wage-Earning Women in the United States*, p. 188.

② Ibid. , p. 191.

制定与贯彻中担任了重要角色。

　　1933 年 6 月通过的美国《全国工业复兴法》对占劳动力25％的女性劳动力产生了重要影响。最高工时与最低工资法规第一次针对所有工人，妇女作为受益群体被包括在内，雇主不能以生理理由拒绝雇佣女工，也不能以这个理由在工资和工时上任意剥削她们。这些法规使妇女比男性更加受益，尤其是在工资方面，由于妇女传统上都集中在低报酬职业中，她们通过最低工资法可以得到更多的收入。1935 年美国劳工部妇女局的一份题为"《全国工业复兴法》下受雇的妇女"的研究指出："甚至在这个时期，一个如此广泛的社会重建计划在如此短的发展中，在提高她们的工资、缩短她们的工时和提高她们的就业中已经取得了巨大的进步"。1933—1934 年担任国家复兴管理局劳工顾问委员的罗斯·施奈德曼把她这两年的任职看作自己职业生涯的"顶点"，"这里有前所未有的机会帮助工作妇女。作为劳工委员会 (Labor Board) 的成员，我帮助制定雇佣妇女工厂的法规，促成工作男性和女性的生活的巨大变化，有我的工作努力在其中，这仍然让我激动"。①

　　但《全国工业复兴法》有明显的缺陷：首先，法规对女性工人的保护很有限，只影响劳动力市场中一半的妇女，主要包括制造业与贸易业中的大多数女工，而妇女占优势的其他领域，如纺织业、家内服务、个人服务、农业工作等，普遍就业环境恶劣，很少或没有得到保护。150 万名白领与专业女性也只从法规中获得有限的利益。尽管女秘书比在工厂或服务业中的女工的工资要高，但是她们的工时和工作环境并不像公众想象的那么好，她们一周工作 44 小时，薪酬 15—25 美元。这个法规也没有包括电话

---

① Susan Ware, *Beyond Suffrage: Women in the New Deal*, pp. 91—92.

工人，其中 23.5 万是女性，也没有包括保险公司，约 15 万名妇女在这个行业中工作。[1] 其次，《全国工业复兴法》对女性实行工资上的歧视，有 25% 的法规规定男女同工不同酬（每小时 5 美分到 25 美分不等），对这一点，全国复兴管理局官员的解释是"长期的确定的惯例"允许女性的工资低于男性。[2] 妇女工会同盟、全国消费者俱乐部、商业与专业妇女联盟、全国妇女选民同盟、青年妇女基督教联盟以及妇女俱乐部总联盟等全国性妇女组织联合起来，向全国复兴管理局局长休·约翰逊（Hugh Johnson）将军抗议《全国工业复兴法》中的这些不合理的规定，但无济于事。

　　这一时期女性改革群体主要通过劳工顾问委员会（The Labor Advisory Board）、劳工部和消费者顾问委员会（The Consumers' Advisory Board）对保护性立法的制定和贯彻施加影响。全国复兴管理局设立工业复兴委员会（the Industrial Advisory Board）、劳工顾问委员会和消费者顾问委员会，其中弗朗西斯·帕金斯负责任命劳工顾问委员会成员，她要确保在法规制定过程中委员会成员能代表广泛的劳工利益，并确保法规包括安全和健康法规的执行。劳工顾问委员会包括了诸如经济学家利奥·沃尔曼博士（Dr. Leo Wolman）、美国劳联（The American Federation of Labor）领袖威廉·格林（William Green）、美国矿业工人工会（The United Mine Workers of America）的约翰·L. 刘易斯（John L. Lewis）、美国服装工人工会（the Amalgamated Clothing Workers of America）的西德尼·希尔曼

---

①　Mary Kelly, Edi. , *Woman's Being*, *Woman's Place*: *Female Identity and Vocation in American History*, p. 303.

②　Susan Ware, *Holding Their Own*: *American Women in the 1930s*, p. 39.

(Sidney Hillman) 以及当时担任全国妇女商业工会同盟主席罗斯·施奈德曼等人，有效地代表了劳工的普遍需求，劳工部向该顾问委员会提供关于工作状况、收入、生活费用、安全标准以及实施方案的数据，以此来影响政府决策。[1] 玛丽·安德森领导下的劳工部妇女局积累了许多主要雇佣妇女的工厂资料，儿童局也为法规听证会提供了调查资料与信息，它与劳工统计资料局 (The Bureau of Labor Statistics) 为涉及妇女的法规提供整个政府部门中最全面的资料，使法规能根据准确的资料而制定。一些主要妇女组织，如全国消费者俱乐部、全国妇女商业工会同盟等，不仅积极参与各种涉及妇女、失业工人等法规的听证会，而且还深入进行调查组织活动，推动维护弱势群体利益的立法进程。全国妇女商业工会同盟的代表经常在制订涉及大量雇佣女工的工厂法规听证会上作证，全国消费者俱乐部的代表也出现在全国工业复兴法法规委员会会议中，该俱乐部主席露西·伦道夫·梅森 (Lucy Randolph Mason) 此时还意识到有强大工会组织的工厂工会可以提供听证会的证人，因此她把注意力集中在大部分女工没有被组织起来和没有被充分代表的工厂中。全国消费者俱乐部和妇女商业工会同盟还参与了对童工法规进行讨论的法规听证会。另外，许多女性直接参与了一些工厂法规的制定，例如在煤矿法规的制定过程中，曾经出现僵局，帕金斯向罗斯福总统建议邀请矿主在白宫过夜，并请来自科罗拉多 (Colorado) 的矿主约瑟芬·罗奇 (Josephine Roche) 进行斡旋，使煤矿主最终与政府达成协议。[2]

此时女性更关注消费者的权益。从 1899 年美国"全国消费

[1]　Susan Ware, *Beyond Suffrage: Women in the New Deal*, pp. 89—90.

[2]　Ibid. , pp. 88—89.

者俱乐部"建立以来，现代工业社会中消费者的角色成为男性和女性改革者的关注对象，"新政"时期女性把注意力集中在 NRA 的消费者顾问委员会。建立消费者顾问委员会的想法来自帕金斯本人，"我记得我在消费者俱乐部的工作经历，认识到它在纽约州和其他州有巨大的公共影响，它在有关劳工的问题上带来公共影响。……公共利益将会一直站在道德的一方"。① 全国复兴管理局中消费者顾问委员会地位很特殊，它直接向休·约翰逊（Hugh Johnson）将军本人负责。约翰逊在帕金斯的建议下，任命玛丽·哈里曼·拉姆奇（Mary Harriman Rumsey）担任该委员会的主席。拉姆奇出身名门望族，是铁路巨头 E. H. 哈里曼（E. H. Harriman）的女儿，与美国政府的高层官员接触频繁，与罗斯福总统夫妇关系密切。消费者顾问委员会提供诸如价格、工厂非法所得的利润之类的文件。为了提高消费者顾问委员会的声望，1933 年 12 月，罗斯福夫人在白宫举行消费者会议，显示了总统夫妇对消费者事业的支持。"新政"时期一些处于政府高层的女性官员们也对消费者委员会的活动倍加关注，儿童局的阿博特和全国消费者俱乐部的迪尤森每月碰面商量消费者事务；苏·谢尔顿·怀特（Sue Shelton White）是拉姆奇在全国复兴管理局的助手；埃米莉·纽厄尔·布莱尔（Emily Newell bLair）是消费者顾问委员会非正式的行政委员，1935 年 1 月她被任命为消费者分部的领导。

除了《全国工业复兴法》之外，美国 1930 年代期间还通过了几个保护性立法。1935 年《劳工关系法》是对女工影响最大的法案。法案规定工人可集体与雇主谈判，这个法案促进了这一时期劳工运动的发展。1936 年 6 月《沃尔什—希利公共合同法》

---

① Susan Ware, *Beyond Suffrage: Women in the New Deal*, p. 92.

(The Walsh-Healy Public Contracts Act) 通过，规定凡是与政府订有供应合同的企业，必须执行联邦政府制定的最低工资标准；由政府购买的物品和服务，工人必须实行 8 小时一天和 40 小时一周工作制，不得有 16 岁以下的童工，这是为保护妇女和童工的永久性立法的一个尝试。①

　　1936 年，帕金斯提醒罗斯福实施工资和工时法。1937 年 5 月，罗斯福在关于规定最低工资和最高工时法案的咨文中提出："为了保护我们第一位的人力资源，政府必须适当控制最长工时、最低工资、童工制以及对无组织劳工的剥削。……只有在符合自由人的劳动最低标准的条件下生产的商品才能被准许进入州际间的贸易。"② 1937 年 5 月，《公平劳工标准法》(The Fair Labor Standards Act) 最终被提交到国会，此法案遭到国会中保守势力联盟和美国"劳联"的反对。美国劳联害怕或许最低工资最终会成为最高工资，也害怕政府制定工资结构的权力将会削弱工会的集体谈判地位。在争议中，女性群体则团结一致，她们不仅参与起草劳工标准法案，并促使其在国会中通过，其中凯瑟琳·伦鲁特 (Katharine Lenroot)、玛丽·T. 诺顿 (Mary T. Norton)、玛丽·W. 戴维森、克拉拉·M. 拜尔 (Clara M. Beyer)、埃伦·沙利文·伍德沃德 (Ellen Sullivan Woodward) 等尤其活跃。民主党全国委员会妇女分部 (The Women's Division of the Democratic National Committee) 把争取国会通过《公平劳工标准法》视为民主党妇女教育工作的首位的事情。1938 年 6 月，联邦政府通过《公平劳工标准法》，规定不分男女最低工资为每小时 25 美分，并逐步增加到 40 美分；最高工时每周不超过 44

---

　　①　Susan Ware, *Beyond Suffrage*: *Women in the New Deal*, p. 102.

　　②　关在汉编译:《罗斯福选集》，商务印书馆 1982 年版，第 142—144 页。

小时；如果超过标准则应支付原工资的一倍半；该法适用于州际商业部门工作的雇员。① 《公平劳工标准法》也同样采用了性别中立原则，它是美国历史上第一个全国性劳动标准法，以法律形式确立了联邦政府对涉及州际贸易的所有工人提供最高工时和最低工资的保护，奠定了全国标准的基本原则，为保护工人提供了更多的公平措施，使男女工人最终都得到了工资和工时法案的保护，使始于《全国工业复兴法》中关于工时与工资的规则永久化。1941 年美国最高法院裁定《公平劳工标准法》有效，最低工资和最高工时标准得到人们的普遍认可。

（二）美国妇女与"新政"时期的社会福利政策

美国妇女组织和女改革家长期以来为争取妇女和儿童的社会福利而努力，她们在进步主义时代曾经取得一定成就。到 20 世纪 20 年代，社会工作制度化和专业化，并通过妇女选民同盟、全国消费者联盟、妇女商业工会同盟和劳工部的妇女局、儿童局等群体和组织为妇女儿童的福利待遇而努力。1921 年美国国会通过了一个旨在保护孕妇和婴儿健康的法案（即《谢泼德—汤纳法》，The Sheppard-Towner Act），但此法在 1929 年被废除。1920 年代期间由于国内保守主义的盛行使妇女改革者及团体的福利改革受挫。到 1930 年代，社会工作者"忽然发现她们对社会福利的关心正处在美国政治的前沿"。② 罗斯福需要她们的才能与知识，也因为罗斯福的妻子是她们中的一员，她们前所未有地接近了政治权力的中枢。

随着政府救济的进行，罗斯福总统也清楚地意识到，仅仅依

---

① 关在汉编译：《罗斯福选集》，商务印书馆 1982 年版，第 636 页。

② ［美］萨拉·M. 埃文斯著，杨俊峰译：《为自由而生——美国妇女历史》，辽宁人民出版社 1995 年版，第 232 页。

靠救济，尤其是暂时的救济，不足以减轻经济的不安全。"民主在其他几个大国中已经消失，"罗斯福指出，"因为这些国家的人民由于失业和缺乏保障而筋疲力尽……在绝望中他们选择牺牲自由以换取得到一些食品的希望。在美国，我们知道我们的民主体制能够被保存下来并创造工作机会"。他强调，"民主政府的实际操作与对人民实行保障的任务相同"。另外，1930年代的人口统计数据也表明，1920年到1934年美国人口数量增长了20%，同时死亡率相应下降，寿命相应增长，75%的美国人活到65岁成为可能，而此时工厂工作下降约25%。① 这种矛盾要求国家为老年群体提供保障，才能缓解就业压力，对老年人口提供一定的保障也被提上议事日程。

1934年6月8日，罗斯福总统向国会呼吁建立社会保障制度，强调这个制度可以抵制"我们这个人为世界不能完全消除的不幸"。他敦促建立一个制度，它能够"马上提供保障抵制几个生活中巨大的干扰因素"。② 三个星期后，罗斯福总统签发了一个行政命令，成立内阁级经济保障委员会（The Cabinet-level Committee on Economic Security），由劳工部、农业部、财政部（The Department of Treasury）和司法部的各部部长以及联邦紧急救济署的负责人哈里·霍普金斯组成，负责制定一个切实可行的社会保障计划，包括失业和老年保障。罗斯福指定劳工部长弗朗西斯·帕金斯主持这个委员会："你负责这件事。由于你了解社会保障制度的设立是必要的，因此我知道你会比任何人更支持它。而且你会努力使它通过。你会看到一些成果出现，而且我们

---

① Walter I. Trattner, *From Poor Law to Welfare State: A History of Social Welfare in America*, p. 270.

② Ibid., p. 271.

不能耽搁。"① 帕金斯聘请威斯康星大学（Wisconsin University）
的经济学家埃德温·E. 威特（Edwin E. Witte）作为执行领导。
威特知识渊博、耐心、精力充沛、有政治家才能，是这个位置的
合适人选。除了内阁级经济保障委员会，总统还成立了经济保障
顾问委员会（Advisory Committee on Economic Security），格蕾
斯·阿博特、约瑟芬·罗奇、玛丽·W. 戴维森等人参与了这个
顾问委员会，帕金斯任命罗奇作为顾问委员。罗奇代替财政部长
摩根索（Morgenthau）参加了多次内阁级经济保障委员会的会
议。经过多次调查、听证大量的证据、斟酌许多技术和政策问题
后，1934 年 11 月，内阁级经济保障委员会拿出了最后报告，
1935 年 1 月 17 日，该委员会提供了关于社会保障计划的提案，
罗斯福总统随后转给国会。这项提案在国会举行的听证会上褒贬
不一。反对者指责它是社会主义思想的产物，会销蚀美国人的勤
俭自主精神，改变美国人的生活方式。而支持者则认为这体现了
社会对弱势群体的关怀，有助于促进社会公正。经过多次辩论，
1935 年 8 月 14 日，该计划在众议院以 371 票对 33 票、参议院
中以 77 票对 6 票的绝对优势票数获得通过。② 在法令签署生效
的当天，罗斯福总统在声明中称："这项法律也代表着一块奠基
石"，"这个结构是为了缓解未来可能发生的萧条的冲击。它也将
保护未来的行政当局，使它不致因需要向穷人提供救济而难免负
债沉重"，"这项法律照顾了人的需要，同时又向合众国提供了极
其健全的经济结构"。③

---

①　Susan Ware, *Beyond Suffrage*：*Women in the New Deal*，p. 98.

②　Walter I. Trattner, *From Poor Law to Welfare State*：*A History of Social Welfare in America*，p. 271.

③　关在汉编译：《罗斯福选集》，第 86—87 页。

　　1935 年通过的《社会保障法》是在参照了《谢泼德—汤纳法》、《联邦紧急救济法》以及无数相关法律之后而制定的,是一个覆盖面很广的法案,它主要包括两种类型的社会保障项目:一是社会保险类项目,主要包括《老年保险》（Old-Age Insurance,OAI）和《失业保险》（Unemployment Insurance,UI）,其中《老年保险》规定,政府对年满 65 岁的老年人每月发放一定数量的救济金,款项来自他们的工资和雇主的工资的支付单的税收,收益与他们过去所挣的钱与所作的贡献成比例;《失业保险》规定雇员需缴纳一定比例的就业税,从发放的工资中扣除,并且要求雇主以一定比例的税收作为保障之用,为联邦财政作出贡献。二是公共援助类项目,主要包括对没有资格享受保险金条件的老年人给予赈济性资助的《老年帮助计划》(Old-Age Assistance,OAA)、对不能自立的儿童进行援助的计划（Aid to Dependent Children,ADC）、对各州盲人进行救济的《盲人帮助计划》(Aid to the Blind,AB) 等,此外还对公共卫生工作、社会保障局的职责等都作了具体规定。联邦政府把资金拨到各州,各州提供相应的配套资金,为满足条件的对象提供救济和保障。[①]

　　《社会保障法》（1935 年）是美国福利制度历史上的一个里程碑,国家通过政府福利开支的干预和调整影响社会经济的发展,在一定程度上缓和了社会矛盾,“带来了全国范围内扩大和提高了的福利活动标准,标志着国家对穷人待遇的实质性的进步”。[②] 同时,正如劳工部长帕金斯所说,《社会保障法》（1935年）“为社会保障建立了一个经过周密计划,统一、长期的计划

---

　　① 　Walter I. Trattner, *From Poor Law to Welfare State*: *A History of Social Welfare in America*, pp. 272—273.

　　② 　Ibid., pp. 275—276.

的坚实基础"。① 它奠定了美国现代"福利国家"的立法基础，开创了美国"福利国家"的新时期。"社会保障法在公共福利领域内建立了责任的新的联合。它标志着在规律、循环往复的社会工作的永久性基础上联邦对州帮助政策的开始，美国历史上第一次关闭了历时3个世纪之久的济贫法和地方责任原则的大门。拨款资助在人口中所选择群体全部或部分的需求成为联邦预算中主要的永久性项目，这个拨款数目每年都有所增长。"②

《1935年社会保障法》之所以得以通过，首先这与"大萧条"的特殊环境有关。"大萧条"加剧了美国社会矛盾，失业激增，社会动荡，私人和地方政府以及慈善机构已经无力承担救济重担，美国联邦政府为避免资本主义制度崩溃和社会安定，进行社会福利政策改革势在必行。除了"大萧条"的压力外，几个其他因素使社会保障法的通过成为可能。第一，全国消费者俱乐部、美国劳工立法联盟（The American Association for Labor Legislation）以及美国老年保障联盟（The American Association for Old Age Security）几年耐心的调查研究及宣传为这个法案奠定了基础。玛丽·W.戴维森宣称："罗斯福得益于劳工立法长久的学习、研究和实验，利用那些负责劳工立法的人。他使许多努力了20年以上的目标的得以实现。"③ 当"大萧条"造成了没有保障的老年人和那些不能工作的人更需要救助的意识时，一群专家（其中很多是"新政"政府中的高层女性）提出建立社会保障制度的建议。第二，同样重要的是政治压力使社会保障法

---

① Walter I. Trattner, *From Poor Law to Welfare State: A History of Social Welfare in America*, pp. 273—274.

② Ibid., p. 276.

③ Susan Ware, *Beyond Suffrage: Women in the New Deal*, p. 98.

不仅可行，而且随着1936年总统选举年的到来成为政治上的权宜之计。1934年加利福尼亚州的弗兰西斯·汤森（Frances Townsend）博士为老年人呼吁的津贴计划得到许多美国人的赞同。汤森主张给予年过60岁的公民每月200美元的津贴，他认为，由于经济萧条老年人被迫提前退休的数量大增，"向全国老年人提退休养老金的社会保障制度应当优先受到考虑，失业保险是第二位的"。① 休·朗（Huey Long）的"分享财富计划"也包括一个老年人的津贴体制。建立这种法规的压力日益增大，国会与总统不得不采取行动。第三，《社会保障法》的制定和实施也与女性改革家们的努力有密切关系，其中弗朗西斯·帕金斯等人起了重要作用，最终使这个法律变成现实。玛丽·W.戴维森指出："赢得这个社会体面的公正法规是我们几百个人伟大的合作事业。"② 实际上，女性提供了社会保障的全部思想，如为失业者、老年人、没有父亲的孩子提供保险以及广泛的公共卫生计划等，这不仅可以追溯到欧洲西部的改革，还可以追溯到女性领导的私人慈善机构和贫民区社会改良团体的早期活动，以及20世纪20年代《谢泼德—汤纳法》的一些条款。劳工部儿童局制定的救助未成年儿童的条款就是借鉴了妇女在贫民区社会改良团体和私人慈善机构中几十年的经验。"新政"时期一批杰出女性对立法的推动作用也同样重要。作为劳工部长和社会保障法制定的其中一个重要参与者，弗朗西斯·帕金斯寻求公众和国会对法案的支持，她进行演讲、写文章、在国会委员会之前作证，并得到

---

① 转引自黄安年《当代美国的社会保障政策》，中国社会科学出版社1998年版，第13页。

② Susan Ware, *Beyond Suffrage: Women in the New Deal*, Cambridge, p. 97.

了朋友和志愿团体中同事的支持。玛丽·W. 戴维森提醒埃莉诺·罗斯福在建立对社会保障法的支持中消费者俱乐部的角色："当总统把他的社会保障法呈送国会时消费者俱乐部完全支持，显示我们支持的力量。我们认为讨论的时间已经过去，总统所需要的是全心全意的支持。每个州俱乐部和所有成员被敦促写信给国会。我想我们是第一个没有任何批评或进一步建议而给予支持的组织。"露西·伦道夫·梅森（Lucy Randolph Mason）在1935年为消费者俱乐部所作的旅行演讲中，多次为社会保障法案进行呼吁。埃伦·沙利文·伍德沃德后来认为社会保障法是在"许多妇女过去30年中所从事的斗争中成长出来的——这个斗争是为了保护和促进个人及其家庭的福利"。①

三 "新政"时期的参政女性

"新政"时期也出现了美国妇女获得选举权后的第一个参政高潮。1920年美国国会选举权修正案通过后，并没有出现期待中妇女参政的高潮，只有少数女性参与政党政治和担任公职，如格蕾斯·阿博特担任儿童局局长，玛丽·安德森主管妇女局，路易斯·斯坦雷（Louis Stanley）领导了农业部的家庭经济局（The Bureau of Home Economics）等，尽管这些任命鼓励了女权主义者，但成就有限，玛丽·W. 戴维森指出："二十四年中被5位总统任命12名妇女担任政府部门的领导工作并不是一个令人振奋的记录。"②"新政"期间女性担任公职人数大增，而且女性史无前例进入政府各个重要部门（参见本书第484页附录

---

① Susan Ware, *Beyond Suffrage*: *Women in the New Deal*, p. 100.

② Susan Ware, *Holding Their Own*: *American Women in the 1930s*, pp. 89—90.

—/1/表 18),参与各个改革项目。在"新政"的各类机构中,妇女占行政管理人员的 33%,在常规官方机关里,她们约占17%。[①] 女性在社会工作领域内占主导地位,新政福利部门也有许多女性任职。女性在 7 个新成立的独立部门中比例最高,为44.4%,政府原来的 49 个独立部门中女性比例则为 34.2%,在10 个行政部门中女性雇员的比例为 15.2%,在所有行政部门和独立机构中女性比例则为 18.8%(见表 2—9)。[②]

表 2—9　　　　1939 年美国政府行政部门和独立机构中

女性雇员的分布

行政部门和独立机构	雇员总数中女性的百分比
所有行政部门和独立机构	18.8
10 个行政部门	15.2
49 个独立机构	34.2
7 个最新成立的独立机构	44.4

这一时期美国政坛上出现一批担任政府公职的杰出女性,其中弗朗西斯·帕金斯担任劳工部长,这是历史上首位进入内阁的女性;玛丽·W. 戴维森担任民主党妇女部主任,她的组织能力使女性成为民主党中公认的力量,为民主党在竞选中获胜立下汗马功劳,另外她是一位活动力量极强的女性,联邦政府中有许多女性担任要职,与她的不懈努力有很大的关系;弗洛伦斯·艾伦

---

① 〔美〕洛伊斯·W. 班纳著,侯文蕙译:《现代美国妇女》,东方出版社 1987年版,第 178 页。

② Susan Ware, *Beyond Suffrage*: *Women in the New Deal*, p. 63.

是第一位联邦巡回上诉法庭的法官；马里恩·格拉斯·巴尼斯特（Marion Glass Banoister）担任美国助理财政部长；内莉·泰罗·罗斯（Nellie Tayloe Ross）担任美国铸币局局长；鲁斯·布赖恩·欧文（Ruth Bryan Owen）是第一位代表国家的女性驻外大使；凯瑟琳·伦鲁特担任美国劳工部儿童局局长；著名黑人女教育家玛丽·麦克利奥德·贝休恩（Mary McLeod Bethune）是全国有色妇女联盟（The National Association of Colored Women）的前任主席，全国黑人妇女委员会的创始人，她于1936年到1944年间担任了全国青年管理委员会黑人事务部主任，使许多黑人担任政府公职；另外，玛丽·安德森领导着妇女局，格蕾斯·阿博特领导着儿童局，等等，这之中的许多位置都是"首次"为女性所得，玛丽·W.戴维森指出："罗斯福之前政府中妇女地位的这种变化是难以置信的。"[①] 这些任命不仅表明了人们对女性的信任，也反映了女性在公共生活中的努力。这些杰出女性促成了各种救济计划的制订和实施，并在保护性立法和社会保障立法上施加影响，"新政"的各项社会政策中体现了她们的智慧和影响。

有学者认为，这些杰出的妇女活动家中有28个人经常保持联系，相互策应，构成了一个"妇女网络"（见表2—10）。[②] 这些女性有着相同的中产阶级背景，有相似的经历，这个团体在长期的斗争中达成共识，结下了深厚的友谊。作为维多利亚时代女性社会改革网络培养起来的最后一代女性，经历参政权运动和进步主义改革的锻炼，她们在1930年代已经成熟壮大，成为一支强有力的政治力量，尤其在埃莉诺·罗斯福成为第一夫人后，使

---

① Susan Ware, *Holding Their Own: American Women in the 1930s*, p. 90.

② Susan Ware, *Beyond Suffrage: Women in the New Deal*, pp. 8—10.

她们前所未有地接近美国权力的中心。她们积极参与政府救济计划和社会改革法案的制定与实施，使她们过去 30 余年中为之奋斗的目标得以制度化。

表 2—10　　　　"新政"时期"妇女网络"成员及其职位

格蕾斯·阿博特	1921—1934 年担任美国劳工部儿童局局长（Chief of the Children's Bureau，U. S. Department of Labor）
玛丽·安德森	1920—1944 年担任美国劳工部妇女局局长（Chief of the Women's Bureau，U. S. Department of Labor）
马里恩·格拉斯·巴尼斯特	1933—1951 年担任美国助理财政部长（Assistant Treasurer of the United States）
克拉拉·M. 拜尔	1934—1957 年担任美国劳工部劳动标准分部副主任（Associate Director，Division of labor Standards，U. S. Department of Labor）
埃米莉·纽厄尔·布莱尔	1933—1934 年担任复兴管理局消费者顾问委员会委员（Consumers' Advisory Board，National Recovery Administration）
乔·科芬（Jo Coffin）	1934—1941 年担任政府印刷局公共印刷商助理（Assistant to the Public Printer，Government Printing Office）
玛丽·W. 戴维森	1932—1934 年担任民主党全国委员会妇女部主任（Director of the Women's Division，Democratic National Committee）；1934—1937 年担任妇女部顾问委员会主席（the Women's Division Advisory Committee）；1937—1938 年担任社会保障委员会成员（Social Security Board）
弗洛伦斯·贾弗蕾·哈里曼（Florence Jaffray Harriman）	1937—1941 年担任美国驻挪威大使（U. S. Minister to Noeway）

续表

简·M. 霍伊 （Jane M. Hoey）	1936—1953 年担任社会保障局公共援助局主任（Director of the Bureau of Public Assistance，Social Security Administration）
露西·萨默维尔·豪沃斯（Lucy Somerville Howorth）	1934—1950 年担任退伍军人上诉委员会成员（Member of the Board of Appeals，Veterans Administration）
玛丽·拉戴姆 （Mmary LaDame）	1934—1938 年担任美国就业服务部副主任（Associate Director of the U. S. Employment Service）；1938—1945 年担任劳工部特别助理（Special Assitant to the Secretary of Labor）
凯瑟琳·伦鲁特	1934—1949 年担任美国劳工部儿童局局长
多萝西·麦卡里斯特（Dorothy McAlister）	1936—1940 年担任民主党全国委员会妇女部主任
露西尔·福斯特·麦克米伦（Lucille Foster McMillion）	1933—1949 年担任文职委员（Civil Service Commissioner）
埃玛·古菲·米勒（Emma Guffey Miller）	1932—1970 年担任宾夕法尼亚州民主党全国委员会女委员
玛丽·T. 诺顿	1925—1950 年担任新泽西州民主党国会女议员（Democratic Congresswoman，New Jersey）
卡罗琳·奥戴（Caroline O'Day）	1935—1942 年担任纽约州民主党国会女议员（Democratic Congresswoman-at-large，New York）
鲁斯·布赖恩·欧文	1933—1936 年担任美国驻丹麦大使（U. S. Minister to Denmark）

续表

弗朗西斯·帕金斯	1933—1945 年担任美国劳工部长
约瑟芬·阿斯平沃尔·罗奇	1934—1937 年担任助理财政部长（Aassitant Secretary of the Treasury）； 1936—1940 年担任政府各部门间健康委员会主席（Chairman of the Government Interdepartmental Health Committee）
埃莉诺·罗斯福	1933—1945 年因丈夫成为美国总统而成为美国第一夫人（the First Lady）
内莉·泰罗·罗斯	1933—1952 年担任美国铸币局局长（Director of the U. S. Mint）
玛丽·哈里曼·拉姆奇（Mary Harriman Rumsey）	1933—1934 年担任国家复兴管理局消费者顾问委员会主席； 1933—1934 年担任全国紧急事务委员会（the National Emergency Council）消费者事务顾问
罗斯·施奈德曼	1933—1934 年担任国家复兴管理局劳工顾问委员
希尔达·沃辛顿·史密斯	1933—1943 年担任联邦紧急救济署及公共工程兴办署工人服务项目负责人
苏·谢尔顿·怀特（Sue Shelton White）	1934—1935 年担任消费者顾问委员会副主席； 1935—1943 年担任社会保障委员会法律委员
卡罗琳·伍尔夫（Carolyn Wolfe）	1934—1936 年担任民主党全国委员会妇女部主任
埃伦·沙利文·伍德沃德	1933—1936 年担任联邦紧急救济署妇女部主任（Director of the Women's Division，FERA）； 1936—1938 年担任公共工程兴办署妇女和专业项目负责人（Director of the Women's and Professional Projects，WPA）； 1938—1946 年社会保障委员会成员

埃莉诺·罗斯福被称为网络组织的"感情中心"。[①] 她是西奥多·罗斯福总统的侄女，幼年丧母，由严厉的祖母一手养大成人，接受的是维多利亚式的教育，性格腼腆，极其敏感，有强烈的自卑感。1905 年她与富兰克林·D. 罗斯福结婚，之前她参加过贫民区社会改良团体和全国消费者联盟。D. 罗斯福的母亲萨拉（Sala Delano Roosevelt）意志坚强，独断专行，罗斯福对她唯命是从。埃莉诺婚后的 15 年里，完全是一个循规蹈矩的家庭主妇，有规律地生孩子，对婆母言听计从。但有两件事改变了埃莉诺的生活，一是她与罗斯福的婚姻危机，埃莉诺发现罗斯福的婚外恋，心灰意冷，但没有勇气离婚，而且离婚会危及已经是政客的罗斯福的政治生涯；二是罗斯福的瘫痪为她重建与罗斯福的关系提供了契机，她放弃了一连串的贵族社交活动，投身于各种组织和政党活动，为罗斯福重返政坛立下汗马功劳。埃莉诺经过这双重打击，从一个温良规矩的维多利亚式的上流社会传统妇女，渐渐转变为政治和社会活动中的活跃分子，成为 D. 罗斯福在政治上的一个得力伙伴。

1933 年埃莉诺成为美国第一夫人后，其所作所为打破了白宫和第一夫人的惯例，给白宫带来全新的气象。埃莉诺宣布在白宫召开记者招待会，并且只允许女记者参加。在罗斯福的前两个任期内（1933—1941），埃莉诺的行为并没有得到美国人的认可，他们并不习惯第一夫人以社会活动家的身份出现，新闻界嘲笑她，漫画家丑化她突出的牙齿和贵族风度，但埃莉诺我行我素，把绝大部分精力都投入到演讲、写文章和著书中，并为民主党工作。她以自身的努力逐渐获得了民众的支持。

---

① ［美］萨拉·M. 埃文斯著，杨俊峰译：《为自由而生——美国妇女历史》，第 233 页。

　　埃莉诺是罗斯福总统在国内问题上的非正式顾问及公众事务上的代表。在罗斯福执政最初的 15 个月中,埃莉诺旅行了 5 万多英里,视察煤矿工人和季节性工人、农民工人的工作场所,了解失业人员、靠救济为生的人的生活等情况,并把收集来的情况反映给总统本人。1933 年《纽约人》一幅卡通画表现了这样一个画面,两个煤矿工人正在劳动,一个抬起头说:"天哪,罗斯福夫人来了。"[①] 埃莉诺·罗斯福也是政府内外妇女和黑人等弱势群体的主要代言人,她通过无线电广播、报纸专栏"我的一天"、文章、书籍以及各种演讲,关注妇女、儿童和少数族裔问题,由于她第一夫人的身份和地位,对当时的社会舆论产生极大的影响。埃莉诺努力为妇女和少数族裔群体争取权利,她在纽约民主党州委员会中为确立限制童工和巩固妇女 8 小时工时和最低工资的法律作出很多努力,组织白宫会议讨论怎样更有效地帮助失业妇女的问题,敦促总统在"新政"项目中设立更多与妇女与少数族裔相关的项目;她定期参加全国有色人种协进会(The National Association for the Advancement of Colored People)聚会,为被美国革命女儿会(The Daughters of the American Revolution)拒绝的黑人女歌手玛丽·安德逊(Mary Anderson)在林肯纪念堂安排一次公开音乐会;她也是妇女商业工会同盟的成员,与"妇女网络"的成员联系紧密,敦促总统在政府中任命更多的妇女担任负责官员,弗朗西斯·帕金斯、埃伦·沙利文·伍德沃德、罗斯·施奈德曼、玛丽·麦克利奥德·贝休恩等女性担任要职,都与埃莉诺的努力分不开。罗斯福夫人因参与妇女与少数族裔的活动而使一名记者评论白宫正在成为"宾夕法尼亚大道

---

① June Sochen, *History: A Record of the American Woman's Past*, p. 294.

上的霍尔楼"。[①] 埃莉诺对这些群体的关心使她每天收到数千封信，每天发出的亲笔信达 50 封。"在整个 30 年代，埃莉诺是一个重要的社会活动的象征。在这十年里尤为突出的是，她为政治家们在公平对待妇女和黑人的问题上树立了一个新的公正的标准。……不论是（第二次世界大战）前还是战后，她比任何第一夫人都能更充分地为自己开创一条道路：竭尽全力为妇女事业而奋斗。"[②]

埃莉诺被称为"传统型的女权主义者"或"右翼女权主义者"，她的文章和广播讲话反映了建立在家庭生活基础上的政治观。埃莉诺认为家庭是值得保护的社会制度，妇女的主要责任在于家庭。她也强调现代社会的复杂性使女性有必要运用其特殊的才能，参与政治、商业以及教育等公共事务，以便保护她们的家庭，她本人就是一个榜样。她认为妇女"有理解人的心"，男人则有"才干和头脑"，"妇女所关心的事应该是集中提供一种品德，即那种在男人所支配的机构里所缺乏的同情心和自制力"。"男人的最好作用是做一个头脑冷静的家长和专门人才，而妇女则是能干的家庭主妇和志愿工作者。"在危机的环境中，男人总有一种警觉的、总是感到他们"一定要打仗"的倾向，而女人的和平主义天性有必要去缓和男人的这种好战性。[③] 埃莉诺认为生活富裕的妇女应该从事慈善与社会工作，因为对任何人来说虚度光阴是道德上的错误。对有工作的妇女来说，她们应该受到劳工

①　Doreen Rappaport Edi., *American Women，Their Lives in Their Words：A Documentary History*，p. 221.

②　[美] 洛伊斯·W. 班纳著，侯文蕙译：《现代美国妇女》，东方出版社 1987 年版，第 178 页。

③　同上书，第 173 页。

立法的保护，以确保人道的工作环境。埃莉诺在无数场合强调男女两性的投票并不都是明智的，但她希望通过教育能够弥补，"妇女已经利用选举权，就我来说，已经与男性拥有类似的选举权"。她提醒女读者改变不公平状况的唯一方法就是为改变而努力。"我听说美国是母权制社会——即由妇女统治，这只在无关紧要的事上是这样的。"① 埃莉诺推崇自我实现的妇女形象，在一封 1941 年给朋友的信中，埃莉诺写道："在我们进步的某处地方发现我们真正是什么，然后为我们负责的事作出真实的决定。主要为你自己作出决定，因为你不能真正经历每个人的生活，甚至是你自己孩子的生活。你通过自己的生活及你所成为的自己而发挥影响。"一名 1930 年代采访过埃莉诺的女记者这样描述埃莉诺："她只是一个右翼女权主义者……她期待一个更仁慈的社会秩序，没有为实现这个理想而放松努力的倾向。"② 1930 年代末的民意测验表明，埃莉诺在公众中的声誉很高，历史学家琼·索肯称她为"所有时代的女英雄"，她认为埃莉诺是"美国历史上最重要的第一夫人，激励了千百万的妇女。她获得了独立于其丈夫声誉的持久的声誉，成为她的时代一个独特的现象"。③

　　弗朗西斯·帕金斯是"新政"时期美国另一名重要女性，也是"妇女网络"中的显赫人物。帕金斯早年是一名社会工作者，后来到全国消费者协会工作，主要为女工和童工的合法权益争取保护性立法。1928 年 D. 罗斯福还在任纽约州州长时，她被任命为纽约工业专员，负责处理失业救济、工作救济及工资、工时立法工作。帕金斯在纽约州工作时显示了杰出的管理才能，受到

---

①　June Sochen, *History*：*A Record of the American Woman's Past*，p. 295.

②　Ibid. , p. 294.

③　Ibid. , p. 293.

D. 罗斯福的赏识。D. 罗斯福入主白宫成为美国总统后，在埃莉诺·罗斯福和玛丽·W. 戴维森的大力推荐下，帕金斯被任命为劳工部长，开女性进入美国政府任阁员的先例。她在罗斯福几届政府任内都担任劳工部长，帕金斯领导制定了最低工资、最高工时等法案以及失业保险、老年保险等社会福利政策，为美国建立现代福利国家奠定了基础。在帕金斯任内，劳工部成为"新政"时期妇女参与各项社会改革的基地，劳工组织得到政府的支持，改善了劳工在劳资关系中的弱势地位。

玛丽·W. 戴维森曾经担任民主党全国委员会妇女部主任，她以非凡的组织能力和活动能力著称。迪尤森早年活跃于全国消费者联盟等妇女团体，参加了争取妇女选举权运动，积累了丰富的组织管理经验，并与罗斯福夫妇私交很深。1928 年，她成为纽约州民主党妇女部的成员，负责处理妇女部一些棘手的事务，显示出突出的才能。1932 年到 1937 年，她先后担任民主党全国委员会妇女部主任和民主党妇女部顾问委员会主席职务，在1932 年和 1936 年大选中为民主党赢得竞选胜利立下大功。迪尤森重视基层工作，领导民主党妇女部向女性选民介绍"新政"的各项措施，争取女性选民对罗斯福和民主党的支持，为民主党拉来大量的选票。在她的努力下，民主党妇女部成为最有活力的部门之一，妇女成为民主党内一支重要力量。到了 1936 年，民主党全国代表大会中妇女代表人数增加，而且女性在民主党竞选纲领委员会里的代表人数也与男性代表人数相等了。[①] 迪尤森还是美国政坛上的一位"女伯乐"，她凭借与罗斯福夫妇的私交和活动能力，推荐了几百名有才能的女性在联邦政府中任职。

在"新政"时期几乎所有在美国政界高层的女性都是亲密朋

---

① Nancy Woloch, *Women and the American Experience*, p. 294.

友，相互支持，但玛丽·麦克利奥德·贝休恩是例外。贝休恩是奴隶的女儿，全国有色妇女俱乐部协会的前任主席，全国黑人妇女委员会（The National Council of Negro Women）的创始人，还与库克曼一起创建了贝休恩—库克曼学院，担任校长一职，是著名的黑人女教育家。1936年到1944年间贝休恩担任了全国青年管理委员会黑人事务部（The Office of Minority Affairs in the National Youth Administration）主任，她之所以接受这个工作是因为她感到"如果这些有才能的白人妇女在国家危机期间正在从事如此责任重大的工作，我也能做同样的事。我设想许多黑人妇女会步我后尘，能够拥有有着高度信任与战略重要性的职位"。① 贝休恩并没有被看做是"新政"女性群体中的一员，贝休恩视她自己、也被其他人视为是黑人的一个代表。由于她在黑人群体中的威望，贝休恩在罗斯福执政时期成了在联邦政府中任职的黑人官员的领袖，他们经常定期聚会，商讨黑人事务，向政府提出有关建议，被称为"黑人内阁"（Black Cabinet）。贝休恩与黑人同事一起，向政府推荐黑人担任政府官员，同时与全国的黑人妇女组织保持密切联系，为黑人群体争取利益。由于种族和性别的双重角色，使贝休恩在"新政"政治女性中独树一帜。相对性别平等来说，贝休恩更重视种族平等，她一生为黑人事业而奋斗，宣称"只要有一个黑人男孩或女孩没有机会来证明自己的价值，一直在我心中敲击的非洲鼓声就不会让我停止工作"。②

　　"新政"期间妇女之所以能够大规模参政，与当时特殊的社会环境和罗斯福总统夫妇有关。首先，"大萧条"为妇女参政提

① Susan Ware, *Holding Their Own：American Women in the 1930s*, p. 93.

② Gerda Lerner, *Black Women in White America：A Documentary History*, p. 143.

供了条件。"大萧条"迫使政府不得不进行社会改革，承担起扶贫救弱的责任，此时大规模救济项目的实施和社会保障政策的制定，都需要有经验的专家和社会工作者的参与，而这些都是一直致力于慈善事业和社会工作的女性的强项。威廉·亨利·查夫观察到："华盛顿似乎喜欢一个永久性的社会工作者的集会，来自消费者俱乐部、妇女商业工会同盟以及其他改革群体的妇女来到华盛顿，接受政府的委派。"其次，第一夫人埃莉诺·罗斯福功不可没。埃莉诺本人积极参与社会事务，主持报刊专栏、写书、演讲，作为罗斯福总统的"耳目"进行全国旅行视察。埃莉诺对妇女和弱势群体采取支持的态度，尤其支持妇女事业的推进，与所有女性行政官员密切配合，并在她们处于困境时提供重要的支持。她经常为一些杰出女性创造接近总统的机会，玛丽·W. 戴维森回忆："当我需要帮助时，罗斯福夫人就会给我机会，在晚餐时（安排我）坐在总统旁边，在我们喝完汤前问题就已解决。"① 当然，罗斯福总统本人对女性的态度也至关重要。罗斯福高举改革旗帜入主白宫，他赏识有才能的女性，对她们委以重任，为妇女参政和进入政府高层提供了机会。罗斯福也意识到妇女对民主党未来的重要性，积极寻求她们的支持。玛丽·W. 戴维森1940 年在民主党妇女的一次聚会上说："我的心为那众多的有智慧、有能力和明智的女性充满自豪……她们代表了罗斯福对我们能力的信任。"她宣布，"30 年代罗斯福给予妇女的机会改变了我们的地位"。② 另外，弗朗西斯·帕金斯是这一时期妇女参政的另一个重要的支持者，当她被任命为劳工部长时，写信给

---

① Susan Ware, *Holding Their Own: American Women in the 1930s*, pp. 90 – 91.

② Susan Ware, *Beyond Suffrage: Women in the New Deal*, p. 4.

著名的女权主义者卡里·查普顿·凯特："认识到大门或许会再一次长久不向妇女开放，这个压倒一切的争论最终使我不管个人的困难接受了任命，而且我对其他妇女有一种责任，促使我进入并坐在所提供的位置上，这样为今后以及其他地区的其他人坐在高位确立权利。"① 她领导下的美国劳工部中聚集了一批有才能的妇女，积极推动了妇女参政。

　　总之，"新政"时期保护性立法和社会保障法的通过和实施是史无前例的，其进步性也毋庸置疑。此时美国联邦政府第一次设立救济机构，采取救济措施，把妇女传统的志愿、慈善工作变成一项职业。"新政"时期许多政策、法律把妇女运动的一些要求、主张具体化了，如禁止童工，为母亲和孩子提供社会福利，规定最低工资和最高工时。"政府所采取的新政改变了美国人对国家性质和责任的信念。……自19世纪90年代以来逐渐形成的现代福利制度得到全面发展、不断扩大和进一步改进。这不仅意味着妇女接受了新政，而且在许多方面它成了妇女的新政。"②

　　此时以埃莉诺·罗斯福为首的精英女性与妇女国会联合委员会（The Women's Joint Congressional Committee）、全国消费者俱乐部与妇女商业工会同盟等妇女团体一起，对1930年代的社会改革产生了巨大的影响。克拉克·钱伯斯（Clarke Chambers）注意到："在这些情况中以两种方式产生影响，从志愿联盟到公共服务，从公共服务到志愿联盟。"政府中的妇女向她在志愿联盟中的朋友们要求专业技术帮助，或为特殊目标赢得更广泛的公众支持；反过来，改革团体中的朋友们利用在政府中任职的女性

---

① Susan Ware, *Holding Their Own: American Women in the 1930s*, p. 92.

② ［美］萨拉·M. 埃文斯著，杨俊峰译：《为自由而生——美国妇女历史》，第231页。

作为中介，促进联邦政府在社会福利政策方面采取行动。这些志愿部门对"新政"社会福利政策的制定和实施作出了重要贡献，她们提供最近 30 年中积累起来的研究与经验，帮助起草法律，努力赢得公众支持，甚至参与管理。"新政"对这些改革团体及其具有奉献精神的女性"欠有深重的债务"①，尤其是精英女性群体，她们不仅为"新政"的救济和社会保障立法提供了专门知识，并且利用长期职业生涯中形成的妇女"网络"，相互协调合作，敦促政府关注妇女困境，为处于弱势的妇女群体、失业者和少数族裔群体争取更多的保护和福利，"在计划与贯彻这些法律时个体妇女作出了重要的贡献，但是妇女的影响力通过作为一个群体共同工作而提高"。②"新政"的各项立法和救济项目，都体现了她们的智慧和影响。"女性曾经是进步主义时代社会福利改革的方向和成就的代表，她们在新政期间起了同样的作用。"③这一时期劳工部是妇女参与改革的重镇，集中了"妇女网络"中的许多成员，如安德森、阿博特、凯瑟琳·伦鲁特、克拉拉·M. 拜尔、玛丽·拉戴姆、简·M. 霍伊以及约瑟芬·阿斯平沃尔·罗奇等。另外，一些女性在其他社会福利部门中担任要职，如玛丽·W. 戴维森 1937—1938 年任职于社会保障委员会，后来由埃伦·沙利文·伍德沃德继任，任职 6 年；简·M. 霍伊领导社会保障管理部的公共帮助局；苏·谢尔顿·怀特 1935—1943 年担任社会保障委员会法律职员等。女性尽量利用已有的

----

① Susan Ware, *Holding Their Own*: *American Women in the 1930s*, pp. 101—102.

② Ibid. , p. 93.

③ ［美］洛伊斯·W. 班纳著，侯文蕙译：《现代美国妇女》，东方出版社 1987 年版，第 187 页。

权力为妇女争取尽可能多的权利，诸如社会保障、母亲和儿童福利、健康保险、母亲津贴、最低工资和最高工时的改革等，她们在长期职业生涯中最优先考虑的就是这些事情，而此时许多救济和社会福利项目正是为妇女而制定、由妇女来管理。①

　　但"新政"把美国推向新的方向时，还存在一些明显的缺陷。此时许多工人被排除出救济计划与社会保障范围，在就业机会上也存在性别歧视与种族歧视。公共工程管理署和其他以工代赈机构提供给妇女的工作很少，往往把妇女安排在缝纫和其他一些传统的妇女工作上。与招收男性的民间水土资源养护队相比，失业妇女营地不仅数量少，而且目的从来不明确。另外，按照《社会保障法》的条款，要向尚不能独立生活的孩子提供资助，但一旦提供了这份资助，很多地方的公共工程管理署就把所有带孩子的妇女从较高报酬的工作中逐出。"新政"的许多法规存在一定程度的工资歧视，1938年的《公平劳动标准法》还特别把某些工作类别从其条款中排除，如妇女密集程度很高的家庭服务工作。更严重的是，不论妇女组织如何抗议，美国联邦政府依然规定一个家庭只能有一个成员在联邦政府中任职，同时还强调，新提供的工作也只适合于一家之长，结果成千上万做文职工作的妇女被迫辞职。历史学家格蕾斯·阿博特专门研究"新政"福利措施，她本人还担任过几年妇女局和儿童局的领导，她认为妇女在"新政"机关的处境不是很好，大多数的男性政府官员都对妇女抱有偏见，他们几乎不采纳妇女的建议，而且当一个妇女表现得不能胜任工作时，他们就会以偏概全，指责所有人。② 但此时的女性领导对性别歧视有时不得不保持缄默，他们大多数人如同

---

① Susan Ware, *Beyond Suffrage: Women in the New Deal*, pp. 96—97.

② ［美］洛伊斯·W. 班纳著，侯文蕙译：《现代美国妇女》，第184页。

帕金斯的老朋友阿格尼斯·里奇（Agnes Leach）评价帕金斯那样，是"半条面包女孩：把握现在你所能得到的，随后争取更多"。① 她们并不急于求成，而是认为任何一个社会福利立法都是将来的立法改革中的重要基石。

小　结

　　1930 年代期间尽管美国女性的婚姻、家庭、就业都受到经济大萧条的巨大冲击，但她们在危难之中显示了非凡的勇气和才干。此时女性就业继续延续了 1920 年代的上升趋势，其中已婚妇女的就业增长更为显著，她们不仅维护了自身的生存，还使家庭幸免于大萧条的致命打击，在家庭生活中承担起更多的经济责任，与家庭成员同舟共济，不仅维持了家庭的生存，而且提高了她们在家庭中的地位，成为危难时期家庭的精神支柱。随着罗斯福实施"新政"，女性在美国政治领域取得了比经济繁荣的 1920年代更大的进步，出现了妇女参政的第一个高潮。在"新政"精英女性群体的努力下，美国各项救济和社会福利立法使妇女群体处境改善，现代福利制度的确立更是对维护妇女等弱势群体的利益产生深远的影响。历史学家罗伯特·L. 丹尼尔指出，"尽管大萧条带来了创伤，但在公共生活中比以往时代能更多地看到妇女的身影。在政治领域，妇女作为投票者、党派工作人员、官员更加活跃。在符合宪法的法律中，在最高法院坚持性别中立的保护性立法中，妇女获得了一定程度的与男性相同的平等。在经济领域，每个年龄段的成年妇女参与劳动力市场的力度继续增强。其

---

① Susan Ware, *Beyond Suffrage: Women in the New Deal*, p. 101.

中最重要的是，经济中结构的变化导致白领职业对女性日益增长的需求。尽管黑人妇女没有分享这些成果，但她们离开南方农村搬到城市中，在那里只要她们的女儿们确保有大致上与白人女童们相当的教育资源，她们就能追求更广泛的职业类型。尽管女性在本科、研究生以及职业教育中落后于男性，但获得学位的女性的比例继续攀升，稳步扩大了妇女在国家的政治、经济和智力生活中承担积极角色的比例"。①

但也有一些历史学家对"大萧条"期间美国妇女地位与角色持悲观看法。琼·索肯认为妇女权利由于严重的经济萧条而被阻止迈向平等目标，是一个"悲剧"；路易斯·斯卡夫（Louis Scharf）也指出："大规模的经济混乱，其原因与可能的解决方法，吸引了美国整个意识形态范围的注意……前一个 10 年中关于把工作与家庭结合起来的'新女性'的争论，已经完全被纳入对没有工作、家庭必然陷入混乱与崩溃的'被遗忘的男人'的忧虑中。"② 而且"新政"有很大的局限性，许多重大救济项目和社会立法中往往歧视或排斥妇女，"在男女经济平等上，'新政'只是采取了极为有限的措施"。③ 不仅女性被边缘化，此时女权主义运动也处于沉寂时期。萨拉·M. 埃文斯指出，此时在中产阶级家庭生活基础上建立起来的妇女团体不再兴旺，妇女的使命感不再强烈，为其提供基础的群众运动不复存在，她指出，"虽然一些妇女在 30 年代很有影响力，但就一个整体而言妇女没有

---

① Robert L. Daniel, *American Women in the 20th Century*, *The Festival of Life*, p. 117.

② Susan Ware, *Holding Their Own*: *American Women in the 1930s*, p. 89.

③ 王恩铭：《二十世纪美国妇女研究》，上海外语教育出版社 2002 年版，第123 页。

得到权利"。① 另外，尽管精英女性在政府决策中开始显示了较大的影响力，但她们并没有巩固这种影响力，也没有吸收年轻女性并进行培训，结果当这批精英们退休后，其事业后继乏人。此外，到 1930 年代末，国家的注意力日渐集中在欧洲日益加剧的战争问题上，女性在即将到来的战争中的角色地位并不清晰。

　　总之，"大萧条"不仅改变了美国政府的角色，也影响了美国女性在家庭和社会中的地位与角色。如果说 1920 年代繁荣时期的美国现代女性还有盲目的乐观和轻率的话，那么 1930 年代经济危机下的女性则更多地显示了现代女性理性、尽职、进取的一面，她们在暗流汹涌的时代大潮中经历了家庭与社会角色的重新整合，其家庭与社会地位发生了重大变化，"如果有时是矛盾的话，1930 年代对妇女来说不是一个黯淡、凄凉的时代，而是 20 世纪妇女史上一个丰富多彩的时期"。② 尽管此时美国妇女的生活充满凄风苦雨，就业与从政的道路上依然荆棘丛生，"妇女的位置在家庭"的传统观念也有强化之势，但如果一直在努力，那就永远有希望，而美国女性正是在希望与努力中前进。

---

　　① ［美］萨拉·M. 埃文斯著，杨俊峰译：《为自由而生——美国妇女历史》，辽宁人民出版社 1995 年版，第 246 页。

　　② Susan Ware, *Holding Their Own：American Women in the 1930s*, p. 201.

第三章 沉默还是爆发？

——1920—1930 年代美国妇女在公共领域中的
生存状况与地位和角色的变迁

1920 年代由于美国的政治气氛趋向保守，消费主义和享乐主义盛行，美国妇女运动处于沉寂状态。1930 年代期间美国妇女在工会运动、左派运动和"新政"改革中很活跃，但此时并没有出现独立的妇女运动，女权主义依然处于边缘化地位，女性在社会运动中依然遭受性别歧视，而且由于妇女组织和妇女运动领导对妇女角色和地位的错误估计，使妇女改革运动和女权主义运动没有取得进一步发展，甚至某种程度上处于倒退状态。

第一节 1920—1930 年代期间美国
妇女组织与集体行动

1920 年代美国社会氛围趋于保守，妇女组织的凝聚力和改革精神下降，社会改革屡屡受挫，而且妇女群体围绕《平等权利修正案》（The Equal Rights Amendment，ERA）展开激烈的斗争，美国妇女运动走向消沉，此时她们在保护性立法的斗争中也遭到失败。1930 年代期间由于"大萧条"所造成的特殊氛围，尤其是"新政"的改革精神，使美国妇女组织才重新活跃起来，参与各种社会改革，取得了一定成绩。

一　孤独的斗争：全国妇女党与《平等权利修正案》

　　1920 年美国妇女争取选举权运动获得胜利后，以全国妇女党为首的激进妇女团体认为获得选举权只是第一步，她们决心"彻底铲除任何形式的男尊女卑"，并在此基础上结束法律上对妇女的歧视，提出了《平等权利修正案》。① 这个修正案在1920 年代期间引起了巨大争议并导致了妇女运动的分裂。以伊丽莎白·克里斯塔曼（Elizabeth Christman）、卡里·查普顿·凯特等为首的主要的妇女团体强烈反对这个修正案，认为此法案如果被通过，将会使经过几十年艰苦奋斗所取得的女性保护性立法作废，损害劳动力市场中女工的利益。而以艾丽斯·保罗为首的全国妇女党则坚持在法律之前男女平等，应该在宪法上结束性别的不平等。双方不遗余力攻击对方，并从国内扩展到国际，对美国妇女运动以及国际妇女运动都产生了消极影响。尽管全国妇女党在争论中一直处于劣势，但该党成员毫不气馁，以争取妇女与男性完全的平等权为己任，坚持走着一条孤独、漫长的斗争之路。

　　1921 年 2 月，全国妇女党在华盛顿特区召开会议，邀请 50个妇女组织的代表们与会。会上对和平、私刑等问题进行了广泛的讨论，与会代表一致同意努力消除妇女在立法上的劣势，但对

---

① ［美］萨拉·M. 埃文斯著，杨俊峰译：《为自由而生——美国妇女历史》，辽宁人民出版社 1995 年版，第 210 页。

如何达到目标有分歧。莫德·沃德·帕克（Maud Wood Park）等温和派妇女领袖并不赞同以激进的方式推进妇女事业，她们宣布，妇女"作为一个性别满足于在某段时期前进一点"。以保罗为首的激进派把主要目标追溯到塞内卡福尔斯《权利宣言》上，宣布"我们既不增进也不从 1848 年退缩"。全国妇女党指出，美国妇女在生活的各个层面仍然从属于男性，各州所制定的法律至少有 1000 个以上有歧视妇女的内容。她们提出制定一个总括性的《平等权利修正案》，使妇女在社会生活的各个领域都与男性平等。著名女权主义者克雷斯塔尔·伊斯塔曼赞成全国妇女党的主张，认为它"摧毁了这个国家的每一本法律书……扫清了每一间满是灰尘的法院……从每个法官的思想中抹去了几个世纪之久的认为妇女劣等、依赖和需要保护的先例，而一下子代之以简单新式的平等先例"。这个"争取'平等'的斗争"，伊斯塔曼宣称，"慷慨的、非党派的少数精力充沛的女权主义者必须和将为之进行奋斗。对她们来说，只要妇女被归入工厂立法中的儿童与未成年人行列，政治——即使是'改革'政治继续是一件无关紧要的事情"。①

　　全国妇女党的这一主张由于与美国女权主义运动的主要倾向背道而驰，也与许多女权主义者的策略及目标相去甚远，遭到激烈的反对。从 19 世纪开始，美国女权主义运动的主要倾向是致力于州和地方一级的改革，以改善妇女的法律和政治地位。大多数妇女团体和社会改革者出于权宜之计而维护保护性立法，因此对《平等权利修正案》进行口诛笔伐。全国消费者俱乐部与妇女商业工会同盟联合那些持相同观点的律师率先进行反击。妇女商业工会同盟的埃塞尔·史密斯（Ethel Smith）鼓动妇女选民同

---

①　Dorothy M. Brown, *Setting a Course : American Women in the 1920s*, p. 60.

盟（The League of Women Voters）与妇女国会联合委员会进行抵制，并写信给其成员，指出"无论目标是什么，无论提出这个修正案的女性多么诚挚，她们会使自身显得是就业妇女的剥削者"。① 弗洛伦斯·凯利也不赞同这个草案，她在写给全国消费者俱乐部的同事牛顿·贝克（Newton Baker）的信中指出："这个时刻，有一件极其愚蠢的事在妇女中间普遍存在，但我们并不希望出现这种情况。这件蠢事表达了（女性）自身要有与男性完全相同待遇的疯狂的要求。"对凯利和其他社会女权主义者来说，不能忽视男女两性之间的差异。妇女商业工会同盟的重要人物伊丽莎白·克里斯塔曼于1921年撰写了"工作妇女说什么"一文，从理论和实践角度对《平等权利修正案》进行批驳。她认为，若通过这个法律，会使经过多年努力而获得的保护性立法无效，但现时美国社会中男性仍然拥有经济和社会特权，因此这个法案缺乏可行性。她质问："难道你们认为，为了让依阿华州妇女成为出租车驾驶员，或赋予她们开擦鞋营业室的权利，你们就要夺走马萨诸塞州妇女的48小时工作制法律和其他州的42小时工作制法律？难道你们认为，为了给予20个州的妇女在陪审团服务的权利，你们就要把39个州中其他母亲们的补助金法律扔进法院中？难道你们甚至于认为，为了一些未来的出租车司机、以擦皮鞋为业的人和陪审员，甚至使千百万的就业妇女与母亲冒险是公平的？尤其当你们能得到想要得到的东西而不必冒险的时候？"针对《平等权利修正案》强调"男女两性在整个美国应该有平等权利，每个地方应该服从其司法权"的观点，克里斯塔曼说这个修正案是一个美国宪法的修正案，会自动使与它冲突的法律无效，而不是自动取代之；而且，无论在宪法中还是在法律地位

---

① Dorothy M. Brown, *Setting a Course: American Women in the 1920s*, p. 60.

中，总括性法案要求法院在每个案例中的解释以及"权利"和
"平等权利"词语要服从多样化的解释；最重要的是，法律平等
与经济平等并不一定相同，即使获得法律平等，把最好的岁月用
来照顾家庭和孩子们的妻子，由于这个法案而发现必须自己谋生
和供养孩子，而她们既没有技术也没有经验，却要与丈夫负相同
的责任，这对处于弱势的女性是无法克服的障碍，因此这个法案
"或许达到法律平等，但不能达到经济平等"。最后，克里斯塔曼
指出，这个法案完全没必要，因为其要做的事马上都能做到，而
且此时美国 30 个州中有 86 个新的法律或法律修正案正在努
力中。①

　　《平等权利修正案》的反对者还积极采取行动进行抵制。全
国消费者俱乐部发动了一个"明信片运动"，警告"前面有危险！
总括性法案！"并向已婚妇女列举这个修正案对遗弃法、婴儿看
护、母亲补助金以及就业妇女保护性立法的危害。1921 年 12
月，反对者们在华盛顿特区聚会，莫德·沃德·帕克、埃塞尔·
史密斯、弗洛伦斯·凯利等与艾丽斯·保罗和莫德·杨格
(Maud Younger) 进行协商。帕克问保罗，是否喜欢对就业妇女
的保护性立法，保罗强调修正案不会影响这些立法。凯利起草了
4 页纸的问题，指出提议中的修正案会对儿童抚养、遗弃、补助
金、对强奸和诱奸的惩罚、私生子以及对工作妇女的保护性立法
等当前的法律造成影响。全国消费者俱乐部还联合一些有影响的
上层妇女，阻止《平等权利修正案》的通过。

　　面对重重责难，全国妇女党并不气馁。艾丽斯·保罗与莫

---

① Elisabeth Christman, "What Do Working Women Say" (1921), Ellen Skin-
ner, *Women and the National Experience*, *Primary Sources in American History*,
pp. 185—186.

德·杨格把草案寄给一些主要妇女团体的领导人,征求修改意见或支持。她们还拜访了弗洛伦斯·凯利,就《平等权利修正案》对保护性立法的影响进行讨论。1921 年,全国妇女党在威斯康星州取得了首次胜利,该州的总括性计划规定妇女"在法律面前有与男性相同的权利"。[①] 在这一胜利的鼓舞下,全国妇女党领袖以威斯康星州为范例,提出一个联邦修正案。1922年全国妇女党提出该党的原则宣言,明确宣布自己的斗争目标:

> 妇女不再被社会的另一半人(男人)统治,应该平等地与男性一起参与生活领域。
>
> 妇女不再被阻止担任教士或牧师职位,或教堂中任何其他权力职位,应该平等地与男性一起拥有教士的职位和尊严。
>
> 双重道德标准不再存在,应该为男性和女性制定一个共同的法规。
>
> 对女性的性剥削不再存在,妇女应该拥有与男性一样控制个体的权利。
>
> 女性不再被法律或习俗要求婚后在姓名前冠上其丈夫的姓,她们应该有与男性一样在婚后保留自己姓名的权利。
>
> 妻子不再被认为受到丈夫供养,应该认识到他们对家庭有共同的贡献。
>
> 家庭的领导不再单是丈夫,丈夫和妻子应该平等。
>
> 总之,妇女在法律或习俗中对男性不再有任何形式的屈从,在权利方面都处于同等水平,因为她一直并继续承担责

---

① Dorothy M. Brown, *Setting a Course: American Women in the* 1920s, p. 61.

任和义务。①

1923 年，全国妇女党在塞内卡福尔斯召开年会，会上重申
《权利宣言》，并由艾丽斯·保罗起草了最后决议，提出以一种彻
底的方式消灭妇女所面临的所有法律障碍，即通过废弃限制妇女
平等的基于社会性别的保护性立法，宣称"男性和女性在美国享
有平等权利，受美国管辖的任何地方都受制于这一法案的法律效
力"。② 会议通过电影、露天表演、戏剧以及其杂志《平等权利》
(*Equal Rights*) 上的文章，宣扬男女两性平等，希望以此能赢
得公众和国会的支持。

尽管许多有影响的妇女游说阻止《平等权利修正案》的通
过，但全国妇女党锲而不舍，最后来自依阿华州的参议员查理
斯·柯蒂斯 (Charles Curtis) 和众议员西蒙·菲斯 (Simeon
Fess) 同意向国会提出这个宪法修正案。弗洛伦斯·凯利直接写
信给柯蒂斯，提醒他"这个悲惨的修正案"的危险性，强调"总
括性的修正案对美国宪法是令人恐怖的东西，影响州中工厂立法
的总括性法律是恶毒的"。③ 尽管如此，1923 年 11 月，柯蒂斯还
是向国会提出《平等权利修正案议案》，在写给弗洛伦斯·凯利
的信中柯蒂斯强调这个法案"利大于弊"。④ 之后的 1924 年、

---

① National Women's Party, "Declaration of Principles" (1922), Ellen Skin-
ner, *Women and the National Experience*, *Primary Sources in American History*,
pp. 182—183.

② [美] 萨拉·M. 埃文斯著，杨俊峰译:《为自由而生——美国妇女历史》，
辽宁人民出版社 1995 年版，第 211 页。

③ Dorothy M. Brown, *Setting a Course*: *American Women in the 1920s*, p. 61.

④ Ibid. , p. 63.

1925 年和 1929 年，美国国会多次就这个议案进行听证。

关于《平等权利修正案》的争论在 1920 年代中期达到高潮。全国妇女党反复强调男女在法律上完全平等的重要性。一方面，它指出保护性立法假定妇女能力较低，是父权制的、歧视性的和毁灭妇女的；另一方面，它强调保护性立法不应该废除，而是应该扩大到男女两性上；而无论保护性立法是取消还是延伸，《平等权利修正案》都会"确保妇女在法律和所有人类关系方面都完全平等"。全国妇女党的这些观点得到一部分人的支持。1924 年，克雷斯塔尔·伊斯塔曼指出，保护性立法下妇女被归到儿童和未成年人行列，而且通过赋予妇女不同的地位，法律实际上保护男性对女性的竞争，例如最低工资法，会把妇女排除出劳动力市场；超时与最大工时法的限制也使她们成为不太理想的雇员。盖尔·劳林（Gail Laughlin）也指出，8 小时工作制意味着"向妇女关闭了机会之门"。哈里亚特·斯坦顿·布兰克（Harriot Stanton Blatch）宣布保护性法律没有保护妇女，而是"把她们挤向更低的工作地位"，或使男性工会把她们赶出就业市场。①

但大多数妇女组织并不接受全国妇女党的这种解释，妇女选民同盟、妇女商业工会同盟、妇女俱乐部总联盟（The General Federation of Women's Clubs）等妇女组织群起而攻之。妇女商业工会同盟的领导人对《平等权利修正案》的反对最为激烈，因为若修正案被通过将意味着诸如最高工时、最低工资之类的保护性立法无效；同时，她们还认为男女的"完全平等"将会导致妇女进入不适宜的行业和接触不适宜的工作条件。妇女选民同盟则认为《平等权利修正案》是一个"灾难"。另外，很多妇女改革

---

① Nancy Woloch, *Women and the American Experience*, p. 383.

者也指出所谓的男女平等是空想，妇女不同于男性，有必要进行保护。弗洛伦斯·凯利强调《平等权利修正案》是一个"脱离实际的口号"。①妇女局领导玛丽·安德森认为修正案是"恶魔"，她指出"它会使所有关于女工的保护性立法颠覆或无效，而这些保护性立法通过多年努力才得以建立，它们真正使女工与男工处于更加平等的地位"。② 安德森还指出，法律平等是一个神话，《平等权利修正案》是"抽象的权利，而不是真正的权利"。反对者还反复强调，通过宪法修正案"妇女不会变成男性"，但更多的妇女可以从已有的保护性立法中受益，而不是受到它的伤害；《平等权利修正案》只会使雇主通过剥削女工获利，已有的保护性立法则为妇女提供了某种程度的保障。反对者还指出，全国妇女党只代表从事专业和商业工作的妇女的利益，对普通的女工没有同情；《平等权利修正案》所强调的平等有利于专业人员寻求职业进展，但对工厂工人并不合适。反对者还批评全国妇女党坚持平等幻想，拒绝合作精神，而这种合作精神曾是妇女运动的长期特征，全国妇女党只代表某个阶级的利益，而不是多数妇女的利益。历史学家玛丽·比尔德写信给在妇女党中的一个朋友，指出坚持《平等权利修正案》是在冒"抛弃女权主义要求的人道主义"的危险。③

　　1920 年代中晚期，全国妇女党与妇女选民同盟在国际妇女联盟（The International Alliance of Women）中围绕《平等权利修正案》展开了激烈的斗争，使妇女群体之间的冲突扩大到国

---

① Nancy Woloch, *Women and the American Experience*, p. 383.

② June Sochen, *History: A Record of the American Woman's Past*, p. 265.

③ Nancy Woloch, *Women and the American Experience*, p. 384.

际范围。全国妇女党在国内为《平等权利修正案》努力的同时，国际行动委员会（The Committee on International Action）主席多丽斯·史蒂文斯（Doris Stevens）也在国际会议上进行努力，以扩大影响。1926 年全国妇女党申请国际妇女联盟的会员资格，但由于全国妇女选民同盟的强烈反对而失败，此导致一部分欧洲平等女权主义者退出国际妇女联盟。尽管全国妇女党在国际上的努力受挫，但在 1928 年第六次泛美国会（the Sixth Pan American Congress）中，多丽斯·史蒂文斯领导美国与拉丁美洲妇女的一个委员会，要求泛美联盟（The Pan American Union）中的国家通过缔约给予男女两性相同的权利。不过，1920 年代期间《平等权利修正案》遭到大多数妇女团体及个人的反对，全国妇女党孤军奋战，没有取得实质性的进展。

到 1930 年代期间，关于《平等权利修正案》的争论在继续。尽管此时随着《全国工业复兴法》、《社会保障法》（1935年）、《公平劳工标准法》（1938 年）等法规的通过，美国政府规定了最低工资标准、失业保险、一周 40 小时工时法，对男性与女性提供同样的保护，削弱了妇女保护性立法的理论基础，但对立双方关于《平等权利修正案》的争论依然围绕女性保护性立法的存废展开。反对者指出，许多就业妇女依然处于保护性立法范围之外，她们仍然需要特殊的州法律的保护。反对者认为全国妇女党成员是上层阶级专业妇女，对下层就业环境缺乏了解。玛丽·W. 戴维森指出，"有些强硬的女性似乎忘记了对下层社会的慷慨与同情的美德"，而她本人却不想使"我们不幸的在工厂中为微薄收入而工作的姐妹"放弃所有保护性立法。弗朗西斯·帕金斯也对全国妇女党的固执表示反对，指出她们"总是对工作'平等'非常激动，你使她们平等，这使她们非常满意"。^① 1930 年代期间，全国妇女党也把很多精力集中在对国际联盟的游说上。虽然美国并不是国际联盟成员，但全国妇女党充分利用各种资源，企图在国际联盟大会上通过一个《平等权利条约》（The Equal Rights Treaty），但由于美国和世界其他妇女团体的阻拦，《平等权利条约》被送回各自的政府及妇女组织作进一步的研究，全国妇女党大失所望。^②

尽管如此，《平等权利修正案》还是得到越来越多的支持。1930 年，威斯康星州的州立法中通过了平等权利条款，尽管这是一个折中方案，对保护性立法表示支持，但这在法律层面上是一种突破。另外，全国妇女党孤军奋战的局面也有所改善。1937 年，在全国有重要影响的商业与专业妇女联盟也赞同了《平等权利修正案》，这是一个重大的突破。到 1938 年，《平等权利修正案》已经得到美国律师联盟（The American Alliance Lawyers）、美国医学妇女联盟（The American Medical Women's Association）、整骨者妇女全国联盟（The Osteopathic Women's National Association）、妇女全国救济队（The Women's National Relief Corps）等团体的赞同。与此同时，《平等权利修正案》也得到一些政治家与主要政党集团的支持。1940 年代，第一夫人埃莉诺·罗斯福也表示赞同《平等权利修正案》，修正案在这一年受到共和党的支持，民主党随之于 1944 年也表示了支持。1936—1937 年由众议院与参议院司法委员会作了一个有利于《平等权利修正案》的报告，国会全体重提议案，这是《平等权利修正案》自 1923 年被提出以来首次在国会进行辩论。《平等权

---

① Susan Ware, *Holding Their Own: American Women in the 1930s*, p. 109.

② Susan D. Becker, *The Origins of the Equal Rights Amendment: American Feminism between the Wars*, Westport: Greenwood Press, 1981, p. 25.

利修正案》的反对者虽然成立了五百人委员会，由纽约律师多萝西·斯特劳斯（Dorothy Straus）领导，但已明显处于守势。[①]

全国妇女党提出的《平等权利修正案》坚持法律上男女两性的完全平等，并矢志不渝为之奋斗，但从其诞生之日起，修正案就引起妇女之间的争论，遭到大多数妇女群体竭力反对。在这场旷日持久的争论中，全国妇女党在最初明显处于劣势且孤立的地位。个中原因很复杂。首先，全国妇女党成员大多数来自中上阶层，对下层妇女的生存环境缺乏了解；其支持者多为职业女性，修正案提出法律面前人人平等，使职业女性能"以平等的机会在劳务市场上为生存与男人一比高低"。但对大量下层妇女来说，生存是第一需要，她们不得不为谋生而疲于奔命，全国妇女党提出的斗争目标对她们来说遥远而虚幻。[②] 其次，全国妇女党与其反对者对女性的观念完全不同，历史学家威廉·亨利·查夫指出双方"观点的分歧非常大"。全国妇女党认为两性的相似大大超越两性的差别，任何对妇女的特殊关注会使妇女成为二等公民。她们认为那些相信保护性立法的人"试图使立法者相信，我们工业中的妇女是一个智力低下的群体，是一群既缺少道德又缺少体力的特殊人物，在智力上、道德上、体力上没有能力为自己作出决定，也无法判断是非善恶"。原来已有的保护性立法把女性摆在低人一等的位置上，从而剥夺她们的权利。[③] 反对者认为尽管两性有很多共同点，但男性与女性有本质差别，如女性体质较弱并担负着抚养孩子的责任，因此妇女有特殊需求，这些需求在工

---

① Susan Ware, *Holding Their Own: American Women in the 1930s*, p. 109.

② ［美］萨拉·M. 埃文斯著，杨俊峰译：《为自由而生——美国妇女历史》，辽宁人民出版社 1995 年版，第 211 页。

③ 同上书，第 218 页。

作场所尤其明显，她们需要特殊的关注与保护，修正案会葬送几十年的改革成果，而且平等对处于不利地位的妇女毫无意义。第三，妇女党策略上的失误也是《平等权利修正案》挫折不断的原因之一。全国妇女党高估了自身的影响力，同时低估了对手的力量。妇女党的许多成员被视为是危险的激进分子，她们在上层政治的活动与影响力远远不如其反对者。相反，一些反对者，如弗洛伦斯·凯利、玛丽·安德森、卡里·查普曼·凯特、玛丽·W.戴维森、弗朗西斯·帕金斯等，都有着丰厚的政治资源，是活跃的人物，以全国妇女党的力量根本无法与之抗衡。第四，1930年代时的全国妇女党因内部的分歧而产生了分裂。此时新加入妇女党的成员希望党争取有关妇女权利要具体，也希望党能够扩大规模并民主化，她们认为一个有着广泛基础的政党应该能够影响、教育公众并抵制对妇女的歧视。但是这些新成员的建议并没有得到在该党占主导地位的平等女权主义者的重视，她们始终坚持把《平等权利修正案》作为工作的重点，双方之间的冲突最终导致了妇女党在1930年代中期的分裂，削弱了妇女党的斗争力量。①

正是由于上述种种原因，全国妇女党及其支持者在1930年代的斗争依然显得孤独，她们遭到的敌视和对抗比1920年代有过之而无不及，而1930年代末期有很多规模不大的妇女团体加入了全国妇女党阵营，但主要的妇女组织对此法案依然持反对态度，而且修正案使美国妇女组织把大部分精力投入到无谓的争论中，使组织内部斗争不断而无法合作。社会女权主义者指责妇女党是"一个小的但好战的有闲阶层妇女群体"，为自己"不能生

---

① Susan D. Becker, *The Origins of the Equal Rights Amendment: American Feminism between the Wars*, pp. 25—26.

为男性"而痛心；妇女党针锋相对，把社会女权主义者称为"保守分子"，指责她们"为贫穷的就业妇女争取权利的同时，施加于她们身上的工资和工时立法却束缚了她们自己"。① 对《平等权利修正案》的争论耗费了美国各个妇女组织及其领袖们大量的时间与精力，削弱了妇女群体整体为争取改善因性别所造成的地位低下而进行的斗争，引起妇女运动的分裂和沉寂。其实，对这一时期的女权主义事业来说，男女两性的完全平等是"其时代还没有到来的一种思想"，不可能获得成功。② 这场斗争也影响了国际妇女运动的进程，并一直持续到七八十年代才告一段落。③

二　徒劳的努力：1920 年代美国女性在保护性立法上的挫败

　　1920 年代期间美国一些主要的妇女组织继承了进步主义时代的社会改革思想，继续为妇女争取保护性立法。1920 年，全美妇女普选协会改名为妇女选民同盟，由卡里·查普曼·凯特与莫德·沃德·帕克领导。同盟坚持拥有选举权的女性应被视为独

---

① William Henry Chafe, *The American Woman, Her Changing Social, Economic, and Political Roles, 1920－1970*, p. 130.

② Dorothy M. Brown, *Setting a Course: American Women in the 1920s*, p. 246.

③ 第二次世界大战后，《平等权利修正案》的命运依然一波三折。1950 年和 1953 年参议院两次通过该修正案，但都带有附加条款，两派的僵持在继续。1960 年代后，随着第二次女权运动的高涨，修正案的处境改善，终于在 1970 年代在没有附加条款的情况下由美国众议院顺利通过，并于 1972 年 3 月在参议院获得通过，之后国会把修正案交由各州进行讨论。尽管如此，1982 年 6 月，由于仅有 35 个州（美国联邦宪法规定必须要 38 个州同意）同意对宪法进行修正，《平等权利修正案》最终不得不宣告失败。

立的个人，是与国家有直接关系的公民，同盟的职责就是把女性培养成"明智和清白的"选民，支持保护妇女与儿童的法律。她们建立公民学校，在大学校园开展教育活动，邀请专家进行演讲，鼓励女性选民进行投票。由于这一时期妇女选民同盟影响并不大，且只有约 20 万名成员，规模只有原来的 10%。[1] 1920 年总统竞选时尽管民主党的政纲包括了妇女选民同盟的大部分建议，但大多数女性选民还是投了对手共和党候选人哈定的票。哈定竞选时许诺同工同酬、扩大儿童局、禁酒、防止私刑、保护产妇和婴儿、在州和国家重要岗位上任命女性担任，因对妇女问题的支持而在共和党中的支持率超越其他候选人。此时女性参加选举投票人数也不多，1920 年占投票总数的 1/3，而且大多数女性与其家人，如丈夫、兄弟或父亲的投票立场一致。[2] 一些妇女团体曾经希望通过投票完成进步主义时代的未竟事业，但许多美国女性并没有充分利用自身的投票权，这无疑对妇女群体的社会改革努力是不利的。

美国妇女选举权的获得对妇女关注家庭外的世界还是起了推动作用，1920 年代期间一些主要的妇女组织都制定了新的奋斗目标，致力于社会改革。在这些妇女组织中，妇女俱乐部总联盟（GFWC）共拥有 280 万名成员，由丽达·哈福德（Lida Hafford）领导，在数量上明显领先，联盟呼吁立法机构改善儿童和就业妇女的状况；弗洛伦斯·凯利领导下的拥有 4 万成员的全国消费者俱乐部为争取最低工资法而斗争；妇女商业工会同盟（WTUL）在玛格丽特·D. 罗宾斯（Margaret Dreier Robins）的领导下，努力使就业妇女加入 WTUL，为女性赢得"健康和

---

① Nancy Woloch, *Women and the American Experience*, p. 382.

② Gail Collins, *America's Women*, p. 338.

有效工作所必要的"环境而努力；拥有 60 万名成员的青年妇女基督教联盟为"自立的年轻妇女世俗的、道德的、宗教的福利"而工作；女孩友好社（The Girls Friendly Society）则致力于"友好地帮助正在成长中的女孩解决问题"；犹太妇女全国委员会（The National Council of Jewish Women）关注移民问题。天主教妇女全国委员会（The National Council of Catholic Women）（成立于 1920 年）则集中于为工厂中的妇女争取福利。1920 年，妇女选民同盟等 8 个妇女组织还联合成立妇女国会联合委员会（WJCC），以协调在联邦立法机构中的立场，由妇女选民同盟的莫德·沃德·帕克担任主席，母亲和父母教师联盟全国会议（The National Congress of Mothers and Parents—Teachers Associations）的弗洛伦斯·V. 沃特金斯（Florence V. Watkins）担任秘书。1921 年 WJCC 制定以六个"P"为特征的议事日程，即禁酒（prohibition）、公立学校（public schools）、保护婴儿（protection of infants）、公立学校中的身心教育（physical education in public schools）、通过国际裁军的和平（peace through international arms reduction）、保护工厂中的妇女（protection of women in industry）。1922 年，《妇女家庭杂志》和《美国医药联盟杂志》（*Journal of the Ameican Medical Association*）称 WJCC 等为华盛顿最有力量和有高度组织性的游说团体①，是 1920 年代推进社会改革的主导力量。

　　这一时期美国劳工部妇女局对妇女保护性立法制定起了重要的推动作用。早在进步主义时期，一些社会工作者和妇女商业工会同盟等妇女团体就要求政府建立一个机构负责妇女事务。1918

---

① Dorothy M. Brown, *Setting a Course*：*American Women in the 1920s*, pp. 51—52.

年，劳工部建立了工厂妇女服务局（The Women in Industry Service，WIS），由玛丽·范·克里克（Mary Van Kleeck）负责，玛丽·安德森为副手。克里克与安德森领导 WIS 对一些工厂女工状况进行调查，努力争取改善对女工的保护性立法和男女同工同酬。尽管 WIS 并没有在这方面取得成就，但其最重要的遗产是提出"妇女就业推荐标准"，包括 8 小时工作日、48 小时最大周工时、45 分钟的用餐时间、在每个工作单位中间 10 分钟的休息时间，还有同工同酬、禁止在每天的 22 点到次日 6 点之间的工作等。1920 年，在 WIS 的基础上成立劳工部妇女局，玛丽·安德森很高兴，"它终于成为一个公共记录，即工厂中的女性对国家来说是宝贵的人，联邦政府乐于为她们的健康承担责任"。妇女局承担的立法工作是"系统地提出促进就业妇女福利的标准与政策，改善她们的工作环境，提高效率，促进对她们有利的就业机会"。① 安德森任妇女局首任局长。安德森的任命确保了 WIS 工作与标准的继续，也使联邦政府与妇女商业工会同盟保持了密切的联系。

妇女局成立后，把争取女性保护性立法作为其工作重点，它首先对妇女的工作时间进行调查。长期以来工作时间过长对工作妇女的身心健康产生了消极影响，从 19 世纪末开始，一些妇女组织和社会改革者就为工厂女工争取保护性立法而斗争。妇女局对 2608 个工厂中 233288 名女工的工作时间进行调查后指出，在最低法律标准存在的州中，大多数妇女工作超时，其中亚拉巴马州有 63％多、佐治亚州有 68％多女工其一周工作时间超过 54 小时。弗吉尼亚州一位在烟草工厂中工作的已成为母亲的女工的工作状况在被调查的女工中很典型：上午 5:30 起床，做早饭，为

---

① Dorothy M. Brown, *Setting a Course: American Women in the 1920s*, p. 79.

孩子们穿衣服，带他们到托儿所，7:30 到工厂；18:00 工厂下班，接回孩子：19:00 到家，做晚饭，做家务，缝制孩子们的衣服，常常忙到午夜才就寝。安德森得出结论："在工厂中（劳动）10 小时，（同时）在家中负双重责任，不仅不利于妇女健康，也不利于家庭生活。"[①]

妇女夜间工作是另一个引起妇女改革者关注的问题，对此妇女局也投入大量精力进行调查。1920 年代期间妇女局对堪萨斯、依阿华、新泽西、南卡罗来纳、佐治亚、亚拉巴马、密西西比、田纳西、弗吉尼亚、肯塔基等州的妇女夜间工作情况进行调查后发现，从事夜间工作对女性的健康有较大损害，尤其是已婚妇女，她们往往晚间轮班回来后要为家庭准备早餐，然后洗涮，抓紧时间睡觉，准备家庭晚餐，然后"仍然是疲倦和精力未曾经恢复"，开始其夜间工作。她们总是筋疲力尽、苍白、眼窝深陷、倦怠，"唇边布满疲倦的皱纹"与"发烧的迹象"。从事夜间工作的女性往往紧张烦躁，而其孩子们也因此是"恼人和折磨人的，有些人自己照顾自己，就像胡同中的猫"。调查者指出，许多已婚妇女之所以从事夜间工作，是因为这样她们既可以获得稍高的工资，又能照顾孩子。单身妇女尽管没有家庭与工作的双重负担，但当回家时在黑暗的街上长久等待市内有轨电车时，面临侮辱、危险或"更坏的事"。法官乔治·苏瑟兰德（George Sutherland）认为，"夜间工作如此严重地影响了妇女的健康，如此威胁和损害她们特殊的和做母亲的作用，并面临夜间生活所发生的危险和威胁，因此国家要很好地把其限制在权利内"。弗洛伦斯·凯利对这种观点表示同意："每一份调查显示，工厂中的妇女不是需要少一些劳工

---

①　Dorothy M. Brown, *Setting a Course: American Women in the 1920s*, p. 82.

立法，而是更多。"但保护性立法虽然在一定程度上保护了女工的利益，但同时也会由于制度设计的原因造成部分女工的失业。妇女局的一份研究显示，6万名妇女由于这样的立法而失业。以纽约女印刷工为例，1919年法律规定实施54小时周工作，禁止晚上工作，妇女进行游说，要求解除禁令，因为晨报发行量更大，因而晚上工作机会更多，并且在晚间轮班中工资更高，工时更短。1921年，她们的努力赢得了成功，法令被撤销，晚间工作的女印刷工人数量大大增加。①

妇女局还对妇女的工作状况、健康的威胁因素以及工厂事故的影响作了很多调查。如爱丽斯·汉密尔顿（Alice Hamilton）博士对橡胶工厂中使用的化学物品、清漆与虫胶制造中使用的木头酒精以及面粉产品漂染中使用的溶剂进行调查，发现女工比男工更加易于中毒，而这一点对后代的毒害显而易见。另一份调查发现，尽管男性工人在工作中受到的伤害更多，但年轻女性受伤害的比例高于男性，进一步表明女性的工作经历对下一代所造成的威胁。

此外，1920年代期间美国企业中同工不同酬、女工低工资现象很普遍，妇女局及一些妇女组织对此展开调查，力图改善就业女性的处境。然而女工的工资一直低于男工，男女工人之间工资差别的原因很复杂。妇女商业工会同盟的一名领导、纽约工厂妇女局（The Bureau of Women in Industry of New York）理事内莉·斯华兹（Nellie Swartz）以供求规律为例，指出许多妇女把工作视为婚前暂时的过渡、社会上长期歧视反对妇女参加工作、男性对女性竞争的嫉妒与害怕是造成男女差别工资的主要原因。玛丽·安德森则指出，最有害和最持久的原因是"零用钱"

①　Dorothy M. Brown, *Setting a Course: American Women in the 1920s*, p. 83.

理论,这个理论认为妇女由男性供养,她们是为额外的收入而工作。但妇女局经过大量调查后指出,由于多数女工的家庭贫困,其丈夫的收入很少,而此时女工工资又普遍偏低,往往入不敷出。如1920年代中期妇女局对俄亥俄州女工收入的调查显示,其每周平均收入为13.80美元,而俄亥俄工厂妇女委员会(The Ohio Council of Women in Industry)估计当时个人每周最低消费在较小的社区为15美元,城市中为20美元。该委员会对单身女工的每周消费作了一个估算:

膳宿费	5.50
购置服装费	4.50
洗衣费	0.75
乘电车费	1.00
看医生与牙医	0.38
教堂	0.13
订购报纸杂志	0.12
度假	0.37
进行娱乐	1.50
参加储蓄	1.50
杂费	0.75
工会费与利益联盟	0.13
保险费用	0.37
学习费用	0.25
	17.25 (单位:美元)

调查显示,许多女工每周收入少于15美元,她们中有54%根本就没有学习费用,32%没有钱洗衣,27%没有资金度假,43%不付任何工会费,20%不买报纸杂志,17%没有为医药和牙医留出预算费用,12%没有钱娱乐。妇女局强调,低工资对妇女

最终的影响是"使大多数妇女成为固定的、收入低下的工人"。①

　　但此时工作女性保护性立法遭到强大的保守势力的阻碍。在进步主义时代,工作女性保护性立法得益于改革的大环境,取得显著进展,妇女《最低工资法》在美国的 12 个州获得通过。1920 年代初,类似立法又在华盛顿、俄勒冈、加利福尼亚、科罗拉多、犹他、亚利桑那、堪萨斯、明尼苏达、威斯康星、得克萨斯以及北、南达科他等州获得通过。但《最低工资法》在 1923 年遭受严重挫折,该年最高法院以乔治·苏瑟兰德(George Sutherland) 大法官为首的保守派宣布华盛顿特区的《最低工资法》违宪。乔治·苏瑟兰德大法官认为,宪法第 19 条和修正案使两性获得平等,所以女性不需要特殊立法进行保护。之后,大多数州取消了关于最低工资的法律,只有马萨诸塞州的法令得以幸存。妇女组织对这种倒退大声抗议,弗洛伦斯·凯利认为最高法院的判决是"进步的后退"。② 该裁定为妇女保护性立法的制定设置了有效的宪法障碍。

　　不仅在最低工资立法上遭受重大挫折,此时在童工立法方面同样有难以逾越的障碍。全国童工委员会（The National Child Labor Committee）与其他组织在 1916 年促使美国国会通过了有关童工的立法,但不久即被取消。1923 年 1 月,全国童工委员会与其他组织再次联合起来,向国会提交了一个童工修正案,全国童工委员会、美国劳工联盟、妇女选民同盟以及青年妇女基督教联盟在听证会上作证。同年 4 月,该法案在众议院获得通过,

---

　　① Dorothy M. Brown, *Setting a Course: American Women in the 1920s*, p. 84—85.

　　② William Henry Chafe, *The American Woman, Her Changing Social, Economic, and Political Roles, 1920—1970*, p. 80.

6月在参议院获得通过。但反对势力的反击也在加强，一些妇女组织被指控有"共产主义嫌疑"。弗洛伦斯·凯利清醒地认识到反对力量的顽强，她敦促妇女杂志刊登支持文章。全国童工委员会与20个其他组织结成联盟，分发了近500万个小册子。但一切却并未产生应有的成效。马萨诸塞州经公民投票反对州政府未经授权对家庭进行侵扰和对家庭农场传统进行干预，只有阿肯色、亚利桑那、加利福尼亚、威斯康星4个州批准了该修正案。社会学家索福尼斯巴·P. 布雷金里奇（Sophonisba P. Breckin-ridge）指出"这个最被寄予厚望和最引人注目的妇女法规"的失败，"意味着妇女政治上的寒冬已经到来"。美国国会此时对改革的抵制日益增强，它谴责女性"通过宪法修正案而使妇女离开了我们、拿走了我们的酒，而现在她们想夺走我们的孩子"。^①到1930年，该法案只在6个州中获得批准。

　　其他的社会改革立法在此时也遭受了类似的挫败，其中《谢泼德—汤纳法》（The Sheppard-Towner Act）的颁布与废弃是此时保护性立法命运的最好写照。早在进步主义时代，妇女群体就呼吁政府为胎儿期和产期妇女照顾提供资金，并为之展开大量的活动。儿童局的1918年的一项研究显示，在20个国家中美国的婴儿死亡率居第11位，产妇死亡率居第17位。基于这种现实，一些改革团体和个人开始为婴儿和产妇的保护性立法而奔走呼吁。1918年7月国会议员珍妮特·兰金（Jeanette Rankin）提交了一个关于婴儿的议案，但未能在第66届国会获得通过。来自得克萨斯州的参议员莫里斯·谢泼德联合来自依阿华州的参议员霍勒斯·汤纳（Horace Towner）向国会再次提出该议案。尽管

---

①　Dorothy M. Brown，*Setting a Course：American Women in the 1920s*，pp. 57—58.

谢泼德指出美国每年死亡 20 万名 1 岁以下的婴儿和 1.8 万名母亲,但国会依然没有采取行动。[①]

1920 年美国妇女获得选举权后,为妇女群体推动社会改革立法带来极大的鼓舞。在第 67 届美国国会上,谢泼德与汤纳再次提出该议案,得到 35 个州的州长、美国劳工联盟、全国天主教福利委员会 (The National Catholic Welfare Council) 的支持,而且也得到哈定 (Warren Gamaliel Harding) 总统的坚决支持。妇女国会联合委员会是"最有力的游说者",其组织征集的信件潮水般涌到国会,其成员轮番在国会进行游说。弗洛伦斯·凯利在给全国消费者俱乐部的信件中提醒国会再不批准有关议案就是拖延行动,美国对母亲和孩子生命的照顾,已经降到名单上国家的最低点。她指出,妇女们责问,"为什么国会希望母亲与孩子去死"?[②]

民间要求通过母婴保护性立法的呼声也在高涨。1920 年安妮·马丁 (Anne Martin) 在一篇文章中描述了贫困的农村妇女在胎儿期照顾和婴儿生育方面的困境:

一个农村姑娘,12 岁时进纺织厂工作,以后一直在那里,先是弥补父亲工资的不足、结婚后是弥补丈夫工资的不足。她从下午 5 点一直工作到凌晨 1 点,除了其间离开半个小时吃点东西外,整整 8 小时都站在机器旁。她凌晨 1 点回家,睡到 6 点,起来做早饭,让丈夫去工厂、孩子去学校。

她说,"我总是感到疲劳"。她头发灰白,瘦小,35 岁的年龄看起来像 50 岁。她已经生了 6 个孩子,马上要再生一个。她毫无表情地诉说她总是怎样在工厂中工作到最后一天,并总是在

---

① Dorothy M. Brown, *Setting a Course: American Women in the 1920s*, p. 52.

② Ibid., p. 53.

生下孩子几天后设法回工厂继续挣钱。她的 6 个孩子，其中一个一出生就死了；3 个出生时太虚弱，几天后就死了；只有 2 个幸存下来。她精疲力竭，但不得不坚持在工厂中工作，因此没有精力抚养自己的孩子。

她选择晚上工作是因为这能使她"在白天看护孩子"、洗衣、烹饪与缝纫。她为孩子和自己改制亲戚送的旧衣服。她在 8 年中没有添置一件新衣服，12 年中只有一个假期。家庭收入只能勉强满足食品和居住的需要。

"我不知道我们怎样支付即将生孩子时的医生费用，"她说，"他的费用是 15 美元，而且医生只来一次。接生婆 8 美元来 8 次，但她没有医生懂得多。家务总是一塌糊涂，尽管我丈夫也做饭并尽其所能做家务。但是当我生病时孩子们也会生病，家中肮脏不堪，而且我们负债，因此生孩子对我来说是件恐怖的事。"

有一年的十一月份，明尼苏达州（Minnisota）一名农场主与妻子离开大农场，即在分娩前两个星期，经过 70 小时的汽车驾驶到达铁路线，然后再乘 100 英里的火车到最近的医院。天气寒冷，他们在婴儿 3 周大时回家。他们知道这是不明智的，但是医院费用昂贵，而且母亲担心家中其他被留在大农场中的孩子们。由于道路不佳且遇暴风雪，最后 70 英里他们开了 4 天 4 夜的车，有一个晚上他们不得不露宿。

"我们想再到医院生我的下一个婴儿，"这位明尼苏达州的母亲说，"但是我生最后一个婴儿时可怕的费用已经使我们负债。因为社区中所有的汽车正用于剪羊毛，因此我不能及时离开。"这次分娩只有一个接生婆参与，由于严重的并发症导致婴儿出生后就死亡了。

这种状况在当时美国的工业城市和农村地区中很典型。文章最后指出，正是由于缺乏必要的政府帮助，美国成为世界上婴儿死亡率最高的国家之一，每年新生的 250 万名婴儿中，至少有十分之一的婴儿在出生后一年中死亡。国外很久之前就已经采用政府手段挽救婴儿的生命，降低了死亡率：法国只失去 1/13 出生的婴儿；澳大利亚和瑞典为 1/14；挪威为 1/17；新西兰，通过在孩子出生前后照顾母亲，是世界上婴儿死亡率最低的国家，只失去 1/20。[①]

但反对力量也在加强。来自密苏里州的参议员詹姆斯·里德 (James Reed) 攻击儿童局，"似乎这个局的既成教条是能照顾孩子和婴儿母亲的人只能是那些还没有孩子的女士们"。[②] 全国反对妇女选举权联盟 (National Association to Woman's Suffrage) 等组织谴责这个议案是共产主义者所鼓动；美国医药联盟众议院代表则把此议案诋毁为"社会主义的方案"。虽有反对者，但经过努力，1921 年 7 月，美国国会通过了这个"促进母亲和婴儿的福利、卫生以及其他目标的法规"，即《谢泼德—汤纳法》。《谢泼德—汤纳法》是第一个重要的联邦福利法规，该法规定向每个州拨款 5000 美元，并拨额外的 5000 美元给各个州，作为配套的资金。法案规定建立胎儿期和儿童健康中心，为待产妇女提供建议，为妇女与孩子提供预防性的健康检查，中心派遣公共健康护士外出到家庭服务等。该法主要针对农村地区，由儿童局主管。到 1926 年年末，除了康涅狄格州、马萨诸塞州和伊利诺伊州外，其他的州都制订了相关计划。《谢泼德—汤纳法》之所以能够获得通过，与妇女拥有选举权有很大关系。《美国医药联盟杂志》(*Journal of the American Medical Association*) 对这次

---

　① Ann Martin, "We Couldn't Afford a Doctor" (1920), Ellen Skinner, *Women and the National Experience*, *Primary Sources in American History*, pp. 178—179.

　② Ibid., p. 53.

立法胜利的分析:"妇女刚刚被给予投票权。没有人知道她们怎样运用这个权利。几乎每个国会议员想到若在其选区内让所有的妇女反对,都有明显的昏厥感觉。议员们已经习惯被男性反对。但是妇女们有了投票权!可怕的想法!"① 在妇女改革者看来,《谢泼德—汤纳法》是一个重大的胜利,表明妇女选举权已经开创人类新的时代,即以慈善为目的的立法,这个法律不仅保护产妇与儿童健康,而且能扩大公共空间中妇女的角色。② 《谢泼德—汤纳法》通过后,胎儿期和儿童健康中心提供了大量的课程、文化与健康服务,对成千上万的怀孕妇女与千百万的婴儿与儿童产生影响,成为"改革者建立健康儿童诊所体系、提高穷人健康的梦想的第一步"。③

《谢泼德—汤纳法》通过后也遭到某些群体的长期反对。全国妇女党因为此法案把所有妇女都归类为"母亲"而不喜欢它。玛格丽特·桑格对它也不满意,因为谢泼德—汤纳中心不支持生育节制,桑格认为《谢泼德—汤纳法》的"仁慈"是"表面上的、目光短浅的和非优生学的",她宣称,妇女想少要几个孩子,但谢泼德—汤纳中心却"会教她们生更多"。美国医学联盟也强烈反对任何形式的联邦资助的保健和福利,医生不愿在健康看护事务中受到联邦政府与妇女改革者等外部力量的干涉,而且采取保护性的健康看护,例如对怀孕妇女与孩子健康的检查,是一个潜在的赚钱领域,法案威胁了他们的利益。④ 由于反对声浪日益高涨,而且到 1920 年代末,妇女不会成为一个团体投票的事实

---

① Dorothy M. Brown, *Setting a Course: American Women in the 1920s*, p. 54.

② Nancy Woloch, *Women and the American Experience*, p. 385.

③ Gail Collins, *America's Women*, p. 340.

④ Nancy Woloch, *Women and the American Experience*, p. 386.

也越来越清楚,《谢泼德—汤纳法》失去了强有力的支持力量,1929 年,美国国会废除了此法案。

总之,1920 年代政治上的保守主义压制了改革的努力,妇女在保护性立法方面遭受了严重挫折,无论是最低工资法、童工立法还是妇婴保护立法,都没有逃脱失败的命运。对改革者来说,"在 1920 年代发出政治改革的倡议不是一个好时候"。① 这一时期任何的改革都不受欢迎,都注定要失败。

三　激情燃烧的年代:1930 年代美国妇女组织及其集体行动

与 1920 年代社会改革阻力重重、举步维艰相比,1930 年代期间是美国妇女集体行动的又一个黄金时期。此时尽管一些妇女组织的活动能力和影响遭到削弱,但"大萧条"为美国妇女及其组织提供了前所未有的参政机会。这一时期美国妇女积极参与"新政"各项社会救济计划的制订与实施,她们活跃在"新政"的各个部门,以前所未有的规模参政,妇女组织和妇女改革者长期以来为之奋斗的保护性立法和童工法案终于在此时得以完成。美国妇女也投身于轰轰烈烈的工会运动,并在和平运动、妇女宪章运动、南方妇女反对私刑等斗争中也取得长足进展。

"大萧条"对一些妇女组织产生了消极的影响,其活动能力和影响受到削弱。"住宅楼运动"曾经是进步主义时代"改革的先锋",领导市政改革、劳工权利、住房立法、妇女选举权、童工法规以及其他进步事务的斗争,但 1920 年代期间随着社会工作的专业化及社会与政治气候的变化,"住宅楼运动"失去其在社会改革中的领导角色。"大萧条"时期"住宅楼运动"尽管成

---

① Gail Collins, *America's Women*, p. 339.

员数量与进步主义时代差不多，但此时一方面由于"住宅楼运动"后来依赖救济基金募集组织提供支持活动的预算而失去经济自立，使其行动变得更加小心谨慎，以免危害其财政后盾；另一方面，"住宅楼运动"的主导思想也发生了变化，住宅楼被看作一个廉价的生活地方，"而不是更加有效地为穷人工作的一种方式"①，"住宅楼运动"对社会改革的影响日益减弱。"大萧条"对全国消费者联盟、妇女商业工会同盟之类的组织也产生了很大影响，此时这些组织的成员与经费的下降严重削弱了其影响力。如妇女商业工会同盟的预算下降到 2 万美元以下，全国消费者俱乐部也类似，玛丽·W. 戴维森把 1930 年代描述为全国消费者俱乐部的"悲伤时期"。这些有影响的俱乐部的困境使迪尤森忧虑，她向埃莉诺·罗斯福提出，要加强妇女组织的力量："我们不能把所有事务都交给政府。虽然，政府正在做比我们一个世纪中已经做过的更好的有教育意义的工作，但是，通过这种普遍教育必须把妇女运动的骨干力量团结在一起并形成新的观点。消费者联盟与妇女商业工会同盟之类的组织正是这些骨干力量。"②

　　一些妇女组织还是从"大萧条"中生存下来并继续发展。全国妇女选民同盟继续对妇女进行公民训练，关注妇女的特殊利益、失业、老年保障、裁军与和平动议，支持联邦向妇女局与儿童局拨款等。全国妇女选民同盟公共关系理事玛丽·安·佩奇·盖伊尔（Mary Ann Page Guyol）记得：这些活动"充实了我生活中可怕的空虚……而且我发现自己的确可以做成事……我正处于行动的中心，我简直崇拜它"。同盟向由于"大萧条"而失去生活信心的女性提供特殊的奖金，"你知道，当经济困窘时妇女

---

①　Susan Ware, *Holding Their Own: American Women in the 1930s*, p. 100.

②　Ibid., p. 101.

很少考虑回到大学或研究生院。她们无力支付这样或那样的费用……同盟成为我们的大学,我们的研究生院——它同时也是一切"。① 盖伊尔认为"全国妇女选民同盟"对这一时期最持久的贡献是帮助美国公众从孤立主义转向国际主义。

此时美国黑人妇女组织也同样活跃。黑人妇女于 1896 年成立了全国有色人种妇女联盟,这个组织由黑人中产阶级妇女领导,但也吸收一部分当地俱乐部的女工参加。1935 年成立黑人妇女全国委员会,由玛丽·麦克利奥德·贝休恩担任主席。这个组织是 20 个全国性组织和 25 个地区性组织的协调机构,代表了近 85 万名组织起来的黑人妇女。这一时期组织起来的黑人与白人妇女之间还产生了种族融合组织。青年妇女基督教联盟在南方反私刑改革运动中鼓励种族融合,吸收了更多的黑人妇女成员。但青年妇女基督教联盟仍然保持某种程度的种族隔离。1938 年一名曾经在这个联盟工作的黑人妇女回忆说:"布鲁克林青年妇女基督教联盟本部设在一个巨大的、设施良好的建筑中,黑人俱乐部……在一个不引人注目的、维修糟糕的俱乐部屋子中……这两个建筑之间隔了四个街段。在黑人分部附近没有黑人社区。它使我强烈地想起南方白人群体的大房子与南方黑人的棚屋……"② 尽管存在这样的情况,但它却是少数几个向黑人与白人妇女都开放的妇女组织。

美国妇女争取和平运动在这一时期很活跃。早在 1920 年代期间,各个妇女组织就对和平问题予以较大的关注,妇女和平与自由国际联盟 (The Women's International League for Peace and Freedom)、全国妇女党和全国妇女选民同盟等妇女组织为之作出了不

---

① Susan Ware, *Holding Their Own*: *American Women in the 1930s*, p. 100.

② Ibid. , p. 102.

懈努力。在 1920 年的选举中，戴西·波顿·哈里曼（Daisy Borden Harriman）与其他纽约妇女建立了非党派团体妇女前同盟委员会（The Woman's Pro-League Council），因为"有闲的纽约已婚妇女，她们已经在选举权事业中胜利，能够成功地把她们的改革技巧转变为寻求和平的技巧"。1921 年全国妇女党会议上，围绕裁军问题展开了热烈的争论。其他妇女组织也显示了对和平的诉求，她们通过国际联盟与国际法院中的美国成员，为促成裁军、国际法与宣告战争不合法而努力。同年，全国妇女选民同盟、妇女商业工会同盟、妇女俱乐部总联盟和"妇女世界裁军委员会"（The Women's Committee on World Disarmament）联合参议员威廉·鲍拉（William Borah），呼吁召开裁军会议，尽管未能赢得各方任何明显的参与，但这些"被唤醒的女子"对"战争之神"的挑战有助于向之后召开的华盛顿军备限制会议施加压力。①

　　此时女性的和平要求并没有得到满足，《矿工》杂志专栏作家安娜·S. 理查森（Anna Steese Richardson）抱怨："……妇女的声音是无足轻重、微弱的，而贪婪、仇恨与战争的火焰蔓延于文明之上。"1922 年，妇女俱乐部总联盟、全国妇女选民同盟、青年妇女基督教联盟与妇女商业工会同盟加入了"通过国际法使战争非法"的一个运动。莫德·沃德·帕克领导 17 个组织形成了妇女世界法院委员会（The Women's World Court Committee），并通过妇女国会联合委员会争取在国会立法，并为争取此法的通过而努力。妇女和平与自由国际联盟在简·亚当斯的领导下，向妇女世界法院委员会通报包括中国、巴尔干、墨西哥与海地在内的危险地区危害和平的状况。1924 年，卡里·查普曼·凯特发起成立"全国战争起因与抑制委员会"（The Nation-

---

① Dorothy M. Brown, *Setting a Course: American Women in the 1920s*, p. 64.

al Committee on the Cause and Cure of War)，作为和平动议的情报交换机构。1925 年，有 463 名代表参加了全国战争起因与抑制委员会第一次全国会议，讨论战争的原因。全国商业和专业妇女俱乐部联盟加入了"1925 年和谐计划运动"（The 1925 Harmony plan），这个运动不仅呼吁世界法院中美国成员的支持，而且呼吁出台一个宣布战争是非法的国际声明，但国际法院拒绝了美国成员的建议。要求和平的努力在 1928 年的选举运动中达到高峰，共通过 1.4 万份会议决议支持《凯洛格—白里安公约》（The Kellogg-Briand Pact）和以放弃战争作为外交政策的手段。1928 年，凯特出席美国政治和社会科学学会的会议（The American Academy of Political and Social Science），敦促国务院成为和平的行动权力中心，并建议它"获得现在归于战争部的82％税收的一部分"，建立"像一支庞大的海军一样活跃的仲裁的宣传部"。妇女和平与自由国际联盟为支持《凯洛格—白里安公约》动议的请愿，收集到 3000 个签名。当美国在该条约上签字时，凯特欢呼这个"迈向和平的非凡的进展"。回顾这 10 年的努力，和平行动主义者与防止战争全国委员会（The National Council for the Prevention of War）的领袖弗雷德里克·利比（Frederick Libby）估计，妇女占美国和平运动总数的 2/3，他的同事劳拉·普法·摩根（Laura Puffer Morgan）认为这很自然，因为"妇女天性上比男性更喜欢人道主义计划和普惠式福利事业，她们有更多的闲暇进行研究与参与行动，资金障碍较少，因而具有更客观的看法与更大的道德勇气——换句话说，因为她们更自由"。[①] 但 1920 年代妇女的和平努力并没

---

① 　Dorothy M. Brown，*Setting a Course：American Women in the 1920s*，pp. 65—66.

有取得很大成效,裁军只是表面上的,各国扩军备战并没有停止,在美国批准《凯洛格—白里安公约》3 个星期后,参议院就通过了一个扩大海军的方案。

"大萧条"期间,随着欧洲法西斯势力扩张越来越严重,战争危险越来越迫近,妇女和平运动再次高涨。1931 年,妇女和平与自由国际联盟主席简·亚当斯与尼古拉斯·默里·巴特勒(Nicholas Murray Butler)博士分享了诺贝尔和平奖,使联盟声誉大增。此时妇女和平与自由国际联盟最重要的贡献之一是促成美国国会对第一次世界大战期间军火工厂调查的听证,这次听证会是国会首次对战争问题进行听证,引起了人们对战争的普遍反对。亚当斯多年担任该组织的主席一职,直到疾病迫使她于1930 年代早期卸任,由韦尔斯利学院教授埃米莉·格林·布兰奇(Emily Green Balche)继任。布兰奇从 1918 年以来就担任妇女和平与自由国际联盟的国际秘书长,她于 1946 年获得诺贝尔和平奖。1930 年代末,随着战争的迫近,美国政治重心转向抗击法西斯侵略上,妇女和平运动的重心也随之变化。

除了和平运动外,《妇女宪章》(The Women's Charter)的推出是 1930 年代后期美国妇女公共生活中的一件大事。1936年,在玛丽·安德森和玛丽·范·克里克的推动下,全国妇女商业工会同盟、全国妇女选民同盟、妇女俱乐部总联盟、全国消费者俱乐部、美国大学妇女联盟、青年妇女基督教联盟等妇女组织协作起草《妇女宪章》,试图在一个共同纲领下把 1930 年代的妇女运动统一起来。《妇女宪章》是这一时期公共生活中妇女目标与态度的概要,它被设想为"一个团结的独特的基础,在这个基础上,工厂妇女、专业与商业妇女、农场妇女、家内服务与家务管理妇女都参与其中,实现这些目标"。为与那个时期的女权主义进程一致,《妇女宪章》把妇女角色主要定义在公共领域,没

有提及妇女的家庭责任。《妇女宪章》文本的第二段对这些目标
作了明确的描述：妇女应该拥有充分的政治与公民权；有充分的
接受教育机会；有充分的根据其个人能力而工作的机会，并有保
护措施反对对其身体有害的就业环境与经济剥削；她们应该得到
补偿，没有因为性别而造成的歧视；她们应该有生活保障，包括
维护母亲的权利；建立这些标准的必要条款应该得到政府的保
护，政府也应该确保为实现这些目标的联合行动的权利。但《妇
女宪章》文本的最后一段引起了争论："由于存在对女工的特殊
剥削，如提供的工资低于可达到的生活水平，不卫生的工作环
境，或导致身体筋疲力尽的长时期工作与否认休息权利，这些情
况必须通过社会与劳工立法予以纠正，世界的经验显示这是必要
的。"这一段中所提出的保护性立法的建议，正是妇女组织内部
争论的中心问题，它的提出正如《平等权利修正案》一样，扩大
了妇女运动的分裂。[①] 尽管《妇女宪章》运动并没有达到预期的
效果，但由于一些联邦立法威胁妇女利益，如联邦政府禁止已婚
妇女就业的一些法律法规，使大多数妇女组织联合起来进行抗议
和院外活动，它在一定程度上起了团结妇女组织的作用。

这一时期南方妇女私刑防止协会（The Association of
Southern Women for the Prevention of Lynching, ASWPL）的
活动取得了较大的成功。美国南部在南北战争结束后进行重建以
来，白人在南方农村地区对一些黑人男性施行私刑，理由是黑人
是淫乱的，强奸白人妇女，白人男性理所当然要捍卫白人妇女的
贞操。南方的白人妇女和黑人妇女从 19 世纪后期以来就组织起
来，以教堂为联系，向合作迈进，尤其在私刑问题上更是团结一

---

① Susan Ware, *Holding Their Own: American Women in the 1930s*, pp. 106—
107.

致，1920 年代期间，每年都举行各种族妇女的联合大会。反对
私刑最重要的团体是各种族合作妇女委员会（The Women's
Council of the Commission on Interracial Cooperation），在来自
得克萨斯州的杰西·丹尼尔·艾姆斯（Jessie Daniel Ames）领
导下，到 1929 年在南方拥有 805 个分部。在各种族合作妇女委
员会的倡议下，1930 年南方妇女私刑防止协会成立，由艾姆斯
领导。艾姆斯宣布："妇女认为私刑的根源是白种人优越（观
念）。"协会决定消灭白人男性对黑人男性处以私刑是为了保护南
方白人妇女贞洁的神话，通过建立教堂团体与教会社会，并使基
督教妇女团结一致，发起群众性的教育运动，对私刑进行调查，
揭发罪犯并进行起诉。协会的活动声势浩大，影响与日俱增，在
其顶峰时期拥有 4 万名成员。[①] 南方妇女私刑防止协会纪律严
明，权力高度集中，每个州只有少数几个妇女为大部分工作提供
指导和进行实际操作。艾姆斯明确指出协会的职责：第一，协会
委员会的所有资源都针对发展和促进反对私刑的教育计划，把政
治行动领域留待其他群体；第二，无论何时都把重点放在否定私
刑是保护南方妇女的必要措施上；第三，组织权力集中于中央委
员会和州委员会，这些委员会的成员都是一些妇女组织的重要女
性、官员或主席，帮助制定政策和提供指导方法。[②] 埃莉诺·罗
斯福对这个协会的工作非常关注，1936 年她在写给全国有色人
种协进会领袖沃尔特·怀特（Walter White）的一封信中表达了
对私刑泛滥的忧虑，解释了罗斯福总统的立场——总统认为"私

---

① Jessie Daniel Ames, "Southern Women and Lynching" (1936), Ellen Skin-
ner, *Women and the National Experience*, *Primary Sources in American History*,
p. 202.

② Ibid. , pp. 203—204.

刑是州政府中的一个教育问题，应该团结优秀公民，并制造公众舆论以使地方本身把它消除"。① 南方妇女防止私刑协会 1933 年后逐渐减少了活动并最终于 1942 年解散。尽管这个协会存在的时间很短暂，但产生了重要影响。"它不仅仅起了终止残酷暴力形式的作用，还敦促南方妇女站起来反对那种束缚她们手脚的性恫吓，这种性恫吓就如杰西·丹尼尔·艾姆斯所指出的那样，是'一顶紧箍在她们头上的、像荆棘编织的花环一样的、骑士风度的桂冠'。"② 但是，不可否认，南方妇女私刑防止协会的行动和思想仍然受到阶级和种族的束缚，它"是保持种族和平及社会秩序的一种势力，而不是彻底的社会改革力量"。③ 但是它对陈规陋习提出了挑战，是 20 世纪五六十年代民权组织的先驱。

第二节　1920—1930 年代期间劳工运动中的美国妇女

本节主要论述 1920—1930 年代期间美国妇女劳工运动的主要特点。笔者认为，1920 年代期间由于保守的政治气氛、消费主义和享乐主义的社会思潮、主流工会组织对女工的歧视与冷淡，导致在工会组织中妇女人数下降，妇女工会内部分裂

① Eleanor Roosevelt, "Letter to Walter White"(1936), Ellen Skinner, *Women and the National Experience*, *Primary Sources in American History*, pp. 204—205.

② ［美］洛伊斯·W. 班纳著，侯文蕙译：《现代美国妇女》，东方出版社 1987 年版，第 172 页。

③ ［美］萨拉·M. 埃文斯著，杨俊峰译：《为自由而生——美国妇女历史》，辽宁人民出版社 1995 年版，第 240 页。

严重,有限的几次劳工运动均以失败而告终,美国妇女劳工运动处于沉寂状态。但 1930 年代期间,由于大萧条导致社会矛盾激化,"新政"制定新的劳工政策使工会组织合法化,使劳工运动重新高涨,美国妇女积极参与劳工运动,在其中发挥了重要作用。此时美国共产党宣扬性别和种族平等,并对妇女问题予以关注,也吸引了部分妇女群体。这一时期美国妇女劳工运动经历了从低潮到高潮的发展过程,美国妇女在斗争中成长起来,对她们的自我意识起了促进作用。但传统的妇女观制约了妇女在劳工运动中的发展,她们在劳工运动中和左派运动中依然被边缘化。

一 被遗忘的角落:1920 年代美国妇女劳工运动的沉寂

1920 年代期间,有组织劳工处于沉寂状态,美国妇女劳工运动更是被遗忘的角落。这一时期工会中女性成员人数普遍下降,如国际女装工人工会成员从 12 万名下降到 4 万名,其他组织也类似。① 1924 年,妇女局考察了号称拥有 300 万以上女工的 82 个工会,发现实际上只有 14 万名女性是组织成员。1925 年,妇女商业工会同盟估计 400 万名女工中只有 25 万名妇女是工会组织成员;1927 年 47.1 万纺织女工中,只有 2 万人加入了工会;受雇于铁厂和钢厂的 7.2 万名女工中,仅有 105 人参加了工会;② 1930 年妇女商业工会同盟指出,近 1100 万的就业妇女中,只有 25 万名被组织起来,其中有一半成员在

---

① William Henry Chafe, *The American Woman*, *Her Changing Social*, *Economic*, *and Political Roles*, *1920—1970*, p. 77.

② Ibid. , p. 68.

服装工厂工作。① 1920 年代期间劳工运动作为整体失去了阵地，妇女工会成员达到新低点，只占女工总人数的 3％，而男性工人则有 11％是工会成员。②

1920 年代之前，美国服装工厂工人曾经为改善工作处境举行过几次有影响的罢工，扩大了工会影响。服装工厂是女工比较集中的行业之一，服装厂所在小镇的农民家庭往往放弃土地到服装厂工作，以求高于农业生产的薪水和为孩子提供教育。1909 年 11 月 23 日，成千上万女衬衫厂工人在国际女装工人工会的号召下进行罢工，反对"血汗工厂"工作环境，到第二天晚上，已有 2.5 万名服装工人参加罢工，由于大多数罢工者是妇女，立即获得公众的同情。当报纸头版刊登警察在纠察线上施暴行时，来自不同背景的人们冲向工人的防卫线，一些社会名流加入了服装厂外的示威，妇女俱乐部和女大学生为罢工工人筹集资金。工会在这次罢工中起了重要作用，"他们中成千上万人崇拜工会，"《纽约时报》报道，"他们不清楚它是什么、能为他们做什么、他们想要它为他们做什么……但这个模糊、强大的保护者的想法……吸引他们加入它。"罢工最终取得胜利，雇主只得制定了 52 小时一周工时，限制了对加班加时的利用并采取措施把工作扩大到淡季。服装厂工人的罢工显示了妇女在劳工运动中的潜力，也促进了工会的发展，国际女装工人工会从罢工前只有几百个成员的小工会，成长为成员超过 10 万人的庞大组织。几年后联合服装工人工会（The Amalgamated Clothing Workers' U-nion）在男性衣服工厂中获得了类似的成功。到 1920 年，服装

---

① Dorothy M. Brown, *Setting a Course: American Women in the 1920s*, pp. 89-90.

② Nancy Woloch, *Women and the American Experience*, p. 389.

贸易中约一半的妇女被组织起来,其中国际女装工人工会拥有
6.5 万名成员,联合服装工人工会拥有 6.6 万名成员。[1]

第一次世界大战结束后由于市场萎缩,工厂主削减工资,到
1920 年代中期,工厂主进一步削减工资,而且引进"增加劳动
强度的工业管理制度"(即在工作日延长时间)或"增加产量"
(即要求在相同的工时中增加产量)方法,在不增加工资或工时
的情况下工人劳动强度大为增强,绝望的工人开始罢工。1924
年,国际女装工人工会芝加哥地方分会为集体谈判、工资提高
10%以及一周工作 40 小时而举行罢工,共有 3000 多人参加了罢
工,其中 90%以上是女工,罢工中 500 名参加者遭到逮捕。
1925 年,国际女装工人工会中制造斗篷工人在其左派领导鼓动
下,4 万名工人在 7 月举行罢工,要求提高工资、缩短周工时,
斗争取得了胜利。由于服装工厂经济状况每况愈下,工会受到影
响,1920 年到 1927 年,服装工厂中工会成员下降了 1/3 多,从
172700 名下降到 101409 名,到 1929 年工会成员只剩 3 万名。[2]

纺织工厂中的女工前景同样黯淡,工会内部领导者之间争权
夺利,分裂严重。美国"劳联"的纺织工人工会(The United
Textile Workers,UTW)1924 年在新泽西州的帕特森(Pater-
son,New Jersey)领导了一次罢工,抗议增加劳动强度的工业
管理制度,但是没有成功。两年后,帕塞克(Passaic)毛纺厂
的管理阶层宣布削减工人 10%工资,在共产主义者商业联盟教
育俱乐部(The Communist Trade Union Educational League)

---

① William Henry Chafe, *The American Woman*, *Her Changing Social*, *Eco-nomic*, *and Political Roles*, *1920—1970*, pp. 66—67.

② Dorothy M. Brown, *Setting a Course*: *American Women in the 1920s*, pp. 90—91.

领导下，有 15200 人参加了罢工。妇女在这次罢工中很踊跃，她们在纠察线上巡逻，准备食品，参加大规模集会。参加罢工的妇女中 80% 是已婚者，她们派遣孩子动员没有参加罢工者。罢工期间建立工作阶级家庭主妇委员会（Council of Working Class Housewives），获得了来自商店主的捐赠。这次罢工最终使纺织工人工会获得集体谈判权利。罢工期间，诺曼·托马斯（Norman Thomas）、玛丽·希顿·伏斯（Mary Heaton Vorse）、珍妮特·兰金（Jeanette Rankin）等全国性工会领导人前来观察与宣传，他们称这次罢工为妇女组织和斗争提供了"划时代的榜样"。不过，在这一时期大多数的罢工都没有获得预期目标。1928 年，马萨诸塞州的新班德福德与福尔利佛（New Bedfold and fallRiver）棉花制造商宣布削减 10% 工资时，纺织工人工会领导了有 6000 工人参加的罢工，但罢工没有取得胜利。由于不满纺织工人工会没有组织非熟练工人，盖斯·迪克（Gus Deak）与其他纺织工厂委员会成员成立全国纺织工人工会（The National Textile Workers Union），与纺织工人工会进行竞争，他们在马萨诸塞州的成员增长了 5.5%。①

　　1929 年 3 月，田纳西州的伊丽莎白斯敦（Elizabethton, Tennessee）500 名妇女在玛格丽特·布朗（Margaret Brown）领导下为增加工资而罢工，拉开了南方一系列纺织工人罢工的序幕。公司动用保安人员、机关枪进行镇压，最后请该州武装力量出面才把罢工平息下去。同年 4 月，纺织工人工会地方分会号召进行第二次罢工，当对纠察者的逮捕人数超过 200 名时，劳工部派遣安娜·温斯德克（Anna Weinstock）与伊丽莎白斯敦和田

---

① Dorothy M. Brown, *Setting a Course: American Women in the 1920s*, p. 91.

纳西州的行政当局进行谈判，但结果是"令人震惊的失败"。①
当"劳联"在田纳西州遇到挫折时，全国纺织工人工会派遣老练
的组织者弗兰德·E. 比尔（Fred E. Beal）与爱伦·道森（Ellen
Dawson）组织北卡罗来纳州——南方"纺锤之城"（City of
spindles）盖斯多尼亚（Gastonia，North Carolina）的工人罢
工。1929 年 4 月，盖斯多尼亚 570 个工厂中最大的工厂洛雷
（Loray）的 2000 名工人罢工，反对削减工资、工作环境恶化以
及解雇工会工人。罢工工人提出每周工作 5 天总时长 40 小时的
工作制、取消计件工作和加强劳动强度的工业管理制度、一周最
低工资 20 美元、对妇女与孩子实行同工同酬，以及在工厂住宅
中降低租金和电费等要求，被公司拒绝。② 此时青年共产主义者
俱乐部（Young Communist League）、工人国际救济（The
Workers International Relief）、国际劳工保护（The Internation-
al Labor Defense）等组织的代表都前来考察。罢工者住在临时
搭建的帐篷中。罢工持续到同年 6 月，罢工者与行政当局冲突加
剧，罢工者与前来逮捕工会领袖的警察发生流血冲突，工会领袖
被杀，3 名代表受伤，16 名组织者与罢工者（其中 3 名为妇女）
被指控谋杀。接下来的几个月中，流血冲突在继续，盖斯多尼亚
罢工成为全国的头条新闻，也是 1920 年代末妇女工会运动的
绝唱。

　　这一时期有关女性的劳工运动之所以沉寂，与保守的政治气
氛不利于劳工运动的整体发展有关。此时随着美国进入消费社
会，保守主义、享乐主义和个人主义盛行，美国人普遍对改革运
动和集体运动缺乏兴趣，而且工会没有取得合法地位，政府与雇

---

①　Dorothy M. Brown, *Setting a Course：American Women in the 1920s*，p. 92.

②　Ibid.，p. 93.

主处于强势地位，工人运动被压得无声无息。

　　此时美国主流工会组织对妇女工会运动造成重大的消极影响。以"劳联"领导下的工厂女工最大的劳工组织"妇女商业工会同盟"（WTUL）为例，它成立于1903年，是唯一一个致力于联合女工的全国性组织。WTUL主要有两个目标：鼓励女工联合；促进有利于女工的立法，如最低工资、工时法规以及禁止妇女夜间工作等。成立之初，尽管其成员包括中产阶级改革团体，如消费者俱乐部等，但WTUL有意识寻求女工自身的领导，其执行委员会的大部分成员为工厂女工。WTUL分会纽约俱乐部（New York League）领导人玛丽·德里尔（Mary Dreier）在1909年指出，通过保护性立法是必要的，但让妇女加入工会组织更重要，"因为我们知道实施劳工法律更大的力量是商业工会，而一个强大的商业工会能够要求比法律所能允许的更好的环境、更低的工时"。① 正因为这种指导思想，1909年至1910年间在女衬衫生产厂工人罢工中该同盟担任了重要角色，它吸纳了妇女成员，组织有1万工人参加的游行，抗议逮捕和平纠察者，发动成百上千的志愿者在服装工厂外示威。但WTUL内部中改革者（reformers）与工会主义者（unionists）对俱乐部的目标有不同看法，内部的分歧与斗争愈演愈烈。改革者认为同盟的主要功能是教育，工人的利益通过调查工厂状况、确保保护性立法行动及以商业工会主义原则获得公众支持而可以得到最好的解决，工会主义者则坚持组织妇女和强化现存同盟；改革者群体把同盟看作是社会进步的工具，而女性工会主义者则把它看作是劳工组织部门；改革者鼓励富裕的"同盟者"或"同情者"

---

　　① William Henry Chafe, *The American Woman*, *Her Changing Social*, *Economic*, *and Political Roles*, *1920－1970*, p. 70.

成为成员，为同盟活动提供财政支持，女工会主义者则要求其成员有"巨大的耐心、崇高的忠诚和坚定不移的谦卑"，而且强调"女孩子们……必须一直参与运动"。[①] 改革者与工会主义者之间的争执贯穿了该同盟的历史，妨碍了其发展壮大。1909 年，服装厂工人罢工之前工会主义者与改革者之间的冲突受到抑制，但后来改革者逐渐占了上风，凭借她们在经济上的优势与影响力，控制了 WTUL 的命运。纽约俱乐部 1913 年建立了一个立法委员会，此后其他分会也开始把重点放在宣传教育与立法游说活动上。随着时间的变换，WTUL 越来越成为一个社会福利团体而非一个劳工组织，它保留了提高女工经济状况的基本功能，其工作方式也日益反映了改革者而非工会主义者的态度。1910 年"三角衬衫厂"发生了严重的火灾，显示在工厂环境方面迫切需要改善，并且日益显示只有国家范围的立法才能实现彻底的改革，WTUL 把精力投入到为制定与颁布严格的健康与安全法而寻求公众支持上。它在 1914 年建立了一个工会学校，每年教工人英语、经济、国会法律课程，重点在于提高工人素质而不是工会组织水平，剩下的预算用于管理费用、立法活动游说以及集中调查工厂状况的《生活与劳工》（*Life and Labor*）杂志的出版。1925 年由于 WTUL 财政情况恶化，来自友好联盟的捐献从1920 年占全部预算的 10% 下降到 1925 年的 3%，其 90% 以上的收入来自"同情者"（allies），她们中许多人"不会在商业工会成员中发现志同道合者"。而同盟越依赖"同情者"，花在组织工会的时间就越少。WTUL 执行秘书伊丽莎白·克里斯塔曼不得不同意同盟重新定位，再次肯定组织工人是其工作的"核心"，

---

① William Henry Chafe, *The American Woman*, *Her Changing Social*, *Economic*, *and Political Roles*, *1920－1970*, p. 71.

并进行了一场雄心勃勃的运动，联合南方纺织工人，派遣其唯一的组织者玛蒂尔德·林德塞（Matilda Lindsay）到里士满建立一个地区办公室。尽管俱乐部开展工作很困难，但玛蒂尔德·林德塞表现出色，尤其在 1929 年和 1930 年，北卡罗来纳州的马里恩与丹尼维尔（Marion and Danville，North Carolina）纺织厂中工会成员数量显著增加。但 WTUL 未能摆脱其教育和立法游说的倾向，依然把工作重点放在让公众更进一步了解女工的状况与促进保护性立法改革上。① 尽管 WTUL 是 1920 年代期间最有影响的妇女组织之一，它在理论上赞同组织妇女，但实际行动上却偏离了这个方向，偏向于普通中产阶级改革目标，同盟内部的思想分歧也影响了其发展。其他重要的女性工会组织也类似，对这一时期的妇女劳工运动产生了不太好的影响。

这一时期美国以男性为主的工会对女工的歧视和偏见也对妇女劳工运动的发展产生了消极影响。美国劳工组织一直把主要注意力集中在熟练工人中，其大多数的成员来自矿业、建筑和交通运输业，这些领域几乎没有女性雇员，而且劳动力市场中女性比例并不高，女工处于劳工组织关心的视野之外。美国劳工联盟公开歧视并排斥女工，"劳联"主席塞缪尔·冈波斯（Samuel Gompers）尽管对 WTUL 提供口头与财政的支持，而对该组织是否为一个成熟的劳工组织一直持保留态度，1905 年美国劳工联盟大会甚至拒绝 WTUL 的代表参加，冈波斯宣称工人阶级的命运不需外人参与。出于对 WTUL 动机同样的怀疑，1915 年木匠工会（The Carpenters Union）坚持其 500 美元的捐款只用于得到劳联赞同的工作上，当 WTUL 领导抗议这种做法时，木匠

---

① William Henry Chafe，*The American Woman*，*Her Changing Social*，*Economic*，*and Political Roles*，*1920—1970*，pp. 74—75.

工会反而指责她们不忠于劳工运动。[1] 1923 年美国最高法院宣布
女性最低工资法无效，美国劳联恢复了组织女工的兴趣。1924
年，美国劳联大会强调："在即将到来的一年中，必须对妇女挣
工资者进行完整的组织并予以特别关注……不仅关注对她们自身
的保护，而且关注对男性的保护。"冈波斯提出在劳联内部建立
妇女部，并与玛丽·安德森和伊丽莎白·克里斯塔曼就联合的可
能性进行沟通。冈波斯要求 45 个成员工会组织派遣代表到华盛
顿，为建立妇女部制订计划，然而只有 13 个工会响应，WTUL
对劳联的态度也心存疑虑，因此成立妇女部这种尝试性的努力很
快就失败了。1925 年冈波斯去世，接任者为威廉·格林。他对
组织女工同样冷淡，并攻击劳动力市场中的已婚妇女，宣称女性
应该把精力放在婚姻和家庭上。由于劳联对组织女工是如此"软
弱无力且半心半意"，一个观察者指出，"实际上什么也没完成"。[2]
其他很多工会也把女性拒之门外。国际铸工工会（The Interna-
tional Molders' Union）在其第 25 次会议上决定，在所有玻璃制
造厂中限制雇用女性，其最终目标是阻止那些企图进入"传统上
是男性职业"领域的女性。[3] 即使女工自己组织起来，她们也不
被承认。例如纽约与男性并肩工作的女印刷工向国际印刷工会
（The International Typographical Union）提出申请，但因为她
们是非熟练工人而被拒绝；木匠和细木工人联合兄弟会（The
United Brotherhood of Carpenters and Joiners）坚决拒绝承认女
工。玛丽·安德森意识到，"男性似乎不急于让妇女组织起来，

① William Henry Chafe, *The American Woman*, *Her Changing Social*, *Eco-
nomic*, *and Political Roles*, *1920 — 1970*, p. 76.

② Ibid., p. 79.

③ Ibid., p. 77.

因为他们所能做的一切是关注自己的不满"。[1]

　　以男性为主的美国各工会组织之所以歧视排斥女性工会，与他们的传统性别角色观念有重要关系。大多数的工会领导人相信"男性统治女性的权利"，认为对妇女最大的关怀与照顾就是使她们丈夫的收入能够支撑家庭，他们也对女性的群体意识表示怀疑。早在 1909 年服装工人大罢工期间，冈波斯就质疑"营养不良、矮小、软弱的女孩们是否能保持有效的凝聚力、力量与决心"而形成一个永久的工会。1921 年 WTUL 提出建立一个性别分离的联盟时，美国"劳联"断然拒绝，铁路工会的副主席也宣称"有轨电车的后部没有妇女的位置"。当有妇女指控美国"劳联"性别歧视时，冈波斯则回答说：美国"劳联"歧视"任何不能同化的族类"，公然地表示妇女不会完全融入劳工运动。[2] 正是由于这种对女工的误解，才是导致她们被劳工运动忽视的重要原因之一。1930 年，尽管女性已经占美国劳动力市场的 25%，但劳联中女性成员不到 9%，只有不到 3% 的工作妇女是工会成员，诸如玻璃吹制工人和钢铁工人之类的工会仍然拒绝接纳女性会员，67% 多的"劳联"成员在建筑贸易或交通、通讯、矿业和采石场、机器、钢铁以及船舶制造业中就业，这些领域雇用的女工数量很少，纺织、皮革以及服装生产领域有大量的女工，但只占了"劳联"成员总数的 6%。[3]

　　此外，女工自身的一些特点也制约了此时妇女劳工运动的发

①　Dorothy M. Brown, *Setting a Course: American Women in the 1920s*, p. 89.

②　William Henry Chafe, *The American Woman*, *Her Changing Social*, *Economic*, *and Political Roles*, *1920 — 1970*, pp. 77—78.

③　Alice Kessler-Harris, *Out to Work: A History of Wage-Earning Women in the United States*, p. 268.

展。1919—1920 年联合服装工人工会曾对一些矿业城镇的工厂女工进行调查，发现年轻女工对组织接受很快，但是面临各种各样的压力。镇领导警告她们不要危害社区生活，消防队员与县行政司法长官拒绝为妇女提供集会地方，警告她们不要"制造麻烦"。[①] 妇女在劳工运动中的低程度参与也与她们从事的工作类型有关。大多数工厂妇女集中在低报酬、非熟练工作的罐头厂、纺织厂、服饰中心和商业洗衣店中，职业的季节性使她们经常更换工作，使工会组织者无法进行有效的组织。1924 年爱丽斯·汉密尔顿指出，工厂妇女可以分成两种类型："不注意健康……和个人主义的青年"与倦于承担家务工作和工厂工作双重负担的年长的妇女，这两个群体都对工会活动既没有兴趣也没有时间。[②]

1920 年代妇女在工会方面的发展虽然乏善可陈，但是一些妇女团体组织的"女工暑期学校"是一抹亮色。对女工进行教育早有先例，1914 年妇女商业工会同盟（WTUL）就曾建立工会学校为工人提供文化教育课程，国际女装工人工会于 1915 年开始为其成员提供晚上课程与文化计划。1920 年代初，鉴于妇女工会运动缺乏活力及组织水平低下，WTUL 与巴林摩尔女子学院院长 M. 凯里·托马斯（M. Carey Thomas）以及学院顾问同时又是 WTUL 的成员希尔达·沃辛顿·史密斯联合，决定为女工开办暑期学校，这项工作一直延续到 1930 年代。暑期学校选拔一批女工脱产几个星期，认真学习诸如经济、政治以及商业工

---

① Alice Kessler-Harris, *Out to Work: A History of Wage-Earning Women in the United States*, p. 242.

② William Henry Chafe, *The American Woman, Her Changing Social, Economic, and Political Roles, 1920 - 1970*, p. 69.

会历史之类的科目，以在女工之间建立起一种和谐的气氛，分享彼此的经验，训练她们的工会领导技巧。1921 年，首所暑期学校开学，教员包括艾米·休斯（Amy Hews）、哈兹尔·基尔克（Hazel Kyrk）、阿格尼斯·内斯塔（Agnes Nestor）以及爱丽斯·亨利（Alice Henry）等著名劳工领袖和经济学家，向 60 名左右的女工提供为期 6—8 周的课程，并由学院提供住宿。后来，由于"大萧条"的到来，暑期学校或关闭，或把课时缩短 1—2 周，主要教授工会训练课程。①

暑期学校鼓励年轻妇女参与和讨论，提高她们的分析思考能力。1927 年，一名女工这样描述她参加暑期学校的感受："在第一次经济学课程中呈现了令人惊讶的事实，渐渐地使我对自身及工作与社会的关系作为一个整体越来越清晰。"几百名女工通过暑期学校进行阅读、写作，提高了她们的文化意识和对美国商业工会主义的了解，增加了组织工会的兴趣。一名暑期学校的学生指出："我相信，工人的教育将会导致一个新的社会秩序。工人将会得到启发。见识广博与明智的劳工领导将会代替那些没有获得工人教育课程益处的人。而最重要的是，工人的教育会帮助发展一种社会秩序，使所有男性意识到他们彼此是兄弟，是爱而不是仇恨与贪婪将会成为所有人的愿望。"暑期学校培养了部分工会运动中的骨干分子，罗斯·帕索特（Rose Pesotta）是其中的佼佼者。她参加了两年的训练，成为一名出色的工会组织者，后来成为国际女装工人工会的副主席。但由于暑期学校培训时间有限，也缺乏教育的广度与深度，因此并没有达到预期的效果。另外，由于女工的日常生活与学校生活的反差很大，一名年轻妇女

---

① Alice Kessler-Harris, *Out to Work: A History of Wage-Earning Women in the United States*, pp. 243—244.

在“我工作，你们游玩”一文中发出质疑：“你们拥有一切，我一无所有。为什么我坐在这里而害怕脱下自己的大衣？是因为我闻到了如此强烈的酸味了吗？为什么我不摘下自己的手套？是因为我的手看起来如此粗糙和肮脏吗？为什么我不摘下自己的帽子？是因为我的头发闻起来像一条潮湿的狗吗？又是酸味，这酸味闻起来像燃烧的硫黄，地狱中的硫黄味。你们是富人的女儿，你们走路如此优雅自信，你们没有特别的气味，你们的手保养得很好，你们的头发闪耀着清洁的光泽，你们的眼睛明亮热切。但谁使你们的漂亮与清洁成为可能？是不是像我一样的工人？我工作，你们游玩，你们拥有一切，而我一无所有。”① 尽管如此，暑期学校所实施的工人教育运动使许多年轻妇女走出家门与工厂接受教育，改变了她们的生活方式。

　　尽管 1920 年代工会运动总体上处于沉寂状态，但有限的几次罢工以及暑期学校的经历，对提高美国妇女的斗争意识、组织经验仍起了一定的促进作用。在 1926 年与 1927 年间的美国联合服装工人工会机关刊物《前进》（*Advance*）杂志上刊登的一些信件反映了女性加入工会意识的提高。信中一些女性成员责问工会，为什么给予男性报酬最优厚工作的优先权而歧视她们？为什么在淡季不成比例地降低女性工资、最先解雇女性、否认妇女获得重要的工会位置的权利？编辑回答说妇女如要充分参与工会，她们应该像男性一样行动：“如果妇女不能找到站在前沿的路，这是由于她们缺乏进取心。……我们妇女是有雄心壮志的。”这位编辑建议，应该是“如果行动对她们有足够的吸引力，那就做

---

　　① 　Alice Kessler-Harris, *Out to Work：A History of Wage-Earning Women in the United States*，pp. 244—245.

男性所做之事"。[①] 1929 年 4 月，著名的记者与劳工同情者玛丽·希顿·伏斯旅行到盖斯多尼亚，对罢工进行调查，记述了南方男性与女性就业者为保护传统的工资与生活水平而进行罢工的状况。伏斯对妇女在罢工中担当的角色予以高度评价，她认为罢工斗争显示了妇女的组织才能与持续斗争的能力。伏斯也揭示了妇女在罢工中的特殊作用，他们以母亲的身份阻止州国民警卫队队员对罢工游行的干预。女工也以自己的辛酸经历为罢工进行辩护："我们早晨离开家，与孩子们吻别，当我们为老板做奴隶时，我们的孩子们在尖叫和哭泣。当我们拿到工资，在支付食品杂货店的账单后，没有留下一分钱买衣服，没有一分钱积蓄下来。你们每一个人都要知道，母亲的心是多么悲痛。因为我们的工资太低，不能为孩子们买些什么。"[②] 正是悲惨的处境促使女工思考自身的命运，成为她们起来斗争的动力。这种动力尽管在此时很少被鼓动，但却从来没有消失过，随着"大萧条"的到来，女性群体潜藏的力量被唤醒，她们在劳工运动大潮中扮演了积极的角色。

二　春风吹又生：1930 年代美国妇女劳工运动的高涨

"大萧条"期间美国社会矛盾空前激化，社会动荡不安，劳工运动的壮大以及合法化成为"美国生活惯常行为的一部分"[③]，并显示出了巨大的力量，从而迫使政府改变了劳

---

① Alice Kessler-Harris, *Out to Work：A History of Wage-Earning Women in the United States*, p. 248.

② Ibid., p. 247.

③ Genora Johnson Dollinger, "*Women and Labor Militancy*", Susan Ware, *Modern American Women*, *A Documentary History*, Chicago：Richard D. Irwin, Inc., 1989, p. 221.

工政策。1937 年年底《财富》杂志发表评论："过去四年半来，美国工潮迭起，几无宁日，真可以说是我国有史以来最伟大的群众运动之一。"① 美国许多妇女作为劳工的重要组成部分，积极参与了劳工运动。

　　1929 年到 1933 年是美国"大萧条"最严峻的时刻，失业和饥饿触发了大规模的劳工运动，无论是失业者示威运动、饥饿进军，还是罢工斗争，到处都有女性的身影。由于这一时期出现了美国历史上空前绝后的失业大军，政府又坐视不管，商业工会联盟俱乐部（The Trade Union Unity League，TUUL）最早起来组织失业者进行社会救助改善生活环境的斗争。1929 年 TUUL 在克利夫兰举行成立大会，有 690 名代表出席会议，其中女性代表有 72 名，来自针织贸易工人产业工会（The Needle Trades Workers' Industrial Union）的罗斯·沃蒂斯（Rose Wortis）与全国纺织工人工会的安娜·巴拉克（Anna Burlak）被选举为 TUUL 的全国委员，来自全国矿工工会（The National Miners' Union）妇女辅助队的黑人代表玛丽·沃伊斯（Mary Voice）领导妇女委员会。这次会议上，来自针织贸易、纺织厂、开采、电力、汽车以及其他工厂的女工代表讨论了就业妇女所面临的主要问题，指出 TUUL 的主要任务之一是"组织事实上没有被组织起来的 850 万女工"。TUUL 为工厂女工制定了一个详细的目标计划，包括吸收女工、同工同酬、提高妇女的工资、制定农业与家庭服务中的最低工资、确立 7 小时工作日与每周 5 天工作制，有害与紧张的职业则为每天 6 小时工作制；每年 1 个月全额带薪

---

① ［美］威廉·曼彻斯特著，广州外国语学院英美问题研究室翻译组、朱协译：《光荣与梦想：1932—1972 年美国社会实录》，海南出版社、三环出版社 2004 年版，第 145 页。

假期；禁止晚上、超时、地下工作，禁止在特别艰苦与有害的环境中工作；所有怀孕女工产前休息 8 周，分娩后再休息 8 周，付全额工资；给予照顾孩子的母亲在工作日内的每 3 个半小时，留出不少于半小时在特定房间中喂养婴儿等。TUUL 还提出"以失业、年老、患病等为背景的所有形式的社会保障，不仅应该包括工厂女工，而且应该包括所有挣工资的妇女"。为达到这个目标，TUUL 成立了全国妇女部，负责组织 TUUL 中的妇女委员会，为女工举行联盟会议。但由于大萧条时期应对失业是当务之急，TUUL 首先起来组织失业者，强调"所有失业者有权利获得失业救济金，以在整个失业时期有效确保维持家庭与受赡养者。女工更有权利获得与男性工人相同数量的失业救济金"；失业女工在"所有州、城市以及其他与失业有关的团体中有与男性平等的代表权"；任何雇主"遣散怀孕女工与正在育婴的女工"的举动是非法行为。[①] 在 TUUL 和美国共产党的领导下，成立失业者委员会（The Unemployed Councils）。

1930 年 3 月 6 日被全世界的共产主义者党派定为"国际失业日"（International Unemployment Day）。在失业者委员会的呼吁下，当天成千上万的失业者在约 30 个城镇举行了美国历史上规模最大的示威游行。示威遭到政府的镇压，《纽约世界》（*A New York World*）报道了在纽约城工会广场（New York City's Union Square）上示威者与警察之间的冲突："示威者与旁观者被武装的警察猛击、踢打、用棍棒击打……棍棒打在妇女脸上，当她们倒在地上或蹲在地上时，被警察踢打、打巴掌……"美国联合服装工人工会与国际女装工人工会的成员被警告不要参加游

---

①　Philip S. Foner, *Women and American Labor Movement：From World War I to the Present*, pp. 263－264.

行示威，但是在示威队伍中有一部分妇女是这些组织的成员，还有很多是来自针织贸易工人产业工会的成员。1930 年 7 月 4 日和 5 日，芝加哥召开了一个会议，有 1320 名代表到会，其中1/3 是妇女，成立一个新的全国性组织，"美国失业委员会"（The Unemployed Councils of the U. S. A），会议要求政府制定一个失业保障法，使所有的失业者"不管种族、性别、肤色或宗教信仰"，有权获得"当他们就业时劳动所得的固定的平均工资，不少于每周 25 美元，并给予失业工人家庭的每个受赡养者 5 美元"。① 美国失业委员会在全国各城镇及州府举行定期的游行示威，要求大抵相似：结束收回付不起租金的房子；提高救济金与扩大救济种类，提高州与联邦援助，增加儿童衣服之类的供应品。该委员会也比较关注失业女性问题，提出失业女性与男性有平等的全额工资保障；单身与已婚女工有平等的失业保障；不遣散已婚妇女；为无家可归的失业妇女提供免费的住宿；为失业的怀孕妇女提供免费医疗照顾；在女工分娩期间与随后的 2 个星期为母婴提供免费的住院照顾等。由于美国失业委员会提出的目标与日常生活息息相关，美国妇女积极参与斗争。洛杉矶失业委员会一名墨西哥裔领导玛蒂尔德·莫丽娜·托丽（Matilda Molina Tolly）回忆："我们会把家具与财产搬回被清空的房子，由于第 3 次口头告知后一个告示要花费 30 美元，房主也度日艰难。经过 3 次尝试后，房主不得不停止。当奇卡诺（Chicano）社区的救济金削减后，我们准备了一个巨大的黑色棺材，象征这些工人将会发生什么。我们把棺材展示几天，直到救济金恢复。"纽约、芝加哥、底特律以及其他城市也发生反对收回租住房屋的尖锐斗

---

① Philip S. Foner, *Women and American Labor Movement: From World War I to the Present*, p. 265.

争，其中纽约 7.7 万户被驱逐的家庭经过斗争重新回到原
住处。①

　　除了失业引发大规模的劳工运动外，由于大萧条越来越严
重，饥饿恐慌笼罩了全国，美国很多地方爆发了饥饿进军
（Hunger March），向政府要求救济或工作。饥饿的孩子们唱着
这样的歌："食橱空空，头下无枕，我们是饥饿的孩子，为牛奶
与面包奋斗；我们是工人的孩子，我们必须、必须得到食物。"②
到 1932 年 12 月，爆发了规模空前的华盛顿饥饿进军（Hunger
March on Washington），约 3000 名进军者到达华盛顿郊区。进
军者们要求国会颁布《失业保障法》（The Unemployment Insur-
ance Bill），"因为他们本身没有错误，必须马上通过国会立法形
式，建立联邦失业保障体系并使其马上生效，以保障所有完全或
部分就业的工人在整个失业期间的全额工资；无论是工业还是农
业、办公室雇员和其他种类的工资劳动者，无论他们是本国出生
还是外国出生，是公民还是非公民，黑人还是白人，男性还是女
性，每个失业工人都应该获得失业保障，不得歧视任何种族、肤
色、年龄或政治观念的人"。③ 这次饥饿进军中有两名领导是黑
人，1/4 的进军者为黑人，其中的一半为妇女，不同种族和性别
之间的人并肩斗争。但迎接饥饿绝望的人们的是政府的武装警察
和水龙头，最后他们被阻隔在一条街道内，没有水、公共厕所、
房屋和床，肮脏混乱。当时新闻媒体对这次进军进行大量报道。
对饥饿群体的残酷和冷漠使胡佛政府大失人心。

----

①　Philip S. Foner, *Women and American Labor Movement*：*From World War I
to the Present*, p. 266.

②　Ibid., p. 269.

③　Ibid., pp. 266－267.

　　经济萧条也使罢工运动风起云涌，1933 年春，圣路易斯
（St. Louis）女工的罢工影响了全国。圣路易斯有 16 个美洲山核
桃加工工厂，雇用了约 3000 名妇女对山核桃进行挑选与分类，
其中 7 个工厂属 R. E. 奋斯顿公司（R. E. Funsten Company）所
有。这类工厂里 85%—90% 的工人是黑人妇女，她们每天工作 9
小时，从早上 6:45 工作到下午 4:45，午餐 45 分钟，每周工作 5
天半。那里只有少数几个白人妇女，她们从早上 7:30 工作到下
午 4:30，午餐 1 个小时。工厂里少数几个男性主要做工头、过
磅员、粉碎员与干燥员。工厂工作环境很恶劣，空气污浊，卫生
设备简陋，种族歧视也很严重，黑人女工干最脏最累的活，得到
的报酬比白人女工低。 “大萧条”使她们的处境更加恶化，
1931—1933 年期间，女工的工资被削减了 5 次。为奋斯顿工厂
工作了 18 年的黑人妇女在 1918 年平均每周可以挣 18 美元，到
1933 年她的最高周薪却只有 4 美元，其他人的周薪则最低降到
63 美分。生存环境的恶化迫使这些女工进行罢工斗争。经过几
次会议后，女工们提出以下要求：提高工资；黑人与白人平等取
酬，取消针对黑人工人的歧视惯例；认同工会。在这次罢工中，
美国共产党起了重要的领导作用，商业工会联盟俱乐部之下的食
品工人产业工会（The Food Workers Industrial Union）答应帮
助妇女进行组织。1933 年 4 月 24 日，工会选举了一个 12 名成
员的委员会，向公司呈送要求。同年 5 月 12 日，在没有得到任
何答复后，900 名奋斯顿工厂的工人举行了罢工。第二天，其他
工厂的工人加入，罢工的妇女增加到 1.4 万名，大多数的白人妇
女也参加了罢工。罢工妇女提出：“我们有权利生活得像其他群
体一样好，有权利得到可以使我们丰衣足食的一份工资。”参加
罢工的每个地方分会选举了自己的罢工委员会和纠察线的队长，
每天早上 5 点开始纠察，女工带着丈夫和孩子在工厂周围巡逻。

圣路易斯其他工人和共产党成员加入到罢工中，成立了中心罢工委员会、谈判委员会及救济委员会。这次罢工日益得到了社会各界的支持，社会公正委员会（The Social Justice Commission）的一名领导谴责"少付工人工资"的雇主企图"通过把罢工归之于共产党的煽动而使其丧失信誉"。他宣称，"坚果加工厂工人的罢工，并没有受到共产党的煽动，但它由共产党领导……如果没有共产党领导，这些悲惨的状况将不会大白于天下"。当地报纸《警惕的守卫者》（Argus）同意这种看法："共产党在白人和黑人工人中坚持同工同酬，在有色人种的思想中激起了一种共鸣。"罢工期间工人代表多次与资方进行交涉，在当地政府的调停下，双方最终于 5 月 23 日达成协议，结束罢工。在罢工期间，成立了 7 个食品工人产业工会地方分会，有 1400 名成员，每个分会中黑人妇女占绝大多数。罢工期间有 100 名妇女（其中大多数是黑人），加入了共产党。① 圣路易斯女工通过罢工赢得了黑人与白人工人同工同酬的待遇，鼓舞了其他工人的斗志。

　　"大萧条"时期大规模的"饥饿进军"和罢工斗争使美国政府不得不改变劳工政策。"新政"伊始，罗斯福政府就寻求劳工的支持和合作，承认工人组织的合法性，并通过对工资和工时的规范提高工人的地位。1933 年《国家工业复兴法》的通过给工会运动打了一剂"强心针"，它一方面支持工厂的生产合理化，干预"自由市场"以规范就业，另一方面鼓励工会，其中第 7 条（A）条款承认工会组织合法，工人有集体与雇主进行谈判的权利。1935 年《劳工关系法》同样对工会组织实行倾斜政策。在"总统想要你加入一个工会"的口号下，工会运动迅速发展起来。

---

　　① Philip S. Foner, *Women and American Labor Movement: From World War I to the Present*, pp. 271—274.

据劳工部统计，1937 年美国共发生了 4720 次罢工，82％都达成有利于工会的协议，到年底，约 800 万工人领了工会会员证。到 1939 年，占美国劳动力 17％ 的 900 万工人成为工会会员。[①] 1941 年，参加工会的人数达到了 1050 万人，其中产业工会联合会（The Committee for Industrial Organization，CIO）约有 500 万名成员，劳联约有 460 万人，还有 90 多万工人参加一些独立工会组织。[②]

随着劳工运动的迅速发展，工会中女性成员的数量也迅速增加，从 1929 年的近 25 万名增加到 1939 年的 80 万名，很多原来几近于瘫痪状态的女性工会组织起死回生。[③] 以国际女装工人工会（ILGWU）为例，它在 20 世纪初进行了几次成功的罢工后，其组织迅速壮大，1909 年纽约有 2 万名女式衬衫生产工人参加该组织，ILGWU 成为一个重要的工会，1920 年顶峰时期拥有 10.5 万名成员，而到 1933 年，只有 4 万名成员，而且债台高筑。《全国工业复兴法》（NRA）通过后，ILGWU 在 60 个城市展开大规模的组织活动，费城、纽约、新泽西和康涅狄格等地大规模罢工取得胜利，其影响迅速扩大，人数大增。ILGWU 的全职组织者罗斯·帕索特回忆："受到费城和纽约服装工人罢工胜利的鼓舞，在服装厂中工作的工人呼吁我们进行指导。"这些工人大多数是失业的矿工、工厂工人与农民的妻子与女儿，ILG-

① Alice Kessler-Harris, *Out to Work: A History of Wage-Earning Women in the United States*, p. 262.

② ［美］威廉·曼彻斯特著，广州外国语学院英美问题研究室翻译组、朱协译：《光荣与梦想：1932—1972 年美国社会实录》，第 145 页。

③ Genora Johnson Dollinger, "*Women and Labor Militancy*", Susan Ware, *Modern American Women*, *A Documentary History*, p. 222.

WU 很清楚这些妇女中的许多人为了家庭经济需求不得不工作，愿意"接受提供任何工资的工作"，她们把工会看做"她们目前与将来家庭的一个永久保障"。而 ILGWU 也愿意投入资金与资源，在全国范围的服装厂中有组织地发动一系列罢工，为工人争取有利协议。ILGWU 的斗争取得了成功，其大多数成员的工作时间从每周 50—60 小时减少到 35 小时，最低报酬工人的工资加倍，有的上升了 4 倍。例如在第二十二分会中，在 1933 年夏天之前黑人整理工每周工作 50—55 小时，平均工资为 10—15 美元，而在 1934 年年初每周只工作 35 小时，最低工资为 22.75 美元。[①] ILGWU 在罢工中取得的成就使其声名大振，其中纽约一地就有 6 万工人成为新的工会成员。到 1934 年，ILGWU 成员增加到 20 万名，一年中上升了 500%，使它成为美国劳工联盟中第三大工会。[②]

　　另一个重要的女性工会组织妇女商业工会同盟（WTUL）也由于"新政"改变了困境。"大萧条"期间，WTUL 的财政进一步恶化，其总预算仅为 1 万美元，同盟的刊物《生活和劳工》的出版由于资金缺乏而不得不延期，执行委员会在 1929—1936 年间只举行了 6 次会议，大多数事务是委员间通过邮件进行交流与决议。地方同盟把注意力集中于减轻失业妇女困境和为她们寻求救济上，而全国同盟则主要致力于消除"血汗工厂"立法上，并反对由全国妇女党倡议的《平等权利修正案》。1930 年 1 月，WTUL 主席罗斯·施耐德曼在参议院司法委员会（The Senate Judiciary Committee）上强调《平等权利修正案》会毁掉保护女

①　Philip S. Foner, *Women and American Labor Movement：From World War I to the Present*，p. 282.

②　Susan Ware, *Holding Their Own：American Women in the 1930s*，p. 42.

工的所有现有法律,她认为这些保护性法律"在我们现代工厂体制中就像城市街道的交通法一样必要"。由于财政困难,WTUL举步维艰,即使帮助失业妇女的继续教育课程也难以为继,"我们的失业救济计划,在教育部关闭面向成人的继续教育课程的命令中遇到灾难性的障碍"。WTUL对困境有深刻的认识,"大多数时候组织工作是困难的,尤其是现在,无论工作有多糟糕,每个工人尽其所能保住工作。有些工人对失去他们仅能够得到的一点收入而害怕得发抖"。[1] 1930 年,WTUL 把其全国总部迁到了华盛顿特区,致力于通过立法来改善困境。罗斯福入主白宫后,得到与 WTUL 的关系是由来已久的罗斯福夫人强有力的支持,总统夫人经常参与其活动,而罗斯·施耐德曼和莫德·斯华兹是总统夫人的亲密朋友。WTUL 通过罗斯福夫人走高层路线影响政府的有关立法。1930 年代期间,WTUL 很活跃,它与国际女装工人工会联系紧密,在埃莉诺·米什诺(Eleanor Mishnun)的努力下,取得一些突破,并促成了一个纽约州法规的制定,为女工规定了每星期 48 小时工作制,不过这个法规在 25 年后才得以正式通过。[2]

"新政"期间女性在以男性为主导的工会中也有很大发展,以女性在雪茄工厂工会中的发展为例。"大萧条"期间雪茄工厂的工会成员从 1925 年的 2.34 万人下降到 1934 年的 0.7 万人,其 7 万从业工人中只有不到 10% 的人加入工会。但随着雪茄工厂的机械化程度以更快的速度提高,到 1933 年雪茄烟的一半以上由机器制造,工厂中女工的比例逐渐上升,从 1890 年占总从

---

[1] Philip S. Foner, *Women and American Labor Movement: From World War I to the Present*, pp. 275—276.

[2] Susan Ware, *Holding Their Own: American Women in the 1930s*, p. 48.

业人数的 25％上升到 1930 年的 60％。《国家工业复兴法》通过后，雪茄烟工人女性工会成员不断增长，到 1939 年已有 1.2 万多名成员，占当时工厂中 6 万名工人的 20％。[①]

"新政"期间主流劳工组织对组织女工也出现了新的变化。NRA 法规不仅为未被组织起来的妇女工人提供合法性，而且迫使"劳联"考虑发展工会新成员。1934 年，威廉·格林宣布要吸收女性工会成员。"产联"在组织女工方面比"劳联"走得更远。在 20 世纪 20 年代末到 30 年代初，越来越多的工人批评美国劳工联合会因循守旧，以约翰·L. 刘易斯（John L. Lewis）为首的一批"劳联"新领导人，主张按部门而不是按行业把各大工业部门的工人组织起来。1935 年产业工会联合会成立，与"劳联"分道扬镳，承诺要建立一个不考虑性别、种族或技术差异的组织。"产联"注重在非熟练工人中发展会员，1936—1937年，"产联"发起了钢铁、汽车、玻璃、橡胶等工业部门的工人运动，影响与日俱增。"产联"也一反"劳联"歧视女工的传统，在纺织业等有大量女工存在的领域中进行组织开发。纺织厂由于包括很多领域（如棉花、羊毛/绒线、人造纤维、丝以及袜等），传统上很难被组织起来，而且 80％的棉花厂在南方，而南方长期以来敌视工会。1920 年纺织工人联盟（UTW）有 11 万名成员，但在 1920 年代由于缺乏支持和罢工失败，其成员急剧下降，到 1930 年，成员只有不到 1.3 万人。尽管 NRA 通过后，UTW成员增加到 20 万，但 1934 年纺织工人大罢工失败后，其成员又仅剩 2 万名。"产联"成立纺织工人组织委员会（The Textile Workers' Organizing Committee，TWOC），1937 年 6 月其成员

---

① 　Alice Kessler-Harris, *Out to Work: A History of Wage-Earning Women in the United States*, p. 266.

飞速增长到 13 万名,同年 9 月 30 日又很快升至 20 万名,到 1939 年,南方纺织工厂 35 万工人中还只有 7% 被组织起来。以后 TWOC 重新振作,1943 年有 12 万名成员,比 1933 年增长了 6 倍。[①] 这一时期"产联"吸收了大量女性蓝领工人加入工会,到 1940 年她们占女性劳动力中的 20%。[②]

"大萧条"期间美国女性在工会中很活跃。原本男性一直在工会中占主导地位,即使是女性占多数的工会中也不例外,但此时工会中活跃着一批杰出的女性,如波琳·纽曼(Pauline New-man)、范妮亚·科尼(Fannia Cohn)、罗斯·帕索特(Rose Pe-sotta)、多萝西·贝兰卡(Dorothy Balanca)、露西·伦道夫·梅森等。罗斯·帕索特的经历典型地反映了妇女作为工会组织者所面临的成功与问题,她是 1912 年来自俄国的犹太移民,在从事服装贸易工作时对工会活动产生浓厚兴趣。1920 年代期间,她参加了巴林摩尔女子学院的工人暑期学校,对工会组织进一步了解并投入到工会活动中。1933 年,罗斯·帕索特被洛杉矶的一家服装工厂解雇,并由于参加工会活动而被列入"黑名单"。从这之后,罗斯·帕索特作为专职的工会组织者,在圣弗朗西斯科(San Francisco)、西雅图(Seattle)、波特兰(Portland)、波多黎各(Puerto Rico)、波士顿(Boston)、布法罗(Buffalo)、蒙特利尔(Montreal)等地组织女装生产工人,她向女工们强调:"对我们来说罢工不会失败。无论是什么样直接的结果,我们最后都会胜利。"1930 年代期间,罗斯·帕索特进入工会领导

---

① Susan Ware, *Holding Their Own: American Women in the 1930s*, pp. 44—45.

② Robert L. Daniel, *American Women in the 20ᵗʰ Century*, *The Festival of Life*, p. 106.

阶层，是 ILGWU 常务执行委员会唯一的女副主席，并较长时间担任这一职务。帕索特对妇女在工会中的弱势地位感到忧虑："在办公室 10 年使我清楚地认识到，在拥有 30.5 万名成员、其中妇女占 85％的 ILGWU 中，一个孤独的女性副主席不能充分地代表（女工的利益）。"[①] 这一时期另一名积极参与纺织厂组织的女性是美国联合服装工人工会（ACWA）的多萝西·贝兰卡。贝兰卡是来自欧洲波罗的海沿岸的拉脱维亚（Latvia）的移民，她把精力集中在组织美国东北部的衬衫工厂工人上。[②] 除了为 ACWA 做组织工作外，贝兰卡也为消费者俱乐部、妇女商业工会同盟以及 CIO 的纺织工人组织委员会工作。贝兰卡作为那个时代最有影响的妇女组织者之一，受到广泛尊敬。她在 1930 年代大多数的美国纺织女工的斗争中扮演了重要角色。与罗斯·帕索特一样，她是 ACWA 执行委员会唯一的女性副主席，1934 年起担任这一职务，直到 1946 年去世为止。露西·伦道夫·梅森也是这一时期一名杰出的女性组织者，她是 CIO 积极支持者，1932—1937 年期间她担任全国消费者俱乐部的常务干事，1937年后到 CIO 工作，凭借她个人的人格力量在纺织工人罢工期间在犹豫不决的南方官员之间进行调停。

　　女性工会组织的发展与女性在工会中影响的增长，使妇女在美国 1930 年代的罢工斗争中起了重要作用。当时被称为劳工历史上最大的罢工事件——1934 年纺织工人罢工中，妇女的作用可见一斑。NRA 棉纺织业委员会（The NRA Cotton Textile Industry Committee）制定的规章规定每周工作 40 小时，最低工资南方为 12 美元，北方为 13 美元。但该规章通过后，虽然工人

---

① Susan Ware, *Holding Their Own: American Women in the 1930s*, p. 43.

② Ibid., p. 45.

的工作时间缩短了，但同时工资也被削减，并且雇主通过增加劳动强度造成成千上万的纺织工人失业。1934 年 8 月中旬，纺织工人工会举行了全国会议，决定在 9 月 1 日起在棉花与毛纺织厂举行罢工，要求承认纺织工人工会；在 NRA 规章下集体谈判权利；最高周工作时间为 30 小时，最低周薪 12 美元（最低工资是为非熟练工人而要求；对半熟练工人为 1 周工作 30 小时，薪酬 18 美元；至于高级熟练工人，1 周工作 30 小时，薪酬 30 美元）；取消提高工作强度的工业管理体制，恢复所有已被它取消的工作；重新雇用因为参加工会活动而被解雇的工人；机器运转保持现有最高速度。1934 年 9 月 3 日，美国纺织厂罢工开始。由于工厂比较分散，纺织工人工会利用"飞速机动中队"①迅速推动了罢工进程，几天内全国约有 45 万名纺织工人参与了罢工。②妇女也积极加入"飞速机动中队"，冲锋陷阵在前，她们遭到殴打、催泪瓦斯的袭击、绑架和逮捕。《纽约时报》1934 年 9 月 5 日的头条新闻是"纠察员袭击南方工厂"，指出妇女"鼓动男性，日益积极参加纠察"。佐治亚州梅肯（Macon，Georgia）的纺织女工与男工一起坐在铁路轨道上，阻止一辆满载纺织品的火车通过；在南卡罗来纳的西尼卡（Seneca，South Carolina），妇女罢工者领导了一次示威，迫使当局出动了国民警卫队。规模空前的罢工使政府如临大敌，发生罢工的各州的州长们命令出动国民警卫队，雇主动员武装的治安维持会成员，县的行政司法长官代表支持武装人员与罢工工人发生暴力冲突，南卡罗来纳州有 7 名罢

---

① 即成群结队罢工者从一个工厂旅行到另一个工厂，在没有罢工的工厂门前示威，人数在 200—1000 名，纺织工人的任何地方都可以形成一个飞速机动中队并使工厂关闭。

② 联合出版社估计 699880 名纺织工人中有 364795 名参与了罢工。

工者被杀，罗得岛州（Rhode Island）被杀 2 名，佐治亚州被杀 6 名；亚特兰大（Atlanta）宣布了战争法，建立室外拘留营，以监禁纠察者，包括有幼小孩子的母亲。美国联邦政府也采取措施介入罢工。罗斯福总统在罢工开始时就已任命一个三人小组，由新罕布什尔州（New Hampshire）州长约翰·怀南特（John Winant）领导，调查纺织工厂状况。9 月 20 日，怀南特小组提交了调查报告，呼吁筹建中立的纺织劳工关系委员会（Textile Labor Relations Board），建议禁止单独的工厂谈判。委员会提议对工资、工作量与"增加工作强度的工业管理制度"进行研究，但拒绝涉及其他问题。罗斯福公布调查报告，要求所有工人复工。罗斯福的要求得到纺织工人工会副主席戈曼（Gorman）的支持，他提议 UTW 的所有地方分会结束罢工。9 月 23 日，UTW 执行委员会成员一致投票取消罢工。尽管妇女在这次罢工中表现出色，但由于 UTW 领导层的妥协，使罢工未能取得预定目标。此外，与当时其他工会一样，UTW 领导层中男性占主导，妇女只占 10%，伊丽莎白·诺德（Elizabeth Nord）是唯一在执行委员会任职的女性，女性依然处于非主流的地位。①

　　美国"大萧条"时期那些既不在商店又不在工厂工作的妇女通过男性工会的妇女辅助队也参加了劳工斗争。1933 年 8 月，全国矿工工会成员、新墨西哥州盖鲁普（Gallup, New Mexico）矿工（80%是墨西哥裔美国人）在该城 5 个烟煤矿发动了罢工，造成所有煤矿的关闭。矿工的妻子们组织了妇女辅助队协助罢工，在全国矿工工会的组织者玛莎·罗伯茨（Martha Roberts）和妇女辅助队主席多米尼克·盖特瑞兹（Dominica Guiterrez）

---

　　① Philip S. Foner, *Women and American Labor Movement：From World War I to the Present*, pp. 287－289.

的领导下，80 名妇女与 600 名男性一起，"无视（前来镇压的）武装人员，为减轻疲惫的纠察者的压力而进军"。11 月 4 日玛莎·罗伯茨与多米尼克·盖特瑞兹领导了由 300 名矿工及矿工妻子组成的一次示威，要求释放被监禁的两名罢工者。国民警卫队与抗议者之间发生了冲突，罢工领导者玛莎·罗伯茨和多米尼克·盖特瑞兹等妇女被捕。11 月 27 日，罢工结束，提出的要求基本得到满足。许多工业中心钢铁工人的妻子与女儿也显示了同样的勇气，"与她们的丈夫和父兄日日夜夜肩并肩，"一个记者写道，"面对暴徒和警察的催泪弹、包着皮的铅头棍棒与子弹。"1934 年年中，明尼阿波利斯（Minneapolis）的卡车司机发动罢工，妇女在其中也担任了重要角色。第 574 分会妇女辅助队准备食品并按时提供就餐，妇女轮流照顾罢工者的孩子，帮助有困难付租金的罢工者，尽力"作某种安排，使他们不被踢出他们的家"，并每天张贴罢工布告。1934 年 8 月 18 日，《组织者》（Organizer）报道说，"非凡的活力与足智多谋"使"罢工者的女性家属通过妇女辅助队直接参与罢工……妇女辅助队是罢工如此重要的一部分，担负如此重要的任务，以至它被理所当然看作是工会必不可少的一部分"。①

总之，1930 年代美国劳工运动轰轰烈烈，女性在其中起了重要作用。这一时期美国妇女工会运动之所以获得迅速发展，与当时的社会环境有重要关系。此时经济危机使大量妇女由于家庭经济需求进入劳动力市场，女工数量大增，她们在劳动力市场中的地位日渐重要。同时"新政"在某种程度上带有浓重的实验和改革气息，无疑为社会改革和社会运动提供了发展空间，尤其是

---

① Philip S. Foner, *Women and American Labor Movement: From World War I to the Present*, pp. 291－292.

1933 年之后通过的一系列立法，给予有组织劳工一个相对宽松的生存环境，"'新政'政策支持劳工，认同工会，对其倾向于保护"。①

美国妇女在此时的劳工运动中显示了独立性与非凡的勇气。吉诺拉·约翰森·多林格（Genora Johnson Dollinger）回忆，"这是独立的一步。它不是在工会指导下或管理下——我与其他妇女进行商量——并告诉她们我们应该做什么"。玛丽·希顿·伏斯描述了罢工妇女的勇气："她们无所畏惧而且精力充沛，全都是智力正常、敏感的妇女。她们之所以这么做，是因为她们认为如果想要使她们的孩子过上体面的生活，就不得不这样做。"底特律"妇女应急队"的维奥莱特·班吉特（Violet Baggett）在给当地"产联"的信中写道："仅仅作为一个妇女已经不够，我想成为一个人。我准备并乐意在任何时候、任何地方需要我时，戴上我的绿色贝雷帽以及妇女应急队臂章。"② 美国妇女为她们取得的成就而自豪，吉诺拉·约翰森·多林格指出，罢工"是对那些戴红色贝雷帽的妇女力量的一次检验，她们能在敌视她们的环境下表现得如此勇敢。我们没有专业领导，而是依靠自己的力量组织起来，我们在工会的诞生以及永久地改变工人家庭的生活中担当了独一无二的角色"。③ 1930 年 12 月，"乔尼斯妈妈"（"Mother Jones"）去世，很多人怀念这位著名劳工运动斗士，有一首纪念她的歌曲这样写道："乔尼斯妈妈的逝世/今日世界为之悲痛；/悲伤

① Nancy Woloch, *Women and the American Experience*, p. 447.

② Susan Ware, *Holding Their Own: American Women in the 1930s*, p. 47.

③ Genora Johnson Dollinger, "*Women and Labor Militancy*", Susan Ware, *Modern American Women*, *A Documentary History*, p. 222.

与痛苦盘旋在矿工的家庭上；/这个伟大的劳工老战士/已经去了更好的地方，/但是辛劳的矿工们，/他们想念她的引导。/…… 以坚强与无畏的心灵/她痛恨错误；/她从不放弃战斗/直到结束生命。/也许工人们或团结一致/执行她的计划，/为每一个劳累的人/带来更好的环境。"[①] 对 "乔尼斯妈妈"的纪念，从一个侧面显示了劳工运动中妇女的精神力量。

尽管这一时期美国妇女工会运动有长足发展，男性为主导的工会也吸收了更多的女性成员，但传统的妇女观并没有改变，工会依然是男性占主导地位，并努力维持传统的性别分工，对已婚妇女的歧视和女工的工资歧视依然明显。大多数工会成员认为女性属于家庭而不属于工厂，传统的 "妇女的位置在家庭"的观念牢固地存在于工会领导的思想中。"产联"一位地方分会副主席迈克·曼尼尼（Mike Mannini）的观点代表了男性工会成员典型的女性观："……我希望有一天我们能达到那样的经济理想，即已婚妇女能在家庭中找到她的位置，照顾孩子，这是上帝给予她的最大礼物，也是她的自然天性。"[②] 由于这种妇女观，工会运动一直把妇女问题放在次要的位置。尽管妇女在很多罢工中起了重要作用，但往往罢工一结束，工会的男性领导对妇女故态复萌。吉诺拉·约翰森·多林格回忆，"妇女应急队随着胜利而解散。……丈夫们开始说，'哦，你们妇女干得很好，但现在你们的任务是回去把孩子送到学

---

① Philip S. Foner, *Women and American Labor Movement: From World War I to the Present*, p. 277.

② Alice Kessler-Harris, *Out to Work: A History of Wage-Earning Women in the United States*, p. 269.

校、洗涮以及做饭……'"① 美国共产党专职组织者斯特拉·诺维克（Stella Nowicki）对此也有深切体会，"妇女觉得工会是男性的事，因为她们要完成白天的工作，不得不照顾 1—15 个孩子，准备食物，做家务以及其他杂事……工会不鼓励妇女到会。……工会有这么多的工作要做——较短的工作日，提高工作环境——这么多的事，他们不会操心这些与妇女有关的事"。②许多工厂工会的地方分会实行性别分离，在工会领导层中女性成员凤毛麟角。例如国际女装工人工会，作为一个女性工会，整个 1930 年代其常务委员会只有一名女性（罗斯·帕索特）；西德尼·希尔曼（Sidney Hillman）领导下的联合服装工人工会，其成员也大多数为女性，但也只有几位妇女进入领导层作为点缀，如多萝西·贝兰卡。1938 年"劳联"会议举行，有 477 名代表参加，其中女代表只有 14 名。妇女局的玛丽·安德森向埃莉诺·罗斯福抱怨，与男性工会人员一起工作比较困难，"我认为我们给予这些男人太多的尊重，使他们不把我们同等看待。到下一代或再下一代，（平等）才有可能"。比在工会中歧视妇女更严重的问题是大量的妇女被完全排除劳工运动之外。妇女局宣称不到 6.7% 的女工属于"劳联"或"产联"成员；格雷斯·哈金斯指出至少 500 万妇女有资格成为工会成员，但被绝大多数的男性领导人忽视；1930 年代末尽管妇女加入工会的人数比 10 年前增加了 300%，但仍然有几百万妇女没有得到工会的保护。③

总之，1930 年代是美国妇女劳工运动史上的重要时代，"标

---

① Genora Johnson Dollinger, *"Women and Labor Militancy"*, Susan Ware, *Modern American Women*, *A Documentary History*, p. 222.

② Nancy Woloch, *Women and the American Experience*, p. 449.

③ Susan Ware, *Holding Their Own*: *American Women in the 1930s*, p. 49.

志着工厂女工新时代的开始，同时'新政'时代的主要收获——如最低工资法、最高工时法、禁止童工，以及工会的激增——也标志着妇女运动保护女工的开始和结束"。[①] 但与此同时，美国妇女运动的发展并没有将传统的妇女观颠覆，工会仍然由男性控制，妇女依然只处在配角的地位。

三　性别平等？：美国妇女与美国共产党

1930 年代美国大多数的左派运动围绕美国共产党展开，妇女在其中的角色引人注目。"大萧条"催生了激进主义，美国共产党抓住这个难得的机会，从一个渺小的、宗派性的边缘性群体，成长为一个对劳工运动有重要影响的党派，成为这十年中美国政治生活的重要组成部分。美国共产党诞生于第一次世界大战期间，1920 年代期间受到当局的压制，并由于其指导思想与当时的繁荣格格不入和唯苏联马首是瞻而不受欢迎。"大萧条"时期的社会危机又使并不为人真正知晓真相的苏联的"繁荣"和"生机勃勃"与美国的萧条与混乱形成了鲜明的对比，为美国共产党的发展提供了良机。美国共产党对许多美国人产生莫大的吸引力，尤其是知识分子。丹尼尔·艾伦（Daniel Aaron）考察了1930 年代的美国知识分子后指出："是时代而非共产党使他们变得激进。共产党之所以吸引他们，是因为它看起来对美国社会疾病有一个正确的诊断，并予以医治。"维维安·戈尼克（Vivian Gornick）通过对美国共产党员的采访，也发现"大萧条"使他们走向激进主义。玛丽·麦卡锡（Mary McCarthy）回忆起1930 年代像她一样的知识分子对美国共产党员所持有的普遍的迷恋与敬慕，钦佩他们的献身精神与对党章的忠诚："对我来说，

---

①　Nancy Woloch, *Women and the American Experience*, p. 449.

共产党是真正的党，尽管我没有加入，但我为自己了解它是一个顶峰而自豪。"① 在"大萧条"期间美国共产党的影响迅速扩大，到 1930 年代初，声称在全国拥有 1 万名党员。② 从 1929 年到 1935 年，美国共产党把其注意力集中在工厂工人与失业者身上，它同时也企图寻求黑人的支持，此时共产党的主要目标是企图使苏联式社会主义代替失调的资本主义制度。随着莫斯科路线的转变，1935—1939 年美国共产党的政策也发生很大改变，把法西斯主义视为社会主义未来最大的威胁，转而寻求与自由主义组织的联盟，共同抵御法西斯主义。此时美国共产党把"新政"视为进步的改革，而埃莉诺·罗斯福被视为统治阶级中的一个有魅力的人。

这一时期美国共产党对女性有很大的吸引力。共产党以弱势群体的代表自居，宣扬性别和种族的平等，吸收女性和黑人入党。一份调查显示，1933 年共产党有 2 万名成员，其中 3300 名（或 16%）是妇女，家庭主妇与工厂女工各占一半。在这些女党员中，有 300 名是黑人。1930 年代末是美国共产党成长与扩大时期，妇女占党员总数的 30%—40%，1943 年，共产党员佩吉·丹尼斯（Peggy Dennis）表示美国共产党 8.3 万名成员中有46%为妇女。③ 克里斯廷·埃利斯（Christine Ellis）在共产党中的经历具有典型性。埃利斯最初受到共产党吸引是因为在她所在社区的共产党员大多数是有文化和受过教育的人："最吸引我的地方是（他们）对教育、文化、尊重他人的重视，献身于运动，

---

① Susan Ware, *Holding Their Own: American Women in the 1930s*, pp. 118—119.

② Ibid., p. 119.

③ Ibid., p. 120.

通过其示范作用而争取人民大众为共产主义事业而奋斗。"1931年埃利斯在芝加哥西区组织黑人社区的失业者,领导失业委员会帮助失业家庭,集资付房租,这些行动使他们赢得了当地居民的支持。在芝加哥取得成功后,埃利斯继续活跃在中西部地区,相继在其他州建立起失业者委员会。当时中西部主要问题是取消农场抵押品赎回权,埃利斯就组织起一批人在工具与农场土地的拍卖上以低价出售,如一辆拖拉机15美分、一个炉子5美分等,通过这种斗争策略来抵制取消抵押品赎回权。埃利斯在工作中深切体会到女性潜在的力量,她指出:"妇女往往最坦率,因为她们必须喂养孩子、为家庭提供食品。"[①] 此时美国共产党培养了许多诸如埃利斯之类的有影响的女性组织者,在罢工斗争中她们发挥了重要作用。

美国共产党也为妇女提供了领导机会。此时安娜·丹蒙(Anna Damon)与玛格丽特·考尔(Margaret Cowl)领导共产党妇女委员会(Women's Commission);女共产党员安娜·巴拉克(Anna Burlak)在商业工会联盟俱乐部中担任重要职务;格雷斯·哈金斯是著名作家,在共产党中很活跃;伊丽莎白·格雷·弗林(Elizabeth Gurley Flynn)1936年加入美国共产党,不久成为美国共产主义主要公共发言人,她于1938年被选举为共产党全国委员会委员,为《每日工人》写专栏,以其女权主义观点报道政治事务;安妮塔·惠特尼(Anita Whitney)担任了加利福尼亚共产党领导角色,1930年代期间惠特尼多次控制了加利福尼亚州共产党选票,1936年她在该州的竞选中获得10万张选票。这一时期最著名的女共产主义者是埃拉·里夫·布卢尔(Ella Reeve Bloor)("母亲"),她在1930年代期间一直担任美

---

① Susan Ware, *Holding Their Own: American Women in the 1930s*, p. 129.

国共产党中央委员。布卢尔最初是一个社会主义者，受到尤金·德布尔（Eugene Debs）与弗洛伦斯·凯利的巨大影响，最初在康涅狄格从事节制生育运动，与"乔尼斯妈妈"组织煤矿工人家属，并参与选举权运动。20世纪二三十年代，布卢尔在当时主要的罢工斗争中很活跃，多次发动失业群体的游行；1930年代中期，她参加了反法西斯运动、"产联"联合组织运动以及组织农民的努力。

　　美国共产党也是这一时期少数几个鼓励对妇女问题进行公开讨论的团体之一。马克思主义对妇女在革命中的角色有明确的定位，认为工人阶级妇女与工人阶级男性面临着失业、帝国主义、垄断集团以及剥削等共同的问题，有着共同的利益，妇女主要的任务是与男性"一起"或"肩并肩"地与资本主义制度作斗争；一旦革命发生，工人阶级作为整体为取消对妇女的歧视而进行斗争。1930年代时期玛丽·英曼（Mary Inman）的《妇女的防御》（*In Woman's Defense*）一书对共产主义理论中妇女位置以及女权主义与阶级斗争之间的相互影响作了有说服力的、深刻的分析。英曼强调女性与男性有着共同的问题，"妇女有着普遍的问题，如'反对女性奴役的意识形态的斗争的必要性'，以及反对在大多数女性杂志与一般出版物中劝诫她们的从属教条"。在《妇女的防御》一书中，英曼常常把妇女在社会中的次等地位与黑人在社会中的次等地位联系起来，使人了解妇女如何遭受性别与阶级的双重压迫，指出所有的妇女都面临相同的社会化过程，这个过程教育她们要驯服与顺从。英曼大声反对婚姻制度，因为在这个制度中妇女完全依赖男性："她每一块赖以生存的面包都依赖他人，她的生活不是她自己的生活。她的时间属于他。他认为她可能完全献身于他而给予她巨大的恩惠。"英曼也意识到对妇女的压迫超越阶级，指出工人阶级男性与富人一样对他们的妻子有同样的权利,"除了作为配偶,她作为妻子的责任是散发魅力,并成为他手中风筝,由其控制。并且同时,在某种程度上,风筝可以飞得很高,而她总是处在风筝的后部。"英曼最有独创性的贡献是她试图把妇女在家中的工作放在更广阔的经济体系中:"家庭主妇在家中的操劳必须给予赞誉,家庭中的工作对目前的机器生产方式是必不可少的……重新认识家庭主妇的重要性将会提高她在自己及社会中的评价。允许她积极加入社会有用工作者的合适行列,壮大她们的队伍并向人们释放她们的政治能量。"① 英曼指出,家庭主妇未付酬的家务劳动是"系统的中枢"。英曼不是赞美妇女在家庭中的劳动,而是尽力显示家务劳动技术的落后,她在这些方面的知识极大地得益于夏洛特·帕金斯·吉尔曼,"就家庭主妇而不是其他社会群体来说,在孤立的家务劳动领域中社会有用工作的执行方法存在滞后性,在机器时代成为一个明显障碍的废弃了的手工劳动,使除了与经济危机有关问题外的妇女问题的解决更加困难"。妇女在家中从事的家庭杂务,如做饭、洗烫衣物、照看孩子以及打扫房子,大大落后于进步的机器方法,她设想了一个家务劳动系统,以使妇女有时间从事其他的社会活动。② 英曼试图使女权主义与共产党路线和谐一致,并以马克思主义观点分析妇女的受压迫,呼吁"妇女应该为人民的利益行动起来,而人民应该为妇女的利益而行动起来"。③ 英曼的理想在共产党统治集团中并没有受到重视,最后受到冷落的英曼只好离开共产党。

　　1930 年代期间美国共产党创办了一份名为《工作妇女》

---

① Susan Ware, *Holding Their Own: American Women in the 1930s*, p. 125.

② Ibid., p. 126.

③ Ibid., p. 125.

(*Working Woman*)，后来改为《今日妇女》 (*Woman Today*)的妇女杂志，由妇女委员会出版，每月发行量达 8000 份。这份杂志的编辑及撰写者几乎全为女性，反映了美国共产党对妇女问题的态度。另一份杂志，《每日工人》的妇女专栏也很有特色，这个专栏由安·卡顿（Ann Carton）与海伦·卢克（Helen Luke）主持并撰写文章，专栏涵盖了大量主题，包括缝纫样式和消费食谱到中产阶级女权主义、共产党中性别歧视的讨论，以及马克思、列宁关于妇女角色语录，等等。在一篇文章中，卢克提出分担家务劳动的问题，引起了妇女的同情而招致了男性的讽刺嘲笑。《工作妇女》与《每日工人》的妇女专栏，为讨论妇女在共产党中的地位提供了交流平台。① 此时美国共产党中妇女问题的主要呼声来自由安娜·丹蒙与玛格丽特·考尔领导的妇女委员会，该会由来自全国共产党地方分部的代表组成。妇女委员会在 1930 年代很活跃，但是在《德苏联盟条约》（The Nazi-Soviet Pact）签订后解散，1945 年在伊丽莎白·格雷·弗林领导下重建。妇女委员会负责共产党中绝大多数关于妇女问题的动议，发动征募运动以吸引妇女参加共产党，安排时间举行游行以庆贺国际妇女节（International Women's Day）。妇女委员会的干部由那些只能在白天碰面的家庭主妇组成，她们支持罢工，为西班牙志愿者（Spanish Loyalists）募集资金，为《妇女宪章》努力，组织起来抗议救济局；一个来自哈雷姆（Harlem）的妇女分部在意大利（Italy）领事馆前静坐示威，抗议意大利法西斯对西班牙独裁者弗朗哥（Franco）的帮助；当有些妇女领袖受到打击时，妇女委员会广泛团结妇女，鼓舞她们继续斗争等等。

　　美国共产党通过大规模行动处理妇女问题比在理论上更成

---

① Susan Ware, *Holding Their Own：American Women in the 1930s*, p. 127.

功。1930 年代早期，共产党在要求为全国所有幼童提供免费牛奶、禁止收回未付房租的房子等斗争中起了重要作用，由于这些问题与家庭主妇的日常生活息息相关，对妇女的吸引力最大。例如纽约妇女委员会，开始于家庭主妇联合抗议肉类高价，在共产党的参与下，这个运动发展成为一个全国性要求降价的消费者运动，2 万人在请愿书上签名要求购买低价肉。玛格丽特·考尔宣称"这次胜利使共产党员的领导角色广为人知"。美国共产党对这一时期的劳工运动产生了巨大的影响。维维安·戈尼克强调："整个三四十年代，凡是在美国因劳资纠纷发生大罢工的地方，就几乎都有共产党组织者的参与。"[①] 共产党员占主导地位的组织商业工会联盟俱乐部参与了 1929—1933 年间的每次大罢工，其中一些罢工斗争发生在被传统的劳工组织忽视的南方纺织工厂中。美国共产党还与"产联"紧密团结，在钢铁厂和矿业等男性为主的罢工斗争中组织罢工者的女性家属。共产党也在农村地区组织农业工人罢工，在农村宣扬社会主义，共产党员马里恩·莫伦（Marion Moran）记得："它是我的社会主义梦想的实现……在所有我在生活中所了解的感情中，没有什么东西可以与我在1930 年代在水果采摘工之间所具有的感情与同志情谊相比拟，也没有什么东西可以如此让我记忆犹新、连贯一致。"共产党组织者因往往深入各个群体内部，进行宣传组织，而被人称为"殖民者"。斯特拉·诺维克（Stella Nowicki）就是这样一个"殖民者"。她出生于煤矿区的农村家庭，由于家庭贫困，17 岁时离开家庭独立谋生。她参加了青年共产主义俱乐部（Young Communist League），然后被派到堆料场工作。在早期组织工会是一件有风险的事，而诺维克长期在芝加哥肉类包装厂进行宣传鼓动工

---

① Susan Ware, *Holding Their Own: American Women in the 1930s*, p. 129.

作。她说:"当我回顾往昔,我确实认为我们有很大的勇气,但在那时我甚至没有停下来考虑一下。我们有目标,必须做一些事。"① 1930 年代各种劳工运动中到处有美国共产党的影子,他们尤其注重发动妇女、黑人等弱势群体进行斗争,宣扬性别平等与种族平等,向种族歧视与性别压迫的偏见提出挑战,美国共产党是此时左派运动的中坚力量。除了组织失业者与支持工会运动,1935 年后共产党深入到中产阶级组织之中,联合各种力量反对法西斯,而妇女的支持对这些努力至关重要,1934 年布卢尔带领一个由 50 名美国妇女组成的代表团参加了在巴黎召开的国际反法西斯会议。

由于美国共产党的崛起,"红色威胁论"在美国广为流行。伊丽莎白·迪琳(Elizabeth Dilling)1934 年在《红色网络》(*The Red Network*)一书中指出,最近许多年来,美国妇女团体很少逃脱红色诱惑,超过"460 名的共产主义者(Communist)、无政府主义者(Anarchist)、社会主义者(Socialist)或激进和平主义者(radical-pacifist)控制或渗透了各个组织与部门"。② 迪琳对红色威胁泛化,把美国联合服装工人工会、美国劳工立法联盟、美国生育节制同盟等都看作是激进团体,甚至保守的美国劳工联盟都受到怀疑;她指控青年妇女基督教联盟、妇女和平与自由国际联盟、妇女商业工会同盟、甚至妇女投票者联盟也都受到共产主义渗透;她还列出包括 1300 名人员的黑名单,其中包括阿博特姐妹、简·亚当斯、戴西·哈里曼、弗洛伦斯·凯利、玛格丽特·D. 罗宾斯、罗斯·施耐德曼等,甚至第一夫人埃莉诺·罗斯福都榜上有名。这种荒谬的指控在美国并非没有

---

① Susan Ware, *Holding Their Own: American Women in the 1930s*, p. 130.

② Ibid., p. 103.

市场，许多妇女团体和个人不得不对这类指控进行回应。

尽管美国共产党一再强调性别平等，但它对妇女的位置和角色的讨论往往流于形式，在实际执行过程中，对妇女的歧视普遍存在，许多男性共产主义者在性别角色观念上与其他群体的男性并无两样，传统观念根深蒂固。一名年轻妇女向《每日工人报》抱怨："显而易见，会议、游行、舞会与野餐以及其他的党内活动只为男性保留，而母亲与女儿则待在家中、进行编织。观察者可以注意到当这些男人看到其他女孩与妇女卖《每日工人报》、分发小册子、或执行党的工作时报以欢笑与赞同，但当他们看到自己的妻子女儿与其他人混在一起或帮助党时则情况就两样了。"共产党员的婚姻也同样体现了传统的男女性别观念。佩吉·丹尼斯（Peggy Dennis）与一个共产主义者结婚35年，对党内妇女公共与私人角色之间潜在的冲突相当敏感。她认为大多数在共产党内拥有领导位置的妇女没有或不能完全承担起家庭的责任：布卢尔离了婚，当她成为一个积极的组织者时孩子们已经完全长大；伊丽莎白·格雷·弗林从来没有任何持久的个人关系，当她加入美国共产党时她的孩子也已经完全长大（由她姐姐抚养）。佩吉·丹尼斯本人也有切身体会。她成长于西海岸一个自给自足的、激进的移民社区，1925年加入美国共产党。当她与共产党积极分子吉尼·丹尼斯（Gene Dannis）确立关系时，她在他坚持下怀孕，尽管丈夫吉尼向她承诺"无论何处革命召唤，我们会背着孩子跨越一个又一个路障"，但她的母亲对此却有清醒的认识："遗憾的是怀孕将会改变你的生活，而不是他的生活。"革命能与母亲身份联合起来吗？事实表明，共产党员家庭中女性几乎完全承担起家庭的责任，当孩子会影响工作时，许多女性不得不流产。佩吉·丹尼斯对此有深切的体会，即使在这样的家庭中，女性依然承担着传统的女性角色，家庭与理想并不能两全，她为此深深遗憾："随着岁月流逝，我有时悲叹自己失去了个人的公共身份。但到那时为止我看不到能够或愿意有精力重建一种与吉尼、党不同关系的生活，或重建我优先考虑的事。"①

安妮塔·惠特尼（Anita Whitney）和布卢尔等美国共产党的女性领导意识到，对妇女的偏见限制了妇女的影响。布卢尔在1940年写道："我不小看我们党的所作所为会带来真正的平等，承认在我们的队伍中没有种族、肤色、信条的歧视。但在这之前，我常常感到在给予妇女与男性完全平等的责任时存在某些犹豫。就我本人来说，我不抱怨。我有幸担此重任。但是我们所有妇女的权利应该是完整的——尤其在今天！我们妇女在男性旁边有意识地去争得自己的位置，抛弃任何劣等的感觉。我们应该不经询问就说出自己的想法，我们必须有话要说。"玛格丽特·考尔指出，美国共产党领导"对大规模妇女运动有一种冷淡，她们并没有被真正接纳为美国工人阶级运动的一部分"。共产党内部一些有才能的妇女认识到，妇女遭遇日益强烈的性别歧视，其社会地位会进一步下降，维维安·戈尼克（Vivian Gornick）强调"'卓越的例外'的妇女常常在（美国共产）党中的地位比在美国任何其他生活领域更高，但是一般的妇女在党中比在美国普通生活中更低下"。②罗伯特·夏发（Robert Shaffer）对这一时期妇女在美国共产党中的参与进行研究后承认，"妇女工作与反对妇女压迫在1930年代期间共产党所关心的事务中相对居于次要地位"。他认为由于缺乏独立的大规模的妇女运动、经济危机的冲

---

① Susan Ware, *Holding Their Own: American Women in the 1930s*, pp. 123—124.

② Ibid., pp. 121—122.

击及不断增长的与法西斯主义作斗争的需要，使妇女问题受到忽视。但与此同时，美国共产党向女性敞开大门，并鼓励妇女参与"进步的集体活动"，因此夏发指出："除了其这些弱点，1930年代共产党在妇女中开展的工作广泛、连贯，而且从理论上被认为是美国妇女解放斗争重要的一部分。"① 美国共产党对妇女问题的重视，使它成为此时最受妇女欢迎的组织之一。

第三节　1920—1930年代期间美国女权主义运动的衰落

1920年代期间，尽管由于选举权的获得消除了美国妇女参政的障碍，但由于物质的繁荣和消费主义、个人主义的盛行，女权主义运动对美国妇女、尤其是年轻女性失去吸引力，遂走向消沉。1930年代期间经济问题压倒一切，成为国家和妇女组织关注的中心，妇女问题没有获得普遍的支持，女权主义运动处于被忽略的状态，但女权主义并未因此死亡，它只是处于停滞状态。由于美国社会的价值观和对妇女的角色定位的关系，此时"妇女的位置在家庭"依然是社会主流价值观，而绝大多数美国妇女亦认同其在家庭中的传统角色，女权主义对她们缺乏吸引力。另外，妇女群体内部对女性角色定位的差异造成了妇女群体之间无法弥合的裂痕，削弱了妇女群体改善妇女性别地位的斗争，对这个时期的女权主义发展造成无法挽回的损害，影响了美国女权主义运动的进程。

---

① Susan Ware, *Holding Their Own: American Women in the 1930s*, p. 127.

一　"我们是公民"：1920年代美国女权主义运动的消沉

20世纪第一个十年是美国女权主义运动发展的一个高潮时期，运动所追求的许多目标在这一时期基本上得到实现。之后的1920年代期间物质繁荣、社会稳定，社会思潮趋向保守，社会改革失去了进步主义时代的活力，曾经团结一致的妇女运动土崩瓦解，女权主义运动对美国妇女、尤其是年轻妇女迅速失去吸引力。另外，尽管此时妇女参政的法律障碍已经消除，但并没有导致大量女性的参政，她们的社会改革努力也基本失败，经历了"后选举权时代政治和社会努力的失败"，女权主义走向消沉。①

1919年，美国争取选举权运动领导人安娜·霍华德·肖就提醒埃米莉·纽厄尔·布莱尔："我为在下一个十年中不得不从事这项工作的年轻妇女感到遗憾。因为选举权是一个象征，而现在你们失去了你们的象征，没有什么事由可以用来团结妇女。"②很不幸，肖的话被言中，随着争取选举权运动的胜利，把妇女群体团结起来的进步主义精神在年青一代女性中失去了阵地。许多女性觉得她们已经是全权公民，不再需要争取妇女权利，对她们来说，"女权主义意味着更大的个人自主和个体抱负的满足"，她们认为自己是自由的，不需要任何组织起来的解放运动；她们也认为女性能够把职业与婚姻结合起来，没有理由继续老一辈女权主义者的政治行动主义。③ 米尔德丽德·亚当斯（Mildred Adams）观察到，对进行平等的斗争"年青一代看起来似乎缺乏兴

---

① Winifred D. Wandersee, *Women's Work and Family Values*, 1920—1940, p. 118.

② Susan Ware, *Holding Their Own: American Women in the 1930s*, p. 87.

③ Ellen Skinner, *Women and the National Experience, Primary Sources in American History*, p. 172.

趣"。大学曾经是女权主义的摇篮，女学生被灌输一种使命感和职责感，一位瓦莎学院的教授回忆，女学生"自豪并高兴地……走向战斗队伍，……因为'妇女投票'、言论自由和帮助一次罢工而接受逮捕和监禁"。但到 1920 年代，上大学成为一种时尚，年轻女性心安理得享受着女权主义者业已赢得的权利，并不想继承女权主义者的事业，"我们不准备为有益于社会……或为工厂安全而努力"。① 此时出现的"新女性"群体，厌弃改革事业，追求自我享乐，更是对女权主义传统的一个颠覆。剧作家丽莲·海尔曼曾这样描述她们这一代的感情："到我成年时，诸如妇女解放啦，妇女在法律上、办公室里和床上的权利啦，都已成为陈词滥调。我们这一代并不考虑许多有关妇女地位的问题，也没有感觉到我们所见到的周围的各类景象只是最近才形成的，我们也没有感觉到自己还正处在这个形成过程中。"② 历史学家多萝西·M. 布朗在分析 1920 年代女权主义走向衰落的原因时强调："她们（女权主义者）最大的失败在于没有赢得年青一代（女性）对组织或事业的兴趣或信念。"③ 洛伊斯·班纳也认为，"女权主义在 20 年代末能扎下根来的原因，还在于它未能将那一代年轻的妇女动员起来。如果不把青年妇女吸引到它的行列中来，便没有一个运动能取得成功"。④ 这一时期的美国年轻女性对维多利

---

① William Henry Chafe, *The American Woman*, *Her Changing Social*, *Economic*, *and Political Roles*, *1920—1970*, p. 92.

② ［美］洛伊斯·W. 班纳著，侯文蕙译：《现代美国妇女》，东方出版社 1987 年版，第 143—144 页。

③ Dorothy M. Brown, *Setting a Course*: *American Women in the 1920s*, p. 246.

④ ［美］洛伊斯·W. 班纳著，侯文蕙译：《现代美国妇女》，东方出版社 1987 年版，第 143 页。

亚文化、习俗和性禁忌的反叛更感兴趣，女权主义被嗤之以鼻。

不仅年青一代女性对女权主义不感兴趣，有着种种误解，曾参与争取选举权运动的妇女群体对女权主义也有类似的冷淡和厌倦。全国美国妇女选举权联盟的 200 万名成员并不准备在选举权获得后继续为妇女事业而奋斗，一位曾经是积极的女选举权主义者说：“我成功了。我现在回家教我的小女儿学法语，使我的指甲和头发重新有光泽。”① 1926 年与 1927 年间《民族》杂志中刊登了一些由一群独立、自主、有职业思想的女权主义者署名“现代妇女”的文章，也体现了这种退缩。这些作者中的大多数人表示“失去对妇女正义事业的忠诚”、“我不再在运动中工作”、“我的精力放在获得收入上”。② 老资格的女权主义斗士卡里·查普曼·凯特也认为，不再需要一个组织专门关注女权。当克雷斯塔尔·伊斯塔曼在 1920 年建议女性团结起来、用一个明确的女权主义政纲组成一个妇女政治党派时，发现响应者寥寥无几。1925年女权主义者伊丽莎白·布鲁尔指出当前美国女权主义运动正处于一个尴尬期，目标多样化，性别意识减弱，而个体自我意识张扬，“无论我们有没有意识到，我们是今天妇女运动的一部分——一个已经度过了其青春期、度过了青年初期心不在焉的激动，而现在正在解决营养问题的运动。这就是美国目前的女权主义。”③

这一时期女权主义者希望通过参政推进女权主义的社会改

①　Elizabeth Breure，“Feminism's Awkward Age”，*Harpers Magazine*，Vol. CL.，April 1925，p. 546.

②　Nancy Woloch，*Women and the American Experience*，p. 388.

③　Elizabeth Breure，“Feminism's Awkward Age”，*Harpers Magazine*，Vol. CL.，April 1925，p. 545.

革，达到女权主义目标。弗朗西斯·凯勒（Frances Kellor）在1920 年代早期指出，如果"负责的女性"能担任公职，帮助管理"涉及女性与男性的事务"，就可以完成更多的目标。[①] 一些曾经非常活跃的老资格女权主义者，尽力获得进入党派政治的领导地位与担任公职的途径，以便为未来的改革获得权力基础。哈丽亚特·泰勒·厄普顿（Harriet Taylor Upton）1920 年成为共和党全国委员会第一个女性副主席，埃米莉·纽厄尔·布莱尔1924 年成为民主党全国委员会副主席。厄普顿与布莱尔都孜孜不倦地在党派中组织妇女俱乐部，两个人都发展了一个女性网络，成为"实用女权主义者"（practical feminists）的先锋。美国主要的党派采纳了全国委员会代表"50—50 计划"（即每个州中的每个党派选举一名男性全国委员和一名女性全国委员）。尽管知道"事实上男性控制着要塞"，但一些女性指出，男性会逐渐接纳她们，女性通过党派可以通向权力位置。在整个 1920 年代，美国主要党派会议中女性参与者的数量在增加。1920 年，民主党全国会议（The Democratic National Covention）上只有96 名（9%）女性代表，共和党全国会议（The Republican National Covention）上只有 26 名（2%）女性代表；到 1928 年，民主党全国会议上有 156 名代表（14%）是女性，共和党则有70 名代表（6%）是女性。1924 年，女性在民主党全国会议中领导了证书委员会（The Credentials Committee at the Democratic National Convention），4 年后也在共和党中领导了该党的证书委员会。1928 年一位作者在《瞭望》（Outlook）杂志中欢呼"女性政治家（时代）的到来"。[②]

---

① Dorothy M. Brown, *Setting a Course: American Women in the 1920s*, p. 66.

② Ibid., p. 67.

　　清醒的布莱尔指出，情况并没有那么乐观，大多数男性把政治视为"男性的游戏"，当女性寻求权力所必需的同盟时面临难以克服的障碍。民主党和共和党如果有好的选举机会，很少提名女性担任职位。1924 年国会竞选时只有 10 名女性被提名，5 名民主党员中有 4 名为传统的共和党选区的候选人；唯一的共和党被提名者在南方；4 名涉及社会主义者选票，其中一名是禁酒党派的代表，唯一成功的候选人是玛丽·T. 诺顿。这一时期进入国会的女性主要是声望显赫的政治家的遗孀或女儿。"夫人进入政治，"一位《北美评论》（*North American Review*）的评论员观察到，"妻子的忠诚和家族的团结"是女性获得政治职位的捷径。丽贝卡·兰提默·费尔顿（Rebecca Latimer Felton）（佐治亚州代表）是唯一进入参议院的女性，象征性地上任一天。在众议院中任职的 11 名女性中，梅·埃拉·诺兰（加利福尼亚州代表）、弗洛伦斯·P. 凯恩（Florence Prag Kahn，加利福尼亚州代表）、伊迪斯·诺斯·罗格斯（Edith Nourse Rogers，马萨诸塞州代表）、珀尔·P. 奥尔德费尔德（阿肯色州代表）——曾经为议员的遗孀；凯瑟琳·兰利（Katherine Langley，肯塔基州代表）——被选举填补其丈夫的位置，她丈夫被判违反禁酒令而辞去议员的职位。鲁斯·汉娜·麦考密克（伊利诺伊州代表），不仅是参议员（马克·汉娜）的女儿，而且还是另一位参议员（米迪尔·麦考密克）的妻子；鲁斯·拜伦·欧文（弗罗里达州代表）是威廉·詹宁斯·拜伦（William Jennings Bryan）的女儿；威妮弗雷德·斯普兰格·梅森·哈克（Winifred Sprague Mason Huck，伊利诺伊州代表）继承了去世的父亲的职位。当选女议员的玛丽·T. 诺顿既非政治家的遗孀，也非政治家的女儿，但她有政治靠山。唯一的未婚女性爱丽斯·M. 罗伯特森（Alice M. Robertson，俄克拉荷马州代表），是一名反选举权主义者，

1920 年 66 岁时赢得选举胜利。女性国会议员大多数被任命到负责处理教育、印第安事务及退伍老兵等事务的委员会中。在州一级政权里，此时有 2 名女州长，即民主党的内莉·泰勒·罗斯（Nellie Taylor Ross，怀俄明州）与得克萨斯州的米丽亚姆·弗格森（Miriam Ferguson），她们都是继任其丈夫的州长职位。州中女性官员的数量也在增加，1928 年时有 119 名女性任职，其中有 12 名州参议员，2 名州财政部长，1 名改选的州审计员，3 名公立学校的监察员，1 名州铁路委员。在俄亥俄州，法官弗洛伦斯·艾伦以 352245 票赢得了该州最高法院法官的第二任期。在县和市政府部门中，只有少量妇女处于领导者之位，包括法官、地方行政长官、市长和公共健康官员等。《当代历史》杂志分析了这些女性官员的工作特性，指出她们"职位显赫而其他很少，或是担任常规工作，声望低，工资低，男性证明愿意与女性平等分享得胜政党分到的官职"。妇女被安置在"装饰与点缀的"位置上，一些"盲目地遵守秩序的"妇女获得任命。① 立法机构中女性的人数也有增长，1921 年在立法机构中总共有 29 名妇女，1929 年上升到 149 名。② 但从总体上看，这一时期参政妇女只是极少数，对美国政治的影响微不足道。

　　这一时期美国妇女也没有很好地利用手中的投票权对政治施加影响。妇女在党派中的地位、作为政治候选人以及作为游说者的影响，都有赖于她们如何利用手中的选票，但分析家们指出，到 1920 年代中期，不仅没有形成妇女投票集团，而且"妇女没

---

① Dorothy M. Brown, *Setting a Course*：*American Women in the 1920s*, pp. 68—69.

② Genevieve Parkhurst, "Is Feminism Dead?" *Harper's Magazine*, Volume 170, May 1935, p. 741.

有与男性相同的程度利用其选票"。伊利诺伊州所保留的根据性别投票的记录显示,男性投票最高比例为 74%,而女性则只有 46%。[①] 1923 年市长选举后有人对芝加哥妇女所作的调查显示, 1/3 的妇女以"缺乏兴趣"作为理由没有去投票站,而大多数人也宣称,"不信任妇女投票"。记者查理斯·爱德华·雷塞尔 (Charles Edward Ressell) 指出,"如果我们为妇女争取选举权而斗争的主要考虑是为政治新生与对公共事务更加明智的管理,那么提出目前已获得成功是荒谬的"。只有 1928 年总统竞选时妇女投票才出现"热情甚至歇斯底里"的状况,女选民们竭力支持候选人胡佛,反对另一位候选人阿尔弗雷德·E. 史密斯 (Alfred E. Smith),而之所以投胡佛的票,是因为胡佛赞成禁酒而史密斯则反对禁酒。她们四处活动为胡佛拉选票,玛格丽特· D. 罗宾斯、卡里·查普曼·凯特、简·亚当斯、朱丽叶·拉舍普、莫德·沃德·帕克等有影响的女权主义者与其组织为胡佛的竞选而努力,《女士家庭杂志》也为候选人胡佛摇旗呐喊。共和党为吸引女选民,突出家庭问题,强调"胡佛的事业就是家庭的事业。每个女性应该感到深深的自豪,你的投票能够使这个伟大的男性领导我们的国家"。共和党人将"胡佛、家庭与幸福"刻在妇女们做针线活的顶针上并分发给女选民们,征募"胡佛女主人们"以集合女性听胡佛的广播演说。共和党全国委员会副主席阿尔文·T. 赫特 (Alvin T. Hert) 宣称"没有一个女性愿意反对赫伯特·胡佛的选举"。活跃的女权主义者玛贝尔·沃克·威勒布兰德 (Mabel Walker Willebrandt) 为胡佛竞选四处演讲,她列举了胡佛关于禁酒、关税、农业、内陆航道以及他在带来目

---

① Dorothy M. Brown, *Setting a Course: American Women in the 1920s*, pp. 69—70.

前繁荣所担任的角色，指出他的国际经验与和平的需要，她强调："他（胡佛）会以深切的奉献感获得国家的最高公职。他是值得信任的（总统）候选人。"妇女的支持对胡佛竞选胜利起了重要作用，索福尼斯巴·布雷金里奇分析妇女在竞选运动中的角色后指出："美国妇女可以理智地在将来利用总统选举运动而在选举中占一席之地。"安娜·S. 理查德在《女士家庭杂志》上写道，对妇女来说，这次选举是"从战争（第一次世界大战）以来最令人激动的事件"；而《矿工》杂志则认为"妇女从来没有对总统选举有过如此大的影响"。① 尽管 1928 年妇女投票积极、热烈，但在整个 1920 年代的绝大多数时期里女选民对投票并不热衷，即使投票的话也是更多地受到其他因素，如阶级和家庭影响，而不是基于妇女权利。

此外，由于这一时期保守的政治氛围，部分女权主义者重新谋求在职业上的发展。对受过教育的有抱负的女性来说，职业是实践女权主义最好的途径，尤其是从事那些要求专业知识的职业。此时很多女权主义者把精力集中到社会科学领域中，把其视为解决她们角色窘境的一种方法，或理解妇女在社会中其个人位置的一种需要。心理学家菲利斯·布兰查德指出："解决我自身问题的必要性发展成为一种要理解所有问题的愿望，这样我转向了社会科学。"心理学家洛蕾·普鲁蒂在其职业中发现"我的所有的女权主义的反叛已经从男性转向整个人类的存在状况"。这种女权主义意识在玛格丽特·米德最终把人类学选为自己的专业中表现得很典型。人类学一向被认为不适合女性，但米德却向这个禁忌提出挑战，经过艰苦的实地调查，1928 年米德出版《在

---

① 　Dorothy M. Brown, *Setting a Course: American Women in the 1920s*, pp. 70—73.

萨摩亚到达法定年龄》一书，一举成名。米德的成功不仅在于她的天赋和努力，也在于她明确的女权主义思想，她的第一任丈夫、人类学家路德·克里斯曼（Luther Cressman）这样评价："她确信她能在男性中建立并拥有自己的位置。"① 相同的信念也鼓励了米德同时代其他年轻女性。但作为专业工作某种程度上对女权主义是一种削弱，它是竞争性的，而不是合作性的，个体成就比集体行动更加重要，有抱负的职业妇女更多地寻求自身的发展而不是为其他人开路。"一旦女性把职业当作自己的事，"安娜·霍华德·肖告诉埃米莉·纽厄尔·布莱尔，"她将会进入一个男性的世界，不再作为一个女性为其他女性而斗争"。②

　　另外，这一时期的职业女性也试图把职业与婚姻结合起来，她们被称为"新型女权主义者"，而之前的女权主义者则往往以放弃婚姻而献身于女权主义事业或专业工作。"新型女权主义者"与老一辈女权主义者则有很大的不同，她们更多地强调个人的自我满足而不是参与社会改革和集体行动，对男性持接纳而不是排斥态度，深信"充实的生活除了专业以外，还要求结婚和有孩子"。③ 同时她们把经济独立视为独立、平等的基础，因此也有学者把女性在专业工作中的发展视为女权主义另一种发展形式。历史学家南茜·沃洛克指出："经济独立实际上是 1920 年代女权主义的新边疆。它是选举权时代服务倾向的、进步主义的目标的一种方向转变，它也是从强调公共事业到私人

---

① Nancy Woloch, *Women and the American Experience*, p. 393.

② Ibid. , p. 394.

③ ［美］洛伊斯·W. 班纳著，侯文蕙译：《现代美国妇女》，东方出版社 1987 年版，第 138 页。

职业、从社会到自身的一个转变。"① 但"新型女权主义者"有着消费主义、个人主义的深深烙印，是对女权主义改革传统的一种反动，对这一时期女权主义的发展产生了消极作用。

20 年代美国女权主义者曾经对取得的成就欢欣鼓舞，但是随着时光流逝这种热情逐渐消逝，改革精神瓦解。杰出的改革者与韦尔斯利学院教授维达·斯库德（Vida Scudder）把 1920 年代描述成"动荡……幻灭"的时代，宣称"这疲惫的 10 年是我所知道的最糟糕的 10 年"。② 此时女权主义改革事业不再受重视，妇女的注意力分散到不同的方向，而且许多人完全退出了政治。老一辈女权主义者卡里·查普曼·凯特和简·亚当斯转向了和平运动，而以艾丽斯·保罗为首的全国妇女党致力于《平等权利修正案》的通过，造成妇女群体内部尖锐的冲突并最终造成分裂，这种内耗无疑大大不利于女权主义的发展。这一时期保守的实用主义的大众文化也使女权主义生存空间变得狭小，年青一代女性受到无孔不入的消费主义、享乐主义的影响，认为女权主义已经过时，毫无意义；女权主义者也往往被看作是"面貌凶狠、乖戾的泼妇"。③ 此时各项改革运动困难重重，女权主义者传统的"住宅楼运动"也由于财政问题而难以为继，"社会工作"成为一个职业而不是一个女权主义者的志愿性事业，女性保护性立法也遭受重大挫折，妇女选民同盟等重要妇女组织也已把精力集中于儿童福利法案而不是妇女问题，多数重要的地方妇女俱乐部退出改革行列，并发展成为社会性组织，妇女们在其中玩弄桥牌，

① Nancy Woloch, *Women and the American Experience*, p. 388.

② ［美］洛伊斯·W. 班纳著，侯文蕙译：《现代美国妇女》，东方出版社 1987 年版，第 136 页。

③ Dorothy M. Brown, *Setting a Course: American Women in the 1920s*, p. 246.

讨论"新小说"、花园和烹调技巧。此时社会也不再崇拜简·亚当斯等有智慧和奉献精神的女权主义者，不再欣赏女权主义题材的文学作品，"我们主要不是女权主义者，"妇女选民同盟的一名官员会这样宣称，"我们是公民"。① 女权主义因而走向消沉。

二　"女权主义死亡了吗"：1930 年代美国女权主义运动的停滞

随着经济"大萧条"的到来和"新政"的实施，美国劳工运动空前高涨，改革与激进思想勃兴，无论是公共领域还是家庭领域，女性都担当了更重要的角色，在许多方面 1930 年代都有望是一个活跃的女权主义时代。但是此时女权主义没有勃兴，反而是处于一种停滞状态。

由于"大萧条"造成的特殊的社会环境，美国的妇女组织和妇女个人重新活跃，此时妇女积极参与"新政"时期各项社会救济计划的制定和实施，活跃于"新政"的各个部门，是获得选举权后美国妇女参政的第一个高峰。妇女参政是女权主义长期追求的重要目标之一，女权主义者曾期望女性借取得选举权胜利的力量推动妇女参政，但 1920 年代妇女的声音湮没在歌舞升平之中，大多数的社会改革努力也归于失败，女权主义运动的目标和女权主义本身在此时受到冷遇。1930 年代空前的经济和社会危机为女性参政创造了有利条件，尤其是"新政"实施的一系列社会改革，需要女性改革者的经验和才能，使她们得以进入国家权力核心，女权主义者长期以来为之奋斗的保护性立法和童工法案终于在"新政"时期得以完成，1935 年《社会保障法》的通过不仅奠定了美国现代福利国家的基础，更是对女权主义事业的一大促

---

① 　Nancy Woloch, *Women and the American Experience*, p. 386.

进。此时妇女组织和团体在集体行动中也取得显著成绩，女性不仅投身于轰轰烈烈的工会运动中，而且在和平运动、妇女宪章运动、南方妇女反对私刑等斗争中也取得长足进展。

但从总体上看，这一时期整个美国的注意力集中在经济问题上，大多数的妇女组织和女权主义者也更多地从经济层面为妇女争取利益，妇女问题本身被忽略。历史学家苏珊·韦尔指出："1930 年代女权主义者很少把注意力集中在妇女解放或提出美国经济与社会结构的重构等问题上，相反，她们把注意力转向诸如限制已婚妇女就业权利和《平等权利修正案》中的平等意义等较狭小的问题上。"同时，这一时期妇女团体尽管在一些问题上采取了一致立场，如抗议联邦政府的歧视性立法，反对限制已婚妇女就业权利，但大多只从经济层面而非女权主义层面。此外，尽管此时美国妇女积极参与工会运动及以共产党为首的左派运动，但她们从来没有认真考虑形成独立的妇女运动。"1930 年代女权主义者被迫处于守势，其主要目标是稳定当今妇女脆弱的地位，而不是在经济与政治领域为妇女打开新的天地。妇女被鼓动保持现状。女权主义者转向政治上的权宜之计的争论，她们不再坚持妇女工作的绝对权利，而是强调已婚妇女不得不工作以支撑大萧条期间正在挣扎的家庭。妇女就业作为一种她们在家庭中的责任的延伸被认为是正当的，这是相当传统的观点。在短期内，女权主义者或许有必要减少关于大萧条中已婚妇女工作的争论，但是这种对妇女在家庭中主要角色的传统观念的肯定产生了长期的负面的影响。"① 历史学家萨拉·M. 埃文斯也指出："虽然各个组织仍然广泛存在并充满活力，但很少有妇女接受改变社会这项独

---

① Susan Ware, *Holding Their Own: American Women in the 1930s*, pp. 104—105.

特的妇女使命。"① 以艾丽斯·保罗为首的全国妇女党尽管从妇女权利本身出发为实现《平等权利修正案》而努力，强调女性只有获得与男性完全平等的权利，才能真正解决妇女问题，但全国妇女党的主张遭到绝大多数妇女组织和个人的反对，她们一直处于孤掌难鸣的状态。

与1920年代类似，1930年代期间女权主义题材的文学作品并不受欢迎，流行小说家们不敢在作品中直接表达女权主义思想，不敢与传统的价值观相悖。这一时期的流行小说家描述了个体妇女的困苦状况，书中的女主角勇敢、独立，但她们从来没有把其作品作为女权主义的论坛。女读者只对赛珍珠描写中国的小说、对埃德娜·弗博（Edna Ferber）描写的刚刚过去不久的美国生活以及对范妮·赫斯特（Fannie Hurst）描写的纽约生活感兴趣。此时只有一位女作家敢于表达女权主义主题，这个人就是坦丝·施莱辛格（Tess Slesinger），她在当时享有很高的声誉，但长久以后已被人遗忘。1934年，29岁的施莱辛格出版了第一本小说《一无所有的人》，一年后出版短篇小说集《时代：现在》，1935年她与丈夫移居好莱坞，随后写电影剧本，1944年年仅39岁时死于癌症。在《一无所有的人》一书中，施莱辛格塑造了两个女权主义主角玛格丽特和伊丽莎白，她们既不是传统的妻子和母亲，也不是自给自足的职业女性。玛格丽特幻想自己是"新女性"，她在办公室中工作，婚前与一个男子同居，用大量时间思考自己的生活目标："……她寻求一个思路一个意义，而且希望两者都来自于他，但这是不可能的；它是感伤的，并且已经

---

① ［美］萨拉·M. 埃文斯著，杨俊峰译：《为自由而生——美国妇女历史》，辽宁出版社1995年版，第241页。

失败了。"① 玛格丽特未能找到适合于她的生活模式以及对她来说有持久价值的经历。伊丽莎白有自由的灵魂，爱男人但最终离开男性，她对自己命运的把握同样是无力的。施莱辛格通过痛苦的个人经历发现，妇女在决定她们的生活道路中非常无助。这个时代另一个重要的女作家是玛丽·麦卡锡（Mary McCarthy），她出生于 1912 年，毕业于瓦莎女子学院，为纽约的杂志撰写戏剧批评与文章，小说集《她交往的朋友》发表于 1942 年，该书的中心问题是聪明、敏感的年轻女性的身份问题，反映了所有女性所面临的一个社会问题，即一个人如果不适合任何一个社会赞同的角色，那么这个人该有什么样的身份？她最畅销的《群体》一书，讲述了 1933 级瓦莎学院几个毕业生的故事。她们或被家务、生育所累，或选择从事职业而变得索然无味，或成为同性恋。商业世界并不欢迎女性，职业领域则忽视她们，婚姻与家庭也并不能使她们兴奋。玛丽·麦卡锡的小说中所提出的问题在当时并没有引起注意，但却在新一代的妇女中得到极大的回应，贝蒂·弗里丹《女性的奥秘》中提出的问题与她一脉相承。

　　这一时期的女权主义事业的发展依然不尽如人意，引起女权主义者深深的忧虑。1935 年，吉纳维芙·帕克赫斯特（Genevieve Parkhurst）在《哈泼斯》杂志上的一篇文章中问道："女权主义死了吗？"她在文章中回顾了争取女性选举权运动胜利以来妇女在政治、经济等领域的进展，并联系同时代西方国家的女权主义运动，对 1920 年以来的美国和欧洲的女权主义运动作了比较系统的论述。她指出，尽管这个时期包括美国在内的很多西方国家陆续给予妇女公民权，但性别不平等和

---

① June Sochen，*History：A Record of the American Woman's Past*，pp. 291—292.

对女性的歧视依然存在；尽管取得了选举权，但妇女并没有很好地利用这个权利，为女性群体谋求更多的福利。她指出，女性群体内部的分裂是妨碍女权主义发展的最重要的原因，"……妇女组织有应受谴责的地方。如果这些组织在原则和过程中能达成一些一致意见的话，他们就会认识到或意识到妇女运动中利害关系的真正问题。如果她们的领导能鼓励其追随者采取一致行动的话，她们就能建立一个坚不可摧的堡垒，今天普遍存在的不公平就会像浪花撞击岩石一样"。[①] 吉纳维芙·帕克赫斯特以德国妇女和英国妇女在这 15 年中在女权主义运动中的倒退为例，指出德国妇女由于团结一致而在魏玛共和国时期地位大有提高，但最终也因妇女运动陷于分裂而屈服于独裁统治，使自己完全处于无权地位，"德国妇女背叛了自己"。而英国妇女尽管在政治和经济上取得了较大的进展，同样由于"上层的分裂和普通大众的冷淡"，女权主义运动也陷于困境。帕克赫斯特警告美国正在犯同样的错误，妇女群体的分裂和领导者没有提出鼓舞人心的目标同样是美国女权主义运动的致命伤。她对美国妇女在 1920 年以来的发展情况进行梳理分析后最终得出结论，认为女权主义在美国没有死亡，"景象或许很黯淡，但地平线上有亮光。我认为宣布女权主义者运动已经死亡、或今天整个西方世界妇女状况没有比 15 年前更好为时尚早。我们一直在沉睡，已经失去了许多曾经拥有的东西。挣工资妇女已经处于竭力维持（在劳动力市场中）存在的关键时刻。妇女被唤醒进行协商并采取有影响的抗议，这使人相信如果妇女作为一个整体，会面对她们理想的解放和进步的

[①] Genevieve Parkhurst, "Is Feminism Dead?" *Harper's Magazine*, Volume 170, May 1935, pp. 735—736.

现实"。①

许多历史学家与吉纳维芙·帕克赫斯特持相同的观点。苏珊·韦尔指出,这一时期美国妇女组织普遍很活跃,通过各种途径影响国家的决策,并寻求公众的支持,力求通过有利于妇女整体利益的政策和法规,她指出:"1930年代女权主义生存的一个重要因素是这些妇女组织持续的健康与活力,这些对过去的妇女运动是非常重要的。大萧条使得这些已经资金匮乏的志愿联盟很难开展有效的工作,但并未因此削弱它们。在某些情况下,它实际上提供了新的机会。当这些团体继续在1930年代工作出色时则很难说女权主义死亡了。"② 从妇女对公共领域的参与来看,女权主义确实没有死亡,而是以另外一种方式表现出来,这种参与方式尽管很多时候并不是以妇女权利本身为出发点,但很多方面与女权主义改革传统一脉相传,尤其是在"新政"期间,美国联邦政府承担起社会救济责任,实施社会福利政策,实际完成了一个世纪以来女权主义孜孜不倦追求的目标。最低工资、最高工时、社会保障等新政立法尽管并不是针对女性而制定,而是包括男女两性在内,但这与女权主义目标并不相悖。从这个意义上来看,"新政"不仅没有使妇女组织消亡,而在某种程度上为它们的发展提供了机会,为女权主义留下了生存空间。

如上所述,1930年代女权主义的确没有死亡,但妇女运动还是经历了一个重要的转变时期。此时曾经是教育、专业、公共生活先驱的老一辈女权主义者弗洛伦斯·凯利、简·亚当斯、埃

---

① Genevieve Parkhurst, "Is Feminism Dead?" *Harper's Magazine*, Volume 170, May 1935, pp. 737—744.

② Susan Ware, *Holding Their Own: American Women in the 1930s*, p. 98.

玛·戈德曼、夏洛特·帕金斯·吉尔曼、格蕾斯·阿博特等相继离世，妇女运动的领导权转到又一代妇女手中，她们受过大学教育，从事专业工作，但没有经历前辈妇女曾经面临的大规模斗争，她们中很多人进入"新政"部门，对自身作为妇女改革者在公共生活中的角色有高度自觉，团结一致反对在联邦与州层面上歧视妇女的法律，并使妇女组织与志愿联盟在"大萧条"期间保持活力。但她们此时也已临近退休。她们的下一代妇女，即成长于 1920 年代与 1930 年代的年轻女性，她们把接受大学教育、选择职业、投票、担任公职、在婚姻与职业之间进行自由选择都认为是理所当然，认为不再需要为女性的基本权利而斗争。莉莲·赫尔曼总结道："我太年轻而没有资格向前辈妇女为平等而奋斗的斗争表达感谢之情。"[1] 年青一代女性对女权主义的冷淡确实对女权主义运动有很大的消极影响。

　　总之，1930 年代期间经济问题压倒一切，成为整个国家和妇女组织关注的中心，妇女问题没有得到普遍的支持，女权主义运动处于被忽视的状态，历史学家亨利·威廉·查夫由此得出悲观结论："在选举权修正案通过后的 20 年里，女权运动被争论所困扰、因缺少广泛支持而被削弱、因相互残杀的争吵而分裂，达到了最低点。女权运动在美国作为一个强有力的力量已经不复存在。"[2] 但如前文所述，情况没有这么悲观，美国的女权主义并没有死亡，"1930 年代期间女权主义获得了显著的成就，这些成就表现在妇女在公共事务中广泛而多样的角色，

---

① Susan Ware, *Holding Their Own: American Women in the 1930s*, p. 112.

② William Henry Chafe, *The American Woman, Her Changing Social, Economic, and Political Roles, 1920—1970*, p. 132.

以及妇女为更广泛的社会改革作贡献的意识。女权主义的确从大萧条中的 10 年中幸存下来，比一般认为的情况要更好些"。①
这一时期女权主义幸存下来了，但被边缘化，继续处于一种低潮状态之中，直到 1960 年代第二次女权主义运动兴起才改变这种状态。

三　1920—1930 年代的美国女权主义和妇女家庭角色

1920 年代和 1930 年代期间女权主义处于低潮期，与这个时期美国社会文化和价值观，尤其是妇女对自身的角色定位有密切关系。1920 年代美国正处于第一次世界大战结束之后的稳定发展时期，经济繁荣，社会观念趋向于保守，尽管此时参政权的胜利为妇女进入公共领域扫除了法律上的障碍，但对大多数妇女来说，婚姻比职业、男女平等权利更重要，家庭角色依然是其主要角色。历史学家威妮弗雷德·D. 旺德西指出："简单的事实是大多数美国妇女反对女权主义思想，把家庭角色看做是主要角色，这种观点影响了她们对工作和女权主义的态度。"② 1930 年代期间经济危机不仅冲击了美国的政治、经济体制，迫使政府大刀阔斧进行改革，而且经济危机所造成的史无前例的失业导致千千万万家庭面临严峻的考验，生存成为第一需要，也对美国的传统价值观提出挑战，男女两性原有的角色定位亦受到挑战。大萧条对女性在家庭中的地位变化产生了双重影响：一方面，由于男性收入下降、失业等原因，其作为家庭养家糊口者的角色削弱，在家庭中的权威受到挑战，而妇女在家庭中的经济作用和精神力量相

---

① Susan Ware, *Holding Their Own*: *American Women in the 1930s*, p. 88.

② Winifred D. Wandersee, *Women's Work and Family Values*, *1920 — 1940*, Cambridge, p. 118.

对增大，地位相应提高，有的甚至成为维持家庭生存的中流砥柱。这种角色转变，给妇女带来了新的生活模式，扩大了她们在劳动力市场、政治与社会改革中的参与。另一方面，男女两性的性别定位并没有改变，经济危机使妇女在家庭中担任更重要的角色，巩固了传统思想，这在政府与民间对已婚妇女就业的强烈抵制可见一斑。因此，尽管此时政治上的男女平等已经实现，但社会文化、社会价值观念的改变并非是一朝一夕的事，妇女在家庭与社会中的角色仍然受到"妇女的位置在家庭"传统观念的影响，尤其是已婚妇女，当面临家庭与工作、参加社会活动的矛盾时，她们往往选择家庭而放弃职业。即使是一些成功的职业妇女，当婚姻和职业的矛盾不可调和时，往往选择回归家庭，而不像老一辈女权主义者那样甚至放弃婚姻家庭而寻求职业上的发展。威妮弗雷德·D. 旺德西指出："1920 年代和 1930 年代的女权主义者没有为鼓舞潜在的追随者提供必要的思想和组织领导。她们从来没有真正勉力抓住社会中妇女的社会和家庭资源。她们能激励那些年代的美国妇女采取行动值得怀疑，因为她们大多数完全认同传统家庭生活价值观。"[①] 正是由于大多数美国妇女对家庭传统角色的认同，女权主义对她们缺乏吸引力，而妇女运动的领导者对这一点缺乏必要的了解，这种脱节损害了女权主义运动的发展。

　　美国妇女组织内部对妇女角色的定位也存在严重分歧。由于各个州都存在很多性别不平等的法律，妇女群体一致认为必须予以消除，但在原则和程序上发生了分歧，尤其是围绕关于《平等权利修正案》所产生的激烈争论，导致了女权主义运动

---

① Winifred D. Wandersee, *Women's Work and Family Values*, *1920 — 1940*, p. 121.

的分裂。承继进步主义改革传统的社会女权主义者认为男性与女性尽管有很多共同点，但仍有本质的差别，女性不仅体质较弱，并因特殊的生理原因担负着母亲角色，有抚养孩子的责任，妇女需要的是特殊关注与保护，因此在当前依然是男权主导的社会环境下，妇女更需要保护而不是平等，对妇女和儿童的保护性立法应置于男女平等权利之前。相反，以全国妇女党为首的激进女权主义者认为男性与女性共性大于差异，在保护性立法下妇女被归类为孩童和未成年人，这是对女性的歧视。她们认为妇女权利比社会改革更重要，实现《平等权利修正案》是宪法第 19 条修正案所赢得的政治权力自然和必要的延伸。社会女权主义者与激进女权主义者双方最大的差异是在于对女性角色定位方面。前者更强调女性的母性角色使其处于不利的地位，因此保护性立法完全必要。① 激进女权主义者则更多从妇女个体权利立场出发，认为女性与男性应该有完全的平等权利。妇女组织对立双方由于对女性角色定位的差异，围绕《平等权利修正案》争论不休，消耗了双方大量的时间和精力，造成了妇女群体之间无法弥合的裂痕，削弱了妇女群体整体为改善妇女性别地位的斗争，对女权主义发展造成无法挽回的损害，影响了美国女权主义运动的进程。

　　美国妇女组织和女权主义者本身不仅对女性角色定位有差异，而且她们往往把妇女问题孤立化和狭隘化，这也是导致这一时期女权主义运动与美国社会现实脱节、走向沉寂的重要原因。威廉·奥尼尔（William O'Neill）指出，女权主义者没有认识到妇女问题是包括美国社会中的性别角色和整个社会秩序的更大的社会问题的一部分。激进女权主义者对变化的态度基

---

　　① Nancy Woloch, *Women and the American Experience*, p. 384.

本上是保守的，她们只要求法律平等，没有考虑致力于在男性世界中努力为自己打开一个缺口的妇女所面临的问题，她们尤其过分强调政治而忽视了其他领域——经济、社会和家庭——而这些对妇女的生活影响更大。奥尼尔也批评了社会女权主义者，指出尽管她们能把妇女问题放在更广阔的工业社会的社会关联中，但她们把社会看做是家庭的延伸，支持传统的家庭制度，阻止妇女获得与男性相同的工作机会等。奥尼尔对大量女权主义者进行调查后指出，她们不明白为了赢得"真正的起作用的平等"，应该有家庭生活的革命。他指出，较早的女权主义者看到这种需求，伊丽莎白·卡迪·斯坦顿和苏珊·B. 安东尼就是例子。①

　　但事实上此时美国社会并不具备奥尼尔所期望的家庭生活革命。1920 年代期间工业化和城市化不断推进，家用电器源源不断地进入城市家庭中，取代了家庭佣人，家务劳动简化，但由于现代女性在家庭中承担多重角色，婚姻和家庭仍是大多数女性的生活中心，此时大众文化在现代化的外衣下强化并巩固了"妇女的位置在家庭"的传统价值观。尽管妇女就业呈现增长趋势，尤其是已婚妇女就业发展从此时开始成为一个长期趋势，但就业市场性别隔离的坚冰并没有打破，女性就业进展有限，家庭角色依然是她们名正言顺甚至唯一的角色。即使以反传统为特征的"新女性"，也同样把婚姻家庭视为幸福生活的基础。在这样一种社会氛围中，传统家庭生活固若金汤。到1930 年代，尽管"大萧条"对美国所有的家庭造成巨大的冲击，并且在一定程度上改变了男女两性在家庭中的角色和地

---

① Winifred D. Wandersee, *Women's Work and Family Values*, *1920 — 1940*, pp. 119—120.

位，对传统的家庭价值观产生一定的冲击，尤其是在男性失业的家庭，造成一定程度的角色错位，但总体上来看，"大萧条"期间家庭依然是抵御危机的基本堡垒，其重要性更加凸显。社会学家经过调查发现，越是组织良好的家庭——实际上越是保持传统模式的家庭，其抵御危机的能力就越强，就越能在"大萧条"中幸存下来，而其他类型家庭就没有这么幸运了。另外，1930 年代的社会舆论巩固了传统的家庭模式和男女角色分配，即由妇女全权负责家庭事务，在维持家庭团结担当重要角色，男性承担"养家糊口的人"的主要责任，以对抗"大萧条"所带来的分裂力量。尽管此时许多家庭处于较困难之中，传统家庭观不仅没有崩溃，而且有强化之势。而只要这种以父权制为主导的家庭模式不发生变化，传统的家庭观念将依然存在，妇女真正的平等就不可能实现。这一点，美国妇女组织和妇女运动的领导人并没有足够充分的认识。

此外，美国女权主义者把家庭定义为妇女"最终的压迫者"，没有认识到家庭对妇女来说像一切压迫工具一样也是权利的一种资源，已婚妇女往往比未婚妇女有更好的社会和经济地位。1920 年代和 1930 年代期间，工业化、城市化和"大萧条"使妇女家庭和经济角色增加，许多已婚妇女进入劳动力市场，但她们的就业比例和就业人数有限，绝大多数美国妇女依然是全职家庭主妇，她们承担了沉重的家庭责任。美国社会舆论和政府政策以及企业雇主对妇女就业，尤其是已婚妇女就业普遍有偏见和歧视，不仅不能为妇女进入工作市场提供方便，而且从舆论到法规都对已婚妇女就业设置了障碍。此外，大多数已婚妇女把家庭视为生活的中心，而没有把工作看做是提高其个人应有地位的一种方式。威妮弗雷德·D. 旺德西指出："女权主义，作为一种运动和一种意识形态，在两次世界大战之间的年代里经历重大挫折，因为它拒绝承认对大多数美国妇女来说家庭生活和家庭价值观是重要的。1920 年代期间，根据家庭需求规定了她们家庭内外的经济活动。1930 年代期间，这些需求被强化，而女权主义者未能使大量的妇女相信在女权主义和家庭福利之间有关系。妇女和家庭问题仍然是当代女权主义者运动的一个重要问题。妇女对家庭的历史认同表明，如果有广泛的支持基础，家庭革命会是和缓的。这是一个真正的女权主义者困境，这个问题如半个世纪之前一样没有得到很好的解决。"①

小　　结

1920 年代在保守主义、消费主义和个人主义思潮影响下，美国大多数妇女把精力放在个人满足上，许多妇女组织不再参与政治行动，康涅狄格州一位原"选举权主义者"指出："在我们去投票之后，运动也就结束了。现在是和平时期，我们大家都返回到各自不同的事业和工作中去了，而这些事情都是过去这些年被我们放在一旁的。我们地地道道被复员了。"② 这一时期继续参与政治行动和改革的妇女组织和个人也有不同的发展方向：最大最有影响的有组织团体在以弗洛伦斯·凯利等为代表的社会女权主义者带领下，继续致力于社会改革，为女性保护性立法作出不懈努力；以全国妇女党为首的少数激进女权主义者则把精力集

---

① Winifred D. Wandersee, *Women's Work and Family Values*, 1920 — 1940, p. 122.

② ［美］洛伊斯·W. 班纳著，侯文蕙译：《现代美国妇女》，东方出版社 1987年版，第 127 页。

中于《平等权利修正案》上，为在法律上男女性别的完全平等而努力；少数妇女进入公共服务机构，谋求政治上的发展。到1920年代末，分裂和新的方向更加明显。此时妇女群体的社会改革屡屡受挫，各种妇女组织成员人数下降，妇女运动在物质繁荣的时代走向了沉寂。

1930年代由于经济危机导致社会矛盾空前激化，社会动荡不安，妇女群体在重重危机中重新焕发进步主义时代曾经有过的活力。尽管妇女组织之间依然有分歧，关于《平等权利修正案》的争论也在继续，但女性积极参与"新政"时期的社会救济活动和社会福利立法，并加入到轰轰烈烈的劳工运动中，纠察线上，谈判桌边，到处都有女性的身影，她们在公共领域中扮演了前所未有的角色，妇女组织和一些精英妇女在公共领域中更加活跃，妇女运动重新高涨，"代表了一个多世纪以来普通妇女有组织活动的顶峰"。① 对美国妇女来说，这一时期既是黯淡困苦的岁月，同时也是激情飞扬的时代。

1920年代和1930年代期间女权主义运动也走向沉寂。1920年代期间尽管由于选举权的胜利消除了妇女参政的障碍，但物质的繁荣和消费主义、个人主义的盛行，女权主义运动对美国妇女，尤其是年轻女性失去吸引力，走向消沉。1930年代期间经济问题压倒一切，成为整个国家和妇女组织关注的中心，妇女问题没有得到普遍的支持，女权主义运动处于停滞状态。女权主义运动的衰落与美国社会的价值观和妇女角色定位有密切关系，此时"妇女的位置在家庭"依然是主流价值观，而绝大多数美国妇女亦认同其在家庭中的传统角色，女权主义对她们缺乏吸引力。

---

① ［美］萨拉·M.埃文斯著，杨俊峰译：《为自由而生——美国妇女历史》，辽宁人民出版社1995年版，第232页。

妇女群体内部对女性角色定位的差异也造成了妇女群体之间无法弥合的裂痕，削弱了妇女群体整体为改善妇女性别地位的斗争，对这个时期的女权主义发展造成无法挽回的损害，影响了美国女权主义运动的进程。但女权主义没有死亡，而是被忽视和边缘化。J. 斯坦利·兰蒙斯指出："我认为美国女权主义的主要趋势——'社会女权主义'，在 1920 年代进展缓慢，但它既没有失败也没有被摧毁。"① 吉纳维夫·帕克赫斯特也认为 1930 年代女权主义实际上并没有死，她强调女权主义不能通过性别斗争而得到，而只有通过男性和女性的相互合作才能成功，她充满希望地指出："将来的领域是丰富和无穷无尽的。它只能通过有远见和精力充沛的男性和女性的合作才能获得。"②

① Susan Ware, *Holding Their Own: American Women in the 1930s*, p. 88.

② Genevieve Parkhurst, "Is Feminism Dead?" *Harper's Magazine*, Volume 170, May 1935, p. 745.

结　　语

　　通过对 1920 年代和 1930 年代美国妇女状况的研究可以看到，社会政治、经济和文化的变动对妇女的生活及其在家庭和社会中的地位与角色变迁有决定性的影响，妇女积极应对社会的变迁，反过来又影响了社会的发展。此时美国经济经历了从空前繁荣走向危机、萧条、复苏的过程，美国妇女的命运随之起伏，她们经历了经济繁荣所带来的自由和欢乐，也经历了物质匮乏所带来的困窘和痛苦，她们的生活受到外部世界的规范，发生戏剧化的变化。1920 年代经济的繁荣推动了妇女对自由平等的诉求，这在女性的职业发展和"试婚"的出现方面有清晰的体现。但繁荣是短暂的，经济危机的到来使美国妇女的生活急转直下，生存成为压倒一切的需求，她们在凄风苦雨中为自己和家庭幸免于危机而努力。1930 年代期间美国妇女承担起更多的经济责任，不仅维持了家庭的生存，而且提高了自己在家庭中的地位。随着罗斯福实施"新政"，出现了妇女参政的第一个高潮，此时各项社会改革措施都有妇女的努力和影响，尤其是现代社会福利制度的确立，更是对维护妇女等弱势群体的利益产生深远的影响。总之，美国妇女无论是在家庭中还是在社会中的地位和角色变迁，都与社会经济、政治和文化的变迁息息相关，但她们并不是被动地承受社会变动的后果，她们对社会发展也产生了重要的影响。无论是特立独行的"新女性"群体，还是"新政"的"妇女网络"成员，她们都对时代的发展打上了独特的印记。"新女性"以自由不羁的行为和外表、独立明智的婚姻和职业理念，成为1920年代"道德和行为革命"的主将，并成为这个时代最恰当的象征；"新政"的精英女性群体则从政治层面发挥她们的影响，她们以空前的规模参政，在社会救济和社会福利制度的制定和实施中起了重要作用，1930年代的政治遗产和精神遗产中不能抹杀这些女性的影响。社会在变迁，女性群体在适应的同时也在影响着社会的发展，她们与社会之间的良性互动推动着社会前进。

　　从美国妇女这个时期的经历也可以清楚地看到，"妇女的位置在家庭"的传统观念对妇女的发展有很大的制约作用。1920年代经济的繁荣使家庭形式和功能都发生了变化，此时核心家庭成为美国家庭的主要形式，现代化的推进也使家庭外的世界取代了许多家庭功能，但妇女在家庭中的职责并没有减轻，相反，大众文化在现代化的外衣下强化并巩固了"妇女的位置在家庭"的传统价值观。尽管此时妇女就业呈现增长趋势，尤其是已婚妇女就业发展开始成为一个长期趋势，但此时妇女的家庭角色和她们家庭外的工作之间有密切的联系，她们对劳动力市场的参与是其家庭角色的直接扩大。随着家庭生产功能的下降和消费功能的凸显，妇女在家庭外的就业变得日益必要，但对大多数的妇女来说，家庭外的工作是她们对家庭价值观承认的反映，而不是她们走向自主或自我实现价值观变化的表现，即使以反传统为特征的"新女性"，也同样把婚姻和家庭视为幸福生活的基础，一旦职业和婚姻产生冲突，她们往往选择后者，回归女性的传统角色。1930年代期间，尽管危机对美国所有的家庭造成巨大的冲击，并且在一定程度上改变了男女两性在家庭中的角色和地位，但危

机期间家庭成为抵御危机的基本堡垒，此时的社会舆论反而巩固
传统的家庭模式和男女角色分配，以对抗危机所带来的分裂力量
的作用。"大萧条"为女性带来了在家庭中权利的提高和责任的
增加，但其责任往往超过权利，习俗和传统使大多数的家庭在丈
夫存在时不能接受家庭结构中的激进变化，大多数的妻子本身也
不愿意夺取丈夫的权威而坚持自己的权力，她们不能自由地参与
超越家庭领域的活动，而是面临在经济和感情上维持家庭的双重
任务。因此，这一时期美国传统的妇女观并没有动摇，美国妇女
没有尝试挑战现存的男性和女性角色定义，"大多数美国妇女一
直把婚姻看作是一个全职工作，而它的确在这个国家历史的大多
数时候是全职工作。但 1920 年代在重视妇女行动领域中出现新
的态度。通过前几十年的妇女运动，同时通过提高妇女的经济机
会、技术发展对家务劳动的影响以及新的社会道德，妇女被鼓励
超越家庭领域。但 1930 年代'大萧条'的十年在这些出现的趋
势前加上了刹车，培育了婚姻和家庭被认为是妇女全部义务的家
庭气氛"。①

　　透视美国妇女在历史中的经历，可以看到传统思想观念的转
变比社会政治与经济变动更加不易。美国历史上社会与政治变动
对妇女的生活有显著的影响，对女性的理想要求也随社会的发展
而不断变化，但"妇女的位置在家庭"的传统观念却一直没有改
变。殖民地时期美国是一个农业社会，女性与男性一起从事经济
活动，家庭是生产的中心，每个成员之间相互依赖以求生存，妇
女的贡献对经济自给自足很重要，此时独立能干的家庭主妇是美
国社会理想的形象，但社会对男女各自特性并不强调："在生存

---

　　① 　Winifred D. Wandersee, *Women's Work and Family Values*, 1920 — 1940,
p. 117.

为第一需要的环境中，女性必须像男性一样工作、生活，所有关于女性的陈规旧习都是多余的。"[1]随着美国革命的胜利，美国社会开始宣扬"共和国母亲"的形象。此时美国舆论强调美利坚合众国生存的基础是有美德的公民，而家庭是培养公民的主要场所，因此妇女作为妻子和母亲对共和国的存亡至关重要。对"共和国母亲"推崇推动了妇女教育的发展，女性的社会地位也得以提高，女性的角色是贤妻良母，如果有人背离这个角色，她就会被认为缺乏"女性气质"。

到19世纪随着工业化的推进，家庭与工作场所分离开来，家庭不再是经济活动的中心，妇女的经济角色也随之削弱。此时的美国社会划分为公共领域和私人领域，公共领域被视为"男性的领域"，包括政治、经济、军事、文化等一切非家庭活动领域，而私人领域则被划分为"妇女的领域"，包括家庭活动、生、养子女、照顾丈夫以及慈善活动等。随着男女分离领域观念的产生，男女具有不同特点的观念也随之产生，男性被认为是独立的、理性的、进攻性的和支配性的，而女性是依赖的、非理性的、柔弱的和顺从的，这些关于男女两性差异的观念在各种场合以不同方式被反复强调。与此同时，男性被认为由于进入竞争激烈、物质主义的公共领域，他们的道德力量受到削弱，而女性由于固守家庭、笃信宗教而使她们的道德高于男性，同时，社会变革使美国人有一种不安定感和对丧失传统的危机感，家庭成为他们抵御社会变动、维持传统制度和观念的堡垒，社会更加强调"妇女的位置在家庭"，出现对"真正的女性"的崇拜，妇女被赋予道德优势的同时进一步被禁锢在家庭领域中。当然，"妇女的

---

① William H. Chafe, *Women and Equality: Changing Patterns in American Culture*, p. 35.

领域"和"真正的女性"主要是中产阶级的价值观，来自较低家庭经济收入的有色人种妇女和新移民妇女越来越多地进入劳动力市场，她们的形象与角色与白人中产阶级妇女有很大的不同。

　　19 世纪末，随着第一次女权运动的发展和妇女受教育程度的进一步提高，美国妇女逐渐突破"妇女的领域"的樊篱，洋溢着青春气息的"吉布森女郎"出现，但依然是母性的形象，家庭依然是她们生活的中心。20 世纪最初 20 年，女大学生成为这个时代的"新女性"。妇女接受高等教育作为一种打乱正常秩序的力量，使一些女性脱离传统家庭的限制，被灌输一种使命感和一种社会改革的热情，这些妇女很难认同要求她们做贤妻良母的传统的价值观，她们打破"妇女的位置在家庭"的陈规，成为医生、大学教授、住宅楼工作者、律师以及建筑师等专业人员，为社会树立了全新的女性形象。此时美国争取妇女选举权运动也发展到了关键时刻，它利用了传统思想的框架作为寻求变化的基础，争取妇女选举权运动的领导者一再强调，女性进入政治可以给政府带来道德尺度。到 1920 年代，不受传统拘束、特立独行的"福莱勃尔"成为现代女性的典型，但她们的自由和解放流于表面和形式，其婚姻和家庭观念本质上是传统的。到 1930 年代，女性在为了生存的斗争中其独立性进一步提高，但社会和妇女本身依然认同妇女的家庭角色，社会对"妇女的领域"的传统观念的强调再次制约了独立自主新型女性的发展。第二次世界大战后，出现女性回归家庭的潮流，"对美国妇女来说，女性的完美，就只存在唯一的一种定义，那就是主妇加母亲。在这个变化的世界上，作为一个正在变化、正在成长的个体，美国妇女的形象梦幻般地被粉碎了。她那为寻求自我的单飞在匆忙探求跟别人共同生活的安全感时，被遗忘得一干二净。她那无限广阔的天地收缩成了舒适家庭的几面墙壁。……'职业：家庭主妇'成为战后美国妇女的理想形象"。①"妇女的领域"和"真正的女性"的观念更加狭隘化，但同时许多美国妇女对现状越来越不满，促使她们越来越深入地思考自己的生活和命运。20 世纪 60 年代第二次女权运动兴起，妇女才真正突破"妇女的领域"的樊篱，流行几个世纪之久的"妇女的位置在家庭"的传统观念才真正被动摇。总之，"对传统价值的全面冲击需要等待不同的社会与经济环境、规范与妇女实际角色之间的新关系以及妇女发展目标和愤怒的集体意识更大的机会的发展"。②

通过对这个时期妇女的研究也给予我们许多启示。平等和解放一直是妇女群体追求的目标，也是妇女史研究的重要命题。通过对这个时期美国妇女状况的研究可以认识到，妇女要获得真正的平等和解放，关键在于自身的努力，其中经济独立至关重要。1920 年代和 1930 年代期间妇女在家庭和社会中地位和角色的变迁与她们的经济独立程度休戚相关，经济独立是女性解放的先决条件，没有物质基础，行为和思想上的自由不过是空中楼阁。著名女权主义者夏洛特·帕金斯·吉尔曼指出："不管获得别的什么平等，只要一个性别在食物、服装和保护上依赖另一个性别，它就不是自由的。"③ 对女性来说，经济独立最重要的作用就是使她们可以不必依赖男性而直接参与社会的发展，这对改变她们在社会上的从属地位至关重要，当然，"妇女的家庭和社会地位，

---

① 〔美〕弗里丹著，陈锡麟、朱徽等译：《女性的奥秘》，广东经济出版社 2005 年版，第 31 页。

② William H. Chafe, *Women and Equality：Changing Patterns in American Culture*，p. 42.

③ William Henry Chafe：*The American Woman，Her Changing Social，Economic，and Political Roles，1920 — 1970*，p. 109.

不会简单地随着参加社会劳动而改变，因为经济不是决定她们社
会地位的唯一因素，传统文化及其他的社会因素，亦起到极其重
要的作用"。① 传统与文化的规范力量同样是强大的，女性群体
无法规避社会文化与传统对她们的制约。只要在社会和家庭中女
性的角色定位没有改变，那么女性想要的平等就不会实现。只有
当妇女能在与男性相同的基础上参与生活的所有领域，消除劳动
的性别分工，经济平等变成现实，才能获得真正的平等。在妇女
通往平等和解放的道路上，观念上的解放与经济上的解放同等重
要。妇女走向平等的道路漫长而又困难重重，需要一代又一代的
女性做不懈的努力。

---

① 鲍晓兰主编：《西方女性主义研究评介》，生活·读书·新知三联书店 1995
年版，第 75 页。

附录　重要统计数据

一　美国劳动力市场中的妇女

1.1890—1970 年劳动力中的妇女

年份	占所有劳动力百分比	占所有妇女百分比
1890	17	18
1900	18	20
1920	20	23
1930	22	24
1940	25	28
1945	36	37
1950	29	32
1955	31	34
1960	33	36
1970	40	44

资料来源：Lois Banner，Women in Modern America：A Brief History，New York：Harcourt Brace Jovanovich，1974，p. 256.

2. 1910—1940 年美国女性劳动力分布变化状况

年 份	白领工作	
	分布百分比	变化率
1910	23.5	
1920	38.6	+64.3
1930	44.0	+14.0
1940	44.9	+2.1

年 份	家庭与个人服务	
	分布百分比	变化率
1910	31.3	
1920	25.6	−18.2
1930	29.6	+15.6
1940	28.9	−2.4

年 份	劳工与半熟练工人	
	分布百分比	变化率
1910	45.2	
1920	35.8	−20.8
1930	26.5	−26.0
1940	23.9	−9.8

资料来源：H. Dewey Anderson and Percy E. Davidson, *Occupational Trends in the United States*, California: Stanford University Press, 1940, p. 19; *Fifteenth Census of the United States*, 1930, Population, Vol. V, *General Report on Occupations*, Washington, D. C. Government Printing Office, 1933, Table 2, p. 39; and *1940 Census*, Vol. III, Part I, Table 61, p. 87。

说明：1940 年的分布数字总共只有 97.7%，因为有 2.3% 被调查者的职业领域不明。

3. 1900—1960 年美国女性专业职业发展状况

年份 职业	占所有工作的百分比						
	1900	1910	1920	1930	1940	1950	1960
律　师		1.0	1.4	2.1	2.4	3.5	3.5
大学校长							
教　授		19.0	30.0	32.0	27.0	23.0	19.0
牧　师	4.4	1.0	2.6	4.3	2.2	8.5	5.8
医　生		6.0	5.0	4.0	4.6	6.1	6.8
工程师					0.3	1.2	0.8
牙　医		3.1	3.2	1.8	1.5	2.7	2.1
生物学家						27.0	28.0
数学家						38.0	26.4
物理学家						6.5	4.2
图书管理员		79.0	88.0	91.0	89.0	89.0	85.0
护　士	94.0	93.0	96.0	98.0	98.0	98.0	97.0
社会工作者		52.0	62.0	68.0	67.0	66.0	57.0

资料来源：Cynthia Fuchs Epstein, *Women's Place*：*Options and Limits in Professional Careers*, Berkeley：University of California Press, 1971, p. 7；转引自 Susan Ware, *Holding Their Own*：*American Women in the 1930s*, Boston：G. K. Hall & Co., 1982, 第 70 页。

4. 1890—1930 年美国女性劳动力市场中的职业分布状况

职业　＼＼年份	1890	1900	1910	1920	1930
农　业	17.3	18.4	22.4	12.7	8.5
森林、渔业	*	*	*	*	*
矿　业	*	*	*	*	*
制造业、机械工厂	27.6	29.9	22.5	22.6	17.5
交通和通讯业	0.3	0.5	1.4	2.6	2.6
贸　易	2.4	3.8	5.9	7.9	9.0
公共服务	0.1	0.2	0.1	0.1	0.2
专业服务	7.9	8.0	9.1	11.9	14.2
家庭和个人服务	41.2	37.1	31.3	25.6	29.6
秘书工作	3.1	5.1	7.3	16.6	18.5

　　资料来源：H. Dewey Anderson and Percy E. Davidson, *Occupational Trends in the United States*, California: Stanford University Press, 1940, p. 19; *Fifteenth Census of the United States*, 1930, *Population*, Vol. V, *General Report on Occupations*, Washington, D. C., Government Printing Office, 1933, p. 39; 转引自 Wandersee, Winifred D., *Women's Work and Family Values*, 1920 — 1940, Cambridge, Mass.: Harvard University Press, 1981, 第 85 页。

　　（＊：不到 0.01%）

5. 美国女性经理、高级职员与所有人（除了农场）

年份	数量	总百分比	10 年间的增长 （百分比）	男性 10 年间的 增长（百分比）
1900	77214	4.5	—	—
1910	216537	8.6	180	43
1920	220797	7.8	2	13
1930	304969	8.4	38	27
1940	414472	11.0	36	1
1950	699807	13.6	69	33

资料来源：Frank Stricker, "Cookbooks and Lawbooks: The Hidden History of Career Women in Twentieth Century America," *Journal of Social History* 10, Fall 1976。

6. 1910—1940 年美国女性劳动力的职业分布状况

年份	白领		家庭和个人服务		劳工和半熟练技工	
	百分比	百万	百分比	百万	百分比	百万
1910	23.3	1.8	31.3	2.4	45.4	3.5
1920	38.5	3.2	25.6	2.1	35.8	3.0
1930	44.0	4.7	29.6	3.1	26.5	2.8
1940	44.9	5.7	28.9	3.7	23.9	3.0

资料来源：*Sixteenth Census of the United States*, 1940. Population, Vol. III,: *The Labor Force*, *pt. I*, *U. S. Summary*, Washington, D. C.: Government Printing Office, 1943, p. 87; 转引自 Wandersee, Winifred D., *Women's Work and Family Values*, *1920 — 1940*, Cambridge, Mass.: Harvard University Press, 1981, 第 89 页。

7. 1936 年 7 月美国在不同职业领域中就业的女工的百分比

正常就业	分布百分比
家庭和个人服务	29.6
秘书职业	18.5
专业服务	14.2
贸　易	9.0
其　他	11.2
全　部	100.0
寻找的工作（1936 年）	分布百分比
服务工人	50.9
秘书工人	15.5
制造业和机械业	10.8
销售人员	4.8
其　他	12.3
全　部	100.0

资料来源：Mary E. Pidgeon, Women in Economy of the United States：A Summary Report, U. S. Department of Labor, Women's Bureau No. 155 （Washington, D. C.：Government Printing Office, 1937）, p. 37, Mary Kelly, Edi., *Woman's Being*, *Woman's Place：Female Identity and Vocation in American History*, Boston：G. K. & Co., 1979, p. 299。

8. 1890—1940 年美国就业女性的婚姻状况

年份	婚姻状况	总数（百万）	分布百分比	有酬受雇（百万）	百分比
1890		19.6	100.0	3.7	18.9
	其中：单身和未知的	6.3	68.2	2.5	40.5
	已婚	11.1	13.9	0.5	4.6
	丧偶和离婚的	2.2	17.9	0.7	29.9
1900		24.2	100.0	4.9	20.6
	其中：单身和未知的	7.6	66.2	3.3	43.5
	已婚	13.8	15.4	0.77	5.6
	丧偶和离婚的	2.8	18.4	0.9	32.5
1910		3.1	100.0	7.6	25.4
	其中：单身和未知的	9.0	60.2	4.6	51.1
	已婚	17.7	24.7	1.9	10.7
	丧偶和离婚的	3.4	15.0	1.2	34.1
1920		35.2	100.0	8.3	23.7
	其中：单身、丧偶、离婚和未知的	13.9	77.0	6.4	46.4
	已婚	21.4	23.0	1.9	9.0
1930		42.8	100.0	10.6	24.8
	其中：单身和未知的	11.4	53.9	5.7	50.5
	已婚	26.2	28.9	3.1	11.7
	丧偶和离婚的	5.3	17.2	1.8	34.4
1940		50.5	100.0	12.8	25.3
	其中：单身	13.9	49.4	6.4	45.0
	已婚	30.1	35.5	4.6	15.3
	丈夫在业	28.5	29.6	3.8	13.3
	丈夫失业	1.6	5.9	0.75	46.9
	丧偶和离婚的	6.5	15.1	1.9	29.2

资料来源：*Sixteenth Census of the United States*, *1940*. Population, Vol. III, *The Labor Force*, *pt.* I, *U. S. Summary*, p. 26；*Fifteenth Census of the United States*, *1930*, Vol. V, *General on Occupations*, p. 272；Gertrude Bancroft, *The American Labor Force*：*Its Growth and Changing Composition*, Census Monograph Series, New York；John Wiley & Sons, 1958, p. 45. Wandersee, Winifred D., *Women's Work and Family Values*, *1920—1940*. Cambridge, Mass.：Harvard University Press, 1981, p. 68.

说明：①表中女性均指 14 岁以上者，1940 年为 13 岁以上者。②表格数据可能有误，引用时请注意。如 1910 年 14 岁以上女性为 3.1 百万人，似应为 30.1 百万人——本书作者注。

9. 1940 年美国 18—64 岁已婚女性丈夫的就业地位和职业

丈夫的就业地位和职业	有丈夫存在的已婚妇女的数量（百万）	在劳动力中的数量（百万）	在劳动力中的百分比	分布的百分比
受雇的丈夫（排除紧急工作）	22.3	3.0	13.7	
其中:专业和半专业	1.3	0.18	13.7	4.8
农民和农场经理	3.8	0.17	4.4	4.6
业主、经理、官员	2.6	0.40	15.2	11.7
秘书和销售工人	2.7	0.46	17.0	12.5
工匠、工头	3.76	0.47	12.4	12.7
技工	4.1	0.69	16.8	18.9
家庭工人	0.06	0.03	56.4	0.9
保护服务工人	0.37	0.04	10.9	1.1
除了家庭和保护之外的服务工人	0.82	0.21	25.3	5.6
农场劳工和工头	0.77	0.09	11.6	2.4
其他劳工	1.7	0.28	16.3	7.8
未知	0.1	0.01	14.4	10.5
从事紧急工作和正在寻找工作的丈夫	2.8	0.38	13.6	10.2
未列在劳动力中的	1.6	0.25	15.7	6.8
合计	26.6	3.7	13.8	100.0

资料来源：*Sixteenth Census of the United States*, 1940. *Employment and Family Characteristics of Women*, Washington, D. C.：Government Printing Office, 1943, pp. 164；转引自 Wandersee, Winifred D., *Women's Work and Family Values*, *1920−1940*, Cambridge, Mass. Harvard University Press, 1981, p. 82。

说明：表中数据可能有误，引用时请注意——本书作者。

10.1939 年美国 18—64 岁已婚女性其丈夫的收入

地区 类型	工资或薪水 收入(美元)	妻子的百分比	在劳动力市场中 百分比分配	劳动力市场中的 比例	女性 总比例
大城市地区(100000 人或更多)	丈夫没有其他收入	72.2	74.4	16.7	
	没有或不知道的	4.8	7.1	24.3	
	1—199	1.0	1.7	27.6	
	200—399	2.6	3.9	24.2	
	400—599	4.0	5.6	22.7	
	600—999	11.2	14.8	21.7	16.2
	1000—1499	17.5	20.3	18.8	
	1500—1999	14.6	12.6	14.0	
	2000—2999	11.5	6.5	9.2	
	3000 及以上	5.00	1.7	5.6	
	丈夫有其他收入	27.8	25.6	14.9	
城市地区（25000—100000人）	丈夫没有其他收入	73.5	76.3	20.2	
	没有或不知道的	4.8	7.4	29.9	
	1—199	1.6	2.8	33.7	
	200—399	4.5	6.6	28.5	
	400—599	6.4	9.3	28.0	
	600—999	14.1	19.1	26.3	19.4
	1000—1499	17.8	17.5	19.2	
	1500—1999	12.2	9.3	14.7	
	2000—2999	8.7	3.6	8.1	
	3000 及以上	3.4	0.8	4.8	
	丈夫有其他收入	26.5	23.7	17.4	

续表

地区类型	工资或薪水收入(美元)	妻子的百分比	在劳动力市场中百分比分配	劳动力市场中的比例	女性总比例
城市地区(2500—25000人)	丈夫没有其他收入	68.8	71.2	18.6	
	没有或不知道的	5.1	7.9	28.1	
	1—199	2.3	3.7	29.7	
	200—399	5.7	7.7	24.5	
	400—599	7.1	8.9	22.5	
	600—999	14.6	18.4	22.5	18.0
	1000—1499	15.8	15.1	17.1	
	1500—1999	9.7	6.4	11.9	
	2000—2999	6.4	2.5	6.9	
	3000 及以上	2.1	0.5	4.3	
	丈夫有其他收入	31.2	28.8	16.9	

资料来源：*Sixteenth Census of the United States*, 1940. *Population*, *The Labor Force*, *Sample Statistics*, *Employment and Family Characteristics of Women*, Washington, D. C.: Government Printing Office, 1943, pp. 133—135, Wandersee, Winifred D., *Women's Work and Family Values*, 1920—1940, Cambridge, Mass.: Harvard University Press, 1981, p. 79.

11. 1910—1940 年美国 14 岁以上的已婚女工发展状况

年份	有酬雇佣的百分比	增长比例	女性劳动力比例	增长比例
1910	10.7	—	24.7	—
1920	9.0	—15.9	23.0	—6.7
1930	11.7	+30.0	28.9	+25.7
1940	15.3	+30.8	35.5	+22.8

资料来源：Wandersee, Winifred D., *Women's Work and Family Values*, 1920—1940, Cambridge, Mass.: Harvard University Press, 1981, p. 91.

12. 1939 年根据丈夫收入水平排列的美国城市和农村非农业地区女工的收入水平

女工收入		其丈夫的收入			
工资或薪水（美元）	全部	600 美元以下	600—1199 美元	1200—1999 美元	2000 美元及以上
1—199	19.4	52.2	27.2	16.5	4.1
200—399	18.2	41.4	33.0	20.5	5.1
400—599	15.5	34.8	36.3	23.7	5.2
600—799	16.2	26.2	39.2	28.5	6.1
800—999	10.6	22.5	30.8	37.7	9.0
1000—1199	7.1	22.8	22.7	40.0	14.5
1200—1399	5.0	23.6	15.7	41.7	19.0
1400—1599	3.0	23.0	13.6	37.5	25.9
1600—1999	2.6	26.0	10.1	33.7	30.2
2000 及以上	2.4	31.0	7.4	16.4	45.2
全部	100.0	34.6	29.8	26.5	9.1
有工资或薪水妇女的百分比	15.5	20.9	18.2	13.8	7.3

资料来源：*Sixteenth Census of the United States*, 1940. *Family Wage or Salary Income*, Washington, D. C.：Government Printing Office, 1943, p. 151；转引自 Wandersee, Winifred D., *Women's Work and Family Values*, 1920—1940, Cambridge, Mass.：Harvard University Press, 1981, 第 80 页。

13.1932 年美国部分有收益就业的家庭主妇的丈夫的收入调查统计

收入（美元）	被调查数量	分配百分比
失业	128	19.6
1000 以下	41	6.3
1000—1999	166	25.5
2000—2999	138	21.2
3000—3999	57	8.7
4000—4999	19	2.9
5000—5999	9	1.4
6000—6999	2	0.3
7000 及以上	8	1.2
未知	84	12.9
总共	652	100.0

资料来源：Cecile T. LaFollette，*A Study of the Problems of 652 Gainfully Employed Married Women Homemakers*，*Contributions to Education*，No. 619，（New York：Bureau of Publications，Teachers College，Columbia University，1934）p. 31.

说明：平均收入＝2323 美元；中值＝2094 美元；众数＝1500 美元（原书作者注）。转引自 Wandersee，Winifred D.，*Women's Work and Family Values*，*1920—1940*，Cambridge，Mass.：Harvard University Press，1981，第 74 页。

14.1936 年 6 月美国女工正在寻求的职业

正常受雇（1930 年）	分布的百分比	正在寻求的职业（1936 年）	分布的百分比
家庭和个人服务	29.6	服务工作	50.9
秘书工作	18.5	秘书工作	15.5
专业服务	14.2	制造和机械工厂	10.8
贸 易	9.0	销售工作	4.8
其 他	11.2	其 他	12.3
全 部	100.0	全 部	100.0

资料来源：Mary E. Pidgeonn, *Women in the Economy of the United States*：*A Summary Report*，U. S. Department of Labor，Women's Bureau，Bulletin No. 155，Washington, D. C.：Government Printing Office，1937，p. 37；转引自 Winifred D. Wandersee，*Women's Work and Family Values*，*1920 — 1940*，Cambridge, Mass.：Harvard University Press，1981，第 93 页。

15. 1936 年 7 月美国在特殊职业领域中求职的女工的百分比

正常就业（1930 年统计数据）	分布百分比
家庭和个人服务	29.6
秘书职业	18.5
专业服务	14.2
贸　易	9.0
其　他	11.2
全　部	100.0
服务工人	50.9
秘书工人	15.5
制造业和机械业	10.8
销售人员	4.8
其　他	12.3
全　部	100.0

资料来源：Mary E. Pidgeon，*Women in Economy of the United States*：*A Summary Report*，U. S. Department of Labor，Women's Bureau No. 155，Washington, D. C.，Government Printing Office，1937，p. 37；转引自 Mary, Edi.，*Woman's Being*，*Woman's Place*：*Female Identity and Vocation in American History*，Boston：G. K. & Co.，1979，第 299 页。

16. 1939 年美国行政部门和独立机构中女性雇员的分布

行政部门和独立机构	雇员总数中女性的比例
所有行政部门和独立机构	18.8
10 个行政部门	15.2
49 个独立机构	34.2
7 个最新成立的独立机构	44.4

资料来源：Susan Ware, *Beyond Suffrage：Women in the New Deal*, Cambridge, Mass.：Harvard University Press，1981，p. 63。

17. 1940 年美国女性劳动力的职业分布

职业	分布的百分比
专业、半专业	12.3
业主、经理、官员，包括农民	4.7
秘书和销售工人	27.9
工匠、工头	1.0
技工	19.2
保护服务工人	a
除了保护之外的服务工人	28.9
劳工，包括农场劳工	3.7
未知	2.3

资料来源：*Sixteenth Census of the United States*，*1940*. Population，Vol. III，The Labor Force，pt. I. . S. *Summary*，Washington，D. C.：Government Printing Office，1943，p. 87；转引自 Winifred D. Wandersee，*Women's Work and Family Values*，*1920−1940*，Cambridge，Mass.：Harvard University Press，1981，第 85 页。

18. 1939 年 6 月 30 日，美国政府部门或机构的雇员及女性雇员分布的数量和百分比

部门或机构	全部雇员	妇女雇员数量	妇女雇员百分比分布	占全部雇员的百分比
合计	920310	172773	100.0	18.9
(一)行政部门	748403	113990	66.0	15.2
邮政部	288979	29358	17.0	10.2
战争部	109886	14042	8.1	12.8
农业部	107712	21575	12.5	20.0
海军部	85400	4662	2.7	5.5
财政部	68002	24661	14.3	36.3
内政部	51923	10920	6.3	21.0
商务部	14491	2160	1.3	14.9
司法部	9605	2237	1.3	24.3
劳工部	6646	2211	1.3	33.3
国务院	5759	2074	1.2	36.0
(二)独立机构	171798	58724	34.0	34.2
民用航空委员会	4214	440	0.3	10.4
文职委员会	1768	997	0.6	56.4
农业信用管理部	3716	1361	0.8	42.9
联邦通讯委员会	616	220	0.1	35.7
联邦存款保险公司	1396	497	0.3	35.6
联邦紧急事务委员会公共工程署	10305	2575	1.5	25.0

续表

部门或机构	全部雇员	妇女雇员数量	妇女雇员百分比分布	占全部雇员的百分比
联邦住房管理部	4707	1697	1.0	36.1
联邦动力委员会	721	231	0.1	32.0
联邦贸易委员会	687	255	0.1	37.0
会计总办公室	4915	1747	1.0	35.5
政府印刷办公室	5534	1060	0.6	19.2
住房所有人贷款机构	10950	5495	3.2	50.2
州际商务委员会	2621	794	0.5	30.3
海事委员会	1471	387	0.2	26.3
全国劳工关系委员会	841	343	0.2	40.8
巴拿马运河	11604	513	0.3	4.4
铁路退休委员会	2598	778	0.5	29.9
金融重建机构	4073	1718	1.0	42.2
农村电力管理局	778	315	0.2	40.2
安全与交换委员会	1576	538	0.3	34.1
社会保障委员会	9661	4634	2.7	48.0
田纳西河流域管理局	12149	987	0.6	8.1
退伍老兵管理局	36787	12867	7.4	35.0
工程兴办署	33972	16614	9.6	48.9
总统办公室	109	19	—	17.4

资料来源：Susan Ware, *Beyond Suffrage*：*Women in the New Deal*, Cambridge, Mass.：Harvard University Press, 1981, pp. 64－65。

说明：本表格数据可能计算有误，引用时请注意——本书作者。

19. 1940 年美国妇女职业群体

职业群体	在有酬职业妇女中的百分比
专业	11.7
半专业	0.9
农场主与经理	1.3
业主、经理	3.6
秘书、销售与类似职业	28.0
工匠、工头	0.9
操作员	18.5
家内服务	17.9
服务,另外的个人服务（清洁、女招待、厨师、美容师与未经正式训练而有经验的护士）	11.3
农场工人（有工资收入）	0.9
农场工人（不付酬的家庭工人）	1.9
农场之外的劳动者	1.0
未知的职业	2.1

资料来源：Janet Hooks, "Women's Occupations Through Seven Decades", Women's Bureau Bulletin ♯ 218, Washington, D. C.：Government Printing Office, 1951, p. 18, Susan Ware, *Holding Their Own：American Women in the 1930s*, Boston, G. K. Hall & Co., 1982, p. 26。

二 关于 1920—1940 年期间美国童工问题统计数据

1. 1880—1930 年美国劳动力市场中 10—15 岁男女儿童统计

年份	总人口百分比	男童百分比	女童百分比
1880	16.8	24.4	9.0
1890	18.1	25.9	10.0
1900	18.2	26.1	10.2
1910	18.4	24.8	11.9
1920	8.5	11.3	5.6
1930	4.7	6.4	2.9

资料来源: *1930 Census*, *Population*, *Vol. V*, *General Report on Occupations*, Washington, D. C.: Government Printing Office, 1933, p. 45; 转引自 Winifred D. Wandersee, *Women's Work and Family Values*, *1920 — 1940*, Cambridge, Mass.: Harvard University Press, 1981, 第 61 页。

2. 1900—1940 年美国劳动力市场中 14—19 岁男女青少年比例

年龄＼年份	1900	1910	1920	1930	1940
14—15	30.9	30.7	17.5	9.2	5.2
男性	43.4	41.4	23.3	12.6	8.0
女性	18.2	19.8	11.6	5.8	2.2
16—17	—	—	44.7	31.7	21.0
男性	—	—	38.0	41.2	29.0
女性	—	—	31.6	22.1	12.9
18—19	—	—	60.0	55.3	52.7
男性	—	—	78.3	70.7	65.6
女性	—	—	42.3	40.5	40.5

资料来源：*1940 Census*，*Population*，*Vol. III*，The Labor Force，pt.，U. S. Summary，p. 26。但是这个统计资料并不包括童工挣钱的所有方式，例如在夏季假期的工作。联邦与社会部门的调查显示，成千上万的童工在糖甜菜地、酸果蔓地、棉花地以及其他形式的工业化的农业生产中工作，以及街头贸易、经济公寓工作、家庭服务和罐头食品场工作。参见 Hazel Kyrk，*Economic Problems of the Family*，New York：Harper & Bros.，1929，pp. 133—134；Walter I. Trattner，*Crusade for the Children：A History of the National Child Labor Reform in America*，Chicago：Quadrangle Books，1970，ch6. 转引自 Winifred D. Wandersee，*Women's Work and Family Values*，*1920—1940*，Cambridge，Mass.：Harvard University Press，1981，第 62 页。

3. 1940 年根据年龄和性别劳动力市场中家长之外的其他人

与家长的关系	在劳动力市场中的数量（百万）	在劳动力市场中的百分比
妻子	3. 29	12. 5
其他亲属		
男性，14—17 岁	0. 87	18. 4
男性，18 岁及以上	8. 99	79. 0
女性，14—17 岁	0. 37	7. 2
女性，18 岁及以上	4. 50	56. 7

资料来源：*Sixteenth Census of the United States*，*1940. Population：The Labor Force（Sample Statistics）*，*Employment and Personal Characteristics*，Washington，D. C.：Government Printing Office，1943，p. 55；转引自 Winifred D. Wandersee，*Women's Work and Family Values*，*1920—1940*，Cambridge，Mass.：Harvard University Press，1981，第 63 页。

三　1920—1940 年代期间美国家庭收入统计数据

1. 1929 年的美国家庭收入分配

收入水平（美元）	家庭数量（千户）	每个水平的百分比	累加的百分比
0	120	0.5	0.4
500 以下	1982	7.2	7.6
500—1000	3797	13.8	21.5
1000—1500	5754	21.0	42.4
1500—2000	4701	17.1	59.5
2000—2500	3204	11.6	71.2
2500—3000	1988	7.2	78.4
3000—3500	1447	5.3	83.7
3500—4000	993	3.6	87.3
4000—4500	718	2.6	89.9
4500—5000	514	1.9	91.8
5000 以上	2256	8.2	100.0
总数	27474	100.0	

资料来源：Maurice Leven，Harold G. Moulton，and Clark Warburton，*America's Capacity to Consume*，Washington，D. C.：Brookings Institution，1934，p. 54；转引自 Wandersee，Winifred D.，*Women's Work and Family Values*，*1920—1940*，Cambridge，Mass.：Harvard University Press，1981，第 10 页。

2. 1935—1936 年美国家庭收入分配

收入水平（美元）	家庭数量（千户）	在每个水平的百分比	渐增百分比
250 以下	1163	4.0	4.0
250—500	3015	10.3	14.2
500—750	3799	12.9	27.1
750—1000	4277	14.6	41.6
1000—1250	3882	13.2	54.9
1250—1500	2865	9.8	64.6
1500—1750	2343	7.8	72.6
1750—2000	1897	6.4	79.0
2000—2250	1421	4.8	83.9
2250—2500	1044	3.6	87.3
2500—3000	1314	4.5	91.9
3000—3500	744	2.5	94.4
3500—4000	438	1.5	95.9
4000—4500	250	0.9	96.8
4500—5000	153	0.5	97.3
5000 以上	793	2.7	100.0
总数	29400	100.0	

资料来源："Incomes of Families and Single Persons, 1935—1936", Monthly Labor Review 47 (October 1938)：730. Wandersee, Winifred D., *Women's Work and Family Values, 1920 — 1940*, Cambridge, Mass.: Harvard University Press, 1981, p. 34.

3. 1929 年与 1935—1936 年美国家庭收入分配百分比

收入水平（美元）	1929 年百分比	1935—1936 年百分比
500 以下	8.1	14.2
500—1000	21.5	41.7
1000—1500	42.4	64.6
1500—2000	59.5	79.1
2000—2500	71.2	87.4
2500 以上	28.8	12.6

资料来源：Maurice Leven, Harold G. Moulton, and Clark Warburton, *America's Capacity to Consume*, Washington, D. C.：Brookings Institution, 1934, p. 54；"Incomes of Families and Single Persons, 1935—1936", *Monthly Labor Review* 47, October 1938, p. 730；Winifred D. Wandersee, *Women's Work and Family Values, 1920—1940*, Cambridge, Mass.：Harvard University Press, 1981, p. 34。

4. 美国家庭和独立的个人中收入的分配

收入水平（1950 美元）	1929 年百分比	1936 年百分比	1941 年百分比	1944 年百分比
1000 以下	15.9	19.5	15.1	7.3
1000—1999	25.6	29.2	19.9	13.7
2000—2999	25.7	20.7	18.5	15.5
3000—3999	12.2	12.3	15.7	17.6
4000—4999	7.2	7.3	12.3	14.7
5000 以上	13.4	11.0	18.5	31.2

资料来源：Selma F. Goldsmith, "The Relation of Census Income Distribution Statiatics to Other Income Data", in Conference on Research in Income and Wealth, An Appraisal of the 1950 Census Data (Princeton：National Bureau of Economic Research, Princeton University Press, 1958), p. 93；Selma F. Goldsmith et al., "Size Distribution of Income Since the Mid-Thirties," Review of Economics and Statistics 36 (February 1954)：4；Wandersee, Winifred D., *Women's Work and Family Values, 1920—1940*, Cambridge, Mass.：Harvard University Press, 1981, p. 35。

5. 1939 年美国城市和农村非农业家庭挣工资者和家庭收入

收入水平（美元）	分配（%）	家中有 2 个或更多 挣工资者的家庭（%）
0	5.6	—
199 以下	2.9	7.2
200—399	6.0	13.8
400—599	7.2	17.8
600—799	8.1	19.4
800—999	7.4	23.3
1000—1199	7.8	24.4
1200—1399	8.7	23.9
1400—1599	8.1	26.8
1600—1999	11.9	35.3
2000—2499	10.7	41.5
2500—2999	5.5	55.3
3000—4999	7.3	60.7
5000 及以上	1.7	46.5
没有被报道的	1.1	—
总数	100.0	28.6

资料来源：*Sixteenth Census of the United States*, 1940. *Population*, *Families*：*Family Wage or Salary Income in 1939*, Washington, D. C.：Government Printing Office, 1943, pp. 32—33; Winifred D. Wandersee, *Women's Work and Family Values*, 1920—1940, Cambridge, Mass.：Harvard University Press, 1981, p. 60。

四　1920—1940 年代期间美国女性教育统计数据

1. 1870—1958 年美国女性在高等院校的注册情况统计（正规学期）

年份	注册的妇女（千人）	在所有 18—21 岁妇女中的百分比	在所有注册学生中的百分比
1870	11	0.7	21.0
1880	40	1.9	33.4
1890	56	2.2	35.9
1900	85	2.8	36.8
1910	140	3.8	39.6
1920	283	7.6	47.3
1930	481	10.5	43.7
1940	601	12.2	40.2
1950	806	17.9	30.2
1958	1148	23.0	35.2

资料来源：Mabel Newcomer, *A Century of Higher Education for American Women*, New York：Harper and Brothers, 1959, p. 46。

2. 1869—1957 年美国女性在高等院校的注册情况（根据学院类型）

年　份	男女同校学院	女子学院
1869—1870	41.1	58.9
1879—1880	60.4	39.6
1889—1890	70.1	29.9

续表

年　份	男女同校学院	女子学院
1899—1900	71. 4	28. 6
1909—1910	75. 8	24. 2
1919—1920	81. 3	18. 7
1929—1930	82. 9	17. 1
1939—1940	82. 3	17. 7
1949—1950	88. 0	12. 0
1956—1957	90. 4	9. 6

资料来源：Mabel Newcomer, *A Century of Higher Education for American Women*, New York：Harper and Brothers, 1959, p. 49。

3. 1920—1960 年美国女博士学位授予情况

年份	授予的数量（名）	女性在总数中的百分比	10 年中的增长百分比
1920	90	15. 1	—
1930	311	15. 4	245. 5
1940	419	13. 0	34. 7
1950	613	9. 2	46. 3
1960	1090	10. 5	77. 8

资料来源：Frank Stricker, "Cookbooks and Lawbooks：The Hidden History of Career Women in Twentieth Century America", *Journal of Social History* 10, Fall 1976, p. 6。

五　1920—1940 年代期间有关美国的其他一些统计数据

1. 1929—1932 年美国国民产值（单位：10 亿美元）

年份	国民生产总值	净国民产值
1929	104. 4	95. 8
1930	91. 1	82. 6
1931	76. 3	68. 1
1932	58. 5	50. 9

资料来源：U. S. Income and Output，Department of Commerce，November 1958；National Income，1954 Edition，Department of Commerce（按当时价格给出了国民生产总值和净国民产值的数据）。

2. 1929—1936 年美国出售的轿车和汽油（以 1929 年为 100 计算）

年份	汽车	汽油（加仑）
1929	100	100
1930	62	101
1931	42	104
1932	30	100
1933	30	100
1934	39	104
1935	60	113
1936	69	112

资料来源：Roland S. Vaile，*Research Memorandum on Social Aspects of Consumption in the Depression*，Bulletin No. 35，New York；Social Science Research Council，1937，p. 19；转引自 Winifred D. Wandersee，*Women's Work and Family Values*，1920 — 1940. Cambridge，Mass. ：Harvard University Press，1981，第 42 页。

3. 关于妇女就业历年的盖洛普民意测验题及结果

(1) 1936 年 8 月：如果有丈夫养家，一个已婚妇女应该赚钱吗？

肯定：18%；　　　　　否定：82%

(2) 1938 年 10 月：如果有丈夫养家，你赞成一个已婚妇女在商业部门或工厂中挣钱吗？

肯定：22%；（其中男性 19%，女性 25%）

否定：78%（其中男性 81%，女性 75%）

(3) 1942 年 12 月：妇女被问：你愿意在一个战争工厂中从事全职工作操纵机器吗？

肯定：40%；　　　　　否定：40%；

有保留回答：17%；　　不知道：3%

(4) 1943 年 3 月：（被问的女工）战后你计划继续工作吗？

肯定：56%（其中单身 75%，已婚 35%）

否定：31%（其中单身 14%，已婚 49%）

不知道：13%（其中单身 11%，已婚 16%）

资料来源：June Sochen: *History: A Record of the American Woman's Past*, Second Edi. , Mayfield Publishing Company, 1982, p. 312。

4. 问题测试

1922 年 1 月，医学博士威廉·爱默森询问《女士家庭伴侣》杂志的读者，"你是一名 100% 的母亲吗"？并提供了一个图表让母亲们自测——怎样发现你的等级。

(1) 如果你的孩子"自由增进"25 分

如果你不知道他是否体量不足，扣 5 分；

如果他体量不足而且没有进行一次全面的身体生长检查，扣 10 分；

如果身体检查显示身体有缺陷，而你没有让他们纠正过来，扣10分。

（2）家庭控制25分

如果你的孩子没有被训练服从，扣10分；

如果你通过其他的训导干涉他正确的纪律，扣5分；

如果你没有训练他有责任感，扣5分；

如果你允许你的感觉凌驾于他的判断之上，扣5分。

（3）一个良好的日常计划25分

如果你不知道在他学校计划中或他的外面活动过度疲劳的原因，扣5分；

如果你不知道他是否有良好的饮食习惯，扣5分；

如果你不知道他是否有良好的健康习惯，扣5分；

如果你在他的计划中没有作必要的调整，而且如果你没有使他在其高度达到平均体重，扣10分。

（4）思想训练25分

在你意识允许范围内尽可能自由地给自己打分数，对所有你所宣称的东西给予最忠实的信任。

资料来源：Dorothy M. Brown, *Setting a Course：American Women in the 1920s*, Boston：G. K. Hall & Co., 1987, p. 118.

5.1928年美国家庭在物品和服务上的预算百分比

物品和服务	百分比
食物	27
服装	13
遮蔽处	12
燃料与照明	4
杂项	
家具与陈设品	2

续表

物品和服务	百分比
烟草制品、糖果、软饮料、口香糖	5
教育与阅读	1
健康	2
汽车	5
其他娱乐（剧院、球类运动）	3
其他杂项（化妆品、市内有轨电车费用、书写材料）	4
储蓄与保险	12
税	10
总共	100

资料来源：Dorothy M. Brown，*Setting a Course：American Women in the 1920s*，Boston：G. K. Hall & Co.，1987，p. 107。

参 考 文 献

一 外文

（一）专著

1. Abramovitz, Mimi, *Regulating the Lives of Women: Social Welfare Policy From Colonial Times to the Present*, Boston: South End Press, 1988.

2. Adamic, Louis, *My America, 1928 — 1938*, New York: Harper&Brothers Publishers, 1938.

3. Allen, Frederick Lewis, *Since Yesterday: The 1930s in America: September 3, 1929 — September 3, 1939*, New York: Harper & Row, Publishers, Inc., 1939.

4. Altbach, Edith, ed., *From Feminism to Liberation*, Cambridge: Schenkman, 1971.

5. Ammen, Christine, *Unsung: A History of Women in American Music*, Westport, Conn.: Greenwood Press, 1980.

6. Anderson, Mary, *Woman at Work*, Minneapolis: University of Minnesota Press, 1951.

7. Angell, Roger, *The Family Ecounters the Depression*, New York: Scribner's, 1936.

8. Angelou, Maya, *I Know Why the Caged Bird Sings*, New York:

Random House, 1969.

9. Bakke, E. Wright, *Citizens Without Work: A Study of the Effects of Unemployment upon the Worker's Social Relations and Practices*, New Haven: Yale University Press, 1940.

10. Barbara Sinclair Deckard, *The Women's Movement, Political, Socioeconomic and Psychological Issues*, Cambridge, Philadelphia, San Francisco: Harper & Row, Publishers, Inc. , 1983.

11. Baskerville, Stephen W. , & Willett, Ralph, *Nothing Else to Fear: New Perspectives on America in the Thirties*, Manchester: Manchester University Press, 1985.

12. Baxandall, Rosalyn & Gordon, Linda & Reverby, Susan, *American Working Women, A Documentary History — 1600 to the Present*, New York: A division of Random House, 1976.

13. Beard, Mary, *America Through Women's Eyes*, New York: Macmillan, 1933.

14. Beard, Mary, *A Changing Political Economy as It Affects Women*, Washington, D. C. : American Association of University Women, 1934.

15. Becker, Susan D. , *The Origins of the Equal Rights Amendment: American Feminism between the Wars*, Westport: Greenwood Press, 1981.

16. Bernstein, Irving, *The Lean Years: A History of the American Worker, 1920 — 1933*, Baltimore, Mayland: Penguin Books Inc. , 1960.

17. Bernstein, Irving, *The Turbulent Years: A History of the American Worker, 1933 — 1941*, Boston: Houghton Mifflin, 1970.

18. Bilton, Alan & Melling Philip, *America in the 1920s, Liberary Sources & Documents, Volume III, An Age of Performance, Populism, Revival and Revivalist Belief*, Helm Information Ltd, 2004.

19. Bird, Caroline, *The Invisible Scar*, New York: Pocket Books, 1966.

20. Blackwelder, Julia Kirk, *Women of the Depression*: *Caste and Culture in San Antonio*, *1929 — 1939*, College Station, Tex.: Texas A & M University Press, 1984

21. Blanchard, Phyllis, & Manasses, Carolyn, *New Girls for Old*, New York: Macauley, 1930.

22. Blau, Francine D., & Ferber, Marianne A., & Winkler, Anne E., *The Economics of Women*, *Men*, *and Work*, The Third Edition, Upper Saddle River: Prentice-Hall, Inc., 1998.

23. Blackwelder, Julia Kirk, *Women of the Depression*: *Caste and Culture in San Antonio*, *1929 — 1939*, College Station, Tex.: Texas A & M University Press, 1984.

24. Bolin, Winifred Wandersee, *Women's Work and Family Values*, *1920 — 1940*, Cambridge, Mass.: Harvard University Press, 1981.

25. Boyer, Paul S., & Clark, Clifford E. & Hawley, Sandra McNair, Jr., eds, *The Enduring Vision*, *A History of the American People*, Concise fourth edition, Houghton Mifflin Company, 2002.

26. Breckinridge, Sophonisba P., *Women in the Twentieth Century*: *A Study of Their Political*, *Social*, *and Economic Activities*, New York and London: McGraw-Hill Book Company, Inc., 1933. （下 载 自 http: // memory. loc. gov/cgi-bin/query)

27. Bromley, Dorothy Dunbar, & Britten, Florence Haxton, *Youth and Sex*: *A Study of 1300 College Students*, New York: Harpar and Brothers, 1938.

28. Brown, Dorothy M., Setting a Course: *American Women in the 1920s*, Boston: G. K. Hall & Co., 1987.

29. Bruno, Frank, *Trends in Social Work*, *1874 — 1956*, New York: Columbia University Press, 1957.

30. Buecbler, Steven M., *Women's Movement in the United States*: *Woman Suffrage*, *Equal Rights*, *and Beyond*, New Brunswich: Rutgers

University Press, 1990.

31. Caplow, Theodore, &. Hicks, Louis, &. Wattenberg, Ben J. , *The First Measured Century*: *An Illustrated Guide to Trends in America*, *1900 — 2000*, Washington D. C: The American Enterprise Insititute for Public Policy Research, 2001.

32. Carter, Paul Allen, *The Twenties in America*, New York: Thomas Y. Crowell Company, 1968.

33. Carter, Paul, *Another Part of the Twenties*, New York: Columbia University Press, 1977.

34. Cary, John H. , &. Weinberg, Julius, ed. , *The Social Fabric*: *American Life from the Civil War to the Present*, Second Ddition, Boston: Little, Brown and Company (Inc.), 1978.

35. Cavan, Ruth Shonle, &. Ranck, Katherine Howland, *The Family and the Depression*, Freeport, N. Y. : Books for Libraries Press, 1938.

36. Chafe, William H. , *The Paradox of Change*: *American Women in the 20th Century*, New York: Oxford University Press, Inc. , 1991.

37. Chafe, William H. , *Women and Equality*: *Changing Patterns in American Culture*, New York: Oxford University Press, 1977.

38. Chafe, William Henry, *The American Woman*, *Her Changing Social*, *Economic*, *and Political Roles*, *1920 — 1970*, New York: Oxford University Press, Inc. , 1972.

39. Chambers, Clarke A. , *Seedtime of reform*: *American social service and social action*, *1918 — 1933*, Mineapolis: University of Minnesota Press, 1963.

40. Collins, Gail, *America's Women*, New York: HarperCollins Publishers Inc. , 2003.

41. Conkin, Paul: *The New Deal*, 2d ed. , Arlington Heights Ill. : AHM Publishing Corporation, 2nd Edition, 1975.

42. Conway, M. Margaret, David W. Ahern, Gertrude A. Steuernagel,

Women & *Public Policy*, *A Revolution on Progress*, Washington D. C. : Congressional Quarterly Inc. , 1995.

43. Cook, Blanche, *Wiesen Eleanor Roosevelt*, Vol. 1, New York: Penguin Books, 1993.

44. Covert, Catherine L. , & Stevens, John D. , eds. : *Mass Media Between the Wars: Perceptions of Cultural Tension*, *1918 — 1941*, Syracuse: Syracuse University Press, 1984.

45. Cremin, Lawrence A. , *The Transformation of the Schools: Progressivism in American Education 1876 — 1957*, New York: Alfred A. Knopf, 1969.

46. Daniel, Robert L. , *American Women in the 20th Century*, *The Festival of Life*. Orlando: Harcourt Brace Jovanovich, Inc. , 1987.

47. Dennis, Peggy, *The Autobiography of an American Communist: A Personal View of a Political Life*, *1925 — 1975*, Westport, Conn. : Lawrence Hill, 1977.

48. Davis, Katherine B. , *Factors in the Sex Life of Twenty-Two Hundred Women*, New York, 1929.

49. Davis, Margery W. , *Women's Place Is at the Typewriter: Office Work and Office Workers*, *1870 — 1930* , Philadelphia: Temple University Press, 1982.

50. Deutrich, Mabel E. , & Purdy, Virginia C. , Edi. , *Clio Was a Woman: Studies in the History of American Women*, Washington D. C. : Howard University Press, 1980.

51. Douglas, George H. , *Women of the 20s*, Dallas, TX: Saybrook Publishers; New York: Distributed by Norton, 1986.

52. Drowne, Kathleen & Huber Patrick, *The 1920s*, Westport, Connecticut. London: Greenwood Press, 2004.

53. Earhart, Amelia, *Last Flight*, New York: Harcourt, Brace, 1937.

54. Epstein, Cynthia Fuchs, *Women's Place: Options and Limits in*

Professional Careers, Berkeley: University of California Press, 1970.

55. Farley, John E. , *Ameican Social Problems*, *An Institutional Analysis*, Englewood Cliffs, New Jersey: Prentice Hall, Inc. , 1992.

56. Fass, Paula S. , *The Damned and the Beautiful*: *American Youth in the 1920's*, New York: Oxford University Press. Inc. , 1977.

57. Filene, Peter, *Him/ Her/ Self*: *Sex Roles in Modern A merica*, Baltimore and London: The Johns Hopkins University Press, 1996.

58. Fink, Ddeborah, *Agrarian Women*: *Wives and Mothers in Rural Nebraska*, *1880 — 1940*, Chapel Hill: University of North Carolina Press, 1992.

59. Flexner, Eleanor, *Century of Struggle*: *The Women's Rights Movement in the United States*, Cambridge: Harvard University Press, 1959.

60. Foner, Philip S. , *Women and American Labor Movement*: *From World War I to the Present*, New York: The Free Press: A Division of Macmillan Publishing Co. , Inc. , 1980.

61. Frazier, E. Franklin, *The Negro Family in the United States*, Chicago: University of Chicago Press, 1989.

62. Friedman, Jean E. , &. Shade, William G. , Edi. , *Our American Sisters*: *Women in American Life and Thought*, Lexington: Mass. : D. C. Heath, 1987.

63. Goldberg, David Joseph, *Discontented America*: *The United States in the 1920s*, Baltimore: Johns Hopkins University Press, 1999.

64. Goldin, Claudia, *Understanding the Gender Gap*: *An Economic History of American Women*, New York: Oxford University Press, Inc. , 1990.

65. Gordon, Linda, *Woman's Body*, *Woman's Right*: *A Social History of Birth Control in America*, New York: Grossman's Punlishers, 1976.

66. Gordon, Linda, *Pitted but not Entitled*: *Single Mothers and the*

History of Welfare, 1890 — 1935 , New York: The Free Press, 1994.

67. Gordon, Linda, *Heroes of Their Own Lives: The Politics and History of Family Violence*, Boston, 1880 — 1960, New York: Penguin, 1988.

68. Gornick, Vivian, *The Romance of American Communism*, New York: Basic Books, 1977.

69. Gray, James Henry, *The roar of the Twenties*, Toronto: Macmillan of Canada, 1975.

70. Groves, Ernest R. , & Ogburn, William F. , *American Marriage and Family Relationships*, New York: Arno Press, 1976.

71. Hagood, Margaret Jarman, *Mothers of the South: Portraiture of the White Tenant Farm Women*, Chapel Hill: University of North Carolina press, 1939.

72. Hall, Jacquelyn Dowd, *Revolt against Chivalry: Jessie Daniel Ames and the Women's Campaign against Lynching*, New York: Columbia University Press, 1993.

73. Harris, Barbara J. , *Beyond the Sphere: Women and the Professions in American History*, Westport, Conn. : Greenwood Press, 1978.

74. Henretta, James A. , & Brody, David, &Dumenil, Lynn, *America, A Concise History*, Volume 2, Since 1865, Boston: Bedford/ St. Martin's, 1999.

75. Henretta, James A. , & Brody, David, & Dumenil, Lynn, *America: A Concise History, Volume 2, Since 1865* , Boston/New York: Bedford/St. Martin's, 1999.

76. Hickok, Lorena, & Roosevelt, Eleanor, *Ladies of Courage*, New York: G. P. Putnam's Sons, 1954.

77. Hicks, John D. , *Republican Ascendancy*, New York: Harper and Row, 1960.

78. Hodgson, Godfrey, *America in Our Time*, New York: Dounble-

day, 1976.

79. Hogeland, Ronald W. , & Kraditor, Aileen S. , ed. , *Women and Womanwood in America*, Lexington: D. C. Heath and Company, 1973.

80. Honey, Maureen, *Breaking the Ties That Bind: Popular Stories of the New Women, 1915 — 1930*, Norman: University of Oklahoma Press, 1992.

81. Honey, Maureen, *Creating Rosie the Riveter: Class, Gender, and Propaganda during World War II*, Amherst: The University of Massachusetts Press, 1984.

82. Horowitz, Helen & Mater, Alma, *Design and Experience in the Women's Colleges from Their Nineteenth Century Beginnings to the 1930s*, New York: Alfred A. Knopf, 1984.

83. Hutchins, Grace, *Women Who Work*, New York: International Publishers, 1952.

84. Hymowitz, Carol & Weissman, Michaele: *A History of Women in American*, New York: the Anti-Defamation League of B'nai B'rith, 1978.

85. Inman, Mary, *In Women's Defense*, Los Angeles: The Committee to Organize the Advancement of Women, 1940.

86. James, Edward T. , James, Janet, Boyer, Paul S. , *Notable Women, 1607 — 1956*, Cambridge: Harvard University Press, 1971.

87. Jerre Mangione, *The Dream and the Deal: The Federal Writers Project, 1935 — 1943*, Boston: Little Brown, 1972.

88. Johnson, Charles S. , *Shadow of the Plantation*, Chicago: University of Chicago Press, 1934.

89. Jones, Jacqueline, *Labor of Love, Labor of Sorrow: Black women, Work, and the Family from the Slavery to the Present*, New York: Basic Books, Inc. , 1985.

90. Keetley, Dawn & Pettegrew, John, *Public Women, Public Words, A Documentary History of American Feminism*, New York, Oxford:

Rowman & Littlefield Publishers, Inc. , 2002.

91. Kelly, Mary, Edi. , *Woman's Being*, *Woman's Place*: *Female Identity and Vocation in American History*, Boston: G. K. & Co. , 1979.

92. Kenneally, James J. , *Women and American Trade Unions*, St. Albans, Vt. : Edon Press, 1978.

93. Kennedy, David, *Birth Control in America*: *The Career of Margaret Sanger*, New Haven: Yale University Press, 1970.

94. Kerber, Linda K. & Hart Jane Sherron De. , *Women's America*, *Refocusing the Past*, Sixth Edition, New York: Oxford University Press, 2004.

95. Kessler-Harris, Alice, *Out to Work*: *A History of Wage-Earning Women in the United States*, New York: Oxford University Press, 1982.

96. Kohlmetz, Ernest, Edi, *The Study of American History*, *Volume II*, *Reconstruction to the Present*, Guilford: the Dushkin Publishing Group, Inc. , 1974.

97. Komarovsky, Mirra, *The Unemployed Man and His Family*, New York: Institute of Social Research, 1940.

98. Kyvig, David E. , *Daily life in the United States*, *1920 — 1939*: *decades of promise and pain*, Westport, Conn. : Greenwood Press, 2002.

99. Lash, Joseph P. , *Eleanor and Franklin*: *The Story of Their Relationship*, *Based on Eleanor Roosevelt's Private Papers*, New York: W. W. Norton, 1971.

100. Lash, Joseph P. , *Eleanor*, *The Years Alone*, New York: W. W. Norton, 1972.

101. Latham, Angela J. , *Posing a Threat*: *Flapper*, *Chorus Girls*, *and other Brazen Performers of the American 1920s*, Hanover, NH: Published by University of New England [for] Wesleyan University Press, 2000.

102. Lemons, Stanley, *The Woman Citizen*: *Social Feminism in the*

1920s, Urbana: Universuty of Illinois Press, 1973.

103. Lerner, Gerda, *Black Women in White America*: *A Documentary History*, New York, Vintage Books, A Division of Random House, 1972.

104. Leuchtenburg, William E. , *The Life History of the United States*, *Volume 11*: *1933 — 1945*, *New Deal and War*, New York: Time Inc. , 1964.

105. Leuchtenburg, William E. , *The Perils of Prosperity*, *1914 — 1932*, Chicago: University of Chicago Press, 1958.

106. Leuchtenburg, William E. *Franklin D. Roosevelt and the New Deal*, *1932 — 1940*, New York: Harper and Row, 1963.

107. Lowitt, Richard, &. Beasley, Maurine, eds. , *One Third of a Nation*: *Lorena Hickok Reports on the Great Depression*, Urbana: University of Illinois Press, 1981.

108. Lubove, Roy, *The Professional Altruist*: *The Emergence of Social Work as a Career*, *1880 — 1930*, Cambridge, Mass. : Haverd University Press, 1965.

109. Lynd, Robert S. , &. Lynd, Helen Merrell, *Middletown in Transition*: *A Study in Cultural Conflicts*, New York, 1937.

110. MaCarthy, Mary, *The Company She Keeps*, New York: Harcourt Brace, 1942.

111. Marling, Karal Ann, &. Harrison, Helen, *7 American Women*: *The Depression Decade*, Poughkeepsie, N. Y. : Vassar College Art Gallery, 1976.

112. Martin, George, *Madam Secretary*: *Frances Perkins*, Boston: Houghton, Mifflin, 1976.

113. Marzolf, Marion, *Up From the Footnote*: *A History of Women Journalists*, New York: Hastings House, 1977.

114. Mattha, Julie A. , *An Economic History of Women in America*: *Women's Work*, *the Sexual Division of Labor and the Development of Cap-*

italism, New York: Schocken Books, 1982.

115. Matthews, Glenna, *The Rise of Public Women: Woman's Power and Woman's Place in the United States, 1630 — 1970*, New York: Oxford University Press, 1992.

116. May, Ernest R. , *The Life History of the United States, Volume 10: 1917 — 1932, Boom and Bust*, New York: Time Inc. , 1964.

117. McConnell, Dorothy, *Women, War, and Fascism*, New York: American League Against War and Fascism, 1936.

118. McDonald, William F. , *Federal Relief Administration and the Arts*, Columbus: Ohio State University Press, 1969.

119. McElroy, Lorie Jenkins, Edi. , *Women's Voices: a documentary history of women in America*, Detroit: UXL, 1997.

120. McElvaine, Robert S. , *The Great Depression: America, 1929 — 1941*, Robert S. McElvaine, 1984.

121. McJimsey, George, *Documentary History of the Franklin, Roosevelt Presidency*, LexisNexis: University Publication of America, 2001 — 2003.

——Vol. 5, *The Social Security Act, June 1934 — August 1935*, 2001.

——Vol. 16, *Promulgation of the National Industrial Recovery Act and the Establishment of the National Recovery Administration*, 2003.

——Vol. 20, *Eleanor Roosevelt: The Role of the First Lady*, 2003.

122. McKinzie, Richard D. , *The New Deal for Artists*, Princeton, N. J. : Princeton University Press, 1973.

123. Media Projects, *Life & Times in 20th-Century America, Volume 2: Boom Times, Hard Times, 1921 — 1940*, Westport: Greenwood Publishing Group, Inc. , 2004.

124. Meltzer, Milton, *Brother, Can You Spare a Dime: The Great Depression, 1929 — 1933*, New York: New American Library, 1977.

125. Mettler, Suzanne, *Dividing Citizens: Gender and Federalism in New Deal Public Policy*, Ithaca: Cornell University Press, 1998.

126. Miller, Nathan, *New World Coming*: *The 1920s and the Making of Moden America*, New York: Scribner, 2003.

127. Miller, Nora, *The Girl in the Rural Family*, Chapel Hill: University of North Carolina Press, 1935.

128. Mink, Gwendolyn, *The Wages of Motherhood*: *Inequality in the Welfare State*, *1917−1942*, Tthaca: Conell University Press, 1995.

129. Newcomers, Mabel, *A Century of Higher Education for American Women*, New York: Harper & Bros. , 1959.

130. Nobel, Jeanne L. , *The Negro Women's College Education*, New York: Teachers College Columbia, 1956.

131. Norton, Mary Beth, *Major Problems in American Women's History*, Lexington, Massachusetts: D. C. Heath and Company, 1989.

132. O'Neill, William L. , *Everyone was Brave*: *The Rise and Fall of Feminism in America*, Chicago: Quadrangle Books, 1969.

133. Park, Marlene, & Markowitz, Gerald E. , *The New Deal for Art*: *The Government Art Projects of the 1930's with examples from New York City and State*, Hamilton, N. Y. : The Gallery Association of New York State, 1977.

134. Penkower, Monty Noam, *The Federal Writers Project*: *A Study in Government Patronage of the Arts*, Urbana: University of Illinois Press, 1977.

135. Perkins, Frances, *The Roosevelt I Know*, New York: Viking Press, 1951.

136. Perrett, Geoffrey, *American in the Twenties*: *A History*, New York: Simon and Shuster, 1982.

137. Pruette, Lorinne, *Women Workers Through the Depression*: *A Study of White Coller Employment Made by the American Women's Association*, New York: Macllan, 1934.

138. Rappaport, Doreen, Edi. , *American Women*, *Their Lives in*

Their Words (*A Documentary History*), Harper Trophy: a Division of HarperCollins Publishers, 1992.

139. Reed, James, *From Private Vice to Public Virtue*, New York: Basic Books, 1978.

140. Roosevelt, Eleanor, *This I Remember*, New York: Harper and Brothers, 1949.

141. Roosevelt, Eleanor, *This is My Story*, New York: Harper and Brothers, 1937.

142. Rose, Nancy E. , *Workfare or Fair Work: Women, Welfare, and Government Work Programs*, New Jersey: Rutgers University Press, 1995.

143. Rosenberg, Rosalind, *Beyond Separate Spheres: Intellectual Roots of Moden Feminism*, New Haven: Yale University Press, 1982.

144. Ross, Ishbel, *Ladies of the Press: The Story of Women in Journalism by an Insider*, New York: Harper and Brothers, 1936.

145. Rossi, Alice, ed. , *The Feminist Papers: From Adams to de Beauvoir*, New York: Columbia Nniversity Press, 1973.

146. Rotella, Elyce J. , *From Home to Office: US Women at Work 1870 – 1930*, Ann Arbor: UMI Research Press, 1981.

147. Rothman, Shiela, *Women's Proper Place: A History of Changing Ideals and Pratices, 1870 to the Present*, New York: Basic Books, 1975.

148. Ruiz, Vicki L. , *Cannery Women: Mexican women, Unionization, and the California Food Processing Industry, 1930 – 1950*, Albuquerque: University of New Mexico Press, 1987.

149. Ryan, Mary P. , *Womanhood in American, From Colonial Times to the Present*, New York: Franklin Watts, 1983.

150. Sapiro, Virginia, *Women in American Society, an Introduction to Women's Studies*, Second Edition, Mountain View: Mayfield Publishing

Company, 1990.

151. Scharf, Lois, *To Work and To Wed: Female Employment, Feminism, and the Great Depression*, Westport, Conn: Greenwood Press, 1980.

152. Scott, Ann, &. Andrew, Scott, *One Half the People: The Fight for Woman Suffrage*, Philadelphia: J. B. Lippincott, 1975.

153. Scott, Anne Firor, ed. , *The American Woman, Who Was She?* Englewood Cliffs: Prentice-Hall, Inc. , 1971.

154. Scott, William, *Documentary Expression and Thirties America*, New York: Oxford University Press, 1973.

155. Shallcross, Ruth, *Should Married Women Work?* Washington, D. C. : National Association of Business and Professional Women, 1940.

156. Showalter, Elaine, Edited, *These Moden Women: Autobiographical Essays from the Twenties*, Old Westbury: Feminist Press, 1978.

157. Sicherman, Barbara &. Green, Carol Hurd &. O'Neill, William L. , *Everyone was Brave: The Rise and Fall of Feminism in America*, Chicago: Quadrangle Books, 1969.

158. Sicherman, Barbara &. Green, Carol Hurd, *Notable Women: The Modern Period*, Cambridge: Harvard University Press, 1984.

159. Skinner, Ellen, *Women and the National Experience*, *Primary Sources in American History*, New York: Addison-Wesley Educational Publishers, 2003.

160. Sklar, Kathryn Kish, &. Dublin, Thomas, Edi. , *Women and Power in American History: Volume II from 1870*, Second Edition, Upper Saddle River: Pearson Education, Inc. , 2002.

161. Sklar, Robert, *Movie-Made America: A Cultural History of American Movies*, New York: Random House, 1975.

162. Slosson, Preston W. , *The Great Grusade and After 1914 — 1929*, New York: Mallillan Co. , 1930.

163. Smith-Rosenber, Carol, *Disordely Conduct*: *Visions of Gender in Victorian America*, New York: Alfred A. Knopf, 1985.

164. Smuts, Robert W. , *Women and Work in America*, New York: Columbia University Press, 1959.

165. Sochen, June, *History*: *A Record of the American Woman's Past*, Second Edi. , Mountain View: Mayfield Publishing Company, 1982.

166. Sochen, June, *Movers and Shakers*: *American Women Thinkers and Activists*, *1900 — 1970*, New York: Quadrangle, 1973.

167. Solomon, Barbara Miller, *In the Company of Educated Women*: *A Hstory of Higher Education in America*, New Haven: Yale University Press, 1985.

168. Sternshered, Bernard, *The Negro in Depression and War*: *Prelude to Revolution*, *1930 — 1945*, Chicago: Quadrangle, 1969.

169. Swados, Harvey ed. , *The American Writer and the Great Depression*, Indianapolis: Bobbs-Merrill, 1966.

170. Swain, Marth H. , & Woodward, Ellen S. , *New Deal Advocate for Women*, Jackson: the University Press of Mississippi, 1995.

171. Tentler, Leslie Woodcock, *Wage-Earning Women*: *Industrial Work and Faminly Life in the United States*, *1900 — 1930*, New York: Oxford University Press, Inc. , 1979.

172. Terkel, Studs, & Hard Times: *An Oral History of the Great Depression*, New York: Pantheon Books, A Division of Random House, 1970.

173. Thebaud, Fracoise edi. , *A History of Women in the West*, *V. Toward a Cultural Identity in the Twentieth Century*, Cmbridge Massachusetts: The Belknap Press of Harvard University Press, 1994.

174. Trattner, Walter I. *From Poor Law to Welfare State*: *A History of Social Welfare in America*, 4th ed. , New York: The Free Press, 1974, 1989.

175. Trolander, Judith Ann, *Settlement Houses and the Great Depression*, Detroit: Wayne State University Press, 1975.

176. Vorse, Mary Heaton, *Labor's New Millions*, New York: Free Press, 1938.

177. Walsh, Mary Roth, *Doctors Wanted: No Women Need Apply, Sexual Barriers in the Medical Profession, 1835 — 1970*, New Haven: Yale University Press, 1977.

178. Wandersee, Winifred D. , *Women's Work and Family Values, 1920 — 1940*, Cambridge, Mass. : Harvard University Press, 1981.

179. Ware, Susan, *Beyond Suffrage: Women in the New Deal*, Cambridge, Mass. : Harvard University Press, 1981.

180. Ware, Susan, *Holding Their Own: American Women in the 1930s*, Boston: G. K. Hall&Co. , 1982.

181. Ware, Susan, *Modern American Women, A Documentary History*, Chicago: Richard D. Irwin, Inc. , 1989.

182. Ware, Susan, *Modern American Women: A Documentary History*, Second Edition, The McGraw-Hill Companies, Inc. , 2002.

183. Watkins, T. H. , *The Great Depression: America in the 1930s*, Boston: Blackside, Inc. , 1993.

184. Weiner, Lynn Y. , *From Working Girl to Working Mother: The Female Labor Force in the United States, 1820 — 1980*, Chapel Hill: University of North Carolina Press, 1985.

185. Welter, Barbara, *The Women Question in American History*, Hinsdale: The Dryden Press, 1973.

186. Westin, Jeane, *Making Do: How Women Survived the '30s*, Chicago: Follett, 1976.

187. Willis, James F. , & Primack, Martin L. , *An Economic History of the United States*, Second Edition, Englewood Cliffs: Pretice-Hall, Inc. , 1989.

188. Woloch, Nancy, *Women and the American Experience*, New York: Alfred A. Knopf, Inc. , 1984.

189. Woloch, Nancy, *Women and the American Experience: A Concise History*, The McGraw-Hill Companies, Inc. , 1996.

190. Young, William H. & Young, Nancy K. ,: *The 1930s*, Westport, Connecticut, London: Greenwood Press, 2002.

191. Youngs, William J. *Eleanor Roosevelt: A Personal and Public Life*, Boston: Little, Brown & Company, 1985.

（二）论文

1. Bennett, Sheila; Elder, Glen, "Women's Work in the Family Economy: A Study of Depression Hardship in Women's Lives", *Journal of Family History*, Summer, 1979.

2. Benston, Margaret, "The Political Economy of Women's Liberation", *Monthly Review* 21, 1969.

3. Blackwelder, Julia Kirk, "Women in the Work Force: Atlanta, New Orleans, and San Antonio, 1930 to 1940", *Journal of Urban History* 4, May, 1978.

4. Blair, Emily Newell, "Wanted: A New Feminism," *Independent Woman 10*, December, 1930

5. Bolin, Winifred D. Wandersee, "The Economics of Middle-Income Family Life: Working Women During the Great Depression", *Journal of American History 65*, June, 1978.

6. Brown, Jean Collier, "The Negro Women Worker", *Women's Bureau Bulletin♯165*, Washington, D. C. , 1938.

7. Bullough, Vern; Bullough, Bonnie, "Lesbianism in the 1920s and 1930s: A Newfound Study", *Signs 2*, Summer, 1977.

8. Byrne, Harriet, "The Effects of the Depression on Wage Earners' Families: A Second Survey of South Bend", *Women's Bureau Bulletin ♯ 168*, Washington, D. C. , 1936.

9. Cott, Nancy F. , "Feminist Politics in the 1920s: The National Woman's Party ", *Journal of American History* 71, June, 1984.

10. Cott, Nancy F. , "Marriage and Women's Citizenship in the United States, 1830—1934", *The American Historical Review*, Volume 103, December, 1998.

11. Cowan, Ruth Schwartz, "Two Washes in the Morning and a Bridge Party at Night: The American Housewife Between the Wars", *Women's Studies* 3, 1976.

12. Cowl, Margaret, "Women's Struggles for Equality", *Political Affairs*, May, 1974.

13. Freedman, Estelle, "The New Women of the 1920s", *Journal of American History 41*, September, 1974.

14. Graham, Patricia Aljerg, "Expansion and Exclusion: A History of Women in American Higher Education", Signs 3, Summer, 1978.

15. Honey, Maureen, "Images of Women in the Saturday Evening Post, 1931—1936", *Journal of Popular Culture*, Fall, 1976.

16. Hooks, Janet, "Women's Occupapations Through Seven Decades", *Women's Bureau Bulletin # 218*, Washington, D. C. , 1951.

17. Kessler-Harris, Alice, "A History of Women Workers: The Great Depression as a Test Case", Radcliffe Institute, March 9, 1977; *Women's Bureau Bulletin # 155*, Washington, D. C. , 1937.

18. LeSueur, Meridel, "Women on the Breadlines", *New Masses*, January, 1932.

19. Loader, Ellen Kay Trimberger, "Women in the Old and New Left: The Evolution of a Politics of Personal Life", *Feminist Studies5*, Fall, 1979.

20. Loader, Jayne, "Women on the Left, 1906—1941: Bibliography of Primary Sources", *University of Michigan Papers in Women's Studies 2*, February, 1974.

21. MaCarthy, Mary, "My Confession: One Writer's Ecounter with Communism", Reporter, Dec. 22, 1953.

22. Mathews, Jane DeHart, "Arts and the People: The New Deal Quest for a Cultural Democracy", *Journal of American History 62*, September, 1975.

23. McGovern, James R., "The American Woman's Pre-World War I Freedom in Manners and Morals", *Journal of American History 55*, 1968.

24. Milkman, Ruth, "Women's Work and Economic Crisis: Some Lessons of the Great Depression", *Review of Radical Political Economics 8*, Spring, 1976.

25. Nancy F, Cott, "Feminist Politics in the 1920s: The National Woman's Party", *Journal of American History* 71, June, 1984.

26. Orleck, Annelise, "We are That Mythical Thing Called the Public: Militant Housewives During the Great Depression", *Feminist Studies*, Spring 1993, Vol. 19.

27. Parkhurst, Genevieve, "Is Feminism Dead?" *Harper's Magazine* 170, May, 1935.

28. Phillips, R. Le Clerc, "The Problem of the Educated Woman", *Harpers Magazine*, Volume 154, December, 1926.

29. Pidgeon, Mary Elizabeth, "Employed Women Under N. R. A. Codes", *Women's Bureau Bulletin* ♯ *130*, Washington, D. C., 1935.

30. Pidgeon, Mary Elizabeth, "Employment Fluctuations and Unemployment of Women: Certain Indication from Various Sources, 1928 — 1931", *Women's Bureau Bulletin* ♯ *113*, Washington, D. C., 1933.

31. Pidgeon, Mary Elizabeth, "Trends in the Employment of Women, 1928—1936", *Women's Bureau Bulletin* ♯ *159*, Washington, D. C., 1938.

32. Pidgeon, Mary Elizabeth, "Women in the Economy of the USA: A Summary Report", *Women's Bureau Bulletin* ♯ *155*, Washington, D. C., 1937.

33. Shaffer，Robert，"Women and the Communist Party USA，1930—1940"，*Socialist Review* 46，May-June，1979.

34. Smith，Hilda W.，"Educational Camps for Unemployment Girls"，*New York Times Magazine*，January 15，1936.

35. Solomon，Barbara Miller，"Historical Determination in Individual Life Experiences of Successful Professional Women"，*Annals of the New York Academy of Sciences*，March 15，1973.

36. Stricker，Frank，"Cookbooks and Law Books：The Hidden History of Career Women in Twentieth Century America"，*Journal of Social History 10*，Fall，1976.

37. Trimberger，Ellen Kay，"Women in the Old and New Left：The Evolution of a Politics of Personal Life"，*Feminist Studies 5*，Fall，1979.

38. Willig，John，"Class of's34（Female）Fifteen Years Later"，*New York Times Magazine*，June 12，1949.

39. Woodward，Ellen，"This New Federal Relief"，*Independent Woman* 13，April 1934.

40. Younger，Maud，"The NRA and Protective Laws for Women,"*Literary Digest* 117，June 2，1934.

二　中文

（一）专著

1. ［奥］赖因哈德·西德尔著，王志乐、朱小雪等译：《家庭的社会演变》，商务印书馆 1996 年版。

2. ［法］安·比尔基埃等主编，袁树仁译：《家庭史（第二卷）：现代化的冲击》，生活·读书·新知三联书店 1998 年版。

3. ［法］安德烈·莫鲁瓦著，英译者：帕特里克·奥布赖恩，复旦大学历史系世界史组译：《美国史：从威尔逊到肯尼迪》，上海人民出版社 1977 年版。

4. ［法］波伏娃著，陶铁柱译：《第二性》，中国书籍出版社 1998

年版。

5.［芬兰］E. A. 韦斯特马克著，李彬等译：《人类婚姻史》（三卷本），商务印书馆 2002 年版。

6.［美］萨拉·M. 埃文斯，杨俊峰译：《为自由而生——美国妇女历史》，辽宁人民出版社 1995 年版。

7.［美］G. H. 埃尔德著，田禾等译：《大萧条的孩子们》，译林出版社 2002 年版。

8.［美］阿塔克·帕塞尔著，罗涛等译：《新美国经济史：从殖民地时期到 1940 年》（上、下册），第 2 版，中国社会科学出版社 2000 年版。

9.［美］埃里克·方纳著，王希译：《美国自由的故事》，商务印书馆 2003 年版。

10.［美］贝尔·胡克斯著，晓征、平林译：《女权主义理论——从边缘到中心》，江苏人民出版社 2001 年版。

11.［美］戴维·波普诺著，李强等译：《社会学》（第十版），中国人民大学出版社 1999 年版。

12.［美］丹尼尔·J. 布尔斯廷著，谢延光译：《美国人：民主的历程》，上海人民出版社 1997 年版。

13.［美］德怀特·L. 杜蒙德，宋岳亭译：《现代美国，1896—1946年》，商务印书馆 1984 年版。

14.［美］多莉斯·基恩斯·古德温著，尤以丁、刘春发、谷红欣译：《非常年代——罗斯福夫妇在二战岁月中》，上海人民出版社 2001 年版。

15.［美］弗里丹著，陈锡麟、朱徽等译：《女性的奥秘》，广东经济出版社 2005 年版。

16.［美］霍华德·津恩著，许先春译：《美国人民的历史》，上海人民出版社 2000 年版。

17.［美］卡罗尔·卡尔金斯主编，王岱、程毓征译：《美国社会史话》，人民出版社 1984 年版。

18.［美］拉尔夫·德·贝茨著，南京大学历史系英美对外关系研究室译：《1933—1973 年美国史》（上、下册），人民出版社 1984 年版。

19. 〔美〕理安·艾斯勒著，陈志民译：《圣杯与剑——男女之间的战争》，社会科学文献出版社 1995 年版。

20. 〔美〕理查德·H. 皮尔斯：《激进的理想和美国的梦：美国大萧条岁月中的社会生活和文化思想》，上海外语出版社 1988 年版。

21. 〔美〕罗伯特·S. 林德、海伦·梅里尔·林德著，盛学文等译：《米德尔敦：当代美国文化研究》，商务印书馆 1999 年版。

22. 〔美〕罗斯福夫人著，陈维姜、刘良模译：《这时代的女人》，长城书局 1935 年版。

23. 〔美〕洛伊斯·班纳著，侯文蕙译：《现代美国妇女》，东方出版社 1987 年版。

24. 〔美〕玛丽莲·亚隆著，许德金、霍炜等译：《老婆的历史》，华龄出版社 2002 年版。

25. 〔美〕梅里·E. 威斯纳—汉克斯著，何开松译：《历史中的性别》，东方出版社 2003 年版。

26. 〔美〕默里·罗斯巴德著，谢育华译：《美国大萧条》，上海人民出版社 2003 年版。

27. 〔美〕纳尔逊·曼弗雷德·布莱克著，许季鸿、宋蜀碧、陆凤鸣译：《美国社会生活与思想史》，商务印书馆 1994 年版。

28. 〔美〕威廉·曼彻斯特著，广州外国语学院英美问题研究室翻译组、朱协译：《光荣与梦想：1932—1972 年美国社会实录》，海南出版社、三环出版社 2004 年版。

29. 〔美〕伊丽莎白·赖斯编，杨德等译：《美国性史》，东方出版社 2004 年版。

30. 〔日〕野野山久也著，杜大宁等译：《美国的离婚、再婚和同居》，新华出版社 1989 年版。

31. 〔英〕杰佛瑞·威克斯著，宋文伟、侯萍译：《20 世纪的性理论和性观念》，江苏人民出版社 2002 年版。

32. 〔英〕玛丽·沃斯通克拉夫特：《女权辩护》；约翰·斯图尔特·穆勒：《妇女的屈从地位》，商务印书馆 1995 年版。

33. 鲍晓兰主编：《西方女性主义评介》，生活・读书・新知三联书店1995 年版。

34. 陈明等： 《相信进步：罗斯福与新政》，南京大学出版社 2001 年版。

35. 黄安年：《当代美国的社会保障政策》，中国社会科学出版社 1998 年版。

36. 黄绍湘：《美国历史简编》，人民出版社 1981 年版。

37. 李剑鸣、章彤编：《美利坚合众国总统就职演说全集》，天津人民出版社 1997 年版。

38. 李小江、朱虹、董秀玉编：《批判与重建》，生活・读书・新知三联书店 2000 年版。

39. 李小江等：《历史、史学与性别》，江苏人民出版社 2002 年版。

40. 李银河：《女性主义》，山东人民出版社 2005 年版。

41. 李银河主编：《妇女：最漫长的革命——当代西方女权主义理论精选》，生活・读书・新知三联书店 1997 年版。

42. 李银河：《女性主义》，山东人民出版社 2005 年版。

43. 令狐萍： 《金山谣——美国华裔妇女史》，中国社会科学出版社 1999 年版。

44. 刘霓：《西方女性学》，社会科学文献出版社 2001 年版。

45. 刘绪贻、李存训：《富兰克林・D. 罗斯福时代，1929—1945》，人民出版社 1994 年版。

46. 牛文光：《美国社会保障制度的发展》，中国劳动社会保障出版社 2004 年版。

47. 王恩铭：《二十世纪美国妇女研究》，上海外语教育出版社 2002 年版。

48. 王逢振等主编：《性别政治》，天津社会科学院出版社 2001 年版。

49. 王斯德主编，李宏图、沐涛、王春来等：《世界通史・第二编・工业文明的兴盛：16—19 世纪的世界史》，华东师范大学出版社 2001 年版。

50. 王政、杜芳琴编：《社会性别研究选译》，生活・读书・新知三联书店 1998 年版。

51. 王政：《女性的崛起——当代美国的女权运动》，当代中国出版社 1995 年版。

52. 魏国英主编：《女性学概论》，北京大学出版社 2000 年版。

53. 魏章玲：《美国家庭模式和家庭社会学》，世界知识出版社 1990 年版。

54. 余宁平、杜芳琴主编：《不守规矩的知识——妇女学的全球与区域视界》，天津人民出版社 2003 年版。

55. 余志森、王春来：《崛起和扩张的年代，1898—1929》，人民出版社 2001 年版。

56. 张友伦、李剑鸣主编：《美国历史上的社会运动和政府改革》，天津教育出版社 1992 年版。

57. 张友伦、肖军、张聪：《美国社会的悖论——民主、平等与性别、种族歧视》，中国社会科学出版社 1999 年版。

58. 中华全国妇女联合会主编：《马克思、恩格斯、列宁、斯大林论妇女》，人民出版社 1978 年版。

59. ［美］阿瑟·林克、威廉·卡顿著，刘绪贻等译：《一九〇〇年以来的美国史》上册，中国社会科学出版社 1983 年版。

（二）论文

1. 韩素音：《美国妇女与她们为权利平等所作的斗争》，《妇女生活》1983 年第 5 期。

2. 万松玉：《美国妇女史和家庭史的研究概况》，《河南师范大学学报》（社科版）1983 年第 4 期。

3. ［苏］T. B. 卡罗利娃著，董鸿扬摘译：《美国家庭的社会道德和职能的观点》，《学术情报》1983 年第 5 期。

4. 陈尧兴：《美国家庭制度的变化》，《国外社科动态》1984 年第 6 期。

5. 万松玉：《美国女权运动初探》，《河南大学学报》1985 年第 1 期。

6. 荣颂安：《美国的妇女史研究》，《世界历史研究动态》1986 年第 7 期。

7. ［美］T. K. 哈利雯著，费涓洪摘译：《美国家庭的变迁：连续性和变化》，《社会》1987 年第 2 期。

8. ［日］川岛瑶子，丘三编译：《美国妇女社会地位的现状与未来》，《编译参考》1987 年第 3 期。

9. 潘允库：《变迁中的美国家庭》，《社会学与现代化》1987 年第 4 期。

10. 周启云：《漫长的斗争——美国妇女争取选举权经历》，《妇女工作》1988 年第 6 期。

11. 陈一筠：《女性学在美国》，《国外社科》1988 年第 9 期。

12. ［苏］B. A. 季什科夫著，周兴泉译：《美国家庭史与妇女状况研究》，《国外社科》1989 年第 1 期。

13. 巴巴拉·B. 彼得森著，何宏非译：《美国妇女史研究纵览》，《世界史研究动态》1989 年第 8 期。

14. ［美］E. N. 克里，李樱译：《美国的家庭》，《美国研究参考资料》1990 年第 2 期。

15. 胡玉昆：《论妇女与美国革命》，《北京大学研究生学刊》1990 年第 2 期。

16. ［美］斯图亚特·戈林，何诗蓉编译：《妇女在美国政治舞台上的进展》，《美国研究参考资料》1990 年第 5 期。

17. 孙丽娟：《浅谈美国艰难的妇女人权之路》，《九江师范专科学校学报》（哲学社会科学版）1990 年第 2 期。

18. 万松玉：《评埃莉诺·罗斯福》，《史学月刊》1991 年第 3 期。

19. 周祥森：《二战时期美国妇女就业的发展及其影响》，《史学月刊》1991 年第 4 期。

20. ［美］陈如勇译：《美国家庭的过去与现在》，《国外社科情况》1991 年第 8 期。

21. ［美］朱安·沅良：《美国妇女社会地位的变化》，《国外社科情况》1992 年第 8 期。

22. 朱玫：《美国家庭模式及价值观的变化》，《国外社会科学》1992 年第 8 期。

23. 张聪：《19 世纪末 20 世纪初美国中产阶级妇女走向社会的动因与问题》，《美国研究》1993 年第 3 期。

24. 孙安：《30 年来美国婚姻家庭状况简述》，《人口研究》1993 年第 4 期。

25. 蓝波：《战后美国家庭的变化及发展趋势》，《学海》1993 年第 5 期。

26. 蒋平：《服装是时代的烙印：19 世纪以来的女性服装与妇女解放刍议》，《国外社会科学情况》1994 年第 1 期。

27. 张烨：《"性别角度"与"妇女与发展"》，《美国研究》1995 年第 3 期。

28. 宋淑珍：《进步主义时期的美国女权运动》，《辽宁大学学报》1995 年第 3 期。

29. 王恩铭：《当代美国妇女运动》，《美国研究》1995 年第 3 期。

30. 王皖强：《美国妇女争取选举权运动的初探》，《史学月刊》1996 年第 1 期。

31. 时晓红：《试论 60 年代美国女权运动》，《山东师范大学学报》1996 年第 1 期。

32. 李青：《美国家庭的历史考察》，《杭州师范学院学报》1996 年第 1/2 期。

33. 赵捷：《美国职业妇女的历史与现状》，《妇女学苑》1996 年第 3 期。

34. 林艳：《略论第二次世界大战对美国妇女的影响》，《东北师范大学学报》（哲学社会科学版）1996 年第 6 期。

35. 梁茂信：《1860—1920 年外来移民对美国城市化的影响》，《东北师范大学学报》（哲学社会科学版）1997 年第 5 期。

36. 刘子平：《略论美国史上女权运动的第二次高潮》，《贵州教育学院学报》1998 年第 4 期。

37. 黄虚峰：《工业化与美国妇女地位的变化》，《历史教学问题》1998 年第 4 期。

38. 胡玉昆：《妇女在美国革命中的角色》，《史学月刊》1998 年第 5 期。

39. 刘军：《美国妇女史学的若干理论问题》，《世界历史》1999 年第 1 期。

40. 张立平：《当代美国女性主义思潮述评》，《美国研究》1999 年第 2 期。

41. 周兵：《美国妇女史研究的回顾与展望》，《史学理论研究》1999 年第 3 期。

42. 金莉：《十九世纪美国女性高等教育的发展轨迹及性别定位》，《美国研究》1999 年第 4 期。

43. 戴雪红：《性别与阶级：当代西方女权主义诠释女性解放的两种角度》，《学术论坛》2000 年第 1 期。

44. 裔昭印：《中西妇女史的回顾与展望》，《山西师大学报》（社会科学版）2000 年第 2 期。

45. 杜浩：《女性主义与社会性别分析》，《浙江学刊》2000 年第 2 期。

46. 黄虚峰：《再探二十世纪初美国女权运动迅猛发展的原因》，《历史教学问题》2001 年第 2 期。

47. 谢新辉：《大萧条时期的美国社会与人民生活》，《湛江师范学院学报》2002 年第 1 期。

48. 蓝瑛波：《美国女权主义历史进程述评》，《学海》2002 年第 4 期。

49. 周辉荣：《19 世纪美国妇女禁酒运动及其影响——基督教妇女禁酒联合会各案研究》，《史学月刊》2002 年第 5 期。

50. 郭莲：《美国女权运动的变迁》，《国外理论动态》2002 年第 11 期。

51. 王春来：《转型、困惑与出路——美国"进步主义运动"略论》，《华东师范大学学报》（哲学社会科学版）2003 年第 5 期。

52. 杨丽红：《20 世纪 30 年代的美国妇女研究述评》，《史学月刊》2005 年第 3 期。

53. 李月娥：《新女性与美国社区改良运动的兴起》，《中华女子学院学报》2005 年第 3 期。

后　　记

急急流年，滔滔逝水，在丽娃河畔转瞬已有五年。多年来奔波于宁波、上海之间，过着"双城记"的生活，现在终于可告结束，欣慰之余又复遗憾：欣慰的是五年来潜心学习，虽然资质愚鲁，但学业有进步，生活更丰富，聊可自慰；遗憾的是论文因种种原因未能达到自己的期望，文稿粗糙，疏误不少，只能留待日后雕琢完善了。

在华东师大的五年也是我生命中的流金岁月，不仅有知识的增益，更有良师益友的扶持。首先要感谢恩师王斯德先生。先生为人豁达慈爱，知识渊博，视野开阔，治学严谨，道德学识皆为后学楷模，有幸入先生门下，三年来耳提面命，谆谆教诲，论文的开题、写作、修改到最后成稿，都凝聚着先生的心血。只是才疏学浅，力不从心，有负恩师教诲。感谢师母郭女士三年来的关心与爱护，犹如和煦春风，温暖心田。

衷心感谢恩师王春来副教授。犹记得五年前怀着忐忑之心报考硕士研究生，承蒙恩师接纳。恩师学识深厚，待人宽善，对我的学业教导和生活关怀永远铭记心头。感谢师母李女士多年来的关怀。

　　感谢华东师范大学余伟民教授、郑寅达教授、李巨廉教授、沐涛教授和林广副教授对论文写作的指导和帮助，让我受益匪浅。感谢华东师范大学余志森教授、北京大学王立新教授、南开大学张象教授、华东政法大学黄虚峰副教授等老师对我的热情指导和勉励。复旦大学庄锡昌教授和金重远教授、上海师范大学叶书宗教授是我一直敬仰的前辈，诸位先生对拙文的批评指正使我受益匪浅。南京大学翟意安博士、美国驻上海总领事馆文化交流中心主任陈蝶、北京中国人民大学附中郭井生为我收集和复印资料提供了许多帮助，师弟孔晨旭还千里迢迢从香港为我带回重要资料，华东师范大学历史系周水贞老师和费佩君老师也为我的学业提供了许多便利，在此深致谢意。在三年学习期间，师兄王冰、郭永胜、杨春龙、陈建平、邹耀勇、王祖奇，师姐吕桂霞，同年入学的魏炜、王庆安和室友许瑞芳及其他同学好友，他们不仅在学业上给我以帮助，而且在生活上也给予我许多的关怀，在这里一并致谢。

　　此外，还要特别感谢中国社会科学出版社的李是老师，他为书稿的编辑付出了大量心血，使我获益良多，终生难忘。

　　在上海五年，之所以能安心求学，家人给了我坚持下去的动力。我的丈夫多年来给予我充分的理解和支持，无数个回家的午夜，他都会在车站风雨无阻等待我。对于女儿，我有深深的愧疚，来上海求学时，女儿尚是襁褓中的婴儿，她人生的第一句话、第一次迈步，我都未曾耳闻目睹；每次回家，女儿天真无邪的欢颜笑语，洗去我的疲惫和焦虑；每次离家，女儿恋恋不舍的眼神萦绕心间，让我在上海不敢懈怠。我的父母、公公婆婆和兄弟姐妹对我的求学大力支持，多年来他们默默照顾着我的小家庭，为我解除了后顾之忧。

今后唯有不断努力，回报师友亲人的关怀和厚望。

2006 年 5 月于华东师范大学 17 舍